北海传统村落

北海市社会科学界联合会　上海社会科学院　桂林电子科技大学北海校区 / 合编

上海社会科学院出版社

编 委 会

主　任：权　衡　王德忠　陈立生
副主任：干春晖　谢林城　黄天贵　解桂海
主　编：伍朝胜　梁海龙　秦竞芝
副主编：杜文俊　李文红　李宏利
编　辑：邵　建　范　博　蒋　斌　黄红星　黄旭文
　　　　张　慧　韦克天　袁　泉　曹计划　唐长菁
　　　　曹佐明　黄凤琦　聂峥嵘　郑　敏　陈计冰
　　　　李　曲　宁　霞　刘梦琳　杨晓华　王　恬
　　　　劳永馨　杨欢梅　杨丽霞　许　鑫　林　菁
　　　　陈继蔚　许小洁　杜延彩　黄　洁
编　务：王　恬　杨欢梅

序 一

权衡 王德忠*

《北海传统村落》即将付梓之际,北海市社会科学界联合会邀我们来写序。对此,我们倍感荣幸。作为广西北部湾(北海)发展研究院的法人方,10余年来我们通过安排人员到北海市委挂职、派出专家深入北海调研提供决策服务、共同举办论坛开展学术交流、合作出版书籍等途径,为北海加快发展提供了力所能及的智力服务。现在,又与北海市社会科学界联合会、桂林电子科技大学北海校区合作编纂出版《北海传统村落》,这对于强化院地、院校合作关系无疑是一件好事、喜事。

何谓村落?《辞海》注解为:"村庄。"《辞源》则注为:"乡人聚居之处。"而《三国志·魏书卷十六》则曰:"入魏郡界,村落齐整如一,民得财足用饶。"综上,似可给"村落"下一个基本定义:村落是由古代先民在农耕文明进程中,在族群部落的基础模式上,因"聚族而居"的生产生活需求而建造的具有相当规模、相对稳定的基本社会单元。

传统村落,原名古村落,是指民国以前所建的村。2012年9月,经国家传统村落保护和发展专家委员会第一次会议决定,将习惯称谓"古村落"改为"传统村落"。传统村落承载着中华传统文化的精华,是农耕文明不可再生的文化遗产,是维系华夏子孙文化认同的纽带。用通俗的话来说,就是"小村落,大文化"。

不同的地域、不同的民族所建造的村落,风格迥异,代代相传,或质朴浑厚,或高雅潇洒,或气韵生动,或气魄宏奇,都承载着不同的文化内涵,蕴藏着许多价值恒久的精华,演绎着时代更迭和社会变迁的故事。比方说,村落文化中随处可见的家庭家族观念、亲孝礼仪和社稷观念,是中华文明五千年的支撑所在,是中华文化传承发展的精魂所系,保护古老村落,就是保护历史,就是传承文化,就是保护美丽。

---

* 权衡:上海社会科学院党委书记。
  王德忠:上海社会科学院院长。

北海历史悠久，文化灿烂，自西汉元鼎六年（公元前 111 年）设置合浦郡，历东汉、三国、两晋 500 余年基本是郡治的所在地。唐、宋、元、明、清各代分别是州、路、府、县的治所驻地。汉代的北海是历史上最为鼎盛的时期，辖区广阔，地理位置优越，不仅是郡治的驻地、军事重镇，也是与南海诸国交通贸易的"海上丝绸之路"始发港，成为岭南地区重要的政治、经济、文化中心。厚重的历史造就了北海市村落丰富的文化遗存，形成了海丝文化、南珠文化、汉郡文化、客家文化、蛋家文化等系列文化内核，是人们对爱国、敬业、诚信、友善等核心价值观的寄托和向往，是推进北海经济社会发展的文化软实力。散落在全市村落的古建筑、古街巷、古渔港、古树等，是独具北部湾沿海特色传统文化的"活化石"，是灵动的文化内核与明媚的自然风光相融合的独特景观。留住乡愁，人们的家园情怀便有了守望之地，历史文脉有了寻根之处，重礼厚德等核心价值观更有了承载之所，传统文化故事就有了支撑之柱。因此，保护传统村落，让"看得见山、望得见水、记得住乡愁"成为北海文化的标识，是我们共同努力的方向。

《北海传统村落》一书是在北海市委、市政府支持下，由北海市社会科学界联合会牵头组织桂林电子科技大学北海校区相关专业的教师，在上海社会科学院和广西社会科学院的指导下，深入全市 15 个传统村落，走村入户调查，历时一年半，广泛收集相关素材，现场拍摄相关图片，整理编纂而成。本书力求文字与图片相互补充、相互映衬，达到图文并茂、交相辉映的效果，是一本研究北部湾地区传统村落文化的珍贵资料。本书的编纂出版过程，既是一个保护、传承传统文化的过程，也是一个普及传统文化的过程，更是发挥群众主动性的过程。出版本书的主要目的是让越来越多的人认识到，有许多宝贵的传统村落文化遗产，值得我们去挖掘整理。把传统村落文化转化为当代的资源，使其成为文化传承、历史重现、艺术熏陶和文明进步的基石，应是我们每个人的责任和义务。

历史是船，文化是帆。只有把准历史航道，扬起文化风帆，才能更好地参与到乡村振兴战略的实施中；也只有这样，才能更好地推进院地合作，为促进北海经济社会发展贡献力量。

2021 年 4 月

序 二

"日射涠洲郭,风斜别岛洋。交池悬宝藏,长夜发珠光。"这是明末戏曲家、文学家汤显祖对北海的赞美。

北海,这座被历代无数文人墨客所宠爱的千年古城,历史悠久,人文厚重,是国家历史文化名城,是我国古代"海上丝绸之路"的重要始发港之一。在北海市3 337平方千米的范围内分布着许许多多的传统村落。这些传统村落宛如璀璨的明珠,闪耀在美丽的北部湾畔,散落在青山绿水之间,承载着浓郁的乡愁乡情,蕴藏着深厚的历史文脉,凝结着先民的聪明与智慧,塑造着北海的人文地理特质,是北海乡土文化的"活化石",其宝贵的历史文化价值是不能用GDP来计算的。

党的十八大以来,习近平总书记多次强调,建设美丽乡村,"不能大拆大建,特别是古村落要保护好";新农村建设一定要走符合农村实际的路子,遵循乡村自身发展规律,充分体现农村特点,"注意乡土味道,保留乡村风貌,留得住青山绿水,记得住乡愁"。党的十九大报告提出了"乡村振兴战略",党的十九届五中全会又强调"优先发展农业农村,全面推进乡村振兴"。这一系列重要论述,深刻回答了建设什么样的社会主义新农村、怎样建设社会主义新农村的重大理论和实践问题,体现了党中央对社会主义新农村建设方向及其价值的重视,为我们推进美丽乡村建设、实施乡村振兴战略、强化传统村落保护利用提供了重要遵循。

2017年4月19日,习近平总书记在视察北海时强调,中华民族历史悠久,中华文明源远流长,中华文化博大精深,一个博物馆就是一所大学校,并提出"让文物说话,让历史说话,让文化说话"。习近平总书记的谆谆教诲、深情嘱托、殷殷期望,激励着全市广大干部群众砥砺奋进、开拓前行。

近年来,北海市上下牢记习近平总书记谆谆嘱托,认真贯彻落实党的十九大、十九届五中全会精神,结合实施乡村振兴战略、推进"美丽乡村"建设、加快乡村旅游业发展,加强对传统村落的历史文化遗产和潜在文化旅游资源的发掘、保护、传承和利用，使之"看得见山、望得见水、记得住乡愁"，真正成为传统文化与现代文明有机结合的独具北海特色的文化符号。

坚持强化科学规划，让传统村落从"一处美"向"一片美"转变。2013年以来，市辖县区和涠洲岛旅游区先后编制了乡村建设规划，确保科学保护与合理利用相融并进、良性循环。比如，涠洲岛旅游区管委会编制了涠洲岛发展总体规划，将具备开发潜质的传统村落纳入红线保护范围，规定村民不能随意拆除与改建在红线范围内的建筑，原则上不能新增现代建筑，规定岛上的新建房屋的建筑风格与旧建筑的相协调。

坚持推进多元投入，让传统村落从"环境美"向"生活美"转变。坚持政府引导与市场运作相结合，运用市场手段，大力开展招商引资，起到了"四两拨千斤"的作用，确保了美丽乡村建设"有钱办事"，使传统村落不仅环境优美，而且更加宜居、宜业。比如，涠洲岛旅游区管委会鼓励村民将闲置的房屋特别是用珊瑚石建造的古建筑出租给专业的公司，公司按照旅游区管委会制定的标准，在保留房屋原始风貌的情况下，对房屋的内部进行适当装修，用以发展特色民宿。这种做法现已初见成效：一是避免了古建筑因没人居住年久失修而破败；二是不需要政府部门投入大量资金，只要监督公司按照制定的标准去执行，就可实现对古建筑的保护；三是实现闲置资源的最大化利用，增加了村民收入。

坚持抓好"修旧如旧"，让传统村落从"传统美"向"特色美"转变。通过以文化建设为纽带，推进历史与现代、古村与新村科学对接、巧妙融合，使之交相辉映、相得益彰。比如，2013年以来，铁山港区营盘镇先后完成了白龙村委古村建设项目20个，对白龙古城内的传统村落及街道进行了抢救性维修，重点对现存的古商铺、古民居、古炮楼、古广场进行复原性维修，融入南珠文化的人文情结，改善村落的人居环境，焕发滨海古村风貌。

坚持乡愁涵养新风，让传统村落从"外在美"向"内涵美"转变。通过加强宣传引导工作，组织和引导群众积极参与古村改造工程，让古村保护与开发工程成为不断提升农民的获得感、幸福感的有效载体。比如，在各级有关部门的积极引导和支持下，铁山港区营盘镇白东村委大王岭村的群众参与家乡建设的热情空前高涨，大家纷纷主动投工投劳、主动捐资捐物、主动拆屋（旧猪舍、旧厕所、旧草棚）让路、主动修旧如旧、主动发动乡贤参加建设，在众志成城的努力下，建成了投资50万元的妈祖庙（改造）、投资300万元的旅游接待中心（办公大楼）和投资50万元的旅游生态厕所等。

传统村落是老祖宗留下的宝贵遗产。保护建设好传统村落是一项功在当代、利在千秋的事业，是等不起、慢不得的抢救性工程。在北海市委、市政府大力支持下，北海市社会科学界联合会牵头联合桂林电子科技大学北海校区,在深入调查研究的基础上,撰纂了《北海传统村落》一书,并在上海社会科学院、广西社会科学院指导帮助下付梓。该书旨在展示北海传统村落文明,保存历史记忆,唤起社会各界对古村落的保护意识,这不仅对人们认知北海、宣传北海、提升北海文化品位大有裨益,也必将对全市实施乡村振兴战略、推进美丽乡村建设产生积极作用。

本书选取北海市较有代表性的15个传统村落,其中入选国家级传统村落名录的有3个:涠洲镇盛塘村、营盘镇白龙村、曲樟乡璋嘉老屋村;入选自治区级传统村落名录的有11个:涠洲镇盛塘村、营盘镇白龙村、涠洲镇圩仔村、银滩镇南澫社区、侨港镇侨港海上部落、曲樟乡璋嘉老屋村、廉州镇乾江村、山口镇永安村、山口镇石子岭村、曲樟乡黄泥秀村、闸口镇福禄村等。本书特色在于:一是内容翔实,文脉清晰。书中不仅记录了一批保存完好或亟须抢救保护的古民宅、古祠堂、古教堂、古渔港、古牌坊、古井、古街巷、古城堡、古树、古寺庙等历史文化实物,还描述了一批丰富的民俗文化遗产。比如,列入广西第一批非物质文化遗产保护名录的民间传说故事《珠还合浦》,列入北海市第一批非物质文化遗产保护名录的民俗《疍家婚礼》《咸水歌》《老杨公》《公馆木鱼》等,这些民俗文化随着时代变迁和社会进步,北部湾沿海区域乡村的艺术特征愈加明显且弥足珍贵。二是体裁多样,图文并茂。全书以村为单元,内容涵盖自然、地理、经济、政治、文化、民俗、古迹、人物等方面,资料翔实,做到了横排门类、纵述史实、述而不论的基本要求,比较系统、客观地记述了15个传统村落的历史发展和社会变迁,具有较强的可读性。三是紧接地气,关注民众。注重从乡村的微观视角切入,既体现精英文化,又关注普通劳动者代表,详市、县志之所略,补市、县志之不足。比如,在记载乾江村时,既描写苏慎初、林翼中等民国全国军政知名人物,又着墨于普通而又勤劳质朴的"勤礼婆"英姿风采;而在记述电建渔港侨港海上部落时,则主要介绍传统民俗文化传人,如疍家婚礼的主要传承人黎明英和卢瑞明等,北海咸水歌传承人郭亚十、郭其友和林春权等,这些都较好地凸显了地域民俗风情。

挖掘、整理北海传统村落的文化遗存,是北海市委、市政府实施乡村振兴战略、推进文化北海建设的重要举措,各级各部门都有责任擦亮北海传统村落文化这张"名片",让优秀的历史文化遗产"活"起来,更好地服务于当代,惠泽于未来。

2021年4月

前　言

"借问酒家何处有？牧童遥指杏花村。"唐代文学家杜牧诗中的春雨、行人、酒家、牧童、杏花村等元素，构成了一幅情趣盎然的"清明烟雨画"，这幅古代原生态场景图让我们品味到传统村落的农耕之美、文化之美和生活之美。近年来，随着城镇化浪潮滚滚而来，这种传统村落的诗意景象逐渐成为稀缺的旅游资源，更加凸显其历史文化价值和现代借鉴价值。回归本真，回归乡情，留住乡愁，业已成为现代都市人的向往与追求。

为挖掘、整理北海传统村落的历史文化积淀，找回"杏花村"那种诗情画意，北海市社会科学界联合会与上海社会科学院、桂林电子科技大学北海校区开启了联合编纂《北海传统村落》一书之路。

北海三面环海，南流江穿城而过、奔腾入海。作为一个历史悠久的文化名城，北海境内名胜古迹众多，历史遗存随处可寻，人文景观俯拾即是。全市传统村落就坐落于境内的青山绿水之间，置身于丛林海湾深处，蕴含着海丝文化、南珠文化、汉郡文化、客家文化、疍家文化特有的古典韵味。让我们一起翻开《北海传统村落》一书，浏览于图文的唯美意境，行走于乡村阡陌之间，去邂逅北海传统村落的美丽，去领略如水墨画一般的珠乡魅力！

这是一幅用历史遗存来泼墨的美丽画卷。北海的传统村落历史源远流长。目前，全市农村拥有民国以前的古祠堂、古府、古民宅、古遗址和古井等113处，这些历史遗产犹如散落民间的遗珠，蕴含着丰富而又深邃的历史文化信息，徜徉乡间，让您感受"一步一景致，一处一乡愁"的意蕴。例如，2015年被国家授予"中国传统村落"称号的合浦县曲樟乡璋嘉老屋村，传统建筑占村庄建筑总面积的比例达76%，其中有陈氏宗祠、陈铭枢故居、灵隐寺、老君庙、客家围屋、客家土墙等多处历史人文景观。流连其间，片石砖木，烟火人家，都饱含着乡愁的滋味，倾诉着璋嘉老屋村的悠久历史。

这是一幅用人文艺术来添彩的美丽画卷。北海传统村落的选址和构建大都注重人居与自然的紧密结合，体现着沿海地区的传统文化、建筑艺术空间格局，展现出优美的自然环境和浓郁的文化氛围。例如，位于合浦县山口镇南端的永安村，是北宋名将狄青率部平南时的屯兵储粮之所。该村三面临海，东靠英罗港，西临铁山港，南临合浦七大古珠池，与涠洲岛隔海相望，至今仍保存着古城墙断垣残壁、文衙门遗址、武衙门遗址等7处古迹，以及较完好的城隍庙、南堂、孔子庙等9座古庙，大士阁、古炮楼、黄家大围屋等8幢古建筑，这些古建筑在构建风格上保留了宋、元、明、清时期的特色，整体布局合理、协调、浑然一体，体现了建筑美、装饰美、淡雅美的特点，是研究南方古建筑的重要实物资料。百年以上大树11棵，其中500年树龄的"见血封喉"树还蕴含着明清时期村民抗倭历史，传颂着北部湾沿海村民爱国主义的传奇故事。

这是一幅用"天人合一"来着笔的美丽画卷。从村舍建筑来看，北海传统村落均以祠堂为中心，民宅、府第、牌坊等大多围绕祠堂而建，体现了"天人合一"的理念。从物质文化遗产来看，北海传统村落文物众多，据统计有全国重点文物保护单位4处，自治区级文物保护单位9处。随便踏入一个村落，您都可能与历史沧桑的文物相遇，都可能找回夏日那种"倚杖柴门外，临风听暮蝉"的悠然情趣。从非物质文化遗产来看，北海市的民俗遗产也非常丰富。北海民间文学《珠还合浦》已列入广西第一批非物质文化遗产保护名录，民间歌舞《耍花楼》、民间音乐《咸水歌》《东海歌》《西海歌》、民间曲艺《老杨公》《公馆木鱼》及民俗活动"疍家婚礼"等20项已列入北海市第一批非物质文化遗产保护名录。循迹乡间，在三月三、端午节、中元节，定可让您感受"莫笑农家腊酒浑，丰年留客足鸡豚"民俗文化的惬意。

这是一幅用文旅融合来绘就的美丽画卷。北海传统村落旅游优势突出，推进文化旅游融合发展的空间巨大。一是廉州湾古村集中成线。在廉州湾流域的沙脚渔村、烟楼村、马安村、乾江村、禁山村、木案等村落，有古码头、古港、古炮台、古井、老街、古祠堂等，形成了疍家文化、海丝文化旅游线路。二是客家移民传统村落成片。位于合浦东片区域的曲樟、闸口、公馆、白沙等乡镇的传统村落布局集中程度高，客家移民自古定居于此繁衍兴业，他们将中原文化、湘赣文化、闽南文化等融于本地文化，形成特色鲜明、形式多样的北海客家文化。三是南珠文化传统村落旅游要素鲜明。这些村落主要是铁山港区营盘镇白龙村和合浦县山口镇永安村等，传颂着《珠还合浦》《割股藏珠》《鱼公主滴泪成珠》等美丽动人的故事。四是南流江传统村落生态游资源丰沛。南流江流域风光旖旎，岭南文化浓郁，有曲樟六湖水库、星岛湖水库、南流江玉石、石湾镇大浪古城江海联运古港等独特资源，是海丝文化、岭南文化宝地和健康养生福地。

文化是传统村落的魂。把传统村落保护好、传承好，让传统村落进行更多的"文化表达"，是贯彻、落实习近平总书记"要让文物说话、让历史说话、让文化说话"殷切嘱托的重要举措，是实施文化北海建设战略的重要课题。在经济社会高速发展、工业化、城镇化进程汹涌而来的今天，一些曾经热闹的村落人去屋空，早已没了"故人具鸡黍，邀我至田家"的意象；一些曾经艳丽夺目的庭院残败倒塌，顿失"柿树绿阴合，王家庭院宽"的景致；一些见证数百年峥嵘的古树衰老枯死，已然没了"一朝容色茂，千春长不移"的风骚，"文化遗产"变成"文化遗憾"的问题越来越突出。鉴于此，加强对全市传统村落文化资源的挖掘、整理与保护已刻不容缓。

为此，我们在全市传统村落中选取独具北部湾滨海特色的典型村落15个，组织课题组在广泛查阅历史文献资料的基础上，经过一年半时间走村入户的深入调研，编纂了《北海传统村落》一书，以图文并茂的形式，力图较全面客观地展现北海传统村落的历史与现状。我们希望本书的出版，能够抛砖引玉激活"一池春水"，吸引更多专家学者投入北海传统村落的研究，促使更多社会各界有识之士重视和支持北海传统村落的保护利用，让传统村落真正成为人们魂牵梦绕的地方。

2021 年 4 月

目 录
Contents

1	序一
1	序二
1	前言
1	**盛塘村**
3	一、村落概况
3	（一）村情
4	（二）村史
4	（三）产业
5	二、自然与人文景观
5	（一）自然景观
7	（二）人文景观
17	三、民俗文化
17	（一）民间习俗
19	（二）民间信仰
22	（三）食俗文化
23	四、风物特产
23	（一）丰富物产
24	（二）特色美食
27	五、文化教育与人物
27	（一）文化教育
28	（二）人物

白龙村

- 31　白龙村
- 33　一、村落概况
- 33　（一）方位与交通
- 33　（二）村史、荣誉
- 35　（三）村情、产业
- 36　二、自然与人文景观
- 36　（一）自然景观
- 41　（二）人文景观
- 54　（三）建筑艺术与风格
- 56　三、民俗文化
- 56　（一）民间习俗
- 59　（二）民间文艺
- 63　（三）民间信仰
- 65　四、风物特产
- 65　（一）丰富特产
- 67　（二）特色美食
- 69　五、文化教育与人物
- 69　（一）文化教育
- 69　（二）人物

- 71　圩仔村
- 73　一、村落概况
- 73　（一）村情
- 73　（二）村史
- 74　（三）发展现状
- 75　二、自然与人文景观
- 75　（一）自然景观
- 76　（二）人文景观
- 82　三、民俗文化
- 82　（一）民间习俗
- 83　（二）民间文艺

84 | （三）民间信仰
85 | （四）民间建筑艺术
86 | 四、风物特产
86 | （一）丰富物产
86 | （二）特色美食
87 | 五、文化教育与人物

89 | **南溪社区**
91 | 一、村落概况
91 | （一）村情
92 | （二）村史
97 | （三）产业
98 | 二、自然与人文景观
98 | （一）自然景观
101 | （二）人文景观
106 | 三、民俗文化
107 | 四、文化教育与人物
107 | （一）文化教育
108 | （二）人物

111 | **侨港海上部落**
113 | 一、村落概况
113 | （一）地理方位
115 | （二）村史
116 | （三）村民构成
117 | （四）发展现状
117 | 二、自然与人文景观
117 | （一）自然景观
119 | （二）人文景观
121 | 三、民俗文化
121 | （一）民间习俗

125 （二）民间文艺
126 （三）民间信仰
126 四、风物特产
127 （一）饮食习惯
127 （二）特色小吃
130 五、文化教育与人物
130 （一）文化教育
131 （二）人物

135 **璋嘉老屋村**
137 一、村落概况
137 （一）方位与交通
137 （二）村史
139 （三）发展现状
140 二、自然与人文景观
140 （一）自然景观
144 （二）人文景观
155 三、民俗文化
155 （一）民间习俗
158 （二）民间建筑艺术
159 四、风物特产
159 （一）竹头白切鸡
159 （二）白切土猪肉夹猪肝
160 （三）璋嘉扣肉
160 五、文化教育与人物

167 **乾江村**
169 一、村落概况
169 （一）方位与交通
169 （二）村史
172 （三）发展现状

| 172 | （四）产业
| 174 | 二、自然与人文景观
| 174 | （一）自然景观
| 175 | （二）人文景观
| 189 | 三、民俗文化
| 189 | （一）民间文艺
| 191 | （二）民间信仰
| 192 | 四、风物特产
| 193 | 五、文化教育与人物
| 193 | （一）文化教育
| 195 | （二）人物

| 203 | **永安村**
| 205 | 一、村落概况
| 205 | （一）方位与交通
| 205 | （二）村史
| 207 | （三）发展现状
| 207 | 二、自然与人文景观
| 207 | （一）自然景观
| 209 | （二）人文景观
| 225 | 三、民俗文化
| 225 | （一）民间习俗
| 227 | （二）民间文艺
| 228 | （三）民间信仰
| 229 | 四、风物特产
| 229 | （一）黄皮果
| 229 | （二）扣肉
| 229 | （三）年糕
| 230 | （四）糍粑
| 230 | （五）白切鸡

230 | 五、文化教育与人物
230 | （一）文化教育
232 | （二）人物

235 | **石子岭村**
237 | 一、村落概况
237 | （一）方位及交通
238 | （二）村史
238 | （三）发展现状
239 | 二、自然与人文景观
239 | （一）自然景观
240 | （二）人文景观
246 | 三、民俗文化
246 | （一）民间习俗
247 | （二）民间文艺
249 | （三）民间信仰
249 | 四、风物特产
249 | （一）特色美食
250 | （二）特色工艺
251 | 五、文化教育与人物
251 | （一）文化教育
251 | （二）人物

253 | **黄泥秀村**
255 | 一、村落概况
255 | （一）方位与人口结构
256 | （二）村史
256 | （三）发展现状
257 | 二、自然与人文景观
257 | （一）自然景观
258 | （二）人文景观

| 261 | （三）建筑文化
| 265 | 三、民俗文化
| 265 | （一）民间习俗
| 266 | （二）民间文艺
| 269 | 四、风物特产
| 269 | （一）传统工艺
| 269 | （二）特色美食
| 269 | 五、文化教育与人物

| 271 | **曲木村**
| 273 | 一、村落概况
| 273 | （一）方位与交通
| 273 | （二）村史
| 273 | （三）发展现状
| 274 | （四）产业
| 276 | 二、自然与人文景观
| 276 | （一）自然景观
| 280 | （二）人文景观
| 288 | 三、民俗文化
| 288 | （一）民间习俗
| 292 | （二）民间文艺
| 293 | （三）民间信仰
| 294 | （四）特色工艺
| 294 | （五）服饰文化
| 295 | 四、风物特产
| 295 | （一）六湖蜂蜜
| 295 | （二）饭包粄
| 296 | （三）菜心粄
| 296 | （四）酸甜猪脚
| 296 | （五）炸虾饼

| 296 | 五、文化教育与人物 |

田头屋村

299	**田头屋村**
301	一、村落概况
301	（一）方位与交通
301	（二）村史
302	（三）发展现状
303	二、自然与人文景观
303	（一）自然景观
304	（二）人文景观
308	三、民俗文化
308	（一）民间文艺
309	（二）民间信仰
313	（三）特色工艺
314	（四）食俗文化
314	四、文化教育与人物

福禄村

319	**福禄村**
321	一、村落概况
321	（一）方位与交通
322	（二）村史
325	（三）发展现状
325	二、自然与人文景观
325	（一）自然景观
327	（二）人文景观
331	（三）建筑文化
335	三、民俗文化
335	（一）民间习俗
335	（二）民间文艺
336	（三）语言文化

| 337 | 四、风物特产
| 337 | （一）泥虫汤
| 338 | （二）炒泥龟
| 339 | （三）榄钱
| 339 | （四）福禄粑
| 340 | （五）粽粑（粽子）
| 340 | （六）芋头饭
| 341 | 五、文化教育与人物
| 341 | （一）文化教育
| 342 | （二）人物

| 345 | **多蕉村**
| 347 | 一、村落概况
| 347 | （一）方位与交通
| 347 | （二）村史
| 348 | （三）村情
| 348 | 二、自然与人文景观
| 349 | （一）自然景观
| 350 | （二）人文景观
| 351 | （三）建筑文化
| 356 | 三、民俗文化
| 356 | （一）民间习俗
| 356 | （二）民间文艺
| 358 | （三）民间信仰
| 360 | （四）语言文化
| 361 | 四、风物特产
| 361 | （一）多蕉豆豉
| 362 | （二）南流江玉石
| 362 | （三）特色美食
| 364 | 五、文化教育与人物
| 364 | （一）文化教育

364 | （二）人物

367 | **流下村**
369 | 一、村落概况
369 | （一）方位与交通
369 | （二）村情与村史
370 | （三）发展现状
373 | 二、自然与人文景观
373 | （一）自然景观
375 | （二）人文景观
381 | 三、民俗文化
381 | （一）民间文艺
384 | （二）民间信仰
387 | （三）特色工艺
388 | 四、风物特产
388 | （一）土窑烧烤
389 | （二）龙小面
389 | （三）鸡屎藤籺

390 | 参考文献
396 | 后记

盛塘村

图 1-1　盛塘村航拍图（赖文昌 摄）

一、村落概况

（一）村情

盛塘村*行政村位于涠洲岛南湾东北面，距离涠洲镇政府2.8千米，地处百代寮村委上坑村南面、荔枝山村委圩仔村西侧，与公山村北侧接壤。该行政村下辖沟门村、横岭村、盛塘村、井仔村、下牛栏山村和上牛栏山村6个自然村，共划分为18个村民小组，辖区总面积3平方千米。截至2021年，全村共有868户家庭，总人口3 621人，约2/3的村民信仰天主教，主要分布在盛塘村、下牛栏山村及沟门村等地。

盛塘村作为自然村，下分10个村民小组，共有489户家庭，人口1 845人。村民以汉族为主体，主要经济活动以农业为主。该地通行客家话方言。2006年3月盛塘村委盛塘村获"自治区卫生村"称号。

盛塘村内部及各村落间的主要通道已实现水泥硬地化，并已接通水电设施。该村原有全日制小学盛塘小学，现已整合至涠洲实验学校。2019年，盛塘村人均纯收入达1.31万元。

盛塘村位于涠洲岛的丘陵地带，东临大海，南接井仔村，西邻坑尾村，北与公山村接壤。该村拥有约101.93万平方米耕地，是涠洲岛上最大的村落，也是盛塘行政村村委会的驻地。这里的环境优美，山水景色如画，气候温和。主要的经济作物有花生、木薯、香蕉和甘蔗等。

盛塘村拥有深厚的历史文化底蕴，传统建筑保存较为完好，民俗民风独特。这里不仅是涠洲岛历史与文化的重要载体，也是游客体验当地文化和历史的绝佳去处。

在盛塘村中部，还坐落着涠洲岛最著名的人文地标——天主教堂。这座教堂不仅是全国重点文物保护单位，也是国家4A级景区。除这座具有百年历史的教堂外，盛塘村还拥有如珊瑚石古民居等丰富的人文景观。

目前，盛塘村已被评为广西三星级乡村旅游区、自治区级历史文化名村及广西绿色村屯等。

---

* 盛塘行政村与自然村同名，本文所称盛塘村为自然村。

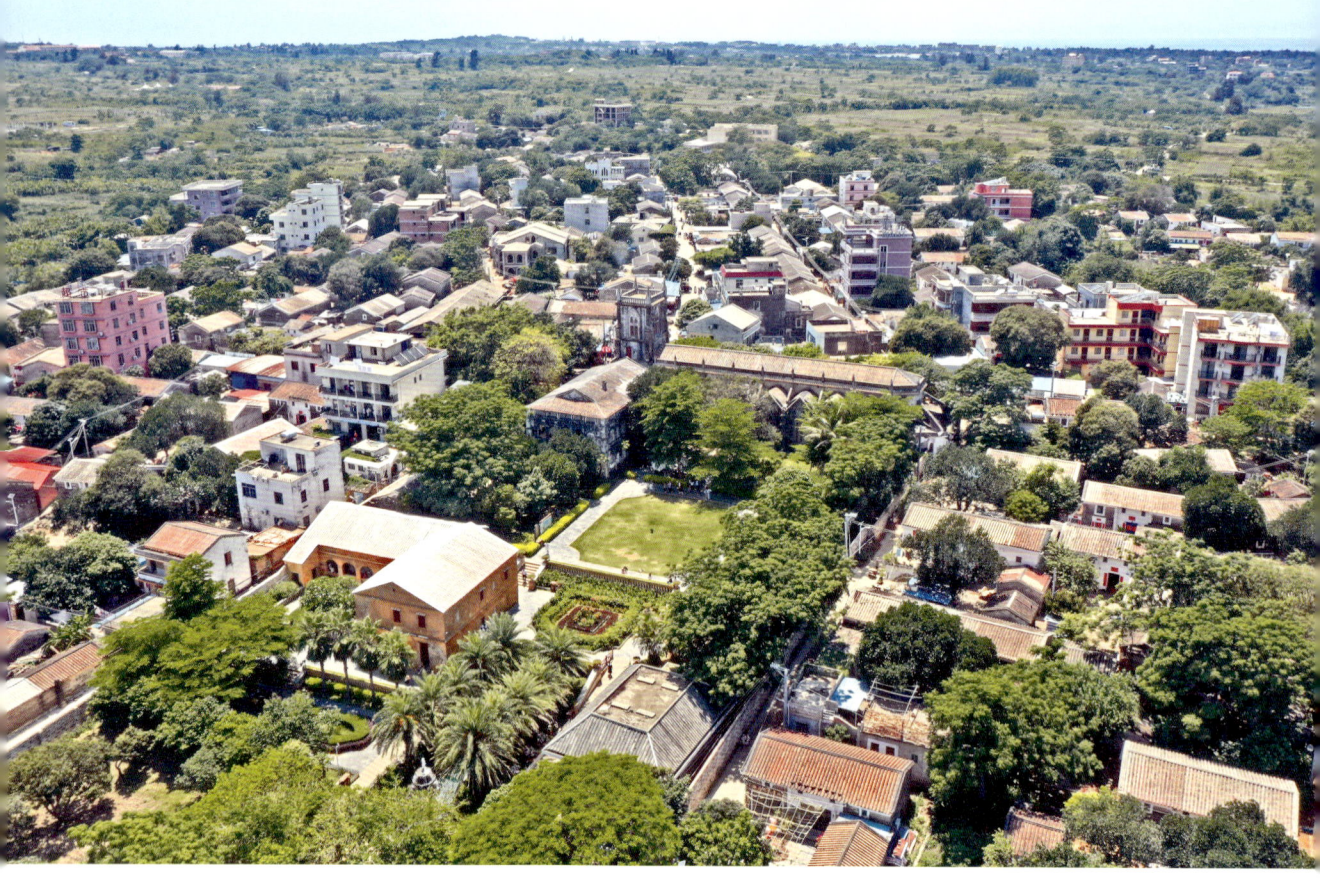

图 1-2　百年天主教堂俯瞰图（赖文昌 摄）

（二）村史

盛塘村始建于清同治十年（1871）。关于其原有的古村名，已无从考证。因法国天主教徒进入涠洲岛，在此地建有一座天主教教堂，故称为"天主堂村"。新中国成立以后，改称"圣堂村"。后来，为消除帝国主义文化侵略的痕迹，以"盛塘"代之，自此盛塘村的村名沿用至今。[①]

（三）产业

目前，盛塘村集体经济的主要收入来源于盛塘农贸市场摊位及周边房产、盛塘小学、村委会办公楼一楼房产的租金，年收入 14 万—15 万元。村集体产业经济结构略显单一，村民们凭借农业、渔业和旅游业为生计。近年来，旅游业蓬勃发展，不少村民转行经营餐饮和民宿业务，以及提供渔家乐服务。在农作物种植方面，香蕉、花生和木薯成为该村主要的经济作物。而在渔业方面，浅海捕捞和刺钓是他们主要的作业方式。

---

① 黄万吉主编：《广西壮族自治区北海市地名志》，北海市人民政府 1986 年版，第 117—124 页。

二、自然与人文景观

（一）自然景观

1. 百年芒果树

在盛塘村圣堂景区内，屹立着一棵拥有百年历史的芒果树。作为国家三级古树，这棵芒果树属于漆树科常绿乔木，历经了百年的风雨洗礼，依然枝繁叶茂，展现出顽强的生命力。芒果树的果肉细腻，含有丰富的维生素、胡萝卜素以及铁、钙等矿物元素，其独特的风味深受人们的喜爱，被誉为"热带水果之王"。根据村民口述，这棵古树的树龄大约为140年，推测是在天主教堂建成后不久种植的。如今，这棵百年古树已成为盛塘村圣堂景区内的热门拍照打卡点。为了保护这棵珍贵的古树，有关部门已经为其挂牌保护。

2. 百年菠萝蜜树

在盛塘村圣堂景区，有一棵挺拔的菠萝蜜古树，桑科常绿乔木，树干笔直，枝繁叶茂，在蓝天绿树的映衬下，它与百年芒果树共同营造出一种神秘而古朴的氛围，使

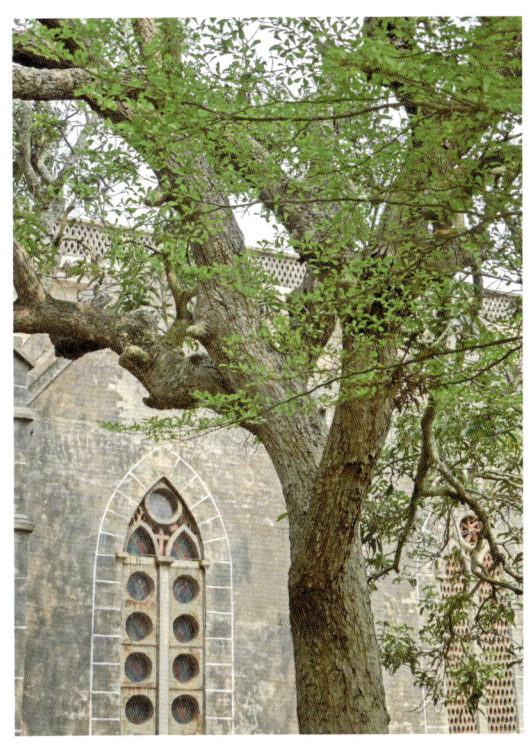

图 1-3　百年芒果树局部图（许小洁　摄）　　图 1-4　百年菠萝蜜树（许小洁　摄）

游客驻足流连。这棵古树历经140年的风雨沧桑，现为国家三级古树。

菠萝蜜被誉为"热带水果皇后"，它的重量可达5千克—20千克，甚至超过50千克，果实肥厚柔软，口感清甜可口，香味浓郁。这棵百年菠萝蜜树更是菠萝蜜中的珍品，它不仅是景区内的一道亮丽风景线，更是热带水果文化的珍贵载体。这棵百年菠萝蜜树，不仅能让您感受到它那悠久的历史与独特魅力，更能让您在欣赏它的同时，领略到自然与人文的和谐之美。

3. 贝壳沙滩

从盛塘村天主教堂出发，沿着小路行走约1千米，即可抵达贝壳沙滩。作为岛上唯一的环岛公路，自码头开始从北至东贯穿贝壳沙滩沿岸，沿途均可轻松步入这片美丽的海滩。该沙滩得名于其近岸处贝壳众多的特点，尽管涠洲岛四周的海滩上普遍可见贝壳，但贝壳沙滩的贝壳数量和种类之丰富堪称独一无二，可以说是"取之不尽，用之不竭"。

贝壳沙滩从岛的正东方海岸延伸至蓝桥码头，形成了一道长达2 300米、宽300米的美丽风景线，是涠洲岛上海岸线最长的沙滩景点。

这片沙滩的独特之处在于，它的大部分区域滩平沙细，宛如天然的柔软绒毯，让人感受到无比的舒适与宁静。沙滩上散布着大片的火山岩和贝壳化石，仿佛在诉说着古老的故事。清澈纯净的大海与沿岸开阔的防风林带相互映衬，构成了一幅动人的画卷。

沿海的海底，更是隐藏着长2 260米、宽660米的瑰丽神奇的珊瑚画廊。这些五颜六色的珊瑚与形态各异的贝壳共同装点着这片海域，令人惊叹不已。

贝壳沙滩的海水清澈见底，沙子洁白松软。与石螺口、滴水丹屏等繁华的沙滩相比，这里显得格外宁静与原始。游客们可以尽情地潜水、拾贝，感受海洋的魅力。每天清晨，当潮水退去，洁净的五颜六色的贝壳便铺满了整个海滩。常见的贝壳有塔螺、虎斑贝、玉螺、日月贝、马蹄螺、芋螺、夜光螺、花生螺、骨螺等，每一枚都独特而美丽。珊瑚也是这里的宝藏，有菌珊瑚、菊花珊瑚、鹿角珊瑚、牡丹珊瑚等，为这片海域增添了无尽的生机与色彩。

沿着贝壳沙滩前行，你会遇到三个观景台，每一个都有其独特的风景。在东面的观景台，你可以欣赏到绝美的日出；而西北面的海滩区域，则是观赏日落的最佳地点。

贝壳沙滩的西北段，更是被誉为涠洲岛最美的海滩。这里人迹罕至，风景如画，为游客提供了一个完美的休闲胜地。据说，这里还是国内众多海滩中发现珊瑚和贝壳种类最多的地方，每一处都充满了惊喜与奇遇。

图1-5 贝壳沙滩（赖文昌 摄）

　　如果你喜欢亲近大自然，贝壳沙滩绝对是一个不容错过的地方。在沙滩上漫步，不时可以偶遇小螃蟹、贝壳、珊瑚等，仿佛置身于一个神奇的海洋世界。此外，你还可以在海滩旁的木质度假屋中度过一个宁静的夜晚。躺在沙滩的吊床上，听着海浪的声音，看着璀璨的星空，感受大自然的魅力。清晨醒来时，你还可以欣赏到美丽的日出，为你的旅程画上一个完美的句号。

（二）人文景观

1. 珊瑚石民居

　　盛塘村是涠洲岛珊瑚石建筑数量较多、保存较完整的村落，古朴雅致，独具韵味。2013年盛塘村就开始对风貌进行整治修缮，现存珊瑚石民居大多数已经通过外立面粉刷方式翻新过。[①]

　　清朝咸丰、同治年间，盛塘村的客家先民因广东土客械斗而被迫上岛求生。他们多数人登岛时身无分文，面临着种植种类单一、交通不便及市场狭窄等诸多困难。由于缺乏赚钱的机会，村民普遍贫穷，20世纪50年代之前，村里的民居大多仍是茅

---

① 参见阳弋驰：《广西传统村落文化景观调查与分析》，广西师范大学硕士学位论文，2017年。

屋。当时建屋的方法是以黄土拌以沙子、珊瑚石等，用传统打垒的方法夯筑，以竹木为行条，上盖以茅草，继而炼泥打砖砌墙，再以竹木、茅草遮盖。这些房屋虽然简陋，却是当时村民们为求生存而创造出的智慧结晶。20世纪60年代的生产队时期，盛塘村村民以互助方式建房，开凿砂砖，砌以为墙。由于涠洲岛上条件有限，当时只能就地取材，用岛上的火山岩石（海化石）、珊瑚石建造起一幢幢房屋，秉承客家建筑风格，以古朴硬朗的身姿造就了如油画般的斑斓景致。①

岛上夏季多台风天气，村民为应对狂风骤雨，发挥了惊人的创造力，巧妙地设计出了独特的窗格，搭配厚实的窗框和多挑出的檐口。盛塘民居通常采用尖顶拱式或平房式，横排三套间，尖顶的屋顶尤为引人注目。在内部布局上，中间的屋子作为客厅，显得宽敞明亮，正门向内开启，既大气又实用。两侧的房间则分别用作卧室和储物间，从客厅左右两侧的门可方便地进入。这种不对称的开间设计，充分考虑了家庭成员的实际需求，既灵活又实用。

盛塘村的古民居不仅有南洋风格的建筑，还有融入岭南文化特色的骑楼式双连屋。这些建筑以海珊瑚石为主要材料，有的甚至全由珊瑚石砌成，或以珊瑚石作为墙壁和屋顶的主要材料。平房院落四处散居，部分相连，部分独居，形成了统一而独立的格局。

如今，这些古民居虽历经风雨，依然保持着古朴典雅的风貌，充满了艺术气息。它们与客家建筑如广东梅州围龙屋、江西赣州龙南围屋、福建永定土楼等有着显著的风格差异，却同样令人叹为观止。这些民居不仅是历史的见证，更是当地居民智慧和艺术的结晶。

盛塘村中的院落，受西方天主教、客家文化等影响，地主宅第、传统民居、新式建筑，属于不同文化的拼贴组合，既有平面构成，又有立面图形，虽历尽风雨，却保持着原汁原味的客家古风，这些独具特色的院落也是北海文化的重要组成部分，对研究我国建筑史、宗教史有着非同寻常的意义。②

2. 盛塘古井

盛塘古井，坐落于盛塘村教堂附近，据盛塘村村民口述，该井已有100余年历史。它曾是盛塘村村民的生活源泉，清冽的井水滋养了一代又一代人。如今，为了珍视和保护这份历史的记忆，已采取了严格的保护措施。

---

① 刘道超、洪小龙、范翔宇：《北海客家》，广西师范大学出版社2011年版，第104、105页。
② 廖陆：《涠洲客家与二元宗教现象浅议》，《北海日报》2012年2月24日。

图 1-6 盛塘村一角（许小洁 摄）

图 1-7 盛塘村珊瑚石民居（许小洁 摄）　　图 1-8 珊瑚石民居细节图（许小洁 摄）

3. 盛塘天主堂

涠洲盛塘天主堂，位于盛塘村中部，是广西沿海地区最大的天主教教堂，2001年被列为全国重点文物保护单位。

同治六年（1867），法籍神父与清朝粤都张树清合奏清政府开涠洲岛禁，带领部分广东、福建交界地的客家迁徙至此，开始传教。同治七年，宗立神父从广州来到涠洲岛，进一步发展教徒。为了解决宗教活动场所问题，法国巴黎外方传教会传教士于1869年开始在盛塘修建教堂，最终于光绪八年（1882）建成①。

涠洲盛塘天主堂为清末"雷廉"地区最为宏伟的一座教堂，是典型的文艺复兴时期哥特式建筑，由修道院、学堂、医院、育婴堂和钟楼组成，由于当时还没有钢筋水泥，于是就地取材，用当地的火山灰块石和珊瑚石砌筑墙体，螺壳灰粉墙，建筑材料全取自涠洲岛附近海域特有的珊瑚石、火山岩石、石灰拌海石花及竹木建造，用糯米、红糖和鸡蛋清胶黏合。教堂主体建筑长58.92米、宽16.2米，建筑面积955平方米，钟楼高21米，总建筑面积774平方米，连同附属建筑在内总面积达到2 000余平方米，可容纳教徒1 200人②。

盛塘天主堂，钟楼正面镌刻有"天主堂"三字，其附属建筑包括男修院、女修院及神父楼。该教堂采用坐北朝南的布局，大门的钟楼和侧翼的扶墙均为尖塔形状，其门窗亦为狭长且呈尖拱状，呈现出一种直指苍穹的形态。在建筑艺术上，教堂的墙体采用当地的火山灰块石和珊瑚石砌筑，表面略显粗糙，色泽深沉，不仅具有独特的美感，还具有鲜明的特色。天主教堂的外表古朴而粗犷，高耸的罗马式尖塔给人一种强烈的视觉冲击力，仿佛"向天一击"，让人感受到"天国神秘"的幻觉。这座教堂不仅是一处重要的宗教场所，还是一处融合了历史、文化和艺术的宝贵遗产。

在教堂附近建造的育婴堂、医院、学校，沿用了"借医传教"和"借办学传教"的做法。钟楼还有一个10多级的石造螺旋梯，只容一人盘旋而上直达二楼。顶层挂有一口铸于1889年的白银合金大钟。据说是一位法籍教徒所赠，当年的钟声能传遍整个涠洲岛。每个礼拜天的上午，司钟人上二楼拉响教堂的大钟，盛塘村及附近的信徒们听到钟声，都会自觉地、安静地步入祈祷大厅。阳光透过祭台间后面的彩色玻璃和大厅两侧尖拱大窗，使教堂内部显得绚丽多彩，就在这"天国之光"中，教徒虔诚地聆听"天主"的教诲。教堂的左侧，是一座两层的券廊式神父楼。1920年又办起男女修院和孤儿院，后因交通不便，男女修院和孤儿院迁至今天的北海市区。

---

① 广西壮族自治区地方志编纂委员会编：《广西通志》，广西人民出版社1995年版。
② 陈廖原：《今日扬尘处，昔时为大海 涠洲岛天主教堂》，《广西城镇建设》2015年第9期。

天主教堂静谧地伫立于一片苍翠的芭蕉林和菠萝蜜树林中。这座雄伟的建筑，在四周民居的簇拥下，更显得高大而壮观，散发出一种不可言喻的气势。钟声每日三次准时响起，声音悠扬而神圣，让整个岛屿都沉浸在这庄重神圣的氛围中。每逢周末，信徒们纷纷涌入教堂，举行虔诚的礼拜。教堂后院的欧式花园，宛如一幅美丽的画卷，为婚纱摄影提供了绝佳的背景。在这里，新人们可以尽情地留下他们美好的回忆。此外，教堂周围的民居群落充满了当地的风情，这里的居民热情好客，各种风味小吃店一应俱全。游客们在这里可以品尝到涠洲岛的地道美食，感受这座岛屿的独特魅力。

在过去的漫长岁月中，位于岛上的天主教会统辖着钦州、防城、灵山、合浦和北海等两广地区的天主教堂。盛塘天主堂，原本是涠洲天主教区的核心场所，用于办公与传教，还曾一度作为北海天主教教区的主教府。它隶属于法国"远东传教会广州天主教区"。

1923年，涠洲天主教区做出了重大决策，决定从涠洲岛迁移至北海市区，并重新命名为"北海天主教区"。从此，盛塘天主堂也转归北海天主教区管辖。

1938年，日本侵略者入侵涠洲岛，使其成为日军重要的海、空军事基地。在这次危机中，盛塘天主堂成为岛民的避难所。日本侵略者肆意妄为冲破了教堂的庇护，残害了众多无辜百姓，就连当时天主教堂的两位神父也未能幸免。

1946年，古神父接任，重整教务，恢复宗教活动，并先后办起小学、卫生院。"大跃进"及"文化大革命"期间，教堂大钟被破坏，建筑物遭到损毁。1983年落实宗教信仰自由政策后，政府拨款维修了破烂不堪的教堂，新铸了大钟①。全国人大常委会副委员长邓颖超来涠洲岛参观教堂后，捐助人民币1万元，添置跪凳、台椅、铺砌地板；*香港黎和乐神父亦捐巨款维修教堂。教堂内有文字记录了教堂"四事"：一是十年艰苦建成教堂。二是教堂曾成为日军侵略涠洲岛时百姓的避难所。三是20世纪50年代，教堂大钟被用去大炼钢铁，后由政府出资重铸。四是20世纪60年代，教堂内外被破坏，宗教活动被禁。

现在盛塘天主堂归涠洲天主教爱国会管理使用。天主堂作为一处重要的宗教活动场所，也是研究我国建筑史、宗教史的重要实物。至今，盛塘天主堂仍然是目前北海现存最早的西式建筑之一，也是华南地区最早和最大的哥特式教堂。教堂客观上扮演了外来文化在进入中国之前的中转站的角色，也成为涠洲岛上本土信仰与外来宗教、

---

① 参见陈廖原：《今日扬尘处，昔时为大海 涠洲岛天主教堂》，《广西城镇建设》2015年第9期。
* 参见天主教堂内"涠洲岛百年老教堂简史"介绍牌。——编者注

图 1-9 盛塘天主堂正面全景（许小洁 摄）

渔民村庄与客家聚落混融共处的独特历史遗存。1994年,盛塘天主堂被列为广西壮族自治区文物保护单位;2001年6月25日,国务院将其列为全国重点文物保护单位[①]。

根据广西旅游资源开发利用与服务质量标准评定工作领导小组的评定结果,北海涠洲岛圣堂景区在2018年荣获国家4A级旅游景区称号。如今,盛塘天主教堂已成为备受游客喜爱的涠洲圣堂景区,以其高品质的服务和丰富的旅游资源吸引着游客纷至沓来。

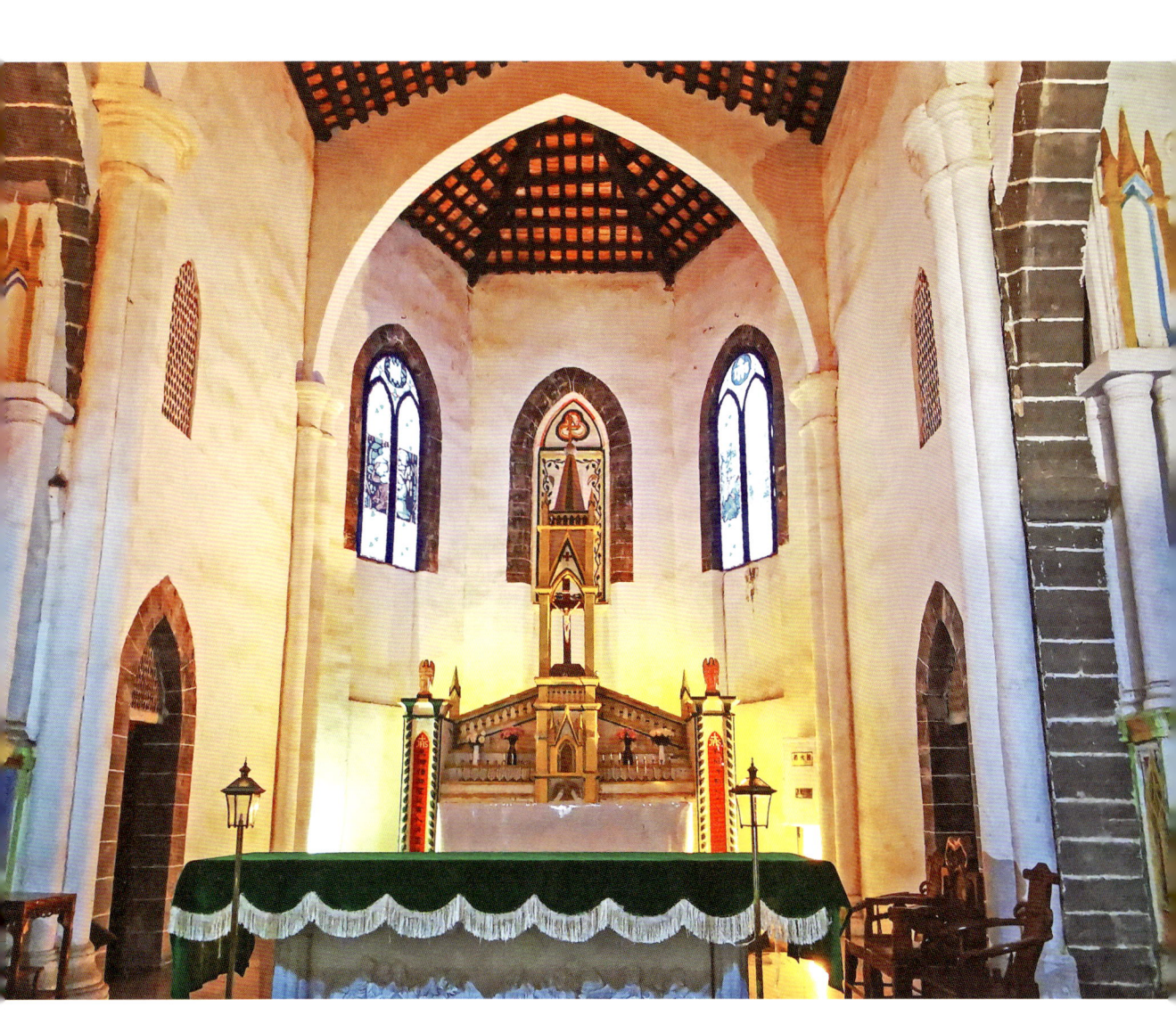

图1-10 盛塘天主堂内部(许小洁 摄)

---

① 彭静:《天主教在广西涠洲岛的传播与对外扩散》,《岭南文史》2011年第2期。

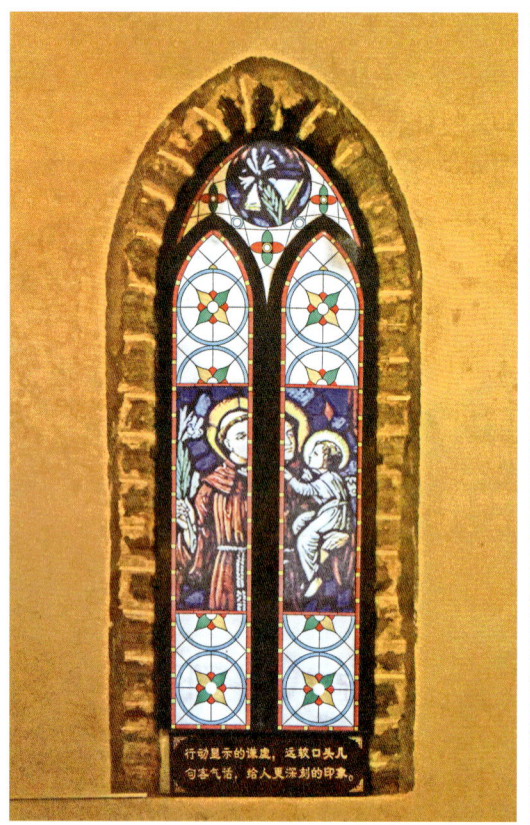

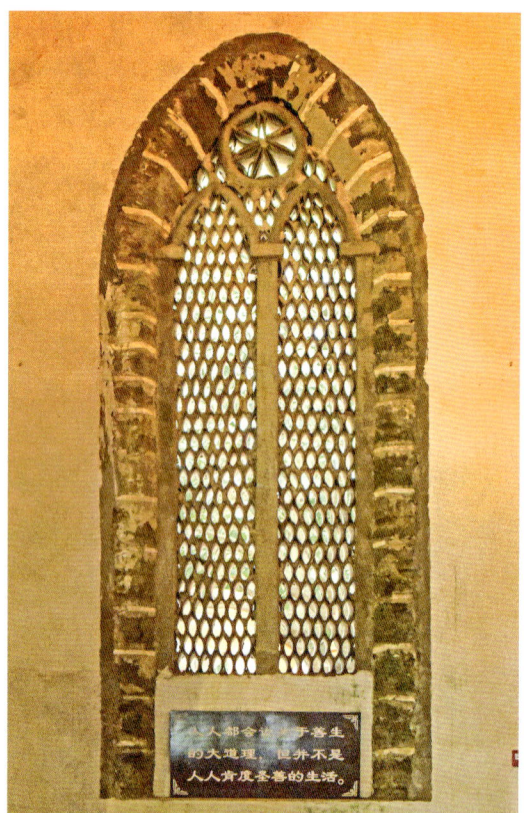

图 1-11　盛塘天主堂细节图（许小洁　摄）

图 1-12　盛塘天主堂圣母像（许小洁　摄）

图1-13 盛塘天主堂文化馆（许小洁 摄）

三、民俗文化

（一）民间习俗

盛塘村居民大部分是客家人，以客家话为方言，村民口音至今保留浓浓的广东梅州等地客家语言特点。他们以客家话为母语，口音中流淌着广东梅州地区浓厚的客家文化血脉。盛塘客家人在这里繁衍了至少五代，始终坚守古训，守护着中原客家耕读传家的宝贵传统。

这里的人们，心灵纯真、热情好客，他们的信仰坚定而纯粹。作为移民的后代，他们拥有一种独特的情怀，不畏艰难险阻，善于在迁徙中寻找生机。他们利用血缘、亲缘、地缘等各种纽带，凝聚起同宗、同乡的力量，共同创造美好的未来。

在这里，恳亲文化精神得到了充分的体现。盛塘客家人团结互助，携手共进，共同书写了一个又一个辉煌的篇章。

在涠洲岛盛塘村，客家人多因开垦荒地、宗族纷争、土客之斗以及避仇等情况而迁居于此。他们以勤俭创业、重教崇义、团结互助、念祖思亲的族群特质，与海岛的恶劣自然环境相抗衡，积极开垦田园，修建水渠，建立村落。从某种意义上说，涠洲岛的崭新风貌，离不开这些客家人的辛勤付出和卓越贡献。他们不仅带来了生机与活力，更在海岛上留下了深厚的文化印记。

盛塘村作为农业区，充分展现了近代客家人的农耕文明，这种文明以团结互助为核心，淳朴而纯净，且深受宗教情感熏陶。在建筑风格上，盛塘村巧妙融合了中西建筑理念。地主宅第、传统民居以及新式建筑并存，展现出不同文化阶段的交融，这种交融既有平面的构成，也有立体的形象。盛塘村的建筑不仅保留了浓厚的客家古风，还汲取了外来天主教建筑的特色。经过历史的洗礼，这些建筑基本保持了原汁原味的风格，成为研究我国建筑史和宗教史的重要实物，为北海文化增添了不可或缺的元素。

对待天主教义方面，盛塘村的客家人展现了出色的"洋为中用"智慧。他们不是简单模仿，而是采取了"拿来主义"的态度，将天主教的礼仪融入生活的方方面面。他们既遵守天主教的约束，又保持了客家人的谦恭和温良；既怀念中原的祖先和大陆的故土，又怀有对世界的向往。

春节、端午和中秋等传统节日仍然是盛塘村客家天主教信徒的重要日子。在这些节日里，他们制作和享用各种传统食品，如春节的年糕和米散、端午的粽子和中秋的月饼等。这些食品不仅是节日的象征，也是他们与祖先和传统保持联系的纽带。

逢年过节，岛上家家户户均贴红纸，烧香点烛，敬神祭祖，热闹而隆重。大年初一禁杀生吃肉。婚姻礼俗深受古时风尚习气的影响，目前依然仿中原古制"六礼"，即：说亲、送定、报日子和送聘金、盘嫁妆、接亲与送亲、拜堂与吃面碗鸡，一丝不苟，男婚女嫁定要"明媒正娶"。

涠洲岛盛塘村的客家民间习俗，在节庆方面有着深厚的历史底蕴。每逢重要的节日，岛上的居民都会进行一系列的祭祀活动，以表达对祖先和神灵的敬仰。在"三月三"这个特殊的日子里，当地居民会食用一种被称为鸡屎藤和三叉虎的植物，并将其与米一起捣碎，制作成鸡屎藤粑。据说这种食物具有驱虫去病的功效。冬至时，庆祝活动的热闹程度丝毫不亚于春节。由于涠洲海岛地处偏远，民间传统节日——春节期间才能用烟花爆竹进行欢庆。如果遇到外地游客在节日期间来访，主人会非常开心并热情款待客人，展现出涠洲岛人民的热情好客和传统文化的底蕴。

饮食方面。食法与两广其他地区基本一致。在日常生活中，当人们串门或走访亲戚时，通常会携带猪肉、水果和糖饼作为礼品。在招待客人时，主人往往会使用鸡鸭鱼肉等食材，其中鱿鱼炒南粉（丝）是岛民在待客或举行宴酒时常见的菜品。值得注意的是，在大年初一这天，禁止杀鸡和食用肉类。然而，现在有些客家人已经不再严格遵循这一传统，过年时仍会杀鸡吃肉，并且食物异常丰盛。

此外，当人们到渔家做客时，应避免将筷子直插在饭中；在食用鱼时，不能翻转鱼身，而应顺着鱼骨的方向进食；大船出海打鱼的当天，船员的家人不得食用鱼类，并避免说不吉利的话语。

婚俗方面。在过去的传统中，男女婚姻大多由媒人和亲友安排。然而，现在更多的年轻人选择自由恋爱并订婚。在双方达成协议后的第三天，男方会向女方家送去金银首饰、鸡鸭和定金作为聘礼，同时给予女方1 000元用于购买结婚礼服；女方家庭会退还10元给男方，留下990元，寓意天长地久。女方家庭收下聘礼后，会回赠一些饼果。随后，男方会选择一个吉日迎娶新娘。在过去，迎亲的队伍会携带烧猪、饼食、酒、米、爆竹、鸡、鹅等物品，并伴有锣声和音乐。新郎到女方家后，需要向女方家的祖先敬拜，并拜见岳父母和长辈。新娘出嫁时，通常会戴上凤冠，穿着红色百褶裙，拿着红帕，并有"哭嫁"的习俗。到达男方家后，新娘由娘家的大哥或兄弟背进家门。参加婚礼的宾客会向新郎新娘赠送礼钱。宴会结束后，主家会为每位客人准备一包宴席菜作为回礼。婚礼当天，新娘会向亲属敬献茶。第二天，新娘回门，新郎陪同前往。当小孩满月时，宾客通常会送上米、猪肉或布料表示祝贺。主家会将客人带来的礼物退还一半给客人带走，分享添丁的喜悦。如果宾客只送礼而不亲自前往，主家除退还礼物的一半外，还会附赠一小包喜宴菜。尽管现在许多传统的婚姻习俗仍然存在，但抬轿迎亲的方式已经逐渐被现代交通工具或步行所取代，新娘的婚服样式也更加多样化，"哭嫁"的习俗已经逐渐消失。

服饰方面。在过去的时代，盛塘男子通常穿着对襟开衫唐装，女子则偏爱偏襟皂衣和大脚裤，他们还喜欢佩戴尖顶竹笠帽。然而，如今除妇女仍保留戴竹笠的习惯外，其他旧式的穿着打扮已经很少见了。

建筑方面。民居主要采用本地出产的火山岩石、珊瑚粒块和传统的竹木土瓦建造，大部分为三间平房的布局。屋顶呈现较为尖细的形态，中间的房屋用作接待宾客的客厅，设有一扇向内开启的正门。左右两侧的房屋则分别用作卧室和储物间，可通过客厅内的左右侧门进入。这些民居充分展现了客家建筑古朴典雅的风格特点。

丧事习俗方面。在处理丧事期间，家庭成员需身着孝服并守在逝者的灵前。同时，为了表达对逝者的敬意和怀念，往往会邀请道公进行法事活动。当有客人前来吊唁时，他们会携带一些祭祀用品，如钱、香、烛等作为礼物。对于前来吊唁的客人，如果他们是家庭成员的主要亲戚，孝子孝女需在门口跪拜迎接，而亲戚也需在进门时行跪拜仪式。在葬礼结束后，主人家会回赠礼品给来访的客人，如毛巾和布料，寓意将逝者的福气带给客人们。

（二）民间信仰

1. 妈祖文化

妈祖，又被称为"天后""天妃""三婆"，其文化在涠洲岛的广袤海岸线、宽阔沙滩以及古朴村落中，犹如一条长蛇般蜿蜒前行，深入人心。这种文化的流传，不仅是一种信仰的传承，更是对涠洲岛独特自然与人文环境的深刻反映。

涠洲岛盛塘村村民，长久以来，依海而居，以耕海牧渔为生。妈祖（当地人称"三婆"，相传妈祖在其兄弟姐妹中排行第三），作为海上护航女神和惩恶扬善正义的化身，在村民心中拥有至高无上的地位。每逢佳节、渔船出海归航，以及每年的农历三月廿三日妈祖生日、九月初九妈祖忌日和农历十月丰收季，盛塘村渔民都会与其他村落的渔民一同举行庄重的"还福"[①]仪式，以示对妈祖的虔诚与敬仰。

自20世纪80年代初以来，涠洲三婆醮会由民间自发组织举办，每年农历九月十七举行，每三年一届，为期6天。在醮会期间，村民们自愿捐款捐物，自由组织各类节目。三婆庙内张灯结彩，锣鼓喧天，戏台高筑。四面八方的信徒纷纷涌来，人山人海，热闹非凡，充满了浓厚的宗教氛围和地方特色。

---

① 彭静：《海岛型文化生成、扩散及其区域效应研究——以广西涠洲为例》，中山大学博士学位论文，2006年。

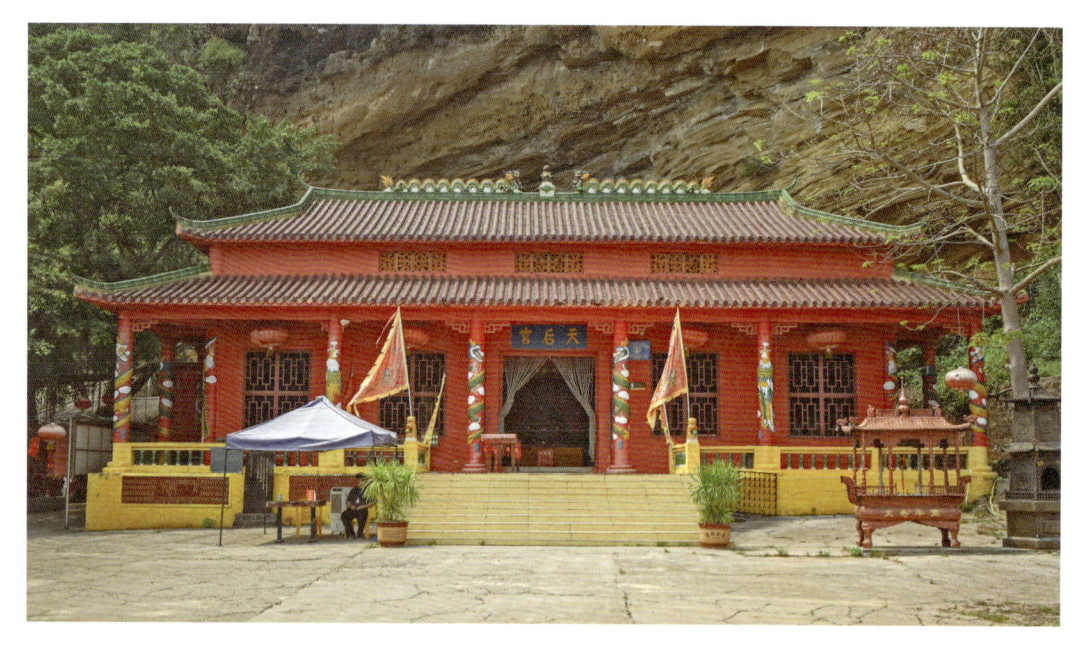

图 1-14 涠洲天后宫全景（许小洁 摄）

图 1-15 天后宫祈福带（许小洁 摄）

在三婆神像出巡的那一天，伴随其后的不仅有华丽的花车和神圣的神车，更有无数虔诚的信众紧随其后。各个村落都精心准备了三牲用以祭拜，而祭祀活动中则有舞龙、舞狮以及各种歌舞等丰富多彩的内容。这一祭祀活动规模盛大且庄重。在醮会的最后一天，真人的"过火炼"环节更是让人惊叹不已，这背后蕴含着人生需要经历磨炼才能修成正果的深意，如今已成为醮会上最引人注目、最富神秘色彩的重头戏。妈祖文化现已逐渐成为客家岛民的共同信仰，涠洲岛的祭拜妈祖习俗历经数百年的传承，至今仍然保留得相当完整，成为北海市不可多得的非物质文化遗产。

涠洲岛妈祖文化旅游节每三年举办一次，已成功举办多届，旨在深入挖掘和弘扬妈祖文化，传承中华优秀传统文化，同时搭建涠洲岛与外界的交流平台，推动涠洲岛旅游业的持续健康发展。在妈祖文化旅游节期间，各种活动丰富多彩，包括山歌赛、舞狮表演等，吸引了大量游客前来参与，场面热闹非凡。

2. 天主教文化

涠洲客家人崇拜不但保留了沿海渔民崇佛道、信鬼神的民间习俗，而且融合外来天主教的元素，相得益彰。当年天主教进入涠洲时，岛上的村落格局已基本形成，岛中及东南部的土地已被占据，因此教会选择在岛东北部一尚未开垦处落脚，发展势力。教会以低价大量收购岛上的土地，出租给教徒耕种，并配以耕牛、农具等物资，满足了移民梦寐以求的愿望，这对一贫如洗、背井离乡的移民来说弥足珍贵[①]。

海岛相对封闭的地理环境使天主教文化在盛塘村周边的小范围内得到充分的发展、壮大，进而传播扩散。据相关文献记载，天主教堂修建时，教徒就有1 500多人，几乎盛塘全村人都是天主教徒。1949年初，阮神父离任时，天主教徒为1 200多人，占全村总人数的90%，占全岛教徒总数的61.65%。

今天的盛塘村人口绝大部分即由当年随神父来岛定居的客家人及其后裔构成，因而村民大都是天主教徒。天主教文化中的诸多表征性的仪式渗透到教徒的日常生活中持续至今。每晚7点半，村民都会相约至教堂祷告。

以天主教徒为主体的盛塘村客家人，祭祀扫墓在每年的11月1日天主教诸圣节操办，在外地工作的信徒教众要返回涠洲岛为先人祈祷。这就是盛塘村天主教徒的"清明节"。

礼拜天（周日），教徒均到教堂做礼拜，逢复活节（公历4月12日）、圣神降临节（公历5月31日）、圣母升天节（公历8月15日）和圣诞节（公历12月25日），涠洲天主教教徒都要举行庆祝活动，远方教众慕名而来观摩参拜。良辰吉日，不时有

---

① 彭静、杨艺：《北部湾涠洲岛方言文化景观与分布特征》，《热带地理》2012年第6期。

新人选择在村里教堂举行婚礼。音乐新潮、客韵呢喃，婚庆典礼在本土神父洋为中用的西式洗礼仪式中完成升华嬗变，别具一格。

天主堂做礼拜的盛塘村民十分虔诚，让人肃然起敬。传播福音的是中国的神父。这里除周日做礼拜外，平时无人，有专门的教堂管理员负责管理，平日的教堂显得庄严而寂寞。随着近年涠洲岛旅游的兴起，参观教堂的游客越来越多。

圣母升天节（Assumption Day）是天主教、东正教的一个节日，又称圣母升天瞻礼、圣母安息节，这是关于圣母玛利亚最古老、神圣的节日。

在天主教、东正教的教义中，耶稣的母亲玛利亚在结束在世的生命之后，灵体一起被接进天堂。圣母升天节的时间，天主教在公历 8 月 15 日举行。对于涠洲岛民来说，圣母升天节是个盛大的节日，每年的圣母升天节，在涠洲岛盛塘村都会举行圣母升天仪式。这天热闹非凡，游客和岛民欢聚一堂，人们脸上洋溢着安和、善良的笑容。

（三）食俗文化

在盛塘村，客家人与其他涠洲岛的村民一样，遵循着一种独特的食俗。每逢红白喜事，他们都会准备 72 碗菜肴。这种习俗源自乡间传统，宴席以八仙桌方式进行，每桌坐 8 人，每桌有 10 道菜，寓意十全十美。在这十道菜中，除了一道汤以外，其余的九道菜都会分成每样 8 碗，总计 72 碗。这些菜肴以朴实无华、充满乡野风味而著称，全都由柴火精心烹制而成，每碗菜都配以丰富的食材。

由于碗数众多而桌面有限，所有的菜碗都被整齐地摞起，形成一座座壮观的"小山"。这一独特的食俗源自民间自古以来的"打包"传统，20 世纪 80 年代起开始在当地流行。这一食俗不仅展示了客家人对丰收的祈愿和节俭的美德，也是他们热情好客、团结互助精神的体现。

由于那个年代人们生活比较困难，"糠菜半年粮"，只有逢年过节才有比较丰盛的肉食，因此民间也有"打牙祭"之说。参与乡邻的红白喜事，自然是难得的"解馋"良机。客家人赴宴席吃酒，一般是全家人一起去或者由大人带一个小孩，其他人依然在家吃糠咽菜。所以，富于分享精神的客家人，赴宴时不忍独自享受，由此形成"打包"的习俗，将属于自己名分的菜肴，以芋叶或荷叶包好，带回家中让家人分享。为了便于大家"打包"，涠洲客家人干脆把每份菜肴分装成每桌 8 小碗，每人 9 小碗，由客人取食后带回家。"打包"的习俗全国各地均有，涠洲北海客家 72 碗食俗，当属奇特。①

---

① 刘道超、洪小龙、范翔宇：《北海客家》，广西师范大学出版社 2011 年版，第 134 页。

四、风物特产

（一）丰富物产

1. 火山岛香蕉

涠洲岛火山岛香蕉，作为涠洲岛特色农业的璀璨明珠，得益于其独特的自然条件和科学的种植技术。地处南亚热带季风性气候区，温暖的气候、充沛的阳光，年均气温23℃，年均降雨量1 383毫米，为香蕉的生长提供了得天独厚的条件。

涠洲岛地质构成以第四系玄武岩为主，火山灰质土呈中性略微偏酸，使得土壤富含营养。地貌特征丰富多样，包括火山口、海蚀、海崖堆积等地形，这些都为香蕉生长提供了优越的土壤和地形条件。

更为独特的是，火山岛香蕉灌溉用水采用火山岛矿泉水，其天然的矿物质成分十分丰富，含有香蕉生长必需的微量元素。这无疑为火山岛香蕉的高品质提供了重要保障。

在种植管理方面，选种优良、科学的栽培技术、四面环海的深海岛环境以及无工业污染的绿色环境，确保了火山岛香蕉的卓越品质。经过精心培育，涠洲岛火山岛香蕉已成为国内外果品市场上的珍品。

目前，火山岛香蕉品种主要有威廉斯、巴西、浦北矮、大蕉等，各具特色，品质优良，为消费者提供了多样化的选择。

火山岛香蕉以其卓越的品质和稳定的产量，在国内外的市场上赢得了广泛的赞誉。其平均单株产量高达28.5千克，果型上下均匀，整齐划一，果指紧凑，长度为22厘米。果实内可溶性固形物含量达到21%，一级果的比例高达90%。在种植过程中，火山岛香蕉采用了创新的节水、省肥、省工的栽培技术，分别实现了41%、23%和42%的节能减排效果。

该产品主要面向国内高端市场和海外出口，现已成功打入南宁、长沙、深圳、重庆、上海等城市的大型超市，并开始向日本等海外市场拓展。涠洲岛的火山土壤富含钾元素，种植出的香蕉

图1-16 涠洲岛香蕉（许小洁 摄）

色泽鲜艳，口感香甜。我国水果专家对此给予了高度评价，认为涠洲岛的光、热、水、温等生态要素极为适宜香蕉的生长。

在 2006 年中国—东盟博览会上，火山岛香蕉凭借其优良的品质和独特的口感，成功打响了品牌知名度。中央电视台及其他新闻媒体纷纷对其进行报道和推介。2004 年 10 月 6 日，著名物理学家、诺贝尔奖获得者杨振宁先生在涠洲岛参观了火山岛香蕉的种植基地并对其赞誉有加。

2. 木菠萝

木菠萝，又被称为树菠萝或菠萝蜜，是桑科下一颗璀璨的明珠。作为亚热带地区的瑰宝，它以奇特的聚合果形态，不规则的椭圆形外观，以及果皮上柔软的刺而引人注目。其硕大的体形，每只重达 5 千克，令人惊叹。

在涠洲岛这片美丽的土地上，木菠萝的种植历史悠久，近百年来为岛上的居民带来了丰富的滋味。这里的木菠萝品种繁多，各有千秋。干苞菠萝、干湿苞菠萝和湿苞菠萝等品种各具特色，肉质芳香、清甜脆嫩，令人回味无穷。尤其值得一提的是干苞菠萝，它以独特的口感和香味深受游客的喜爱。在岛上，木菠萝树果实从十几二十个到三五十至上百个不等。收获季节来临，整个岛屿沉浸在果实的馥郁香气中，为游客带来了一场味觉与嗅觉的盛宴。

踏上涠洲岛的旅人，无论身处哪个村庄，都能一睹茂密的木菠萝林和香蕉林的美丽景色。在这里，您可以尽情地品尝木菠萝和香蕉的美味，感受大自然的馈赠。与此同时，拍摄一张木菠萝的美丽照片也是每位游客留下的美好回忆之一。在这里，游客将留下难忘的回忆。

3. 木瓜

在涠洲岛，木瓜随处可见，其甜美的味道与该岛肥沃的土壤和优越的环境密不可分。这里的木瓜，仿佛吸取了大自然的精华，每一口都充满了甜蜜的滋味。番木瓜，也被称为木瓜、乳瓜或万寿果，是一种热带和亚热带的软木质小乔木。它高大挺拔，高度可达 8—10 米，树干笔直，给人一种雄壮的感觉。而那螺旋状排列的托叶痕，更增添了几分独特的韵味。每当果实成熟时，它们便高高挂于枝头，外形如同小巧的瓜，让人不禁心生喜爱。番木瓜不仅外观诱人，其营养价值更是丰富无比。它富含多种维生素和矿物质，对我们的健康大有裨益。品尝一口番木瓜，仿佛就能感受到大自然的馈赠和生命的活力。

（二）特色美食

1. 海鸭凤黄酥

海鸭凤黄酥，涠洲岛的名小吃与伴手礼，其名声远扬。广西北部湾地区的人们素

图1-17 涠洲特产——海鸭凤黄酥（许小洁 摄）

有在海边养殖鸭子的传统，这些鸭子以退潮时留下的海鲜，如小螃蟹、小鱼小虾等为食。因此，海鸭所产的蛋富含卵磷脂与矿物质，其味道清香纯美，深受人们的喜爱，多次获得央视等媒体推荐。

涠洲岛的客家人一直保持着使用海鸭蛋制作美食的传统。他们创新地采用海鸭蛋黄，结合新西兰的黄油与雪媚娘等主材料，精心制作出海鸭凤黄酥这款营养丰富、口味酥香、口感糯弹、奶香醇厚的美食。海鸭凤黄酥不仅是涠洲岛最具特色的名小吃，更是不可错过的美味。

2. 客家米散

春节期间，米散是涠洲岛盛塘村及其他村落客家人必备的传统美食、特色的年节小吃。涠洲米散的制作工艺相当复杂，主要材料包括糯米、花生和蔗糖。

首先，需要将糯米蒸熟并晒干，然后烧热沙子炒制花生和糯米。接下来，熬制蔗糖、搅拌和压实切块等工序也必不可少。这样制作出来的涠洲米散松软酥脆、甜而不腻，既有蔗糖的甘甜，也有花生米的香味。

涠洲岛的盛塘村民，每逢春节都喜欢制作米散，并加入岛上产的花生，使得米散更具有浓郁的香味，令人回味无穷。由于涠洲岛独特的地理条件，米散的制作过程中所使用的花生含有丰富的矿物质，这也是其他地方的米散无法比拟的。当地村民不仅会制作米散自己食用，也会将其作为礼物送给亲朋好友。寄给异地的亲朋好友，更成为一种美好的传统。

制作米散的原材料包括糯米、花生、白醋、冰片糖、陈皮和开水。其中，糯米需要蒸熟并晒干，花生则需要提前炒好、去皮并压碎。在制作过程中，熬糖浆是关键环节之一。熬糖浆的用量必须非常讲究。通常使用白醋和冰片糖按照一定比例熬煮糖浆，并加入适量开水。糖浆的熬制需要耐心和细心，因为糖浆过老或过嫩，都会影响米散的口感。将糯米、花生和陈皮按照一定比例混合后,将熬好的糖浆倒入其中,快速搅拌均匀。接着,趁热将混合物倒入准备好的容器中,用手快速铺平。待稍微冷却定型后,用刀轻轻割出方格以便取食。

传统的吃法是将米散与糖水搭配食用。在家庭条件较好的家庭中,人们有时会在糖水中加入鸡蛋或桂圆,使糖水更营养丰富。不过在过去,这种糖水通常是用来招待客人的,平时并不容易吃到。

随着时代的发展和涠洲岛旅游业的兴起,当地岛民开始探索创新吃法。他们将米散与水果、咖啡、花茶等时尚元素相结合,创造出新的口味如水果米散、咖啡米散和花茶米散等。这些创新的吃法深受广大游客的喜爱,也成为涠洲岛的文化特色之一。

3. 米散糖水

米散红枣枸杞糖水,是涠洲地地道道的美味佳品。这款糖水将米散、鸡蛋、红枣等食材精心烹制,不仅清润滋补,还营养丰富。其味道醇厚,口感滑润,让人一尝难忘。做法简单易学,无论是早餐、下午茶还是夜宵,都是绝佳的选择。为了品尝这款美味的糖水,您可以将红枣片和枸杞用250毫升沸水冲泡3—5分钟,再加入米散浸泡2分钟即可享用。米散由糯米制成,口感滑润,与红枣的浓郁香气和淡淡的甜味完美融合,让人回味无穷。此外,您还可以将制作好的米散糖水放入冰箱冷藏,享受冰爽口感,消暑解渴。

4. 年糕(大笼籺)

涠洲年糕,又称为"大笼籺",是涠洲岛客家人春节前的重要传统食品。因其象征着团圆,也被誉为蒸出来的年俗。制作过程需选用糯米粉和适量黏米粉,再加入冰糖搅拌均匀,确保糯米粉筛细,红糖水冷却。制作时需将糖水、粉浆搅拌均匀,倒入圆形模具,上笼蒸煮,加水蒸熟。虽然步骤看似简单,但每个环节都需精心操作,如糖与米粉、水的比例,搅拌时间和火候等都需要精确控制。

图1-18 年糕(许小洁 摄)

涠洲年糕的口感香糯浓甜,软滑弹韧,具有浓郁的蔗糖香味。在除夕当天,涠洲岛居民将其作为过年食品,寓意年年高升。圆形的年糕代表着丰收、喜庆和团圆,其名称也具有吉祥的寓意。当地人习惯在食用时,在大笼籺表面撒上芝麻和红枣,象征着新的一年红红火火，生活甜甜蜜蜜。

对于涠洲岛的居民来说，大笼籺不仅是一种食品，更是一种乡愁和年味的象征。只有在春节时分，将大笼籺摆上餐桌，才能真正感受到年的味道，让这个年过得完整而有意义。

五、文化教育与人物

（一）文化教育

盛塘村文化设施齐全，盛塘村图书馆是北海市有规模的村级图书馆。盛塘村游客集散站的智慧书房为广西首家海岛智慧书房，由珊瑚石民居改造而成。该书房设有自助借还机、电子借阅机等设施设备，实现 Wi-Fi 全覆盖，现有图书 3 000 多册，为岛上居民和广大游客提供方便快捷的"一站式"阅读服务，已成为涠洲岛新晋旅游打卡地。

1947 年外国教会在盛塘村创办了涠洲岛最早的小学，盛塘村及附近村庄的孩子在此接受教育。涠洲岛解放后，岛上群众集体先后创办了城仔小学、涠洲中心校、涠洲中学、涠洲渔业中学、西角小学、竹蔗寮小学、百代寮小学、公山小学、荔枝山小学等 9 所中小学，盛塘村的孩子可以就近选择中小学校接受教育。2002 年，海城区政府为优化海岛教育资源，对涠洲岛学校布局作了调整，将部分小学合并。2007 年，涠洲岛中小学合计 6 所，即涠洲中学、涠洲中心小学、盛塘小学、西角小学、竹蔗寮小学及斜阳小学。

多年来，由于岛上交通不便、条件艰苦，教育发展相对滞后，尤其是学前教育过去一直空白，为了给孩子接受更好的教育，部分家境宽裕的村民会乘船涉海将孩子送到北海市区上学。截至 2015 年，岛上仅有 3 所民办幼儿园及 1 所部队幼儿园。2016 年 3 月 31 日，涠洲岛首座公立幼儿园——北海市机关幼儿园涠洲分园（即涠洲岛幼儿园）正式挂牌成立，结束了涠洲岛没有公办幼儿园的历史，盛塘村及岛上其他村庄的岛民孩子也可以接受设施完备的公办幼儿园教育。2017 年，北海市教育局对涠洲中小学进行布局调整，将涠洲中学改建为九年一贯制学校，更名为"北海市涠洲实验学校"；将全岛六年级学生并入北海市涠洲实验学校。涠洲镇盛塘小学调整为教学点，由北海市涠洲实验学校统一管理。随着北海市各级政府重视发展涠洲岛的教育事业，投入不断增加，村民文化水平逐年提高，具有初中、高中（中专）、大专、本科等文化程度的人员占比逐年上升。而随着近年来涠洲岛旅游业迅速发展，岛上居民生活水平获得很大提高，不少村民在北海市区买房置业，以便子女能在市区接受更好教育，如此一来，岛上生源极大减少。2020 年，盛塘村教学点停止办学。

(二)人物

1. 汤显祖

汤显祖(1550—1616),江西临川人,字义仍,号海若、若士、清远道人,中国明代戏曲家、文学家。

汤显祖出身书香门第,早有才名,不但精通古文诗词,而且通天文地理、医药卜筮诸书。万历十一年(1583)中进士,在南京先后任太常寺博士、詹事府主簿和礼部祠祭司主事。万历十九年(1591)目睹当时官僚腐败愤而上《论辅臣科臣疏》,触怒了皇帝而被贬为徐闻典史,后调任浙江遂昌知县,一任五年,政绩斐然,却因压制豪强、触怒权贵而招致上司的非议和地方势力的反对,终于万历二十六年(1598)愤而弃官归里。家居期间,一方面希望有"起报知遇"之日,一方面却又指望"朝廷有威风之臣,郡邑无饿虎之吏,吟咏升平,每年添一卷诗足矣"。后逐渐打消仕进之念,潜心于戏剧及诗词创作。

汤显祖成就以戏曲创作为最,其戏剧作品有《还魂记》《紫钗记》《南柯记》和《邯郸记》合称"临川四梦",其中《还魂记》(即《牡丹亭》)是他的代表作。汤显祖曾专程来访涠洲岛,在《阳江避热入海,至涠洲,夜看珠池作,寄郭廉州》一诗中留下了"日射涠洲郭,风斜别岛洋"的诗句。

2. 江刺横

江刺横(1900—1927),原名稚衡,广东省廉江县良垌乡南溪村人。钦廉地区第一个地方党组织中国共产党北海支部负责人、北海工人运动的主要领导者。中学时代即投身革命,组织青年同志社,发动学生参加革命活动,将原名"稚衡"改为"刺横",表达其"击刺强横"的革命意志。

1925年,江刺横到广州农民运动讲习所学习,结业后回乡任农协负责人,为了筹集革命活动经费而变卖家产。1926年3月,他在家乡加入中国共产党,并受中共广东南路特委派遣,以国民党党员的公开身份前往合浦组织、领导当地革命群众运动。此时正值国共合作时期,江刺横在国民革命军第四军第十师的支持下,改组了原国民党北海市党部,任新组建的市党部执行委员兼组织部部长。7月底,与苏其礼等人领导创建了钦廉地区第一个中共组织——中共北海支部,出任书记。他利用国共合作的有利时机积极开展工农群众运动,先后成立了总工会、农会、渔民协会、妇女协会等组织,还渡海至涠洲岛组建了共青团的组织——青年同志社,发动群众驱逐了盘踞岛上的法国天主教神父。11月,江刺横组织了北海市历史上第一次反封建的统一大行动,率市民群众捣毁市内众多的庙宇神殿内的木雕泥塑神像,并将三婆庙改为市总工会新会址。12月,江刺横领导发动了全市空前的打倒市政专员(市长)——污吏陈椿熙的"倒陈运动",亲自撰写声讨陈椿熙的"快邮代电",发向全省,发动全市万余人,并率万余群众向窝藏陈椿熙的十一师(十师奉调北伐,十一师接防)师部示威,强烈要求罢免陈椿熙市政专员之职,慑于革命群众的巨大压力,陈椿熙终被撤换。

1927年4月23日,十一师包围了总工会等处,江刺横等共产党人被捕,关押于审判厅,遭严刑拷打,又施以利诱,江刺横宁死不屈,5月3日被杀于北海市东海滩,就义前高呼"中国革命万岁""共产党万岁"等口号。

3. 夏克

夏克(1915—1998),出生于山东夏津,曾用名夏尽忠,23岁在鲁西北参加抗日游击队。他从抗日烽火中一路走来,经历过八年抗战、解放战争、清匪反霸、土地改革。1950年3月5日,夏克任中国人民解放军第四十军第一一九师参谋长,担任解放涠洲岛战斗总指挥,乘坐87艘渔船由北海高德圩挥师南下渡海,于3月6日2时在涠洲岛会合登陆,向涠洲岛国民党军发起总攻,解放了涠洲岛。

4. 何耀海

何耀海(1918—1975),湖北孝感市大悟宣化店王家畈人。1931年参加红军,1937年加入中国共产主义青年团;1937年转为中国共产党党员。1934年随红二十五军长征,曾任连长、营长等职。解放战争中参加过淮海、徐州、涠洲岛等重大战役,多次负伤,荣立战功。1947年至1950年7月任中国人民解放军第四十军第一一九师第三五六团团长,1950年3月5日率一一九师三五六团,配属师火炮8门、机帆炮艇3艘,解放被国民党军"广东省民族反共自卫救国军南路指挥所"及海军陆战队1个连、炮艇2艘,共700余人占据的涠洲岛,战斗中重创了涠洲岛的敌炮艇,取得了木船打兵舰的经验,对我军大举登陆海南岛具有极为重要的意义,为海南岛战役的胜利做出了突出的贡献。

中华人民共和国成立后,何耀海任中国人民志愿军第四十军第一一九师副师长。1950年参加抗美援朝战争。回国后调中国人民解放军汉口高级步校、南京军事学院学习。1956年任吉林省军区副司令员。1959年12月任第三十八军第一一三师师长。1962年2月任吉林省军区副参谋长。1965年12月任吉林省军区参谋长。1966年3月任吉林省军区副司令员。1955年被授予上校军衔,获三级八一勋章、三级独立自由勋章、二级解放勋章。1947年至1950年7月任中国人民解放军第四十军第一一九师三五六团团长,执行解放涠洲岛战役任务。1975年于长春逝世[①]。

---

① 湖北省大悟县地方志编纂委员会编:《大悟县志》,湖北科学技术出版社1996年版,第772页。

5. 邱海鹰

邱海鹰（1961—　），祖籍涠洲岛。中国摄影家协会会员，国家级摄影家。2003年10月，邱海鹰开始投身于摄影创作。他的作品以独特的视角和深刻的内涵，表达了对家乡的深厚情感，给观众带来了视觉与心灵的享受。他的作品多次获奖并受到广泛认可。2005年，他的《渔光曲》摄影作品成为焦点，《普遍现象的缩影》《神奇美丽的靖西》等作品也相继完成。2006年，他的摄影作品《神曲》刊登在《中国摄影报》，同时《涠洲岛国家地质公园地貌》（组照6幅）和《奇特的涠洲岛地貌》入选《中国名岛（北海涠洲岛）国际摄影大展》。其中《一网万金》荣获优秀奖，在同年的广西"广西八桂群星奖"中，他还荣获青年组摄影优秀奖。

白龙村

图 2-1 白龙村航拍图（谭文勇 摄）

一、村落概况

（一）方位与交通

白龙村，隶属北海市铁山港区营盘镇白龙社区。该自然村与铁山港区政府相距约21千米，与北海福成机场相距约20千米，与北海火车站相距约41千米，交通条件优越。

白龙村的地势平坦，四周绿树环绕，环境优美。村庄西侧紧邻福成河与白龙湾入海口，南面则是一望无际的大海，这片海域是天然的珍珠产区，自古以来便是南珠的最佳产地。

村庄的入口位于东南侧，距离新建的城市主干道向海大道约7千米。迎宾广场宽敞整洁，白龙珍珠古城深藏在广场后的绿树之间，散发着历史的沧桑与厚重。白龙村的交通十分便利，白龙公路自村东贯穿而过，直达白龙海域。此外，随着向海大道经白龙珍珠城至南珠养殖区B区的三级公路改扩建工程的推进，该村的交通通达性将更加便捷[①]。

（二）村史、荣誉

据相关历史文献记载，早在西汉时期就有人在白龙这片土地上居住。白龙村的建城历史可以追溯至明朝洪武七年（1374），距今已有600多年的历史。目前村里遗留的历史遗迹较多，建筑遗产丰富，建筑类型众多且保存情况较好，具有很高的历史、文化、艺术价值及保护价值。

关于白龙村村名的来历，目前有两种说法。一种说法跟白龙城的建城史相关。这一说法来源于现任白龙社区党支部书记李世涌口述。据其所述，由于白龙村所在地为沿海丘陵台地，当时水草丰茂。古时白龙附近海域盛产珍珠，珍珠成为朝廷的贡品。明朝时为了方便对采珠珠民管控，朝廷开始选址建城，初选地为白龙村对面的古城村，在造城的初期，朝廷监造主官的白色坐骑每天都习惯性地跑到现在的白龙村来吃

---

① 参见曾丽群、朱鹏飞、单国彬：《基于聚类分析的特色文化名村旅游开发与保护研究——以广西北海市白龙村为例》，《湖北农业科学》2015年第17期。

草、歇息。朝廷负责监造的主官发现多次出现这样的情况后，下令暂停在古城村的建城计划，并请风水先生对白龙这片区域做堪舆。风水先生认为白龙这地方形似蛤蟆，被誉为"金蟾地"，断定白龙地的风水优于古城，因此建议将城址改至现在白龙村所在地。由于主官的坐骑为白色，寓意为白龙马，白龙马在神话中被称为"女娲之子"，代表着灵性、美丽和勇气，象征着精神上的力量，于是把建造的城池命名为白龙城，白龙村也因城得名。

另一种说法则来自白龙传说，赋予了白龙村美好的寓意。相传古代在这村子附近的海面上常有一条白龙升腾盘旋，晚上这条白龙还会从口中吐出夜明珠，为还在海上劳作的渔民照明引路，人们随着白龙出现的方向追寻，在海中找到了一片盛产珍珠的海域，于是就把这个盛产珍珠的海域称为白龙珠池，并在珠池捕捞珍珠安居乐业。村民认为白龙降临的地方是吉祥之地，为了感激白龙的恩德，村民决定将村子命名为白龙村。

白龙村是中国"国宝"南珠的发源地，脍炙人口的《珠还合浦》美丽传说就诞生于此。白龙村内至今还保留的白龙珍珠城遗址，1962年就被列为合浦县文物保护单位；1982年8月被认定为广西壮族自治区文物保护单位，为海上丝绸之路申报世界文化遗产的备选点；2012年8月被国家文物局列入海上丝绸之路始发港申遗备忘录

图 2-2　白龙珍珠城路口（赖文昌　摄）

名单。2015年12月以来，考古学家在白龙珍珠城遗址及周边5千米的地域内，发现至少有8处汉唐至明清时期的古文化遗存。考古学家在白龙城周边地域还找到了汉朝古人在此生活使用过的器皿，这一重大发现，将白龙可考究的历史由之前确定的明朝推前至汉朝，对北海市"海上丝绸之路"的申遗具有重要意义。

此外，白龙村2008年3月被北海市委、北海市纪律检查委员会列为北海市廉政文化教育基地；2014年5月被自治区住房和城乡建设厅列为"美丽广西，清洁乡村"示范村；2016年荣获"广西特色文化名村"称号，同年入选第四批中国传统村落名录[1]。2019年12月27日，白龙珍珠城景区成功获评国家AAA级旅游景区，结束了铁山港区没有A级旅游景区的历史。

（三）村情、产业

白龙村作为一个多姓氏的聚居地，其主体居民为汉族。根据2021年的统计数据，该村共有200余户居民，户籍人口800多人。在日常交流中，村民主要使用佤话（属于粤语方言，与廉州话类似）和廉州话（粤语方言的一种变体，其中夹杂着部分闽南语和客家话的元素）。近年来，随着外来人口的涌入，白龙村的人口结构发生了变化。这些外来居民主要来自福建省，他们从事科研、水产业、珍珠养殖、名贵螺以及对虾养殖等多种行业。

白龙村，自明朝洪武七年（1374）建成珍珠城后，逐渐发展成为集市。历史上，它一直是附近地区的海产品集散地，如今白龙市场依旧按照农历三、六、九的圩日进行交易。目前，村中超过一半的年轻劳动力选择外出务工，留守村民则主要依赖浅海捕捞和海水养殖为生，特色养殖项目包括珍珠、对虾和名贵螺类等。部分村民兼顾渔业和传统种植业，同时在浅海进行作业并从事农业生产。村内主要种植木薯、蓖麻、甘蔗和西瓜等经济作物，并盛产蛋鸭、海鸭蛋、海猪肉、虾、名贵螺、鱼等多种海产品。白龙村的西、南两侧紧邻河流与海洋交汇之地，集中了一批海洋水产科研与养殖机构，包括中国水产科学院南海水产研究所科技成果转变基地、北海市卓越湾水产科技有限公司海水珍珠育苗培养基地、北海金不换水产有限公司贝类苗种培育基地、盛景水产白龙珍珠静养实验基地以及利洋虾苗场等。在白龙村西南面的海域范围内，还分布着4处北海市马氏珠母贝自然繁殖试验区，这些试验区对推动当地海洋生物科研和养殖业发展具有重要意义。

近年来，北海市、铁山港区、营盘镇各级政府高度重视并大力支持白龙村的发展。经过一系列的开发与建设，白龙村的白龙珍珠城现已成为国家AAA级旅游景区。

---

[1] 肖正东、姚浩燕：《营盘镇白龙村入围》，《北海日报》2019年8月6日。

图 2-3　白龙村海水养殖业（赖文昌　摄）

该景区拥有古榕残壁（东门、西门）、白龙古井、南门、太监碑亭、古井花径等景观游览体系，为游客提供了丰富的文化与自然体验。

此外，景区还完善了游客服务中心、游客休息区、特产店、医疗室、旅游公厕、安全防护栏、导览标志、安全警示等配套设施，以确保游客的舒适与安全。随着游客数量的不断增加，部分村民抓住了商机，经营起了生态农家乐和渔家乐，为游客提供水果采摘、赶海、烧烤、露营、海鲜等一系列特色活动。

目前，白龙村的海水养殖业和旅游业呈现出良好的发展态势，为当地经济发展注入了新的活力。

二、自然与人文景观

（一）自然景观

1. 白龙湾

白龙湾，一个充满诗意的名字，得名于与它毗邻的白龙珍珠城。这里，大自然的鬼斧神工将一幅绝美的画卷铺展在世人眼前。白龙湾风光旖旎、海水湛蓝、沙滩长平，拥有红树林植物群落，适宜开发周边游休闲观光及养生度假。白龙湾的景色如画，湛蓝的海水映照着天空的蓝，绵延的沙滩仿佛是大地母亲的金色披肩。这里，红树林植物群落宛如自然的宝石，吸引着无数寻求宁静与和谐的目光。白龙湾的风光，无论是晨曦中的朦胧，还是夕阳下的余晖，都让人心醉神迷。白龙湾红树林，白龙社区这片约15.38万平方米的绿色宝藏，犹如一颗璀璨的明珠镶嵌在营盘镇白龙城的出海口，是自然赋予这片土地最珍贵的礼物。

2. 白龙港

白龙港位于铁山港区营盘镇的西侧，与永安港呈犄角之势，扼守龙门港至雷琼水道的咽喉。白龙港北有福成江流入，南通北部湾，呈带形，南北长约6千米，宽600—3 000米，三面为陆地环抱，是一个优良的避风渔港，也是铁山港区三大主要渔港之一、中国南珠的原产地。白龙港附近海域宽阔，水下为海底平原，直伸北部湾，是渔业、海水养殖、珍珠基地，河流在此入海，浮游生物丰富，盛产虾、蟹、贝等种类繁多的名贵海产品资源。

宋朝时期，白龙港与安南（今越南）互市，合浦的丝织品和瓷器大多数由此出口到安南和东南亚各国，白龙港亦被称作"海上丝绸之路"的始发港。

明朝曾设市舶太监和珠场大使管理港口，掌握海外诸番朝贡、市贸之事。不少商贾抵此贸易，"贩得渔盐齐赶市"，港口一度十分兴旺。据《粤西笔记》记载，"万历六年倭贼意古里、白龙，劫查民渔舟"，白龙港曾遭洗劫。清朝初期，廉州府"严海禁"颁布迁海禁令，商船、渔船无法出海营生，曾造成沿海无市的凋零凄惨景象。

据相关文献史料记载，白龙港附近的白龙池、杨梅池在汉代前便是合浦"七大古珠池"所在地，明朝初期，为防御倭寇，港口附近还常有军队驻守，至今白龙港附近岸边还遗留有古珠城遗址、宁海寺碑、太监坟等重要古迹。随着明末清初海寇侵扰和清政府实行"海禁"政策，白龙港开始走向衰落，最终成为今天的一个小渔港[①]。

3. 白龙湾红树林

白龙湾红树林作为铁山港区珍稀的自然资源，具有幽秘神奇的特质。它倚海而生，随着潮涨而隐退，潮退而显现，因此被誉为"海洋卫士"和"海上森林"。目前，红树林主要分布在营盘镇白龙城出海口位置，由海域、滩涂和红树林组成，其中红树林面积约15.38万平方米，形成了一片郁郁葱葱、连海连天的景象，视野广阔，无边无际。白龙湾附近的沿岸红海榄自然保护区拥有各种真红树植物、半红树植物、浮游植物和浮游动物等生物多样性资源。这里形成的生态系统丰富多样，是世界上最富有生产力的生态系统之一，也是海洋生物和鸟类的理想栖息地。

---

① 北海市铁山港区地方志编纂委员会编：《北海市铁山港区志》，广西人民出版社2019年版。

图 2-4　白龙湾红树林一角（许小洁　摄）

4. 白龙池

古人把合浦郡东南沿海一带集中出产南珠的海域称为珠池。《广东新语》曰："合浦海中，有珠池七所。其大者曰平江、杨梅、青婴，次曰乌坭、白龙、断望、海猪沙，而白龙池尤大。其底皆与海通。"《合浦县志》记载："东抵乐民所西抵白龙城为珠池海界……珠池在城东南八十里中……"虽然古代文献记载有些差异，但是经过现代人考证，白龙池位于北海市铁山港区营盘镇白龙海域，是现铁山港区沿海四大天然珠池之一。该池所在海域风浪小，面积宽广，气候适中，水质良好，光热充足。周围没有大河注入，海水透明度大于 6 米，浮游生物丰富，水温、沙石底质都适合珍珠的生长，是珠贝生长的得天独厚的地方，良好的天然珠场，所产的珍珠圆润、凝重、多彩。这里及附近海域共有 35 千米的黄金海岸，浅海滩涂广阔，其中潮间带和 5 米深以内的浅海滩涂有 143.33 平方千米，有 66.67 平方千米非常适合合浦珠母贝的生长。

5. 西门古榕*

西门古榕，这棵历史悠久的古树，属于桑科榕属，2017 年 11 月已被正式认定为广西壮族自治区二级古树。这棵生命力旺盛的树木附着于白龙古城中生长，树龄已超

---

* 内容根据白龙珍珠城景区展示资料整理。——编者注

过 300 年，树高达 18 米。

西门古榕现存的树身主干是由古榕的须根繁殖而来的，导致其呈现本末倒置的形态。这种现象的出现主要归因于两方面：一方面，原先树身下部的主干已经枯朽，而从树身枝干生出的须根却持续生长下垂并向地面延伸，逐渐覆盖了城墙的砖体。随着时间的流逝，形成了独特的景观——树中含墙、墙中藏树。另一方面，须根的生长繁衍过于旺盛，呈现交替更迭的状态。因此，现存的古榕树干可能是由第二代乃至第三代、第四代的须根生成。单纯依据树干的年轮来判断古榕的真实年龄已无法实现。

西门古榕作为白龙古城建筑布局和规模的见证，具有重要的历史意义。

6. 东门古榕*

白龙古城东门的小叶榕，又名细叶榕，属于桑科榕属。经过专业机构估测，该树的树龄已达 300 年，树高 17 米，胸径 2.87 米。其南北冠幅为 26 米，东西冠幅为 17 米，平均冠幅为 21.5 米。生长坡度为 Ⅰ 级，生长环境良好。该树于 2017 年 11 月被认定为广西壮族自治区二级古树名木，并得到保护。

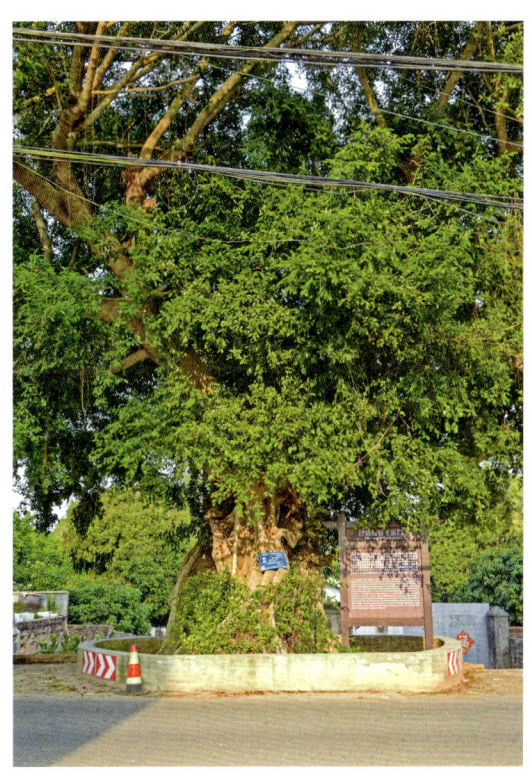

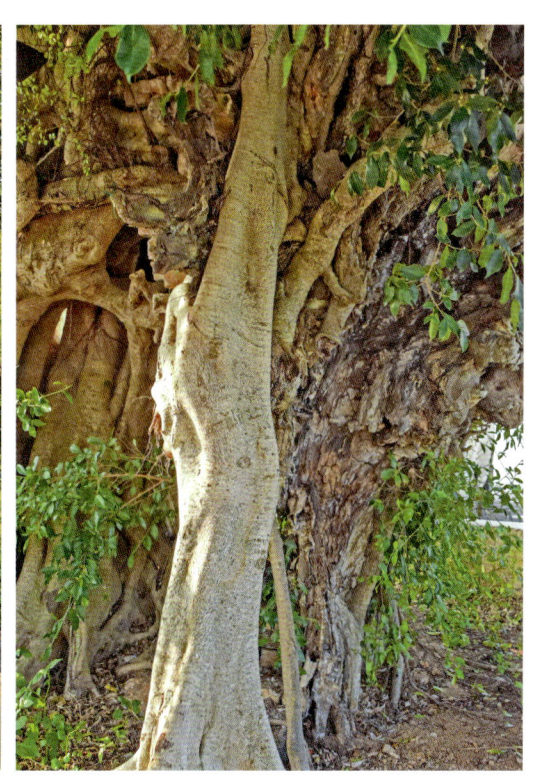

图 2-5 古榕残壁（东门）（许小洁 摄）　　图 2-6 古榕残壁局部图（许小洁 摄）

---

* 内容根据白龙珍珠城景区展示资料整理。——编者注

白龙古城东门古榕，原为城外古木。因古城年久失修崩塌，此榕树盘根错节于东城墙，蔚为奇观。抗日战争时期，东城墙的古榕遭毁，现存主干乃由其根须繁衍而成，属第二代至第四代根须，故其年龄难以精确测算。因古榕主干下部已枯，须根自枝干下垂至地面，吸取养分，不断生长。岁月流转，须根繁衍，将枯树干层层包裹，并向四周蔓延，覆盖了社王坛建筑，形成"树中有树，树中有屋"之奇景。

如今，古榕之巨大板根紧贴东墙，深嵌墙缝，与大板城砖相映成趣。古城墙风化残破，榕树苍劲斑驳，二者交织，此景成为白龙珍珠城的一大奇观。古榕高大醒目，曾为渔民出海归家的航标。

7. 古树铁线子

古树铁线子，学名山榄，隶属于山榄科铁线子属，坐落于白龙螃蟹塘。经专家鉴定，这棵古树于 2017 年被认定为广西壮族自治区一级古树名木，树龄预估高达 500 年。其树高 15 米，胸径 1.24 米，南北冠幅 15 米，东西冠幅 14 米，平均冠幅 14.5 米。生长坡度为Ⅰ级，且生长环境优良。

在过去的岁月中，这棵古树铁线子以其雄伟的身姿矗立于此，面朝大海。因其在没有航标和灯塔的年代里，为附近渔民提供了导航的坐标，故被视为"灯塔"。它曾拯救了无数渔民的生命，是他们的守护神。这棵古树见证了当地的历史变迁，经历了沧海桑田，成为村民心中的"神树"。

相传，这棵树下还是当年痴情的珍珠公主等待邓海生归来的地方。村民们至今仍传颂着珍珠公主与邓海生的爱情故事。每逢出海前，当地的渔民都会自发来到这棵树下，虔诚地焚香叩拜，祈求平安与顺利。

8. 珍珠泉

"珍珠泉"这一名字，源自村民们对白龙村周边地区散布的泉眼的诗意描述。这些泉眼，大的小的，分布在辽阔的海滩上，它们仿佛是散落的珍珠，点缀在海洋的胸怀中。于是，这片海滩便以"珍珠泉"之名传颂开来，成为村民们心中的美好象征。

传说中，这珍珠泉的泉水颇为神奇。每当涨潮时，泉水略带咸味；而当退潮时，泉水却变得淡雅清新。其水质纯净甘甜，令人赞叹不已。更为神奇的是，这珍珠泉的水质极佳，即便静置三年也不会变质。在炎炎夏日，用珍珠泉水煮成的粥，据说在 24 小时内都不会变馊。

在白龙村村民眼中，珍珠泉水是上天赐予的珍宝。他们深信，村中老人的长寿与长期饮用此泉水息息相关。这神奇的泉水，不仅滋养着这片土地，更孕育着村民们对美好生活的无限憧憬与向往。

(二)人文景观

1. 白龙珍珠城遗址

白龙珍珠城遗址,作为北海市南珠文化的历史标志,被视为极具价值的文化遗产。该遗址位于北海市中心以南约30千米处,南面临海湾,西面毗邻福成江入海口的白龙湾,其历史可追溯至600多年前。在抗日战争前,该遗址保存完好,完整地保留了丰富的历史文化信息。白龙珍珠城遗址不仅展示了北海"疍民""珠民"的生产、生活历史,还为人们提供了丰富的人文旅游资源。这座历史悠久的遗址,见证了北海市南珠文化的繁荣与传承,对于保护和弘扬当地文化具有重要意义。

古珠池之一的白龙池也因白龙村而得名。因古代白龙村盛产上等珍珠,珠民下海将珠贝从珠池采回后,就在白龙村这一带的海边剖贝取珠,经长年累月的积聚,珠贝堆积如山。明朝洪武初年,为了防御倭寇和海盗,朝廷在这里设置"白龙守御千户所"并建造城堡,就地取材,建城时以珠贝夯建城墙建成白龙珍珠城,白龙珍珠城的名称由此而来[1]。

现在的白龙古城遗址保护范围为以城址为中心,南城向南外延14米,向北外延17米,在城东外延10米,向西外延9米范围内,建设控制地带以保护范围内为基线。白龙古城遗址为长方形,南北长320.5米,东南宽233米,周长1107米,墙高6米,城基宽6米,以条石为脚,火砖为墙,中心由黄土夹珠贝夯筑而成,白龙城的城墙在夯制时,每10厘米一层黄土就加一层珠贝贝壳,用以代替石子,层层夯实,为后世留下了白龙城一层黄土、一层珠贝的独特现象,而白龙城的建造足以见证当年盛产珍珠的状况[2]。白龙珍珠城面积为74 676.5平方米,分东、南、西三个城门,门上有楼,可瞭望监视全城和海面,城墙内外砌火砖,城内设采珠公馆、珠场司、盐场司和宁海寺等。城墙周围还留有古代加工作坊的遗址和明代钦差大臣《李爷德政碑》《黄爷去思碑》等遗迹。城墙内外珍珠残贝散落,入地三尺皆是古代珠母贝,可见当年采珠之盛。此地历代盛产珍珠,质优色丽,以"南珠"之称闻名于世,流传多年的民间神话故事《珠还合浦》也发生于此[3]。

据相关历史文献记载,白龙珍珠城作为一座标志性的城堡,其建设始于明洪武七年(1374)。经过清康熙十二年(1673)的重建,这座城堡成为一个重要的军事要塞和行政管理中心。为了防范海盗和倭寇的侵扰,并加强对珍珠采集行业的监管,当时的朝廷决定在此地建造城堡。城堡的建设不仅关乎防卫安全,更是推动经济发展的重要举措。

---

[1] 北海市政协文化文史和学习委员会编:《南珠 天下第一珠》,广西民族出版社2019年版,第71页。
[2] 范翔宇:《白龙珍珠城的历史文化特色及旅游开发》,《北海日报》2011年9月25日。
[3] 牛凯、周金姓、陈刚:《白龙城考略》,《广西地方志》2019年第3期。

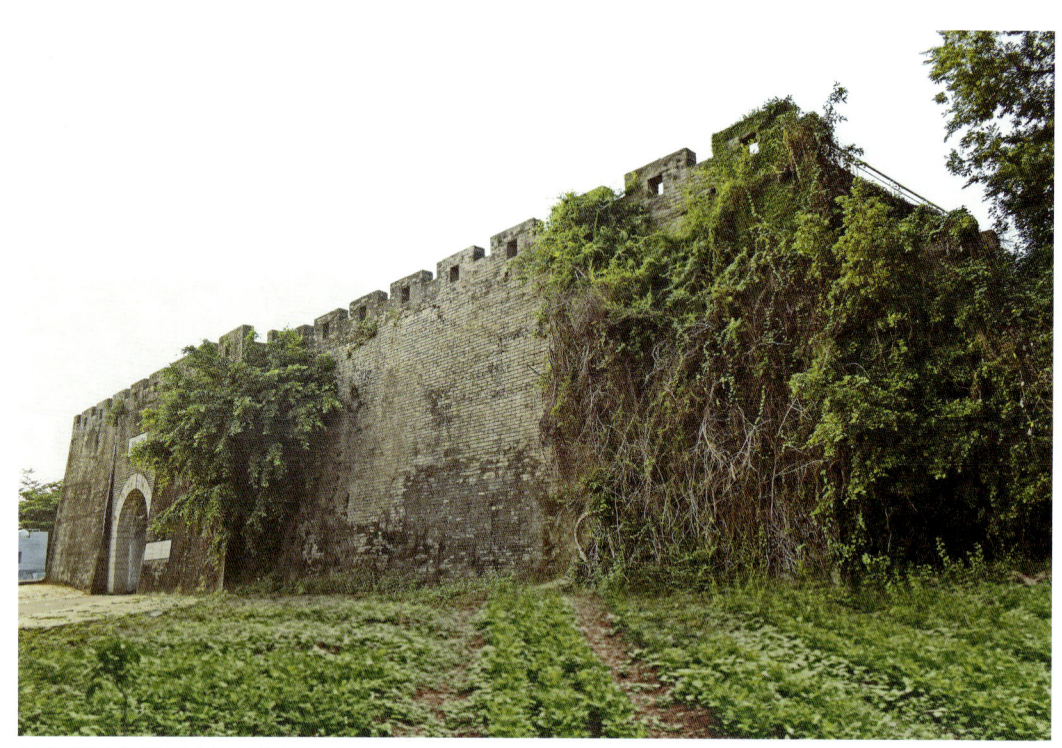

图 2-7 白龙珍珠城遗址（许小洁 摄）

图 2-8　白龙珍珠城遗址南门（许小洁 摄）

随着城堡的建成，多个政府机构陆续进驻，其中包括龙门协右营把总、采珠太监公馆、盐场大使、县丞、水师都守、司巡检等。这些机构的进驻，不仅加强了对珍珠采集行业的监管，也使得白龙珍珠城成为一个重要的政治和经济中心。其中，采珠太监作为负责珠池采珠的钦差，享有最高级别的特权，因此特别设立了采珠太监公馆。这一系列因素共同促使白龙珍珠城得名，并成为当地历史上的一个重要地标。

明崇祯版的《廉州府志·海防篇》中有记载："白龙墩，府南七十里，前内监采珠衙门，居八寨之中，珠场巡司衙门、东西八寨俱属管。"[①] 在古代，沿边设兵戍守的堡塞，称为台、墩，东汉的许慎在《说文》里曾解释道："墩，平地有堆。"墩，土堆而成的高台，高居其上免受水患。由此可见，墩、台是古代城镇防御工程体系中极其重要的一部分。

清乾隆年间《廉州府志》曾记载："白龙城，坐落府南八十里，属合浦。周围三百三十丈有奇，高一丈八尺，东西南三门并城楼。创自前明洪武年，内有采珠太监公馆，珠场巡检、盐场大使衙门，旧址尚存。"

---

① 转引自罗远燕：《白龙珍珠城：孕育千年南珠文化》，《北海日报》2019年12月12日。

民国版《合浦县志·建置志》记载更加详细：明朝洪武初年，朝廷在白龙村修建白龙城，城"周三百三十丈有奇，高一丈八尺"，设专官、内监并驻水师镇守。清康熙十二年重修。城为长方形，南北长 320.5 米，东西宽 233 米，周长 1 107 米，城基宽 6 米，原城墙高为 6 米（现已毁），面积约为 74 676.5 平方米，城墙内外均以条石为脚，火砖为墙，墙的中心是用一层黄土加一层珍珠贝壳夯打构筑而成的，分东南西 3 个城门，并设有城门楼监视海上及城外动静。城内设有采珠太监公馆、珠场司巡检署及盐场大使衙门和宁海寺。

因白龙城南是历代剖贝取珠的场地，珠贝堆积如山，层层珠贝在阳光下熠熠生辉，光芒四射。于是当地人习惯把这座古城叫作珍珠城。

图 2-9　白龙珍珠城南门城墙（许小洁 摄）

白龙珍珠古城，历经数百年沧桑，城内建筑大部分已损毁。至 20 世纪 30 年代，唯有城墙与城门尚保持完整形态。抗日战争期间，鉴于白龙城目标显著，为防范日军飞机轰炸及便于城内居民疏散，大部分城墙与城门被拆除，仅留下南城门及东侧一段 2.6 米高的残墙。1959 年，白龙城南门一段城墙亦基本被夷平。至 20 世纪 80 年代中期，剩余的南城门与残墙也崩塌损毁，彻底消失于历史长河之中。

白龙珍珠城门楼，历经岁月沉淀，见证了无数辉煌时刻。现存的白龙珍珠城门楼为南门楼，是 1992 年为举办北海市首届国际珍珠节及合浦首届采珠节在南门楼旧址上复原而成。这座庄重而典雅的门楼，似乎在诉说着往昔的辉煌。在重建过程中，为了保护珍贵的城墙遗址，特地采用了延长城门墙体、建立保护棚的措施，犹如为城墙遗址穿上了坚固的保护外衣。如今，我们看到的城门墙体和保护棚内的城墙遗址，宛如一幅历史画卷，长约 30 米，宽 10 米，最高处 2.5 米，静静地诉说着往昔的辉煌。而从南门楼墙体和保护棚外向东延伸的古城墙遗址，有迹可循的部分长达 60 米，最宽处 5 米，最高处 1.5 米。每一步走过，都能感受到历史的厚重与文化的积淀。这座白龙珍珠城南门楼，不仅是历史的见证者，更是文化的传承者。

在建设过程中，充分考虑到白龙珍珠城地处海岸丘陵黄沙土层的地质特征，并根据白龙附近没有山、石头少的实际情况，采用石灰、细沙、黏土混合在一起夯土筑墙的方法。为了增强墙体的坚固性，还加了适量的桐油、土制红糖和糯米粉。由于本地细沙缺乏，珍珠贝壳较多，因此在拌制夯墙材料时就采用珍珠贝壳代替细沙。正是珍珠贝壳形状不一，与石灰、细沙混合夯实后，更有利于相互"咬紧"黏合，增强了墙体的牢固性，筑城时添加了大量的珍珠贝壳，因此白龙珍珠城的城墙留存了大量珍珠贝壳。

由于珍珠贝壳的资源丰富，成本低廉，且作为夯墙材料可就地取材，城内部分民居也选择了这种别具一格的建筑方式。因此，城内尚存许多由珍珠贝壳与石灰、细沙混合夯制而成的民居，它们历经风雨，依然坚固挺立，成为历史的见证。这些民居不仅展现了古代人民的智慧和创造力，更带来一份珍贵的文化遗产，值得我们珍惜和保护。

白龙珍珠城的城墙，以珍珠贝壳为建材，保留了大量的古珠贝，构筑了独特的景观。这些古珠贝不仅是珍贵的建筑元素，更是历史的见证，为我们提供了研究合浦马氏珠母贝的实物资料。白龙珍珠城的城墙，不仅是视觉上的享受，更具有科学考证的重要价值。

历经清朝、民国及抗日战争战火的影响与破坏后，白龙珍珠城遗址于1962年被合浦县列为县级文物保护单位，1981年8月25日被广西壮族自治区政府列为自治区文物保护单位。如今，经过精心修缮与整合，白龙珍珠城遗址已焕然一新，成为国家AAA级旅游景区——白龙珍珠城景区。这不仅书写了铁山港区A级旅游景区的新篇章，结束了铁山港区没有A级旅游景区的历史，还奠定了其在北海市旅游产业"一带两极三区四组图"中的三区之一的地位格局。

2. 白龙古井*

在白龙珍珠城外，原有三口古老的井，其中两口位于城西，一口位于城东。这些古井历经漫长的岁月，已经逐渐被遗忘。据历史记载，西门井始建于清代，其井水曾是白龙城居民的主要饮用水源。水质纯净甘甜，甚至直到20世纪80年代，白龙村的居民仍在使用这口古井的水。

为了更好地挖掘、整理和建设白龙古城的历史文化资源，相关部门于2014年开始进行调查。通过访问村中老人、搜寻历史资料以及实地勘察，位于西门外的白龙古井得以重建。这座古井的特色在于其青砖和石板条构建的独特风格，并且同年被正式登记为北海市文物点。

该井的井口呈现正方形，每边长1.1米，井深约5米，水深3米。古井周围设有

---

* 内容根据白龙珍珠城景区展示资料整理。——编者注

图 2-10　白龙古井（许小洁　摄）

图 2-11　古井花径（许小洁　摄）

井台和围栏，均由青砖砌成。井台为六边形，直径4.9米，围栏的高度为1.38米。这些细节之处无不展现了古人的建筑工艺和审美观念。

经过对相关史料的进一步考证，白龙城原来是千户防御所城堡，作为廉州水师右营龙门营的协防要塞，承担着东至珠场司汛，水路30里，西至冠头岭、三汊口汛，水路100里的防务。作为防御倭寇的要塞，这里曾驻扎了大量军事机构及营兵，驻兵员额一度达到1 026名。考虑到周边住户仅有百余家的情况，西门外这口古井及另外两口相邻的古井极有可能是专为城内衙官供水所建。这三口古井的建造与现有史料记载的驻城人数的用水量基本吻合。

随着对白龙古井挖掘考证工作的深入开展，期待能够获得更多关于白龙城的宝贵信息资料，以进一步揭示这座神秘古城的丰富历史和文化内涵。

3. "昌权"商号炮楼遗址 *

老街商铺"昌权"号，历史悠久，原址为白龙城内的炮楼。该炮楼是为满足白龙城的军事功能而建，具有极高的历史价值。现存的炮楼旧址为三层长方形建筑，墙体宽厚约80厘米。二层以上的四面墙体上设有内宽外窄的枪眼，平时用特制铁板封盖，以遮挡风雨。战时则可拉开铁板，观察城内情况。其射程范围足以覆盖整个白龙城，形成强大的防御能力。整座炮楼的形状结构与北海当地客家土围城的构造相同，具有浓厚的地域特色。

民国时期，炮楼临街的墙体被改造成骑楼格局，用作商铺经营。商号名为"昌权"，寓意繁荣昌盛，权势显赫。新中国成立后，"昌权"商号曾作为白龙公社（乡）驻地旧址，见证了时代的变迁。

"昌权"商号作为与白龙城建筑同期的重要历史遗存，对于考察白龙城的建筑格局具有重要意义。它不仅是一处具有历史价值的建筑，更是白龙城文化的重要组成部分。因此，对于保护和利用"昌权"商号，应给予足够的重视和关注。

4. 千年珠贝层

在古代，白龙珠民常下海采集珠贝，他们在白龙城这一带剖贝取珠，久而久之，珠贝堆积如山。明洪武初年，朝廷在选址建立城堡时，充分利用当地资源，以这些珠贝夯建城墙。这千年珠贝层，深藏于白龙城地下，不仅见证了白龙海域南珠的原产地历史，也记录了珠民的采珠历程和白龙珍珠城的沧桑变迁。如今，白龙城的城墙遗址下，仍有大量古代珍珠贝壳遗留。这些珍珠贝层厚达0.6—2米，质地坚硬如石，光泽如丝，温润如玉，是不可多得的特色资源，极具开发价值。

---

* 内容根据白龙珍珠城景区展示资料整理。——编者注

图 2-12　千年珠贝层（曹佐明 摄）

5. 白龙城老街*

根据相关史料记载和北海市本土专家的考证，白龙老街在古代曾是采珠公馆、珠场司、盐场司的所在地，具有重要的历史地位。为满足白龙城作为海防要塞驻军的粮食供应和调剂需求，老街米行应运而生，这也使得白龙城具备了军备、渔农、商贸的功能性特征。

白龙古城老街的布局设置独具特色，自南门起，以南北大街为主轴贯穿全城。在大街东侧，由北而南依次设置了米行、鸡行、鱼行，俗称"三行"。这种"一街三行"的格局在现今仍依稀可见，为考证老街不同时期的历史建筑形制提供了重要的实物凭证。经过近年来的名村建设修复改造，白龙城老街的原生态结构布局得到最大程度的复原，呈现出较为完整的古村落老街的格局景观。

6. 珍珠亭

珍珠亭，坐落于历史悠久的白龙珍珠城内，采用仿古建筑风格，不仅为游客提供了一处宁静的休息场所，还具备避雨、乘凉的功能。此外，游客可以在此欣赏到美丽的风景。这座亭子是为了纪念汉代孟尝在合浦地区治理有方、政绩卓著而建造。文徵明在《送陈良会御史左迁合浦丞》一诗中写道："去去还珠亭下路，苏公千载有遗芳。"这句话表达了对孟尝政绩的赞扬和崇敬。

---

* 内容根据白龙珍珠城景区展示资料整理。——编者注

图 2-13 珠城街牌坊（许小洁 摄）

7. 太监碑亭

白龙城遗址的南门外，存有两块高约 1.8 米、宽 0.6 米的方大石碑。这两块石碑分别是《李爷德政碑》和《黄爷去思碑》。然而，由于长时间的风雨侵蚀和人为破坏，碑文上的字迹已经模糊不清，无法辨认。但从碑额来看，可以确定这两块碑均为记功碑，是当地珠民为李、黄两位太监记功立传的传记碑。

据历代传说，他俩曾向皇上沥情启奏，请求朝廷停采珍珠，并揭谶遏佞弹劾了一些贪官污吏，惠及珠民。当时珠民因其能解民倒悬于水火之中，内心崇敬，特立碑以纪其功德。可惜年久失修，纪念物东倒西丢，失散殆尽，残碑湮没于荒凉草丛之间。1988 年，合浦县为保护古迹文物，在纪功碑原址上修建碑亭，把有关碑碣和在荒烟蔓草中找到的石龟断首等残物，散落在白龙珍珠古城遗址上的各种碑刻集中放在亭阁内，并将田汉手书的诗刻碑立在壁上，供人凭吊。

两碑均为纪功碑，从史料上考证，《李爷德政碑》是为廉州府官李逊弹劾采珠太监歌功颂德的纪功碑；《黄爷去思碑》则是为了记述明代万历年间的涠洲游击将军黄钟海防御倭寇的事迹而建立。

此外，太监碑亭内还收藏有《宁海寺记碑》《天妃庙碑》及柱石等物。这些碑刻蕴藏着白龙珍珠城的许多重大历史信息。

图 2-14　太监碑亭（许小洁　摄）

碑亭门口的墙壁上，镶嵌有曾任文化部戏曲改进局局长、艺术事业管理局局长、中华人民共和国国歌歌词的作者田汉 1962 年 4 月所作的写有《访合浦白龙珍珠城旧址二首》刻匾。

8. 宁海寺记碑

宁海寺建于白龙城内，寺废圮后，《宁海寺记》碑被遗弃于白龙小学内。1988 年，广西壮族自治区文化厅文物处建白龙珍珠城太监碑亭以收藏与白龙城相关的碑刻。太监碑亭建成后，《宁海寺记碑》移入亭内收藏。

《宁海寺记碑》，高 156 厘米，宽 82 厘米，厚 14 厘米。碑体由龙生九子之赑屃（又名霸下）背驮。其中赑屃头在出土时已被损坏，现存的头部为后来补上的。正面残存可辨的文字如下：

钦差内臣……宣德戊申年奉……命来守珠池……诚心，海……于……年十二月戊寅日……工。……宁海寺……海神。

考察碑文中"钦差内臣""宣德戊申年奉□命来守珠池"等记述可知，是时朝廷派采珠钦差到白龙城监守珠池。宣德戊申年（1428），即明宣宗（朱瞻基）宣德三年。明宣宗在位期间，曾派出钦差到雷廉珠池监守采珠[①]。

---

① 参见邓兰：《白龙珍珠城古碑考》，《广西社会科学》2003 年第 5 期。

图 2-15　宁海寺记碑（秦竟芝 摄）

当时被派到白龙城监守珠池的采珠钦差是杨得荣。杨得荣奉皇命来白龙城监守珠池后，即动工兴建宁海寺，并于第二年十二月十五日竣工。宁海寺建成后，成为渔家珠民祭祀海神和珠神的场所。由此可见，在宣德年间，白龙城内为接待采珠钦差，就设有采珠提举司的办事衙门（太监公馆）。杨得荣当时在白龙城还建有天妃庙，并立碑纪事，为当今考究宁海寺的历史建制留下了参考凭证。

9. 西海神庙

西海神庙，又被称为西海庙，坐落于素有"南珠之乡"美誉的白龙珍珠城西南部。该庙始建于明朝万历年间，面朝白龙港和银海区的古城镇，得天独厚的地理位置使得港内两侧堤坝以及港内生长着诸多珍稀物种，其中尤以白骨壤等红树林物种为珍贵。白骨壤的果实，俗称榄钱，曾被用于制作美味佳肴芥菜榄钱汤，现已禁止采摘。

此庙宇初建时呈土灰色，房屋结构独特，庙内正中央供奉着一尊高达 40 多厘米的佛像，深受信众的崇敬与爱戴。遗憾的是，因年代久远，西海庙年久失修，破败不堪，几近损毁殆尽。

北海市著名企业家、强远集团董事长张远明先生等深感神庙之历史价值与文化意义，慷慨解囊，捐助巨资以重修西海庙。自 2009 年 5 月 8 日开工，同年 12 月 18 日

图 2-16 西海神庙（许小洁 摄）

图 2-17 西海神庙内部图（许小洁 摄）

图 2-18 西海庙钟（许小洁 摄）

竣工，耗资逾 30 万元。庙宇重现昔日辉煌，楹联为"西天施俊泽，海国靖鲸波"。如今西海神庙正殿题有《重建西海神庙记》，文中深情追溯了神庙的历史渊源及深厚底蕴，上书："古城白龙，南珠故乡。西海神庙，源远流长。神灵圣显，福降祯祥。"

10. 白龙铜鼓群出土遗址

据《合浦县志》记载和相关专家实地调查，自清光绪年间到 1994 年，在营盘共挖出了 11 面铜鼓，烟墩岭沙脚挖出 5 面，民国期间挖出 3 面，新中国成立后又挖出 3 面。就铜鼓出土范围与数量比例而言，其密度相当大，可称得上"世界之最"。

在古代中国，铜鼓具有特殊的意义，它本来是一种打击乐器，后来演变成一种权力重器，被赋予了权力和财富的象征意义，如《隋书》云："有鼓者号为都老，郡僚推服。"《明史·刘显传》曰："得鼓二、三，便可僭号称王。"弹丸之地的白龙村，居然出土了这么多面铜鼓，反映了在古代白龙一带曾经有一段兴旺发达的辉煌历史。

以白龙城为中心的周边地带，出土汉代文物的现象并不是孤立的偶然的发现，而是一系列相关联的、值得进一步深入探究的历史文化现象。其中出土的铜鼓，有大量史籍记载为证。据民国版的《合浦县志》记述："光绪四年、五年间，白龙城南门外二里许有土阜，俗称小墩岭。渔人从墩脚海沙内挖出铜鼓五，形状花纹如前述（鼓平面直径二尺零六分，颈圆周六尺，腰圆周五尺五寸，底圆周六尺二寸八分。腰左右共四耳，系以铁链。身高一尺二寸，鼓面花纹十五层，为锐干角者。二层为古钱形者，六层为四瓣花形者，一层为蝉形者，二层为方画饰形者，三层鼓身花纹相类皆精工细密。沿边蹲蛤蟆六，其三为单，其四为双。蛤蟆大小负重量二百觔有奇）最大者送入白龙三清庙，一鬻入城南李氏安园，一鬻入玑屯王宅，一鬻入城南李氏平园，一鬻入乾体藏天后宫。"光绪四年、五年间，即 1878 年、1879 年。这是目前已知的关于白龙村出土汉代文物的最早记录。在民国版的《合浦县志》中，对这 5 面铜鼓出土后的去处都有准确的记录。遗憾的是，它们后来都不知所终了。除此之外，在民国年间，白龙村又被挖出 3 面铜鼓，出土铜鼓的地址所在，是在白龙城南门外约二里海岸边的一个叫"暗沙窝"的地方。由于当地村民在这一带抽沙，原来的地貌已经发生大面积改变[①]。

11. 杨梅寺遗址

白龙村杨梅岭的杨梅寺，始建于元代。据明崇祯版《廉州府志》记载：相传，古时有一块浮在海面的大磐石，随风浪漂到了杨梅岭下的海滩。渔家们见此状况，都认为这是天赐神物。于是，都到这块磐石前祈祷许愿：祈祷以后出海都能够风调雨顺，得到好的渔获收成，如果能够得到神石的保佑，就打算专门建一座寺庙来供奉神石。经过祈祷许愿之后，渔家每次出海都得到好的渔获收成。于是，大家就决定把这块神

---

① 陆威、李红燕：《白龙考古有重大突破》，《北海日报》2016 年 2 月 5 日。

石抬上杨梅岭建寺供奉。当大家合力扛着这块神石往岭顶上走，走过一棵杨梅树下时，绳子突然断了，神石再也扛不动了。渔家们就因此认为这是神石要在这里安座的意愿，于是就地建起了一座寺庙。因为是在杨梅岭上的杨梅树下，就取名为"杨梅寺"。据称杨梅寺建好后，渔家们来祈祷许愿都非常灵验。特别每逢水患旱灾、疫病侵害时，更是"祷之即应"。到了明朝洪武二十九年（1396），廉州府通判（明代分掌粮运、水利、屯田、牧马、江海防务等事务的州府副职）夏子辉对杨梅寺进行了扩建。在这次扩建中，夏子辉针对珠民到珠池采珠时多遇风险而产生恐惧畏难心理的状况，在寺中增加了护佑珠池大有、祈祷珠民平安的祈祷规制，使之规模更胜从前，香火连绵不断。此后，白龙城及周边的渔家在每年的农历三月，都要在杨梅寺举行一次隆重的集体祭海仪式，以祈祷珠池大有及渔获丰收。杨梅寺扩建的时间距元朝灭亡、明朝建立的1368年仅28年，据此推定杨梅寺创建的时间应该更早。

杨梅寺遗址中，发现了许多大型建筑构件，如硕大的鼎型香炉、石雕莲花托、石烛台、石础座、础柱、古城砖以及各种形状的石件和陶瓷构件。这些物品的形状和造型都表明，它们曾经是杨梅寺建筑的一部分。这些发现为我们揭示了杨梅寺往昔的规模和曾经的辉煌。通过这些残留的物品，我们可以依稀辨识出杨梅寺的宏大规模，并从中感受到历史和文化的厚重底蕴。

（三）建筑艺术与风格*

白龙城内的建筑格局，原先是基于军事防御的需求构建的。历史上，军事衙署如白龙防御千户所、龙门协右营把总、水师都守、珠场司巡检等均驻扎在城内，并且城内还建有炮楼等军事设施。

然而，随着合浦县丞、采珠衙门（即采珠太监公馆）、巡道、盐场大使衙署等行政机构的进驻，城内的建筑格局开始发生改变，逐渐由单一的军事建制向多元化转变。行政机构区域主要集中在南门至东门一带，形成了行政区域的核心地带。同时，南门至北门的南北大街也逐渐发展成为商业区，以南北大街为主轴，自南北大街东侧由北向南依次分布着三条专业市场街道：米行、鸡行、鱼行。这种布局最终形成了今天我们所看到的"一街三行"的商贸格局，为白龙城的繁荣发展奠定了基础。

为了适应行政、军事、经济、文化、商业等方面发展的需要，白龙城内的建筑格局在不同的历史时期呈现不同的时代特征。

在建筑材料方面，早期的墙体主要采用三合土夯实的工艺，建筑物遗存主要包括

---

* 内容根据白龙珍珠城景区展示资料整理。——编者注

城墙遗址、民房墙体和炮楼。在墙砖的使用上，早期的民房除街道两侧的部分商铺使用三合土夯墙外，大部分民房主要采用泥砖，建筑方式为青砖夹柱。随着白龙城商贸经济的繁荣，商铺和民居逐渐采用特定尺寸的青砖，即"一三七"（一寸厚、三寸宽、七寸长）形制，而城墙门楼和衙门建筑则采用特制的城墙砖和"二四八"（二寸厚、四寸宽、八寸长）形制的青砖。至于房屋顶部的建材，主要由陶瓦行条构成。

在建筑的形状结构方面，早期以方形为主的三合土夯墙是主要特征，而遗存的建筑则以炮楼为代表。白龙古城的炮楼位于南北大街的北端，原为三层长方形建筑，墙体宽厚约80厘米。二层以上的四面墙体上设有内宽外窄的枪眼，整座炮楼的形状结构与当地客家土围城的构造相似。推测炮楼之所以建在城中，应是与其军事功能相关，其建设时间早于现存老街建筑。民国时期，炮楼临街的墙体经过改造骑楼格局后用作商铺，商号为"昌权"。新中国成立后，"昌权"一度作为白龙公社的办公地。

老街的商铺建筑，多以传统的砖木结构呈现，内部构造则以前厅后库的两进式为主。这种设计不仅有利于排水、采光和空气流通，还为居住和货物存放提供了便利。商铺的山墙两边，巧妙地凿洞架设木梁，辅以木板、栅隔，构建出简易的楼阁。这种设计既实用又富有创意。商铺的大门采用木板制作，而铺面则建有铺窗竖，留有小窗洞。这一设计巧妙地满足了街市打烊后，夜间的顾客购物需求。顾客只需敲窗交易，无须深夜打开商铺大门，既方便又安全。此外，老街的商铺还采用双坡硬山顶建筑风格，门前统一设有砖柱走廊。这些砖柱不仅绘有精美的商品商标，还可悬挂各具特色的招牌。这一设计不仅提升了顾客的购物体验，还展现了商铺的经营特色与实力。

老街商铺的走廊结构主要有以下几种：（1）拱券屋檐廊顶结构，走廊的瓦面建成半圆状，瓦面有双层，也有单层。这种拱口屋檐廊顶的结构造型精致，廊顶下的墙壁上一般都绘有吉祥的民俗图案，建有拱券屋檐廊顶的商铺，就其建筑风格进行推测，年代较为久远，应在清中后期。（2）斗拱拱券屋檐廊顶结构，建成年代约在清中后期，这种建筑的特征，就是在与拱券屋檐廊顶结构的基础上增加了斗拱，这主要是大户商家或者官署所有。（3）镶式瓦当屋檐顶结构，瓦当是古代中国建筑覆盖建筑檐头筒瓦前端的遮挡，用以装饰美化和庇护建筑物屋檐头，起源于汉代，属于最早的建筑装饰构件之一。在白龙老街中，镶式瓦当屋檐廊顶结构的只是少数，但是由于建筑豪华，住家非富即贵，对于考究老街的商业社会结构有着重要的意义。这种镶式瓦当的商铺，建筑时间据估测约在清朝中后期。（4）普通的廊檐结构，这是老街中最普遍的商铺住家，这种商铺住家多为砖瓦结构，建筑年限多在民国期间。（5）骑楼建筑，老街内存留有少数的骑楼建筑，基本上有商业用途。除炮楼改建的之外，多是建于民国中后期，多由城内外经商有成的人士回乡建造。老街内不同形制结构的商铺房屋，见证了不同的历史时期白龙城老街的社会经济的发展形态。

三、民 俗 文 化

（一）民间习俗

1. 南珠文化

南珠文化深厚。南珠文化的形成源自《后汉书·孟尝传》记载的一段流传千古的佳话——珠还合浦。

《珠还合浦》的故事影响深远，唐德宗贞元七年的科举考试还曾以"珠还合浦"为题，这一故事成为至今家喻户晓的一个成语。历代文人墨客留下与南珠相关的诗赋数以千计。古今文人墨客、官家政要，为南珠吟咏赞叹千年不绝，既有惊艳于合浦珍珠的美妙绝伦，也有表达出对珠民悲惨遭遇的怜悯。"东珠不如西珠，西珠不如南珠"是明代史学家屈大均在其著《广东新语》中对南珠品质的赞誉。

古代中国南方七大古珠池中四个就在铁山港海域，当地既产珍珠又有珍珠养殖。营盘镇白龙海域一带的珍珠最为著名，以颗粒圆大、凝重结实、晶莹剔透、色泽艳丽、珠质上乘而著称于世，名扬四海，素有"南珠"的美誉。

南珠历代都被誉为"国宝"，早在秦汉时期即为皇家贡品，名扬天下。在20世纪之前，南珠一直都是皇家贡品，并成为海上丝绸之路的重要贸易物品之一。中国的南珠自古连接了中国与世界各国之间的贸易交流，成为中国珍珠文化中不可或缺的重要部分。据说现存英国大英博物馆内的英国女王王冠上的那颗大珍珠就是白龙所产。

北海的珍珠采集历史可以追溯到秦代，据《史记·货殖列传》记载：当时合浦就有采珠活动，在随后的历朝历代也有相关的记载，如在《后汉书·孟尝传》《晋书·陶谟传》《旧唐书》及《明史》等史籍中均有采珠的记载。在《天工开物》《广东新语》《南越志》等古籍中还对南珠进行了等级分类，其中《南越志》中写到"珠有九品"。自古以来，北海以出产珍珠驰名于世，合浦珍珠的历史至今已逾2 000年。据说，故宫博物院陈列的珍珠多为合浦出产。慈禧太后凤冠上镶嵌的数千颗珍珠便是合浦珍珠。

时光荏苒，如今南珠文化的体裁和表达形式更加多样：诗赋、小说、杂文、故事传说、专著、戏剧、连环画、书画、摄影、动画、角雕等。南珠，以珠为源，营盘白龙珍珠城作为南珠文化的完整发祥地，珠还合浦典故与传说的起源地，仍留存有珍珠城、珍珠池等历史文化遗产，也留下了《珠还合浦》《牛衣对泣》《石崇量珠买绿珠》《蒋兴哥重会珍珠衫》等动人传说；有描写珍珠公主与渔民邓海生之间神奇爱情的粤剧《珠还合浦》；有传统工艺合浦角雕精品《一品清廉》，还有大型3D动画片《海上丝绸之路南珠宝宝》，等等，形成以海洋文化为主架构，融合中原文化、官场文化、廉吏文化、名人文化，反映审美习惯、义利观念、商品意识及科技经济、地情民俗等诸多元素的南珠文化[①]。

除了作为装饰品，典雅庄重外，南珠还是珍贵的药材，有很高的药用价值。把它研成末，便成为珍珠粉，其性寒，味甘、咸，对轻度甲亢、咽喉炎、扁桃体炎、妇科炎症有明显疗效，具有镇心安神、清热益阴、化痰的功效。《本草纲目》记载："珍珠安神定魄、养颜、去翳明目、塞耳去聋、去腐生肌、催生死胎""珍珠粉涂面，令人润泽好色"。相传慈禧太后就服用白龙珍珠粉，以保护肤色。现代药物学家研究论证，珍珠的成分含有碳酸钙、氧化钙、磷酸钙、镁、碘、磷、锶、镁等多种元素和十几种氨基酸，这些物质对人体有很大益处。

如今，南珠养殖、采珠、南珠文化展示和体验等内容以旅游观光带的形式展现出来，既可以让游客在游玩中认识更真实、更具象的南珠文化，又可以使南珠文化得到更好的传播，进一步提高南珠文化的影响力。

图 2-19 南珠养殖插核（秦竞芝 摄）

[①]《走近南珠 天下第一珠》，北海市振兴南珠产业办公室编印内部刊物。

图 2-20　清理育珠贝内的"寄生"物（秦竟芝 摄）

图 2-21　南珠（许小洁 摄）

2. 渔家文化

"依山而建,靠海而生",白龙村的渔家文化独具特色,渔民们通过拜妈祖和祭海仪式等传统习俗,表达对海洋的敬畏和祈求出海平安、丰收的心愿。每年举办的赶海活动,不仅吸引了大量群众参与,更让人们深刻感受到这份传承已久的渔耕文化。活动中,游客可以体验赶海拾贝、挖沙虫、夹海螺等渔家乐,还可以体验亲手制作沙蟹汁、采珠、织渔网等传统手艺,品尝当地特色美食和海鲜大餐。白龙村深厚的渔耕文化,为乡村振兴战略的实施提供了坚实的基础。依托得天独厚的自然环境,白龙村深入挖掘本村的美食元素,与文旅产业紧密结合,有效推动了乡村旅游的发展,为乡村振兴注入了新的活力。

(二)民间文艺

1.《割股藏珠》故事传说

相传明代时,皇帝听说白龙海中有夜明珠一颗,光照海天,但有巨鲨二尾守护,多年无法采得,特派太监坐镇白龙城强迫珠民下海采捕夜明珠,结果造成珠民死伤无数。采珠能手海生历尽磨难,幸得珍珠公主救助,终于得到这颗夜光宝珠。太监将珍珠收好,快马加鞭,直奔京城,刚到三里外的杨梅岭下,忽然海面泛起白光,一查之下,宝珠竟不翼而飞。太监只好又赶回白龙城,用更残忍的手段强逼珠民寻珠,为拯救珠民,珍珠公主再次献出了宝珠。太监谨记教训,将自己股部割开,塞入夜光珠,包扎严实后,立即启程回京。岂料走过杨梅岭时,晴天霹雳响彻天际,一道闪电划向大海,太监大惊,割开伤口,珍珠早已不在。惊吓过后,太监自知无法交差,于是割颈自尽。据说珍珠城外的一堆黄土,便是当年太监的葬身之所。另据史料记载,唐宋时期许多到白龙地区贩卖珍珠的波斯人为免途中遭遇劫掠,"遂将珠藏于股中",由此可见,"割股藏珠"也是确有其事。

2.《美人鱼》故事传说

"美人鱼"是营盘镇白龙村沿海一带渔民口头流传的传说。据说以前在营盘镇白龙村沿海一带有个渔民叫林元,有次出海捕鱼时与一条凶狠的海鲨怪相遇,海鲨怪向他攻击,林元为了保全生命奋力与海鲨怪搏斗,林元体力渐渐不支,在这危急关头,人鱼公主用"夜明珠"和宝剑暗助林元杀死了凶狠的海鲨怪,并扶负伤的林元到她的水晶宫养伤,人鱼公主对林元悉心照料,柔情关怀。林元在水晶宫养伤的过程中,被人鱼公主的善良美丽吸引,人鱼公主也被林元的勇敢所感动,于是两人产生了感情,结成夫妻。林元伤好后,带人鱼公主上岸回家过了一段美好幸福的生活。但好景不长,县官来到林元家强索"夜明珠",并把林元杀害,人鱼公主杀死县官逃回大海,日夜思夫,滴泪成珠。

《美人鱼》传说情节丰富生动、惊险、神奇。传说中不管是讲述海底世界或是讲述人间生活，都有声有色、引人入胜。《美人鱼》传说中，除讲述美人鱼和林元的爱情十分曲折、艰险之外，还包含了《珠还合浦》这一神奇优美的民间传说，揭露了封建统治者的贪婪和欺压珠民的斑斑血迹。《美人鱼》传说歌颂了真诚美好的爱情，反对封建统治（包括神权）的迫害。*

3.《珠还合浦》故事传说

千百年来，北海的珍珠传说故事层出不穷，流传久远。其中，《珠还合浦》这一脍炙人口的民间传说，是最具代表性且流传最广的。据考古学家的相关推测，这一"传说"可能起源于营盘一带的海域，但至今尚未找到确凿的证据来证实这一"传说"的真实性。因此，目前我们只能将其视为一种富有文化内涵和历史价值的民间故事。

《珠还合浦》传说各异，最具代表性的一种流传为：古时候，皇帝派太监坐镇珠城，强迫珠民下海采捕夜明珠，当地采珠能手海生被征去采珠，海生为了得到夜明珠以拯救珠民，冒死到杨梅池的红石潭采珠。此处水深礁多，环境凶劣，更有两条巨大的恶鲨日夜保护夜明珠。海生不畏险恶，勇敢与恶鲨搏斗，负伤鲜血直流，幸得珍珠公主全力救助，免于一死，公主为拯救珠民，将夜明珠献给海生。海生得了夜明珠，回到岸上。太监闻讯，欢天喜地，赶忙用一块崭新的红布将夜明珠包实锁入檀香木盒内，然后，连夜派重兵押运宝珠送返京城，但未待兵将走出附近的梅岭，忽见海面一片白光，太监深知不妙，警觉地察看木盒，那颗夜明珠已不翼而飞，不知去向。太监吓傻，慌忙勒令回城，派兵强逼珠民继续潜海寻找夜明珠。海生又被迫下海，经过千辛万苦地在海水里寻捕，再次遇见珍珠公主，她爱慕海生，不忍心海生在海水里冒险，再次把夜明珠献给海生。海生喜出望外，感激不尽，他抱着夜明珠回到岸上，太监这次获珠后，不敢轻举妄动，左思右想，决定"割股藏珠"，便叫手下把自己的股部割开，塞入夜明珠，伤口痊愈后，再起程回京，不想同样走近白龙地界的梅岭，忽然天昏地暗，惊雷四起，太监的坐骑受惊狂奔，把太监摔昏在地，只见一道雪亮的白光划向海面。太监醒来叫人割开伤口，夜明珠踪影全无，城内珠民四散逃离，太监知道返京定成死罪，只好悲哀和绝望地吞金而亡①。

4. 王廷相投海感人故事

据说以前，白龙村附近的这片海面一直不太平，经常有海盗出没。

1804年8月9日夜晚，海盗们坐船经海上到达之后步行入村，突袭了白龙村。

---

* 参见北海市非物质文化中心保护官网资料。——编者注
① 北海市铁山港区地方志编纂委员会编：《北海市铁山港区志》，广西人民出版社2019年版，第384页。

他们绑架了白龙村村民吴开邦的私塾先生王廷相（祖籍山西，家族于明朝迁居合浦，岁贡生）和他的弟子吴永祐。海盗们把王廷相和吴永祐赶到船上。王廷相跳下贼船大骂盗贼求死。海盗们对先生文雅正气的骂词无动于衷，如同水过鸭背，左耳进右耳出。他们只想要钱。他们跟王廷相说："少废话，啰唆无用。骂我们更没用。我们也不要你命。你写封信回家要赎金就马上放你走。"王廷相愤怒中写下8个字："不以流离颠沛失节。"

海盗们对王廷相肃然起敬。当海盗们为王廷相提供食物时，他坚决不吃，甚至愤怒地将食物扔进了大海。就这样，王廷相在船上开始了绝食抗争。他一心求死，但海盗们对他的看守非常严密。经过几天的艰难支撑，当盗贼们的看守稍微放松时，王廷相果断地跳入海中。他的学生吴永祐，当时年仅十多岁，目睹了老师跳水而死深感悲痛，也毫不犹豫地跳进了茫茫的大海之中。

1810年时任制军的百菊溪（百龄，清汉军正黄旗人，字菊溪。乾隆进士，授翰林院编修。素有才名。乾隆末官至御史）亲自率领部队围剿捕捉海盗。海盗们一一被杀头。合浦乡绅们感哀于王廷相的气节，请求把王廷相附祀于文昌宫的乡贤祠。1817年王廷相的儿子招魂以葬其父王廷相的衣冠冢。他哭着请寓居于廉州的合浦知县马倚元为其父亲写墓志。王廷相怒斥海盗投海而死的故事才得以被后人所知[①]。

5. 西海庙民间故事

据白龙村西海庙的老人叙述，古时候有个人去白龙村附近的海边捕鱼虾，一整天都没有什么收获。后来他发现无论他到哪里都有一块浮石一直跟着他，他于是问那块石头："你如果有灵性的话，就保佑我把鱼虾装满这个箩筐，我就带你上岸去找一个好地方把你供起来。"

说完那个人便再次下网捕鱼虾，之后他也没有想到一下子就把箩筐装得满满的，于是他马上收起捕鱼工具高高兴兴地回家了。然而令他没有想到的事件再一次发生，当他刚走到海边沙滩上的一棵大树下，那块石头竟然一下子变得无比沉重以至于掉了下来，那人停顿想了想：哦，你是想留在这里是吧，然后那个人去找来了些草料草草地做个庙宇，他对石头说："那好吧，你就在这里休息吧，我回去跟村里所有人说让他们结婚、祭拜、敬神都过来祭拜你。对了，现在天气太干旱了，你下一场雨吧，不然的话什么庄稼都没有收成。"

让人没想到的是，那人刚回到家天轰隆隆就下起雨来了。

从此，一传十、十传百，每当遇到干旱，附近的村民都会带祭品去向它祈求下

---

① 根据村民口述的1804年白龙村海盗遇袭事件改编。

雨、庄稼丰收，向它祭拜过的渔民，只要出海都能满载而归。

后来，人们便在那个地方建了一个庙宇，买了佛像放在庙宇的正中央，佛像面朝西面大海，代表着视野宽广、天下无所不知。村民把这座庙宇命名为西海庙，每逢有事就去祭拜、烧香，祈求保佑。

6. 珠龙民间传说

白龙海面的能村，有一个采珠青年叫邓大，在杨梅池采到了一颗拇指大的珍珠，这颗珍珠放在瓷盆里滚动不已，夜间发出莹莹亮光。邓大将这颗珍珠递给双目失明的母亲说："妈，好大的一颗珍珠，发亮的。"母亲接过珍珠称赞道："这实在是一颗少见的珍珠，可惜我没法看到它的光泽。"邓母将珍珠靠近失明的眼睛，仿佛能看到这颗珍珠的光彩。说来也奇怪，邓母失明的双眼突然重见光明，她看到了珍珠的光彩，看到了一切东西。

夜明珠能治失明双目的消息很快传遍了廉州府，知府知道白龙能村有这样一颗宝珠，垂涎三尺，一心想夺取宝珠用它作贡品献给皇帝，以便日后得个高官厚禄，他派自己的亲信师爷领着两个士兵，包了几十两白花花的银子，骑着高头大马来到能村邓大家，师爷见邓大的母亲在洗衣服，便问：老太婆你家儿子哪儿去了？邓母看到师爷带着士兵闯进来，便预感到不幸的事将要发生，惶恐地说："出海捕鱼去了。"师爷追问："什么时候能回来？"邓母颤抖着说："退潮便回。"师爷眯起老鼠眼，朝周围看了一会说："知府大人想借你家夜明珠治治眼病。"邓母一句便回绝："我家哪有什么夜明珠？"师爷将白花花的银子放在桌子上说："只要借用一下，这些银子是知府赏给你们的。"邓母央求道："我们确实没有什么夜明珠，银子还是请你们收回去吧。"师爷狡猾地说：知府用过后便送还你家，又不是夺取你们的，这些银子够你们母子吃用一辈子了，还可以娶上一个媳妇！村子里的珠民看见有三个当差的来到邓大家，都转到屋外观看，知道当差的是来要夜明珠的，个个都愤愤不平，师爷见软的不成，便说："这是知府大人看得起你们，你可要识抬举啊！"邓母断然地说："大人，我们珠户人家穷惯了，不稀罕这些银子，你拿回还给知府大人吧。"师爷正要发作，这时邓大挑着渔具回来了，师爷便装出一副笑脸说："你是采珠能手邓大吧？"邓大看到这情景，一切都明白了。师爷见他不出声，又说："知府大人知道你有一颗夜明珠能治眼病，想借去用用，你如果愿意卖的话，请开个价钱，知府大人一定如数送给。还给你在府里谋个差事呢。"邓大说："我没有什么夜明珠，每天采的珠子还不够换米呢。"师爷一听脸上青筋暴起："邓大，你不要敬酒不吃吃罚酒！"邓大斩钉截铁地说："我家根本没有什么夜明珠，银子我不能要！"师爷正要发作，可是看到外面围观的珠民越聚越多而且个个怒气冲天，他怕动起武来会吃眼前亏，只好匆匆带着两个士兵，包好银子悻悻地走了。

知府得不到夜明珠,大骂师爷是酒囊饭袋。当夜便派千户带两百士兵,由师爷做向导,直奔能村。千户远远看到邓大家的窗户射出光彩夺目的珠光,便吩咐士兵将邓大家包围得水泄不通,然后带领十几名士兵冲进邓大家门。这时,邓大正在珠光下补渔网,邓母在缝补衣服,邓大见千户领着士兵冲进来,急忙把夜明珠藏到怀里,顺手抄起鱼叉挡住冲上来的士兵。千户仗着人多势众,嚣张地叫嚷:"邓大你私藏国宝,拒不交出。来人,给我抓起来!"士兵挥舞着大刀冲上来,邓大用鱼叉奋力迎敌,因寡不敌众,邓大忙把夜明珠塞进嘴里。千户见状、大声喊:"卡住他的脖子!"几个士兵一拥而上,卡住邓大的脖子。可是已经晚了,夜明珠已被邓大吞进了肚子里。

顿时邓大浑身都是劲,他大喝一声,夺过士兵的大刀,"当"的一声刀被折断为两截,他抱起一个士兵朝千户扔去,千户"哇"的一声栽倒在地上,其余的士兵被吓得连忙后退。邓大乘机背起母亲,冲出门,飞快地向海边跑去。这时,他全身突然长满了厚鳞,变成了一条白龙腾空而起,向西北方向飞去,白龙飞临廉州府上空,顿时狂风大作,暴雨如注,知府大人被葬身于残垣瓦砾之中,白龙在廉州上空飞了一圈之后,向东南方向飞去,降落在营盘白龙海中,变成了一片珠龙沙,邓大母亲也变成了一块大礁石[①]。

(三)民间信仰

1. 杨梅寺遗址祭海神仪式

白龙珍珠城是北海最古老的祭海(珠神)仪式举办地。白龙村地处沿海,和来自台湾、香港、上海、海南、广东等地的妈祖信众善士一样,都有共祭龙王、珠神、妈祖的民俗信仰。祭海仪式包括渔民上供、舞生跳八佾舞、放生、燃鞭庆贺等,使祭祀内容更加丰富,民俗文化更加贴切,场面阵容更加壮观。早在晋代,北海就出现了祭海行为。据晋代刘欣期所著《交州记》记载:"去合浦八十里有涠洲,周回百里。""合浦涠洲有石室,其里一石如鼓形。见榴杖倚着石壁,采珠人常祭之。"可以看出涠洲岛上采珠人的祭祀活动在当时已非常频繁。

到明代,北海的祭海礼仪有了特定的内容和固定的时间地点:祭祀海神,祈祷珠神把大珠移到浅海。明代屈大均在《广东新语》中记述"又复望祭于白龙池,以斯池接近交趾,其水深不可得珠,冀珠神移其大珠至于边海也"中就提到了白龙祭海仪式中"祭珠神"的古俗。

---

① 北海市铁山港区地方志编纂委员会编:《北海市铁山港区志》,广西人民出版社2019年版,第385页。

每年农历二月十五开始至三月间，官方确定的海祭地点是白龙城的白龙珠池旁。此后，白龙城及周边的渔家在每年的农历二三月，都要在杨梅寺举行一次隆重的集体祭海仪式，白龙渔民会用具有本地特色的祭海仪式向大海祭拜，鸣笛放鞭炮，并烧纸钱"敬龙王"，充分表达对大自然的敬畏，以讨吉利，同时祈求渔民出海平安顺利，祈祷珠池多珠及渔获丰收。

至今，杨梅寺虽然已经湮没，只剩下遗址作为北海市的文物保护单位，但这种祭海仪式每年还在举行。

2. 天妃文化：三婆信俗

根据《万历武功录》记载，明朝宣德二年（1427），内官杨得荣奉命守护珍珠产地，并在营盘白龙珍珠城的海岸边兴建了天妃庙，以祭祀海神天妃。《广东新语》和《南越笔记》中均有记载，天妃海神被视为太虚之中最大，仅次于天地，因此被称为妃。建立天妃庙的目的在于祈求天妃保佑渔家航海平安、渔业丰收。现存的白龙珍珠城太监碑亭内的天妃庙记碑，可以证明天妃文化在白龙城的传播年代。

如今，每逢年节、渔船出海和返航时，白龙居民都会用鸡鸭鱼肉、珠宝等物品进行祭拜。在每年农历三月廿三日三婆生日、九月初九三婆忌日和农历十月收获季节，渔民们还会举行隆重的庆祝仪式，感谢三婆保佑他们平安、丰收之恩。当地人称这种庆祝活动为"还福"。

3. 祭拜社公

古榕、古樟、铁线子古树，似一道绿色的天然屏障拱护村庄，这些都是白龙村人崇敬的社公树。每年社日（农历二月二、八月初二、十二月十二）家家集资做社祈福，祈求风调雨顺、平平安安。逢年过节村民均要在此烧香、放鞭炮祭祀一番，也是杀猪杀鸡鸭的场所，可驱除疫病以保六畜兴旺。

白龙村社公树下设有诸多社坊（又称福社、土地神、新安社），做社习俗兴盛，民众信仰虔诚。从社坛的空间布局来看，白龙村的社坊沿用的是坛垣式建筑样式。整个社坛处于室外露天环境，无屋宇，设有社石、围垣、香炉、社树。

村边的社公树是任何人不得砍伐的，即使是在那些随意乱砍滥伐的年代，也无人动社公树一块皮，这不仅得益于代代相传白龙村民先人精心呵护的结果，更有些神乎其神的传说故事对保护树木起到了良好的效果。如早先有人因砍社公树枝而断了手、因上社公树掏鸟窝而成瘸子的故事，令人毛骨悚然。

从今天的角度来看，白龙村的先民是借助神的力量来保护村落环境，使祖祖辈辈赖以生存居住的村庄构成自然与人的和谐交融，形成天人合一的良性生命系统，使人择居此处，适宜生命哺育繁衍。

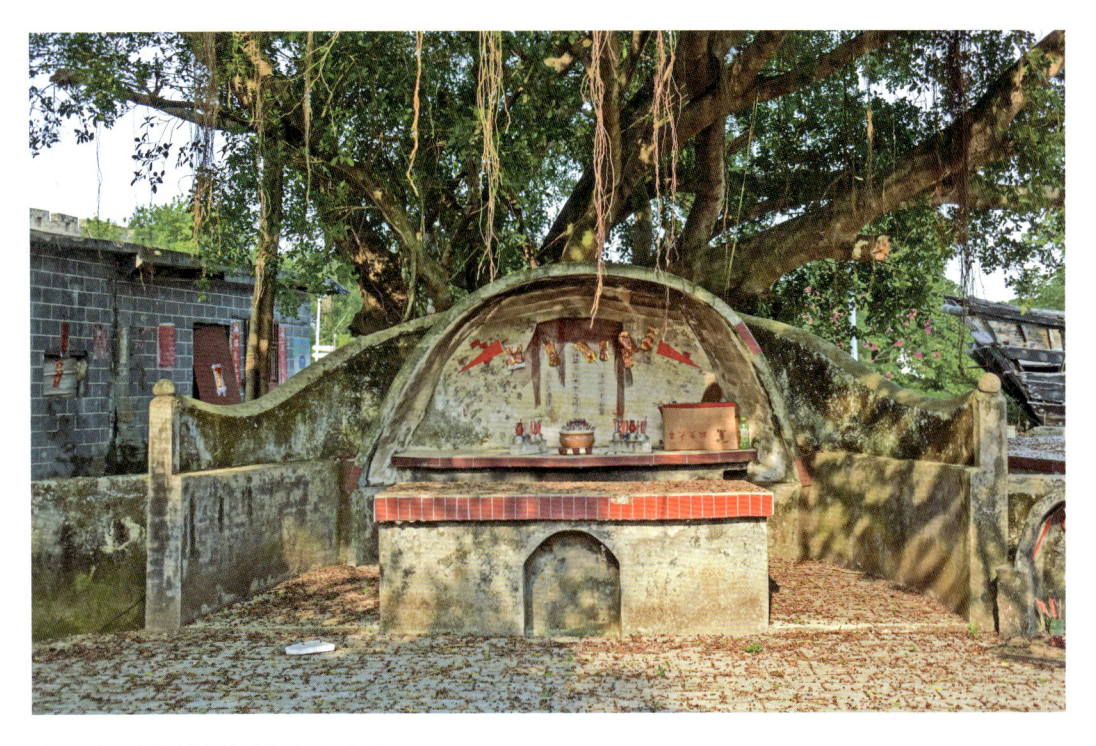

图 2-22　白龙村社坊（许小洁 摄）

四、风物特产

（一）丰富特产

1. 对虾

对虾主要分布于白龙海域水深 17 米以内浅海，其中长毛对虾、墨吉对虾（俗称大明虾、大红虾）经济价值高，是重要的捕捞对象，也是高、中潮带建池饲养的主要品种，这种虾体长可达 18 厘米以上，适温 25—30℃，对盐度的适应性较强，产卵盛期为 4—5 月，白龙海域是它的产卵场所和盛产区，另有个体较小的新对虾属种，主要为近额对虾（俗称七须）及刀额新对虾（俗称沙虾），对低盐度海水适应能力强，全年皆有苗种，生长期短，可进行多种养殖。

2. 象鼻螺

象鼻螺又称大獭蛤，属暖水性双壳贝类，经济价值较高，产品一直供不应求，市场价格也一直居高不下。其肉质细嫩，味道鲜美，是一种深受消费者喜爱的海鲜珍品。它生活在潮下一带至水深 10 米的沙或沙泥底质中营埋栖生活，食物以底栖硅藻和有机碎屑为主。

白龙附近海域是大獭蛤的主要产地之一，这里地处亚热带，阳光充足，气候适宜，湾内水深适中，滩面地形平坦，多为沙泥或泥沙底质，湾内营养盐及饵料生物丰富，海水环境污染较小，海水 pH 值及溶解氧等适宜海洋生物的生长繁殖，具有优越的养殖生态环境。

3. 合浦珠母贝

合浦珠母贝又名马氏珠母贝，是重要的海水养殖贝类和生产珍珠的主要母贝。合浦珠母贝属软体动物，瓣鳃纲，翼型亚纲，珍珠贝目，珍珠贝科。白龙海域养殖的合浦珠母贝是生产"南珠"的主要珍珠贝类，其养殖方式主要为贝笼吊养，主要摄食方式为滤食，食物主要以浮游生物为主。其主要形态为两壳显著隆起，左壳略比右壳膨大，后耳突较前耳大。同心生长线细密，腹缘鳞片伸出呈钝棘状。壳内面为银白色带彩虹光亮的珍珠层。成贝壳高约 8 厘米，宽度大约 3 厘米。合浦珠母贝的贝肉是美味食品。大量养殖的马氏珠母贝主要用于生产珍珠，贝壳可制成珍珠层粉，作为珍珠的代用品供药用和制造化妆品等，贝壳还是贝雕的良好原料。闻名遐迩的"南珠"即为该贝所产。南珠是名贵首饰品，具有极高的经济价值，在国际上久负盛名。合浦产的"南珠"在国际市场上备受青睐，有"西珠不如东珠、东珠不如南珠"之说。

4. 沙虫

沙虫，又叫海人参，学名方格星虫，又称为光裸星虫，俗称"沙虫""沙肠虫"，非海肠子，它的形状很像一根肠子，呈长筒形。产于沿海滩涂泥沙之中，外观长约 6 厘米，状若芦芽，是一种高蛋白的补品。沙虫看似没有海参、鱼翅名贵，主要原因是沙虫的被认知程度不高，但其味道鲜美无比，这是海参、鱼翅所不能及的，食疗价值也不输海参，被誉为"海洋虫草"。

沙虫属海鲜类，蛋白质丰富，味道尤其鲜美，可鲜食，亦可晒干后食，有降血压、治湿作用。干制后炸、炒、炖、烩、煮汤均可，营养价值高，在市场上十分畅销。沙虫有不同的烹饪方法，其中蒜蓉清蒸沙虫，以最简单的烹饪工序保留了沙虫的原汁原味，味道鲜美嫩脆，轻咬一下，即可感受到沙虫满满的蛋白质口感，Q 弹脆生，拌上调制好的蒜蓉酱，令人口齿留香。

沙虫生长在沿海滩涂，对生长环境十分敏感，一旦污染则不能成活，素有"海洋环境标志生物"之称。

5. 木薯

木薯，又名树薯、树香薯、木番薯，为大戟科植物，原产巴西，为白龙村的主要经济作物。木薯为直立灌木，高 1.5—3 米；块根圆柱状，木薯对土壤的适应性很强。生的木薯含有剧毒，误食可能导致中毒甚至致命，须经过泡水、蒸煮等处理才被安全食用。木薯淀粉含量高，食用后饱腹感强，有"淀粉之王"的美誉，是一种非常好的粮食作物。木薯最大的优点是产量特别高，一亩地收获的木薯比其他粮食作物多得多，在缺粮的年代，木薯是非常好的种植对象。

关于木薯何时传入白龙村，没有发现确切的历史记载。由于木薯种植容易，对于土壤要求并不高，白龙村的自然条件也十分适宜种植木薯，因此当地有种植木薯的习惯。新中国成立前，由于粮食不足，大部分木薯用作充饥粮，俗称"救命薯"，少部分用作饲料，木薯粥为当地的美味佳肴。现有不少新的木薯品种，毒性很低，口感更佳，如面包木薯，去皮蒸熟就可以吃，还可以用来做木薯糖水。人们生活渐渐好起来之后，木薯种植已逐渐减少，但随着对木薯的需求量增大，现在又被大力推广种植。

（二）特色美食

1. 营盘沙蟹汁

营盘沙蟹汁，作为北海地区传统的美食代表，以特选原材料和独特的制作工艺赋予其无可比拟的风味。它采用了食盐、姜和蒜进行腌制，使得沙蟹汁具有独特的口感和香气，深受当地人的喜爱。

在制作沙蟹汁的过程中，选材是至关重要的环节。必须选用沙滩上自然生长的活的小沙蟹，避免死蟹，确保其新鲜和纯净。沙蟹需要在清洁的海水中清洗，以去除泥沙和杂质。清理沙蟹的腹部，去除脐盖和内脏，确保沙蟹被清洗干净。之后，将处理好的沙蟹用木棒捣碎，每公斤沙蟹加入适量的食盐（通常是二两）。这一步骤使得沙

图 2-23 沙蟹（许小洁 摄）

图 2-24 制作完成的沙蟹汁（许小洁 摄）

蟹的鲜味与盐充分融合，形成浓郁的底味。

随后，加入切好的蒜头、姜片，还可根据个人口味加入辣椒和适量的白酒。将调料和沙蟹混合均匀，然后分装到玻璃瓶中，确保密封。之后，将装好的沙蟹汁放在阳光下晒一段时间，具体时间根据量的大小而定，以确保其发酵和保存。在晴天太阳下晒一个星期后，沙蟹汁便完成了发酵过程，呈现出醇厚且鲜美的风味。

沙蟹汁的用途广泛，不仅可以作为凉粥的佐料，提升粥的口感层次；还可以作为白切鸡、白切海猪肉等菜肴的调料，增添菜肴的鲜香味道。此外，沙蟹汁还可以用来煲菜，如沙蟹汁煲豆角等，为家常菜肴注入新的活力。

在制作和保存沙蟹汁时，需特别注意清洁卫生和密封工作。只有严格遵守制作工艺，才能确保沙蟹汁的风味和品质。这道充满北海风味的佳肴，无论是色、香、味都令人回味无穷，为食客带来一场独特的美食盛宴。

沙蟹汁不仅是北海人餐桌上的常见调味品，也因其独特口味而受到大众喜爱。营盘沙蟹汁制作技艺在 2013 年央视纪录片《舌尖上的中国 2》中得到了展示，让更多人了解到这一传统技艺和北海地区的独特美食文化。2015 年，沙蟹汁制作技艺被列入北海市第三批市级非物质文化遗产代表性项目名录，2018 年被列入第七批自治区非物质文化遗产代表性项目名录。这不仅是对营盘沙蟹汁制作技艺的认可，更是对北海地区传统文化的一种保护和传承。

2. 营盘海猪肉

海猪肉又称"海鲜猪"，养殖环境大多在海滩等自然条件下，渔民们平时主要喂养木薯粉、玉米、海鲜残渣等食物。由于猪在海边放养，海水一退潮，它们会自行寻找沙蟹、小鱼小虾和贝类等辅食，半放养状态下的猪肉绿色环保，具有绿色猪肉的特质。据村民说，它与其他猪肉区别在于：猪皮冒口细腻，毛囊会长有三根毛发，用手推摸，有很油的滑润感，很好识别。海猪肉用来做汤，汤鲜、甜、美，远远便闻到汤里的肉香。海猪肉肉白、皮薄、较嫩，肉味鲜美，好吃又营养，即使是水煮的白切五花猪肉，配上营盘的沙蟹汁，也是肥而不腻、百吃不厌。喜欢吃海猪肉，也被誉为北海土著食客的"身份证"。

3. 营盘海鸭蛋

白龙海域红树林周边的村民主要靠打鱼和养鸭子为生，其中海鸭蛋非常有名，是广西十大最有影响土特产之一，也被称为红树林海鸭蛋。红树林里生活着几百种生物，给鸭子提供了源源不断的海鲜食材，根本不需要再喂任何饲料。海鸭蛋中蛋黄卵磷脂含量尤其丰富，蛋黄卵磷脂属动物胚胎卵磷脂，其中含有大量甘油二酯及许多人体不可缺少的营养物质和微量元素，是目前同类产品中营养价值最高的。其中，烤海鸭蛋被誉为富得流油的鸭蛋，经过严格挑选的海鸭蛋，用黄泥、盐等腌制、腌制后再洗干净，最后高温烘烤、包装。成品烤海鸭蛋相当美味，搭配粥吃非常棒。自2017年开始，北海市还把北海海鸭蛋列入国家地理标志培育计划。

五、文化教育与人物

（一）文化教育

白龙小学，始建于1917年，为农村完全小学，位于北铁公路白龙路口交界处南方7 000米处，占地面积为9 800平方米；校舍建筑面积为2 912平方米；学校全日制教学班8个，教职工20余人，学生400余人。该校全面贯彻党的教育方针，全面实施素质教育，以"一切为了孩子的成长和发展"为办学理念，实施"制度+情感"的人性化管理模式，走"规范+特色"的管理之路，促进学生素质的全面发展。白龙小学以人为本，大胆创新，锐意进取，致力于创建"平安·和谐"的铁山港区新教育，教育教学质量稳步提高，学校各项工作得到群众的信任与大力支持。

（二）人物

1. 田汉

田汉（1898—1968），原名田寿昌，湖南长沙人。著名剧作家、戏曲作家、电影编剧、小说家、词作家、诗人、文艺批评家、文艺活动家，中国现代戏剧三大奠基人之一。一生创作了3 100多部戏剧、电影及2 000多首新诗新词。曾任左翼剧联党团书记，新中国成立后任中国剧协主席、文化部艺术局局长、中国文联副主席等职，著有《田汉文集》。1962年4月，田汉到白龙珍珠城遗址参观时，写下了著名诗篇《合浦吟》，评价以《珠还合浦》口传民间故事传说为蓝本改编的《珠还合浦》粤剧："此剧题材优美，曲词字字珠玑"，亦曾对南珠作如下评价：玉润珠圆千方斛，南珠应夺亚洲魁。

2. 卢文

卢文（1922—2016），老革命家、小董武装起义领导人、研究员。1922年4月出生，营盘白龙人，毕业于廉州中学，1939年1月加入中国共产党。1941年1月起，卢文先后在浦北县白石水区（原属合浦县）、灵山县、钦县（现钦州市钦南、钦北及钦州港区）负责中共党组织工作，为钦廉地区党组织的发展壮大做出了杰出的贡献。1945年2月17日，时任中共钦县地下党组织特派员卢文曾组织150余人在小董领导抗日武装起义，起义部队称钦县抗日人民解放军，卢文任政委。曾任粤桂边区人民解放军第二十一团政委、中国人民解放军粤桂边纵队第七支队政委、中共钦县县委书记、中共广西省委党校党委副书记、中央党校政治经济学教研室副主任、中央农村政策研究室联络室主任、国务院农业发展研究中心研究员，著有《中国农村发展道路研究》等。

3. 陈篦球

陈篦球（1944— ），营盘白龙社区人，生于1944年12月，先后担任中共北海市海城区委员会书记、北海市海城区人民政府区长、北海市人大常委会副主任等职务。

4. 李世清

李世清（1959— ），退休教师，生于1959年，曾任白龙小学校长，《珠还合浦》口传民间故事非遗传承人及北海市第一批市级非遗项目代表性传承人。多年来，他充分发挥教师作用，致力于《珠还合浦》故事的宣传与推广工作。

5. 李世涌

李世涌（1972— ），现任营盘镇党群工作部副部长，兼任白龙社区党支部书记，曾长期负责营盘镇文化站管理工作。作为《珠还合浦》口传民间故事的非遗传承人，也是北海市首批市级非遗项目代表性传承人。

圩仔村

3-1 圩仔村航拍图（赖文昌 摄）

一、村落概况

（一）村情

圩仔村是荔枝山村委下辖的自然村，位于涠洲岛中部偏西地区，距离荔枝山村委西南约1公里。该村临近相思湖水库，东南邻近平顶山，南靠白沙寮，西接西角，东北与荔枝山相邻，地处丘陵地带，与西角客运码头的直线距离约为2.2千米，距离南湾老街约为2.8千米。

圩仔村占地面积约为32.9万平方米，为荔枝山村的第二和第三村小组。截至2021年2月，圩仔村共有115户，户籍人口为409人，其中包括二组的63户228人、三组的52户181人。村民均为汉族，主要依靠传统农业为生，种植香蕉、花生、木薯、玉米等经济作物。自2003年起，村里不再种植甘蔗。自2006年开始，村民种植玉米和花生的规模也有所减少。

由于过去村里缺乏集体经济项目，村民的经济来源主要依靠外出务工、浅海作业和农作物种植等。目前，村里年轻村民的主要收入来源是外出打工，也有部分人从事种植木薯、香蕉及蔬菜大棚等特色农业，在家村民则主要从事农家乐和民宿等经营活动。

近年来，荔枝山村委在农业产业转型升级方面积极探索和实践，旨在促进农民致富和增加村集体收入。通过引导圩仔村民主动参与村庄基础设施和乡村振兴项目建设，营造更加和谐的村风。

（二）村史

圩仔，在客家话中富有韵味，意为"赴集的人"。据相关历史文献记载，圩仔村建于清朝同治十三年（1874），因过去附近一带村庄的村民常聚集于此地赶集、做买卖，圩仔村因此得名[①]。它宛如一颗明珠，静卧于相思湖水库之滨，历经百年风雨洗礼。昔日，周边村落的居民常会聚于此，共赴集市。如今，这座古朴村落已成为历史文化的瑰宝，吸引着无数游客寻觅其中，领略那悠久的历史与故事。

---

① 黄万吉主编：《广西壮族自治区北海市地名志》，北海市人民政府1986年版，第117—124页。

（三）发展现状

圩仔村的地势较为平缓，从整体上看，呈现东高西低的趋势，村内海拔高差约为10米。道路布局顺应地形，主要通道宽度为4.5米，已铺设了水泥路面，交通通达性良好。村内通向各户的道路宽度在1.5—2.5米，走向灵活，保持了农村传统道路曲幽的特色。这样的道路系统既方便了村民出行，又保留了村庄的历史风貌。

圩仔村的传统民居建筑布局，注重因地制宜，保持南北朝向。其院落建筑形式以围合式为主，这是涠洲岛村庄的一种典型空间形态。这种围合式建筑由多个建筑共同组成，常见的有L字形围合和三面围合的重复组合。这种围合式的院落空间设计能够有效抵御台风侵袭，因此具有更强的围合感和内聚性。在此类院落中，大部分的日常活动和交往都发生在围合空间内，与相邻院落的交流相对较少。

圩仔村的石珊瑚民居保持了完美的状态，它展现了涠洲岛特有的古村落特色。这些民居主要是由渔家生态院落构成，其建筑风格质朴而庄重，既美观又实用，能提供冬暖夏凉的生活环境。在村落和公共空间里，有许多生长了百年的龙眼树、木菠萝、朴树和苦楝树等。这些树木不仅给村落增添了生机，也包含了丰富的文化内涵。此外，村落还保留着土地庙和大王庙周边的风水林，这些树林为村落增添了一份神秘和历史感。

圩仔村，这座历史悠久的村落，保留着大约80座由珊瑚石搭建的老院子，这些古老的建筑冬暖夏凉，见证了村庄的岁月变迁。村中有一口拥有上百年历史的老井，它默默地记载着村庄的历史。每到逢年过节，村民们都会聚集在古井旁祈福，祈祷家族兴旺，家人平安。如今对古井已经采取了保护措施。

村民们依然保留着牛犁田的耕种方式，展现出一种淳朴的田园风光。他们民风淳朴、热情好客，几乎每家每户门口都种有多种果树，如木瓜、菠萝蜜、香蕉等，为村庄增添了一道亮丽的风景线。

2010年1月12日，由中国城市规划设计研究院与北海市城市规划设计研究院编制的《北海历史文化名城保护规

图3-2 圩仔村牌头（许小洁 摄）

划》通过评审，确定圩仔村为历史文化名村，2016年11月经广西传统村落保护和发展专家委员会评审认定，自治区住房和城乡建设厅、文化厅、财政厅、国土资源厅、农业厅、旅发委决定，圩仔村被列入第二批广西传统村落名录，2017年11月18日圩仔村被评为中国景观村落。2017年12月由中共中央宣传部、住房和城乡建设部、国家新闻出版广电总局、国家文物局联合

图3-3　圩仔村牌石（许小洁　摄）

发起，中央电视台组织拍摄以古镇为载体、以弘扬中华优秀传统文化为宗旨、以优秀传统文化为核心的大型纪录片《记住乡愁》，圩仔村为该纪录片的主要取景点之一。2019年12月31日，圩仔村入选国家林业和草原局第二批国家森林乡村名单。

近年来，圩仔村积极挖掘和利用当地优秀旅游资源，依托古色古香的特色民居建筑，依托优美的村庄自然环境和底蕴深厚的人文景观，着力提升旅游品质。

为了保护圩仔村的珊瑚石民居以及古村落、古风貌，涠洲岛管委会及北海市目前正在涠洲镇荔枝山村委圩仔村打造生态乡村旅游示范点，制定出台了《圩仔村传统村落保护规划设计方案》，通过对传统珊瑚石民居进行风貌改造，将旅游和居住结合，整合现有的水库、庙宇、古井、珊瑚石民居及独特的原始村貌等资源，以"美丽涠洲，生态圩仔"为主打品牌，通过对村庄环境整治、景观环境营造、基础设施配套、民房改造、农业观光园建设、特色产品包装销售等，打造成农事体验、休闲度假型的乡村旅游示范点[①]。

目前涠洲岛以圩仔村为试点，发挥传统村落的旅游效益，培育乡村生态旅游亮点，延伸涠洲岛的旅游产业链，以拓宽岛民增收致富的途径，并计划以圩仔村为示范点，将这种生态旅游的模式逐步复制到岛上的其他村落。

二、自然与人文景观

（一）自然景观

1. 相思湖水库

相思湖水库也称为涠洲西角水库，位于涠洲岛景区内西角码头附近，连通五彩公

---

① 陆威：《构建乡村和谐幸福新农村》，《北海日报》2017年9月7日。

图 3-4　相思湖水库（许小洁　摄）

路，靠近原油码头，从高处看水库形状就像个心形，因而得名相思湖水库。相思湖水库是人工挖掘而成的涠洲岛上唯一的水库与淡水湖，积蓄雨水而成，也是涠洲岛上的人工水库，有效库容为187立方米。湖面波光粼粼，周围四季常青，湖边绿树繁荫，湖水清而见底，是休闲散步的好去处。

2. 古树

圩仔村落中存留大量百年以上的龙眼树、木菠萝、朴树和苦楝树等。其中龙眼树、菠萝蜜枝繁叶茂，夏秋硕果累累，让慕名而来的游客啧啧称奇，不失为圩仔村内一道亮丽的风景线。

(二) 人文景观

1. 珊瑚石民居

珊瑚石民居是涠洲岛独特的建筑形

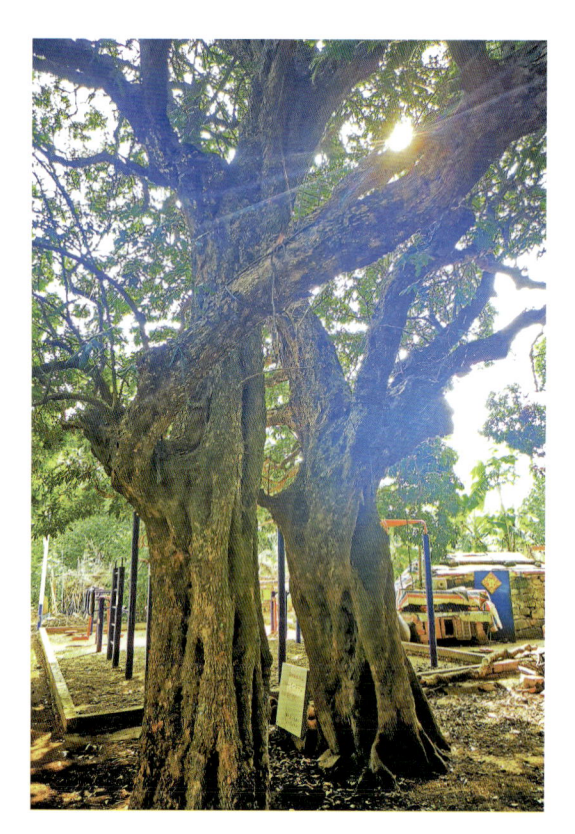

图 3-5　圩仔村古树（许小洁　摄）

式，外表粗糙、饱经沧桑的珊瑚石呈现着涠洲岛最原始的自然生态，也是岛民曾经赖以生存的家园。圩仔村民风淳朴，生态环境良好，民居已有上百年的历史，挖取珊瑚石砌墙，用珊瑚砂烧制灰浆糊墙打地板，是当地岛民建房的主要模式。也正因就地取材，那些外表粗糙、饱经沧桑的珊瑚石给游客呈现出涠洲岛最原始的自然生态。

圩仔村传统的民居以灰色平房为主，这些平房具有独特的珊瑚石民居风格。在建筑形态上，一般以一层为主，少数较高的建筑达到两层。在过去，由于村民的经济条件艰苦，加之岛上交通不便，建筑材料极度匮乏，村民无力承担昂贵的建筑材料费用。同时，由于地理条件的限制，从大陆运输建筑材料也极为不便。因此，村民们不得不就地取材，到海边凿取石头作为建筑材料。

这些珊瑚石民居采用珊瑚石作为主要材料，村民们从珊瑚沉积岩中开凿出所需的石块，然后亲手将这些石块砌成房屋的墙壁和地面。在建造过程中，完全不使用水泥等现代建筑材料。整个房屋的结构主要依靠泥浆、珊瑚石、木头的横梁以及房顶的瓦片构成。

在那个年代，村民们为了建造房屋，每天天还没亮就得拉着牛车前往海边。他们一凿子一凿子地敲击珊瑚石块，每块珊瑚石重达几十斤。需要两个人合作才能将其搬上车拉回村里。一趟只能运输四五块石头，整个过程耗时一个多小时。由此可见，村

图 3-6　珊瑚石民居（许小洁 摄）

民们在建造房屋时所付出的艰辛努力。

珊瑚是一种生活在深海里的腔肠动物，又称珊瑚虫，它能分泌出红、白等色的石灰质骨骼，并群集相互粘在一起呈树枝状，即人们所说的珊瑚石。珊瑚石不怕咸涩海风的侵蚀，且本身具有石灰的特点，风吹雨淋后会产生一种自然黏合的胶结性作用，再加上它本身体质轻、压力不大，垒造出来的珊瑚墙相当结实坚固。由于珊瑚石易削切凿磨，墙体外观也相当平整，房屋给人留下一种非常惬意的美感。因珊瑚石上布满空隙，用珊瑚石砌起来的房屋，古朴而具有当地特色，被称为"会呼吸的房子"，别看它外表斑驳粗糙，其貌不扬，住起来可是冬暖夏凉，非常舒服，跟周边的相思湖相得益彰。这些由珊瑚石建造的房屋也形成了圩仔村建筑特色鲜明的村落景观。

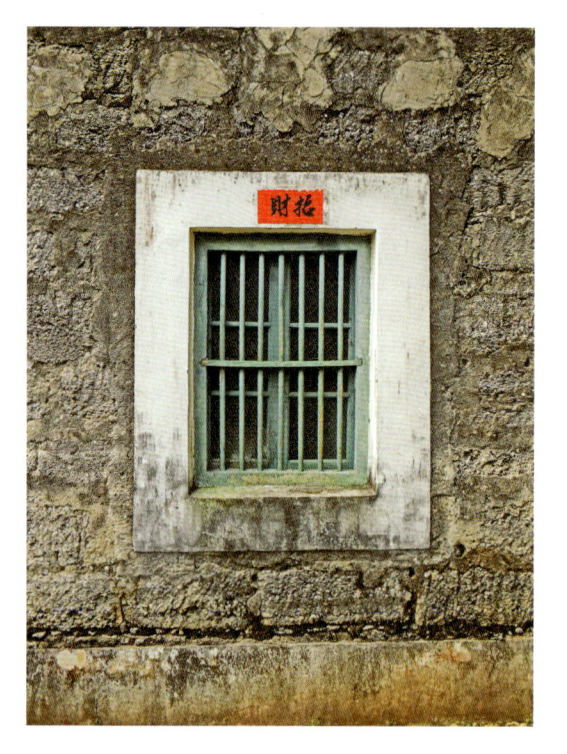

图 3-7　珊瑚石民居细节图（许小洁 摄）

2. 诸圣庙

圩仔村村民大部分是从福建迁徙至合浦而又辗转到涠洲岛的客家人后裔。圩仔村村民以潘、吴两大姓氏为主，此外，还有石、庞、郑、李、蔡等多个姓氏居住于此。圩仔村多个姓氏杂居，虽大体同源，经过多次长距离迁徙，最终定居在涠洲岛，保持团结，安居乐业，建立地域关联，建设共同的信仰不失为最有效的方法。因而，在圩仔村面向相思湖的一侧从北向南依次分布土地庙、诸圣庙和大王庙。

诸圣庙顾名思义包容多种信仰，有利于协调和团结圩仔村不同民众的信仰，从而达到共同的追求。诸圣庙有对联："诸神常驻村康泰，圣灵永坐入平安"。庙里红纸神位写着供奉的红头老爷、周仓将军、关平圣子、白马老爷。进入庙内上面壁画为龙王，在民间神话中龙王统领水族、掌管四海，能上天下海、呼风唤雨，还有治江河湖海之水，行风调雨顺之责。祭龙王的目的则是祈求龙王保佑，风调雨顺。正中祀奉有海神妈祖，也就是村民所说的三婆（当地人称"三婆"，一说因妈祖在其兄弟姐妹中排行第三，故称为"三婆"；另一说三婆庙供的是骆越祖母王、龙母和妈祖，民间巫师多解释骆越祖母王是龙母的前世、妈祖为龙母的后世。妈祖，亦称"天妃""天后"，俗称"海神娘娘"，是传说中掌管海上航运的女神。妈祖是真实存在的历史人

图 3-8 圩仔村诸圣庙（许小洁 摄）

图 3-9 圩仔村诸圣庙细节图（许小洁 摄）

物，原名林默，公元960年三月廿三出生于福建莆田，公元987年九月初九，因救助渔民而不幸遇难，年仅28岁。后来慢慢演化成护海女神，她能言人间悠悠万事，扶危济困、消灾降福。诸圣庙里的壁画既有妈祖，又有龙王，结合海岛渔民的生活和信仰，可见圩仔村民在融入地域文化的同时也祈求妈祖保佑村民生活风调雨顺。"三婆"两边各分布着两位神将，其中左右最靠近妈祖的是妈祖行善济人时身边经常跟着的两位护法神"千里眼"与"顺风耳"。"千里眼"可以看到千里之外的事物，"顺风耳"能听到千里之外的声音。这是古人"先见之明"的代表，具有预测避祸的功能，因而被民间所崇拜。沿海远行捕鱼经商之人，借助其可远观遥听的能力，多会供奉这两位神祇，他们协助妈祖保护海上航行的渔民和商人。妈祖作为民间的护海之神，顺应了圩仔人期盼风调雨顺、安居乐业、不忘根本、不忘祖先的美好生活愿景。

3. 土地庙

土地庙又称福德庙、伯公庙，是中国民间供奉土地神的庙宇。我国供奉土地神的庙宇大多是自发建造、分布最广的小型祭祀建筑，分布在全国各地的村落中，凡是有人居住的地方，都有供奉土地神的土地庙。

拜"伯公"（客家方言对"土地公"的俗称）祈福活动，是合浦客家地区特有的

图3-10 圩仔村土地庙（许小洁 摄）

农耕信俗，自明代起，至今已有400余年的历史，有固定的场地和祈福礼规，活动范围庞大，参与人数众多，保留了浓郁的客家岁时祭祀礼俗，体现了客家崇敬土地的农耕信俗。圩仔村的村民祖上大多是从福建辗转至合浦的客家人，一直传承着这种习俗。土地庙在村子的北边树下，处于室外露天环境，简陋，无屋宇，设有围垣、香炉，祭拜土地公寄托了圩仔村村民祛邪、避灾、祈福的美好愿望。

4. 大王庙

大王庙位于村子东边，据村民口述，由于圩仔村有的村民祖先来自福建，辗转合浦至此，因而建有被民间大众尊奉为保护神的"开闽第一人""白马将军大王公"王审知的庙宇——大王庙，大王庙来源于合浦的大王庙（三个大王）。大王庙为传承宗族信仰，与合浦的大王庙一脉相承，不忘祖宗。大王庙香火旺盛，也是圩仔村地方民俗和文化的重要见证。

5. 古井

古井既是圩仔村先民聚居生息的历史见证，也是圩仔村历史人文及乡愁的重要载体，维系着村里乡土文化的根脉，承载着圩仔村民往昔日常生活的记忆。

圩仔村的这口上百年历史老井，清冽甘甜，记载着村庄的历史，保留了古井最为原始的生态面貌，至今仍保存完好。正如远古先民传唱的《击壤歌》云："日出而作，

图 3-11 圩仔村大王庙（许小洁 摄）

图 3-12　圩仔村百年古井（许小洁　摄）

日落而息。凿井而饮，耕田而食。"受自然地理条件影响，岛上淡水资源紧缺，这口古井最初且最直接的作用就是为村民提供生活饮用水。由于井底温度较低，有利于对物品进行储藏，除供饮用之外，还可用于冷藏，在没有冰箱的年代，用以冰镇西瓜、储藏和保存食物。百年古井承载着岁月之歌，因年久失修、水质浑浊或被淤泥杂物淤塞等原因废弃不用，如今已受到保护。

三、民 俗 文 化

（一）民间习俗

圩仔村民疑是开平、恩平的客家移民后裔，是来自福建的客家人，以及后续从广东雷州半岛和合浦一带以及海南迁入的黎民、疍家和客民。

圩仔村现在的居民，以客家后裔为主体，现已传至第 6 代，至今秉承古训，保留着中原客家耕读传家的文化传统，具有移民所特有的情怀底蕴，善于在不断迁徙中逆境求生，寻找机遇，用血缘、亲缘、地缘等各种条件建立同宗、同乡、同一文化内相互合作关系的恳亲文化精神。村里客家建筑，就地取材，大量选用岛上特有的火山灰块石和珊瑚石，拌以糯米、蜂蜜砌墙，用螺壳灰粉墙。虽没盗匪肆虐，为应付风狂雨骤，在设计上也别出心裁，大部分采用尖顶拱式或平房式横排三套间，屋顶较尖，居中屋用作客厅，有一扇向内开的正门，其余左右两间分别用作卧室和放置杂物，由客厅内左右侧门进入。

每逢佳节，如春节、端午、中秋等传统节日，村民会张贴红纸，点燃香烛，向神明祖先表达敬意。这些节日的庆祝活动热闹而庄重。按照传统习俗，大年初一是禁止杀生和食用肉类的。

婚姻礼仪深受古代风俗的影响,至今仍沿用中原古代的"六礼":包括提亲、送定、报日子和送聘金、盘嫁妆、接亲与送亲以及拜堂与吃面。这些传统习俗的保留,体现了村民对历史的尊重和对传统的继承。

(二)民间文艺

圩仔村当地有三婆庙的传说。三婆庙,又名天后宫,位于涠洲岛南湾港西北岸峭壁下的一个岩洞,呈斜三角形,据工程人员测,洞深36米,外高46米。庙宇面阔三间,进深三楹。庙内的后殿,正中祀奉有海神三婆婆。三婆婆神像的左右,分别是"千里眼"和"顺风耳"两尊小神像。后殿的左厢,祀奉三婆婆的哥哥三王爷爷。后殿的右厢,祀奉一块长约70厘米的神主牌。神主牌上写着:"三婆庙始创人黄开广大人位。"①

据说,黄开广是名朝廷武官。有一次,他奉命率兵船到涠洲岛征剿海盗,初到涠洲时,盗贼无踪,人烟无影,但见岩洞里有座用茅草搭的小三婆庙。黄大人找不到海盗,一怒之下便将小三婆庙烧毁了。不久,大雾笼罩,乌天黑地,黄大人的兵船也难驶出港湾。此时,黄大人以为是庙神作怪,于是又转回小庙的残址烧香朝拜,并向庙神许愿,如果庙神能保佑官兵平定海贼,平安回去,日后将重新建一间新三婆庙以酬谢神灵②。

正巧,天气转晴了,不时还能听到港湾的西岬角有狗吠声。兵船循声而去,在山崖下的海蚀洞穴中,发现有个贼老洞(又名藏宝洞)。此洞穴深不可测。于是,他们运来一批熟烟(烟草)在洞口点燃,用木风柜不断地扇风,将浓烟灌入贼老洞里,并派兵在南湾港、西角口和北港口等地严密封锁。经过七日七夜不停地烟熏,此后,海盗便销声匿迹了。

为了酬谢庙神显灵保佑,武官黄开广日后便从内地运来一批砖瓦等建筑材料,重新修建了一间三婆庙来还愿。后人为了纪念黄开广建庙的功德,遂在庙内做了个神主牌来供奉他。

相传,海盗在涠洲岛海面,曾劫掠来往商船不计其数的金银财宝。海盗盘踞的贼老洞,全长约4千米,内藏有金银珍宝无数。后来,曾有人欲进洞去寻宝,但都有去无回。也有人传说,海盗曾将八九缸的银圆深夜埋藏在沟仔一带。清末民初,涠洲岛公山村的一名叫桂秀的村民,曾带领数十名讲客家话的群众去寻挖宝藏,但总是找不

---

① 参见范翔宇:《涠洲史话 千秋精彩》,《北海日报》2016年2月5日。
② 参见安乐博:《"三婆"是谁? 浅谈曾盛行在南中国海的水神》,"'上海:丝路和弦——全球化视野下的中国航海历史与文化'国际学术研讨会",2018年8月16日。

到银圆的踪影。

（三）民间信仰

妈祖又称天妃、天后、天上圣母、娘妈等，是流传于中国沿海地区的民间信仰。妈祖文化肇于宋、成于元、兴于明、盛于清、繁荣于近现代，是历代船工、海员、旅客、商人和渔民的共同神祇。民间在出海前要先祭妈祖，祈求保佑顺风和安全，在船舶上立妈祖神位供奉。

圩仔村的妈祖信仰由来已久。据圩仔村老人口述，圩仔的三婆还有两个姐妹，三婆是老三，大姐是金脸，管海上风暴，专救那些落难的人们，也叫海上女神。二姐是粉脸，精通四书五经，充满智慧和才华，是个不折不扣的才女，叫天上圣母。三婆是黑脸，很会行侠仗义，是大侠女。这三个姐妹在各自的领域中尽职尽责，展现出无与伦比的守护力量，共同守护着大海和人间。

逢年过节，渔船出海、返航，每年农历三月廿三妈祖生日、九月初九妈祖忌日和农历十月收获季节，圩仔村与其他村落的村民一起举行隆重的"还福"仪式。

20世纪80年代初，涠洲三婆醮会由民间自发组织始办，每年农历九月十七举行，每三年一届，历时6天。每次醮会节到，三婆庙里张灯结彩，锣鼓喧天，戏台高筑，周边信徒蜂拥而至，人山人海，热闹非凡。

三婆神像出游当日，花车、神车随行，善男信女虔诚紧随，各村俱买三牲祭拜，内容有舞龙、舞狮、歌舞等，祭祀活动庞大而又隆重。醮会最后一日，真人赤足"过火炼"最为惊心动魄——大约是说人生须经此磨炼，才能成正果，现已演变成醮会上最富吸引力、最具神秘感的压轴节目。妈祖文化在日积月累中逐渐成为客属岛民的普遍信仰，涠洲岛祭拜妈祖习俗不仅传承了数百年，而且保留相对完整，现已成为北海市不可多得的非物质文化遗产。

涠洲岛三年一次的妈祖出游的日子，人们会把妈祖从它的庙里面请出来，然后抬着它在岛上每个村子有土地庙的地方巡游。对于涠洲信奉妈祖的人们来说这是个重要的节日，在这一天每个村子都会杀猪杀鸡等迎接妈祖巡游到本村。在巡游的队伍里面妈祖在最前面，后面跟着每个村子供奉的神祇。妈祖巡游到哪家门口，哪家人就会通过放鞭炮来欢迎妈祖的巡游。然后所有供奉的神祇都会停留在村子的土地庙前，让这个村子的人们前来祭拜。祭拜过后就是各村表演队的表演，不同村子的表演节目各不相同，有表演舞龙舞狮的，有表演腰鼓的，等等。人们通过这种方式来庆祝妈祖的巡游，祈求健康平安、生活幸福。

如今，三年举办一次的涠洲岛妈祖文化旅游节已经连续举办多届，旨在弘扬妈祖精神及传承传统文化，搭建涠洲岛对外交流平台，推动涠洲岛旅游经济持续健康发展。

（四）民间建筑艺术

圩仔村传统民居是村民开凿的珊瑚石块建成的民居，外表粗粝沧桑，生态自然，富有海岛特色。由于近些年村民大部分拆老房建新楼，改造成客栈，损坏了原生态建筑风貌，且村民自己改造的普通民宿，由于资金投入较少等因素，在档次和品质方面都不高，缺乏特色和亮点，游客入住率低，体验性较差。因此，涠洲岛管委会采取了一系列措施，引导村民在不破坏涠洲岛整体风貌的情况下，新建民房；同时，探索将民房建设与原有的珊瑚石民居相结合，鼓励居民把珊瑚石民居或院落改为高端度假民宿，满足旅游中高端市场需求，有效保护传统珊瑚石民居；以"建新不折旧"加强对珊瑚石民居建筑的保护意识，弘扬涠洲文化特色，打造出涠洲特色旅游新亮点。

圩仔村不少由珊瑚石民居改造而成的民宿，因其独特的海岛特色和历史韵味，深受游客青睐。"百年珊瑚石奇居"吸引了一拨又一拨游客前来入住、参观，渡舍精品民宿就是涠洲岛珊瑚石房高端特色民宿的典型代表。

渡舍精品民宿·圩仔店坐落于涠洲岛心伊甸园相思湖畔、涠洲岛古村落圩仔村内圩仔村45号院，由涠洲岛新绎旅游投资开发有限公司投资建设，2019年1月8日开

图 3-13 圩仔珊瑚石特色民宿（许小洁 摄）

业，共有客房 32 间。渡舍精品民宿·圩仔店在用心保留了珊瑚石传统民居庭院、耳房、单层民居的原貌和布局的基础上，分别设定了"金刚""木瓜""若水""渔火""轻尘"五个主题院落，命名为"金刚小院""木瓜小院""若水小院""渔火小院""轻尘小院"，是家庭度假、亲朋聚会、情侣携行、个人寻梦的居住胜地，极大地改善了圩仔村的人居环境。在这里，游客可以一一品味体验到海岛风情、南国红豆、客家村落、瓜果田园、传统民居、质朴热情等，乡居、田园、庭院，贯穿渡舍命名"隐逸求真"的禅意，为游人提供了一个返璞归真、身心康乐的情怀归处。民宿项目配套有餐厅、泳池、休闲小吧。渡舍周边游玩景点丰富，邻近相思湖、圣堂、蓝桥、湿地公园、暮崖、贝壳沙滩及仙人掌果园等。

四、风物特产

（一）丰富物产

圩仔村，与涠洲岛上其他村落一样，拥有得天独厚的物产资源。该地盛产各类美味水果及重要经济作物，品质优良，味道鲜美，让人难以忘怀。火山岛香蕉作为圩仔村的一大特色，生长于独特的火山土壤中，口感香甜、水分足，深受当地居民和游客喜爱。此外，该地的芒果、木瓜、龙眼等水果也备受赞誉，品质优良、味道鲜美。除了水果，圩仔村还出产花生、玉米、木薯等重要经济作物，这些作物在农业生产中占据着举足轻重的地位，不仅满足了当地居民的生活需求，还为游客提供了独特的美食体验。正因如此，许多游客慕名而来，品尝这里的特色美食，感受这里的独特魅力。

（二）特色美食

圩仔村特色美食有客家米散、年糕等，深受游客和当地人的喜爱。

客家米散，又称为"米花糖"，是圩仔村的传统美食之一。米散取谐音"无散"，寓意亲友之间心相通、情相连，凝聚在一起不会分散。这种传统美食已传承了上百年，是圩仔村民记忆中的年味。它以糯米为主要原料，

图 3-14　圩仔村香蕉（许小洁　摄）

经过多道工序精心制作而成。米散的口感酥脆，香气扑鼻，是客家人过年必备的年货之一。在圩仔村，以往每逢春节，家家户户都会制作客家米散。

除客家米散外，圩仔村的年糕也是一绝。客家年糕采用优质糯米粉制作，经过蒸煮、搅拌、压制等工序，口感软糯、香甜可口。在客家人的传统中，年糕寓意着"年年高升"，因此是过年必备的美食之一。除以上两种美食外，圩仔村还有许多其他值得品尝的美食，这些美食都具有浓郁的地方特色和独特的口感，是客家人智慧和文化的结晶。圩仔村的特色美食不仅是当地的文化遗产，也是客家人对美食的独特追求和热爱。如果你有机会来到圩仔村，一定要品尝一下这里的特色美食，感受客家人的热情和文化。

五、文化教育与人物

涠洲岛解放后，岛上群众集体先后创办了城仔小学、涠洲中心校、涠洲中学、涠洲渔业中学、西角小学、竹蔗寮小学、百代寮小学、公山小学、荔枝山小学等9所中小学。圩仔村村民孩子得以在荔枝山小学就读，接受教育。2019年，涠洲镇荔枝山小学向北海事业单位登记管理局申请注销登记，停止办学。

现在圩仔村还有一所民办幼儿园——圩仔村童心幼儿园。这是圩仔村及周边自然村庄孩子接受学前教育的地方，主要招收1岁半至6周岁、能适应集体生活、身体健康的适龄儿童。幼儿园位于圩仔村88号，创办于2015年，园内开设有小小班、小班、中班、大班、学前班等6个班级，秉承"一切为了孩子，给孩子最好的教育，办孩子最喜欢的幼儿园"宗旨，以培养幼儿良好的生活习惯、卫生习惯和初步的动手能力为主要目标，通过丰富多彩、富有童趣的游戏活动课程，让幼儿在愉快、有趣的氛围中爱上学习，促进幼儿全面健康发展。

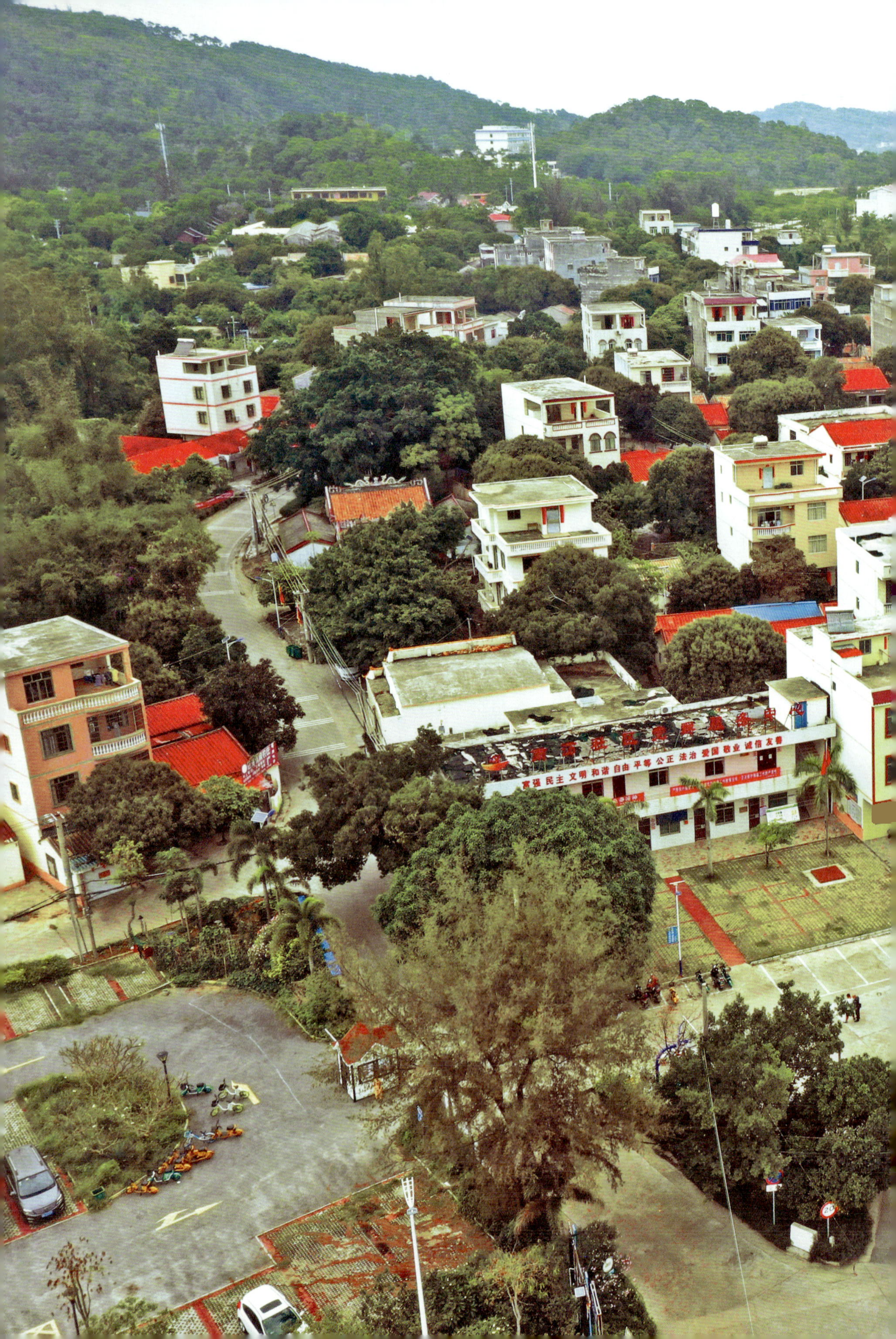
富强 民主 文明 和谐 自由 平等 公正 法治 爱国 敬业 诚信 友善

图1-1　南澫社区航拍图（赖文昌　摄）

南澫社区

一、村落概况

（一）村情

南澫社区位于广西壮族自治区北海市区西南部，背靠冠头岭，面向北部湾，地形以山地为主。从考古的角度来看，早在明朝永乐年间，广东吴川和福建籍渔民就开始迁徙到此居住，随着人口逐渐增多形成村落。南澫得名于它南面一个直径约 1.5 千米的半圆形港湾（今称南澫港），遂被称作南湾村。它是北海最古老的渔村之一，被冠以"北海第一村"美誉，面积约 1.6 平方千米，村庄占地面积约 40 公顷，2002 年成立南澫社区。南澫社区户籍人口 920 人，常住人口 750 人，村集体年收入 10 万元，村民人均年收入 1.2 万元。南澫社区的区位优势明显，自然条件优越，文化底蕴深厚，旅游资源丰富，发展潜力巨大。辖区内有北海市区最高山峰冠头岭、天然渔港南澫港；有北海早期庙宇建筑群神农庙、武帝庙、三婆庙等庙宇风光；有冠头岭国家森林公园、南澫植物园、山海双涛、海枯石烂等一批景区景点；有冠岭山庄、北海佛教文化园等一批自治区、北海市重点项目。近年来，南澫社区充分利用"一海（北部湾）一岭（冠头岭）一场（南澫浴场）一港（南澫港）"等优势，坚持"以传统渔业为主体，特色餐饮和旅游服务为两翼"的发展思路，依托山海做文章，利用资源抓开发，服务项目谋发展，改造旧村建新村，富民强村促和谐，先后被评为自治区军（警）民共建精神文明先进单位、自治区文明单位、自治区卫生村、自治区和谐社区。

1933 年，南澫开通北海第一条乡村公路——北海至南澫公路。南澫至北海的路程需经过后塘、上村、下卡、八宝村、独树根等村庄，沿途没有像样的道路，村民出行十分不方便，特别是下卡有条沟渠叫"蚂蟥沟"，地处低洼，每当下雨过后水深及胸，人们出行就更加困难。此时，南澫人往北海买米便出现一个"奇闻"：担米用缸装。原来，南澫人往北海买米，习惯用一条担竿（扁担）和两只竹箩肩挑回来，沟水涨时竹箩透水会弄湿米，只好用小水缸装米，再盛在竹箩里挑回来。

当时，黄元焰深知这样一条原始的路，不但给群众带来诸多不便，而且妨碍南澫的经济发展。他就此回村向乡亲们建议开辟一条南澫至北海的公路。乡亲们虽然赞

图 4-2　建设中的广旅冠岭港湾（赖文昌 摄）

成，但是都觉得这个工程艰巨且需要的人、财、物不易筹措。于是黄元焖主动提出负责筹款事宜。至于人力嘛，大家商量后决定以南澫人为主，动员沿路村民为辅。不久，黄元焖通过争取镇政府投资和发动商家捐款的办法筹得了经费，南澫开始组织人力动工修路。修至某村时，根据道路通畅的需要，打算挖掘一处竹丛，当地村民不同意，双方发生争吵。黄元焖得知后立即放下手中的事务，赶赴现场。就在双方争执不下、剑拔弩张之时，黄元焖恰好赶到，他好声好气地向当地村民解释，开通公路不是单独对某一村庄有好处，沿海两边乃至附近的村庄，直至北海镇全镇都会受益，说服当地村民同意清除阻路的竹丛，工程得以继续进行。"有志者事竟成"，几经努力，路终于修成了，"蚂蟥沟"也随之铺上了桥，行人来往再也不用涉水了，慢慢地，"担米用缸装"就成了具有历史意义的"奇闻"。由南澫人黄元焖牵头，在全体乡亲共同努力下开辟的"北海—南澫公路"也是北海通向农村的第一条公路。

（二）村史

据史料记载，南澫约建于明永乐年间（1403—1424），"南澫"的村名，有一段缘起、变更和确定的历史。从前，冠头岭前有一处港湾称为"南湾"。南澫先民来到冠头岭下聚居开垦谋生时，顺便取"南湾"为村名。后得知涠洲岛有一村亦称为"南湾"，为避重名，南澫先民参照立脚点（居住地）傍海的特点，将"湾"改为"澫"。"澫"在《康熙字典》解释为"漫"字，意为"大水也"。明洪武年间，为防倭寇祸患，在合浦沿海设"八（个）寨"，其中有"古里寨"，所辖范围为南澫至原北海镇（现海城区和银海区）一带，南澫随之被称为"古里塞"。嘉庆二十五年（1820）改设"六（个）寨"，古里寨依然存在，直至民国十五年（1926）寨名被取消，恢复使用原有的村名"南澫"至今①。

1. 南澫的村民构成

清康熙二十二年（1683），朝廷解除海禁，准许百姓在沿海边区居住。于是，南澫人随之回到原地居住，外乡人亦陆续迁来南澫，据南澫人的族谱和祖辈口传，张姓、薛姓最先到达南澫落户，组成张屋村②。虽不知其籍贯，但南澫人把这两户人家看成南澫村的先祖。接着黄姓从高州、雷州来到南澫定居，建立"黄屋村"。随后陈、唐、符、梁、何、詹、龙、蔡、徐、苏、范、袁、周等姓氏相继迁来上高埠、中间埠、下底埠（三婆庙）这三个村，这样南澫就有了五个村，总称为"南澫五境"。

2009年8月8日，南澫成立北海第一个乡村老龄协会。民政部和财政部2019年8月28日确定第四批中央财政支持开展居家和社区养老服务改革试点地区，北海成功入选。

2. 南澫的贸易发展历史

秦汉时期，廉州（古时北海、南澫属廉州辖内）已开展对外贸易，口岸设在南流江、乾体一带，元末明初逐渐迁往冠头岭周围海域。明朝前期，洪武年间实施禁海，"禁濒海民私通海外诸国""申禁海外互市"以至"禁民入海捕鱼"，致使冠头岭周围海域没发挥多大作用③。直至永乐年间，明成祖对禁海做了诸多修改，其实质相当于解除禁海，朝廷恢复了管理朝贡贸易的市舶司，开设专门接待贡使的译馆和培养翻译人才（通事）的四夷馆，欢迎和方便外国进贡和贡使随行人员从海上到我国来进行贸易；派遣郑和下西洋，改善了我国与海外诸国的关系，促进了我国与外国的贸易往来。与此同时，"豪门巨室间有乘巨舰贸易海外者"，还有平民百姓前往东南亚各国做买卖。

《廉州府志》卷十四记载："广东海道自廉州冠头岭前海发舟。"由此可见，这个前海就是南澫港，证实南澫港是早已开发的古港口。外国贡使和商家以及我国商人如果从海上来去往返，廉州冠头岭成为其发舟地之一。那么，究竟在冠头岭何处发舟呢？发舟需要准备维持生命的水、米、盐等食用物品和各种航海工具，这显然不可能在岭上，必须在岭下，而南澫正好处于冠头岭下的海边。由此推定，南澫最晚在明朝永乐年间已成为海上发舟之地，至今已有580—600年的历史。发舟所需的物资不可能从天而降，必须靠人准备和经营，也就是说，早在五六百年前，南澫就有人做发舟

---

① 林京海、李幸芷：《清代广西绘画系年 上》，广西师范大学出版社2017年版。
② 广东省人民政府地方志办公室：《全粤村情 韶关市仁化县卷（二）》，华南理工大学出版社2017年版。
③ 潘天波主编：《漆向大海——古代海上丝绸之路漆艺文化研究》，福建美术出版社2017年版。

所需物资的生意，南澫当时是一个货物交换的集散地。

斗转星移，改朝换代，明亡清兴。清初期，顺治十二年（1655），朝廷为了对付海上抗清力量，断绝他们的粮食和物资供应，颁布禁海令，不准福建、浙江、广东等地沿海居民擅自出海。顺治十七年（1660）再次下达迁海令，实施至康熙二十一年（1682），强迫沿海居民内迁30—50里，其中广东地区（当时合浦属广东管辖，南湾、古里寨即南澫属合浦辖内）连续内迁3次。内迁之地，滥施暴政、焚毁屋舍、废弃田地，内迁之民，仓促奔逃，流离失所。地处海边的南澫更是在劫难逃，变成一片荒凉，冠头岭方圆1 500米内近海的地方亦满目疮痍。

据上所述，南澫人从明永乐年间（1403—1424）开始在南澫创业，至清朝自顺治十七年（1660）至康熙二十一年（1682）实行禁海迁海被迫背井离乡，他们已在南澫这块土地上生活了200多年。清初的禁海令和迁海令，严禁商船渔船出海，截断了海上同外界的交往联系，阻碍了海外贸易的发展，使中外商品交流受到严重影响[①]。

3. 南澫的渔业发展

南澫上高埠、中间埠称为"上水铺"，下底埠称为"下水铺"，两"铺"之间有条行人道，称为"南澫街"[②]。群众又将"南澫村"称为"南澫街"，随后便派生出："先有南澫街，后有北海村。"南澫先民回到或初来南澫时"因地制宜""就地取材""水陆并举"，一部分人务农，一部分人从事渔业生产，形成半渔半农村。《广东通志》（嘉靖卷）记载：冠头岭在合浦城南八十里，"穹隆如冠，西南临海，南北皆粤海艇焉"[③]。乾隆年间（1736—1796），由于南澫的海面深渊无礁，背后的冠头岭可作避风屏障，成为天然良港，非常方便船舶舟楫往来停泊，合浦、钦州、遂溪等地的商船渔船经常在此云集，开往东南亚的船舶亦恢复从南澫海域发舟。乾隆四十五年（1780），仅江洪"七仔船"就有100多艘在南澫从事深海捕捞，当时的南澫呈现"四多"的景况：人口增多，从125户700多人，增至180多户900多人；海产品产量增多；随之加工场也增多；来往人员增多，各行各业的商铺增多。这时，在南澫经营鱼货生意，有临时做买卖的，也有固定交易的，其中有一种叫"等船"（又称"放船头"），做"等船"生意的老板与捕捞渔船船主签订合同，老板先付一定数额的定金给船主，船主捕鱼回来，不得卖给别人，先要卖给老板，以售鱼的价款抵消定金，鱼货款多老板补钱，鱼货款少船主还钱，可以逐次结清；也可以记账登记长期交易，套用现代术语，这是预付款经营方式。村内有旅店、酒楼赌场、鸦片馆和妓院。南澫则提升为半

---

① 黄国桂、黄朝丰：《南澫称为"北海第一村"的依据何在？》，《北海日报》2011年6月30日。
② 莫贤发主编：《北海老城区骑楼建筑形态研究》，东南大学出版社2018年版。
③ 邓昌达主编：《北海第一村》，广西人民出版社2009年版。

农、半渔、半商"三位一体"的圩镇型村庄。

然而,"天有不测之风云"。自然环境难免有改变,对人类的营生和社会的发展往往引发不同的后果。清同治十二年农历八月初三(1873年9月24日),台风袭击南氵万,巨浪滔天,汹涌澎湃,百多艘渔船遭毁坏沉没,南氵万经济受到严重损失。与此同时,由于地形变迁,南氵万港的水位由深变浅,再加上船舶的吨位越来越大,船大水浅致使南氵万港海上运输量日渐减少,南氵万的"半商"地位每况愈下,经历从清朝乾隆至光绪的100多年的繁荣渐渐衰退了。面对严峻的现实,南氵万人没有向灾难低头,更没有因为环境的变迁而听天由命,而是振作起来,采取灵活的对策,开辟谋生的新路:一部分(数百)人陆续迁往冠头岭东部地带,参加北海开埠和持续建设,以及分赴国内各地和国外发家致富;一部分人则留在故乡,继续半渔半农的生计,继承祖业,谋求新的发展。

南珠饮誉遐迩,至于其产地,民间流传这么一句俚语:"白龙官办珍珠场,南氵万民开珍珠池。"南氵万村前的沙滩埋藏着层层叠叠的珍珠壳,记录了昔日珠业的兴旺。1976年,南氵万村村民深挖沙滩1米多,就取出了珍珠壳10多万千克。1959年,某海水养殖单位在南氵万养殖珍珠,南氵万人予以支持。1959年12月27日成功培育出海水人工养殖珍珠。这证明了:南氵万滩涂环境清洁,拥有充足的可供珍珠作饲料的微生物,十分适宜发展育珠业。

20世纪30年代,国民党开始在乡村恢复保甲制度,保长是乡村公推产生的,一般是富有之人或有威望之人,负责管理户口、征收赋税、训练壮丁、巡查警戒等事务。由若干个小村合编成大村为"保",管辖100户以上。"保"下设"甲",每"甲"有10—20户。南氵万与筑下、大墩海组合为"保",南氵万上高埠、中间埠、下底埠(三婆庙)、黄屋村等四个自然村分别为"甲"。北海解放后,取消保甲制度,建立了村级体制。

1950年2月开展清匪反霸运动。1952年末1953年初,北海政府派工作队进村进行土地改革,减租退押,分田分地,土地位置在南氵万、新堰、流下桐、下村大堰等处,一家一户独自耕种。1953年开始组织帮工组、互助组,三五户以至多户联系起来,在农忙时相互帮助。1953—1954年开始"渔改",南氵万把浅海渔民组织起来,成立渔业浅海队,后来同大墩海渔业组合并成"南海渔业生产合作社",南氵万村原浅海队改为生产队。1955—1956年,南氵万部分互助组加入农丰大队管辖的"农业生产初级合作社"(简称"初级社"),成为一个生产队。1957年,南氵万农业组织脱离农丰大队领导,独自成立分社,由黄朝丰任社长。从1978年开始,在党的十一届三中全会方针的指引下,南氵万群众响应以经济建设为中心的号召,农业上实行包产到户,渔业上安装虾船,发展深海渔业生产。与此同时,实施多种经营,开工厂,办企业。经

图 4-3 繁忙的南氵万渔港（赖文昌 摄）

图 4-4 南氵万渔港（赖文昌 摄）

过多年努力，现今呈现兴旺发达、蒸蒸日上的景象：全社区 250 户 708 人，其中居民 360 人、渔民 348 人，劳动力 678 人（含外出务工、经商 111 人）。拥有大小渔船 35 艘（均包产到户），民营船厂 3 家和冷冻厂 1 家，餐棚饮食店 4 家。全村人均年收入 4 500 元，100% 人家建有新屋。全村无下岗人员，无"零就业"家庭，就业和再就业率 100%，适龄儿童入学率达 100%，参加合作医疗人数达 100%，100% 家庭安装电灯、自来水和电话。还有数百南氵万乡亲分布在南宁、广州、昆明等地和侨居海外（主要分布在美国、越南等国家）。南氵万建有民兵、青年、妇女和老龄人组织。南氵万社区多次被评为"文明社区"。

近年来，随着广西加快发展向海经济的有关部署，促进全区向海经济高质量发展，加快推动海洋强区建设，南澫成为广西2020—2022年推动海洋强区建设三年行动计划中重点推动建设的四个渔港经济区之一。

（三）产业

南澫渔港位于北海市西南端南澫村，距市中心6千米，是原国家农业部首批批准建设的中心渔港之一，全国六大国家级中心渔港之一，始建于1978年。1978年，经国家计委批准，南澫渔港开工建设。至2000年，建成防波堤1 960米，渔用码头377米，直立护岸423米。渔港涉及水域面积4万平方米，可容纳渔船1 000艘。

2001年，原国家农业部决定在原有的基础上对南澫渔港进行扩建，使之成为全国首批六个国家级中心渔港之一。南澫中心渔港属于利用中央财政预算内专项国债资金投资兴建的公益性项目，一期工程投资3 300万元。2004年12月22日上午，北海市政府在西郊冠头岭举行南澫渔港扩建工程开工典礼。

2008年3月，原国家农业部渔港建设专家组到北海考察，认为南澫中心渔港建设工程必须追加国债资金400万元，一期工程总投资达到3 700万元，以利于工程的顺利进行。这笔资金到位后，工程顺利推进。截至2008年6月，长800米、宽30米的标准码头工程已建成，500米的围堰已经全部完成，港池及航道疏浚已完成80万立方米，完成了工程量的70%。如今，南澫中心渔港拥有渔业码头约800米，可同时容纳大中型渔船300余艘，其年卸港量稳定在9万吨左右，为广西区域性渔业经济的发展、拓展外海和远洋渔业生产的发展发挥了重大作用。

渔港区位优势明显。东、西、北三面环海，与北海港深水槽航道距离不足两海里，渔船进出港十分方便。西北面有冠头岭作天然屏障，阻挡北风侵袭；东南面有白虎头（珠沙）拦截东南风浪，危险天气对渔港影响较小。港区公路与北海大道、滨海公路相接，交通便利。随着配套设施不断完善，南澫中心渔港凭借其优越的地理位置、良好的避风条件、完善的管理服务，将会吸引更多的大中型渔船进港卸货，已逐渐成为一个集渔船避风、休渔、水产品集散与加工、休闲渔业和滨海旅游、渔民高档住宅建设和渔民转产转业于一体的，具有区域性、开放性和示范性的现代化渔港综合经济区，环北部湾三省区渔区物流、人流、资金流、信息流的中心平台。随着南澫中心渔港配套设施不断完善，也将推进广西远海渔业快速发展，实现渔业高质量发展。

近年来，南澫中心渔港被评为"全国文明渔港"。2020年9月，农业农村部公布了首批国家级海洋捕捞渔获物定点上岸渔港名单，而北海南澫中心渔港作为广西地区的唯一代表，成功入选。这一荣誉不仅为南澫中心渔港带来了新的发展机遇，也意味着该渔港将面临更大的挑战。2021年4月，南澫中心渔港又成功入选2020年度"平安渔业"创建单位公示名单。

二、自然与人文景观

（一）自然景观

1. 冠头岭

冠头岭为北海市海拔最高的地带，位于北海市西尽端，距市区约8千米，岭长3千米，像一条青龙横卧在市区西南端，由主峰望楼岭（清朝曾设"望楼"于顶巅，海拔120米）与风门岭、丫髻岭、天马岭等山峦群体组成，东北延伸至石步岭南麓而止，同向潜脉与石步岭、地角岭相连[①]。整个山岭以形状"穹窿如冠"[②]而得名。主峰高120米，登峰可观日出日落、万顷海涛和晚上点点渔火的迷人景色。临海一面有海蚀平台陡岩，错落有致，千姿百态。岭脚有龙王岩，岩前潮撼如雷鸣，有"龙岸潮音"[③]佳景。

明嘉靖中叶（1542—1545），廉州知府张岳勘查通越水道至此，冠于此名。冠头岭雄峙北部湾畔，俯瞰古珠池，向有"三廉海门"之称，南以涠洲岛、斜阳岛为前哨，东北与地角岭相肘腋，不仅是疍家人做海生息的天然屏障，也是历史上历朝历代海防要塞。整个山岭绿树覆盖，遮天蔽日，生长花草果木100多个品种。常年有鹦鹉、八哥、珊瑚鸟、百灵鸟等10多种鸟类栖息，每到冬季，南飞避寒的鸟多达百种。

图4-5 冠头岭远景（赖文昌 摄）

[①] 范翔宇主编：《汉港珠郡》，广西师范大学出版社2018年版。
[②] 黄家生主编：《广西口岸典故》，广西人民出版社2017年版。
[③] 刘宪标主编：《行摄广西 寻找广西最美的镜头》，广东旅游出版社2012年版。

冠头岭，不仅是南海之滨一处不可多得的山海胜境，也是一个举足轻重的军事要塞，历代兵家多有屯扎于此。其地形地貌两头低、中间高，为南北走向，山巅平坦宽广，西面临海，是悬崖峭壁，海滩基岩裸露，东面较平坦。如在岭上建筑军事哨所和设施，便是控制北海西面的天然屏障，与涠洲岛、斜阳岛遥相呼应，称"一岭两岛"。明洪武二十七年（1394），巡检郭成驻军冠头岭，拥有军船2艘，旗兵300人，轮流出海巡哨。南澫从此成为海上和陆地的军事要塞，兵家必争之地。冠头岭在历史上就是海防要塞，明洪武八年，为了防止海寇袭扰，创设炮台于主峰之侧，遗迹尚存。岭巅灯塔已增高，登山公路可直达岭巅。

清康熙五十六年（1717），清廷在冠头岭主峰望楼岭西南麓山腰建冠头岭炮台。炮台坐东朝西，面向大海，用石块与石灰砌筑，内填夯土。据民国《合浦县志·兵制》记载：炮台"台高一丈，周围八丈。门楼一座，兵房五间，火药局一间。一千斤炮一位，七百斤炮一位，五百斤炮三位。"炮台驻兵13名，隶属龙门协水师左营管辖，这样的火力、兵力配置在当时主要起缉私防盗的作用。

乾隆末至嘉庆初，由安南西山政权武装资助的海盗船队频频劫掠中国沿海，粤闽浙沿海治安再度恶化。其后海盗首领张保仔、乌石二屡屡率船队游弋冠头岭海面，劫掠来往商船，冠头岭炮台的存在，对于维护周围海域的航运安全起到了重要的作用。

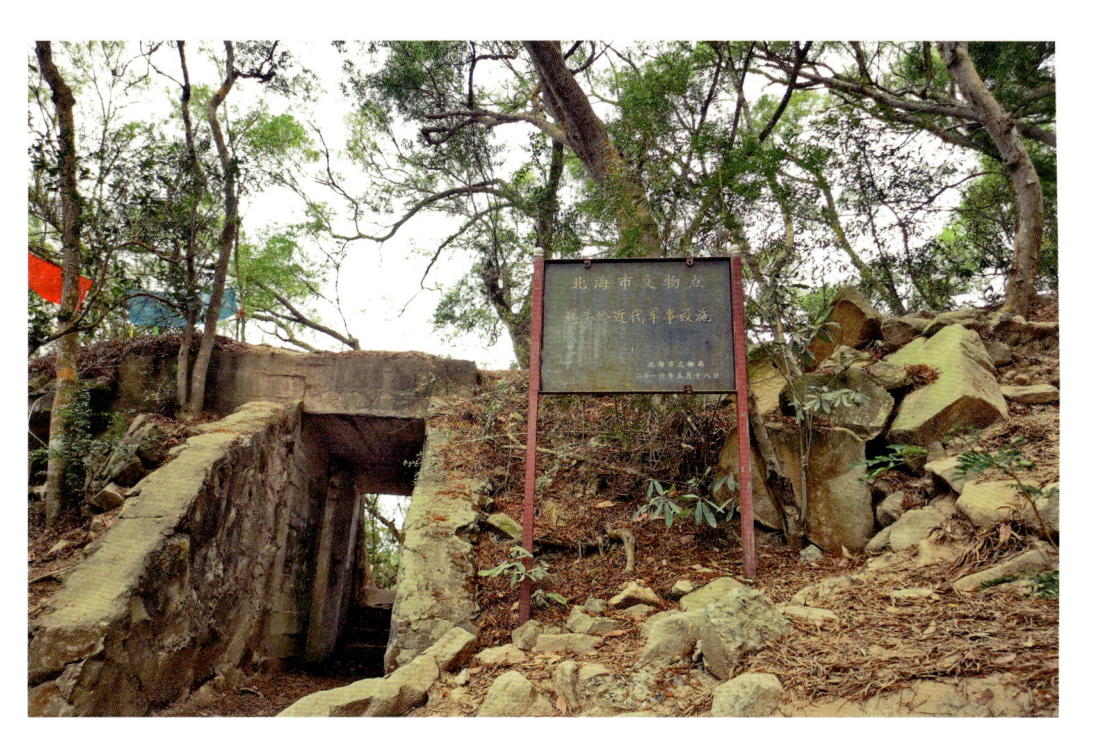

图 4-6　冠头岭炮台遗址（秦竟芝 摄）

光绪十一年正月（1885年2月），中法战争镇南关战役打响，法国军舰频频威胁北海港口，曾炮击冠头岭。两广总督张之洞急调原署廉、雷、高、罗四镇总兵官梁正源（名安真，出身于北海疍家）驻北海主持防务。梁正源主持改造了包括冠头岭在内的各处炮台，新建多处军事防御工程，法国人见清军有备，撤走。

光绪末年，炮台废弃，但此地军事重要性依旧。

1937年抗日战争全面爆发后，日军飞机、军舰屡屡轰炸、炮击冠头岭。1939年11月14日，日军佯攻北海，向冠头岭发炮1000余发，驻防北海的国军175师官兵百余人伤亡。1941年3月3—8日，日军出动航空母舰1艘、驱逐舰5艘、登陆艇和汽艇20余艘运载海军陆战队1000余人从冠头岭、岭底、龙王庙、外沙登陆，日军占领北海6天，肆意烧杀淫掠，杀死我同胞数百人，劫走、焚毁的商船和渔船达400余艘，财产损失难以估算。此为抗战期间震惊中外的北海"三三"惨案。

据考，冠头岭尚遗存有清朝的炮台、民国的碉堡和战壕等一大批海防设施、野战工事，一些重要的军事设施节点，还留存有弹痕累累的战争遗迹；其中冠头岭炮台，已于2006年5月25日经国务院确定为全国重点文物保护单位，这些历史遗迹，令人凭吊怀古，对于一代一代的青年后辈，也极具爱国教育意义。

2. 古榕树

南氵万社区古榕树的树龄已达170多年，经历了100多年的风吹雨打，树干根须给人一种沧桑感，根盘百曲八方，古老的枝丫延伸四周，柱根相连，柱枝相托，老枝新叶茂盛得遮天盖地，很有生命力，似把大伞，形成遮天蔽日、独木成林的奇观。古榕树下来来往往的人很多，络绎不绝，无论是休闲的老伯老妈、闲聊的年轻人、嬉戏的孩童，还是健身的舞者，都被这百年的古榕树淹没在树荫下。古树约20余米高、树干1米见方，保存状况良好，为南氵万社区居民祈福、庇佑的古树。古榕树郁郁葱葱、生机盎然，它见证了南氵万社区居民的生息与繁衍，也承载了一代代居民的浓浓乡情。

3. 冠头岭南氵万海滩

冠头岭南氵万海滩，别具一格，退潮时显露出的海滩，形成浪摧海蚀的别致景观，礁石错落嶙峋，姿态万千。象征着"海枯石烂"的龟形巨大礁石卧在宽广柔软的沙滩上，这也是冠头岭最著名、最引人注目的一个景观。冠头岭南氵万海滩是海石滩涂，海滩地险，海石奇形怪状，地势高低落差，海滩上游玩要小心翼翼地择路而行。海浪的冲刷，时光的敲打，滩涂的海石呈现出瑰丽的色彩，优美的花纹，在阳光的映照下熠熠生辉。奇特的海石滩涂，优美的海滨风光，醉人的落日晚霞，配上那海枯石烂的意境，令人陶醉，流连忘返。在本地还流传着《海枯石烂》的美丽传说，南氵万海滩是吉祥之地，海枯石烂，意为"百年好合，忠贞不渝，白头到老"。南氵万海滩的海枯石烂

图 4-7　冠头岭海滩海枯石烂（秦竞芝 摄）

意境，吸引着许多情侣来到这里牵手漫步，拍浪漫婚纱照，渐渐地成了网红婚纱拍摄基地。

　　冠头岭海滩有特色有故事，潮起潮落向人呈现不一样的风景，也是游客来到北海旅游必去的打卡景点，是海边看日落美景的好去处。由于潮水涨落海滩风景不一样，游玩冠头岭海滩之前最好先查潮汐表，了解海滩水位，最好选择下午来游玩，看落日晚霞。

（二）人文景观

1. 古迹龙王岩

　　古迹龙王岩（廉阳古洞），位于冠头岭西面山脚的石岩洞中，面前是大海。因古洞地处廉州之南，南面为阳而称廉阳古洞。因古洞小庙内祀奉有海龙王，故又名龙王岩。现在的龙王庙，因海浪侵蚀砂岩，壁基裸露，现出突兀参差的怪石奇观。龙王庙位于冠头岭的西南海边，为一濒临大海的岩窟小庙。该庙外宽内狭，深约 11 米，高约 4 米，后有小洞。以前该庙香火颇盛，有庙祝看护。庙内供奉有王龙公（海龙王）、观音、千里眼、顺风耳等菩萨、神祇。庙前沙滩上，以前曾有一片高两三米的礁石林。每当西南风起，浪击礁石林和峭崖时，潮涌澎湃，撼声回环，响若奔雷。但见珠玉四溅，雾雨升腾，蔚为壮观。若在小庙听潮观潮，也颇有情趣。这些胜景，曾被称为北海八景之一的"龙岩潮音"①。

相传,在洞内有神龙盘踞蛰居,当雷雨大作时,神龙才离洞归海。据嘉靖年间《广东通志》载,明洪武八年(1375)巡检郭成驻军冠头岭时,修建了廉阳古洞。古洞的山门曾有一石刻楹联:"王恩周海角,龙气起冠头。"②

2. 南湾三婆庙

三婆庙又名天后宫,位于涠洲岛南湾港西北岸峭壁下的一个岩洞内。岩洞呈斜三角形,内有庙宇面阔三间,进深三楹,东南朝向,建筑面积250平方米,占地500平方米,整个建筑平面呈"T"字形。庙的前面为黄色釉面砖贴面,硬山式,黄色琉璃瓦顶,正脊中有一葫芦,两面为双龙门厅,与后殿有过廊连接。过廊宽4.5米,长8米。过廊两边为天井,与后殿两侧同宽各有一墙,墙内侧装满镜子。门、过廊、后殿均为彩色釉面砖地面。后殿为硬山式黄琉璃瓦顶,中部屋顶为一亭状,房高5.5米,进深6.5米,内有四柱将后殿分为三间三进。最后一进有佛台,上供三婆塑像,佛台前有香炉台,香炉台前为供桌。

图4-8 南湾三婆庙(许小洁 摄)

---

① 《尚旅游图》编委会主编:《广西,等你来》,星球地图出版社2015年版。
② 北海市政协文史资料委员会编:《北海文史第6辑》,北海市政协文史资料委员会1990年版。

图 4-9　南氵万三婆庙细节图（许小洁 摄）

3. 武帝庙

南氵万武帝庙又称关帝庙，始建于清康熙年间，同治八年改为今址，位于行政村社区附近，属院落式的宗教建筑，是南氵万诸庙建筑规模最大且保存较为完整的一座。民间向有"先有南氵万、后有北海"之说，该庙是了解北海民俗文化和了解北海历史发展的一个窗口。庙门有一对联："浩气存天地，英风冠古今。"①庙的屋脊有双凤朝阳及花草等浮雕。庙门廊壁有《仙女散花》《桃园结义》《渭水求贤》《赵子龙单枪救主》《三

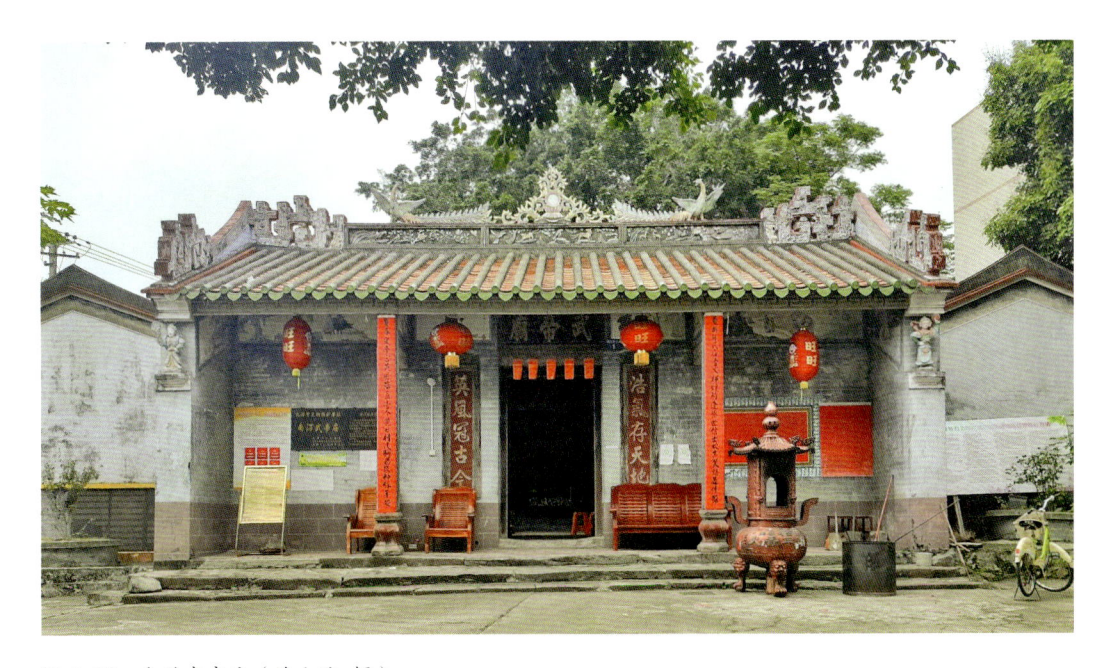

图 4-10　南氵万武帝庙（许小洁 摄）

---

① 毛水清主编：《晚风集》，广西民族出版社 2007 年版。

英战吕布》等壁画。

  武帝庙为三进四合院格局，设三座宫：协天宫，敬奉关圣帝君；琼花宫，供奉华光大帝；清惠宫，敬奉天妃娘娘。道光二十五年（1845）移于南澫东边，同治八年（1869）改为今址。2004年北海市人民政府将该庙定为市级文物保护单位，2006年6月北海市文物管理所委托广西文物考古研究所制定维修方案，经北海市文化局审核批准，于2006年9月29日—2007年2月9日维修竣工，庙貌焕然一新。

4. 普度寺

  普度寺建于北海市城市西端冠头岭国家森林公园南侧，面向北部湾，距离市中心6千米，该处是建设清净丛林、海天佛国的理想之地。寺院建筑不包括附属设施在内，占地面积6万平方米，建筑面积7 800平方米，拟定寺院以后有常住僧人约200人，可容纳居士信众万人左右。普度寺主体建筑将在遵循禅宗"伽蓝七堂"①制度的前提下，以汉唐气魄宏伟、严整开朗、庄重大方、色调简洁明快、屋顶舒展平远、门窗朴实无华为主格调设计，最大限度地综合冠头岭的山、水、林以及北部湾的海与风，

图4-11　普度寺航拍图（赖文昌　摄）

---

① 王鹤鸣、王澄、梁红：《中国寺庙通论》，上海古籍出版社2016年版。

图 4-12　普度寺近照（秦竟芝 摄）

图 4-13　普度寺牌坊（秦竟芝 摄）

融寺院建筑于自然环境之中，将普度寺建设成北部湾最好的园林寺院，建设成以修行佛法、弘扬圣教、昌善导德、净化人心为主的道场。

普度寺的建设，是北部湾经济区与中国—东盟自由贸易区建设发展的需要，满足了信仰佛教的东盟各国政要在北海赴会泛北部湾区域经济合作市长论坛期间在北海的礼佛需求。同时，也是共建和谐社会、心灵净土家园，带动冠头岭区域的经济建设、文化建设的需要。

5. 甜水井

北海解放后，解放军进驻南澫，为解放涠洲和海南两岛做准备。其间，军民共建共饮一口"甜水井"，甜水井为村民生活饮用水源，直至1983年使用自来水。甜水井10余米深、1平方米宽，现在保存状况良好。

三、民俗文化

南澫社区民俗及民间文化主要通过以下两种民间文艺形式呈现：

1. 对台戏

南澫武帝庙内，关帝镀金塑像的旁边，站立着托捧兵书的关平。关平系关帝的儿子，于农历五月十三出生。南澫先辈为纪念关平，把这一天定为"诞期"，搭戏台请戏班唱大戏（粤剧），世代相传。同治—光绪年间（约120年前），有一年将近关平诞期时，南澫人按照祖辈留下的惯例准备唱大戏。这时，南澫已具商埠的雏形，经济比较发达，村民也比较富裕，说要唱戏贺关平诞期，纷纷慷慨解囊捐钱赠款，不消多久便筹足了演出的经费。可是，当讨论邀请什么戏班来演出时发生了分歧，形成两派，一派主张请"德得声"，说这戏班演技出众；一派则坚持请"瑞麟义"，称这戏班戏服漂亮，各执己见，争论不休。这时，有一位颇具幽默感的长者开玩笑说："公说公有理，婆说婆有理，公说不服婆，婆说不服公，两个都说不来，那就请两个班一齐来演啦。"他说这话的本意是想缓和一下气氛，岂料双方都赞成请两个班来同在一起演出，比个高低，决一雌雄。不久，武帝庙前搭起两座戏台，"德得声"和"瑞麟义"各登一台同时演出同一本戏，一连演了五晚。南澫和周围乡村的群众扶老携幼前来观看，越看越感兴趣，但总是分不清谁强谁弱，评不出谁胜谁负。因为，两个戏班各具特色，各有千秋："德得声"的确演艺精湛，唱功美妙，尤其是班主大牛德的儿子演武生，翻腾滚动快速灵活，十分精彩。"瑞麟义"从省港（广州、香港）选购了一批戏服，款色新颖，色泽艳丽。"三分人七分妆"，文武生、正花旦等主要演员每出一次场便换一套醒目的戏服，很有"睇头"（很好看的意思)。南澫武帝庙前唱对台戏广为流传,至今 100 多年过去了,人们还津津乐道①。

2. 戒烟歌

清末民初,鸦片(阿片、雅片、烟土、大烟、阿芙蓉)大量流入北海,毒害民众。南澫有识之士用地方方言(白话)谱歌劝诫:睡落烟床,啖啖入腹,其味至苦,其性甚毒。出在何处?原料罂粟,英帝制造,强输我族。富者吸食,手脚抽缩,穷人入局,像狗卷曲。未食之前,衣食丰足,父母兄弟,家庭和睦。食瘾之后,六亲反目,家无粮食,骗米偷谷。面无点血,身无两肉,众人嫌弃,遭受侮辱。吸毒百害,无一是功,贻害后代,扰乱治安。歌劝"烟佬",戒毒要速,悬崖勒马,回头是福②。

四、文化教育与人物

(一)文化教育

20 世纪 30 年代,南澫和附近渔农村的儿童只能师从一位姓顾的老先生学写字,读"人之初,性本善"和"天地玄黄,宇宙洪荒"等旧式塾馆课本,远远跟不上时代的进程。1927 年,南澫人黄元炤时任合浦一中(现北海中学)庶务主任,对教育事业,一心两用,一面为合浦一中的发展前景操劳,一面为家乡的教学近况思虑,决心改变这落后的状态。他为此回村同乡亲们座谈,指出中国的教育制度,处在新旧交替,从旧式塾馆过渡到新式学校的蜕变阶段。他语重心长地说,没有文化难以办成大事,要提高全村人的文化水平,必须开办学校。乡亲们一致认为言之有理,表示赞同。随即推选出蔡邦瑞、李耀汉、袁成瑜、李瑞标、黄登华等 5 个有文化的人负责筹备,发动乡亲父老为办校有钱出钱、有物出物、有力出力。于是,全村掀起了建校的热潮,有的送台,有的捐凳,有一位乡亲送来了一座古老的挂钟,黄元炤捐出了一个他结婚时使用的衣柜……校址"就地取材"设在本村的武帝庙内,乡亲们争先恐后地参与清洁整理。经过一番努力,南澫小学成立了。由参加筹备的 5 位乡亲组成校董会,黄元炤任名誉校长,聘请本村知识青年为教师。初时,只开设一个年级,后发展成四个年级,石步、流下等邻村的儿童也来上学,生源从 30 多人增至 100 多人。

1932 年,南澫小学校董会呈请合浦县政府(当时北海镇属合浦县管辖)批准,

---

① 北海市银滩区银滩镇、南澫社区等:《说古道今话南澫材料文稿》内部资料,第 22、23 页。
② 北海市银滩区银滩镇、南澫社区等编:《说古道今话南澫材料文稿》内部资料,第 24、25 页。

改为"合浦县第二区第六初级小学"。1933年，校董会正式聘请北海知识青年任校长和教师。学制称为单级制，四级学生同在一间教室学习。教学课程有：语文、算术、体操、图画等科目，每天授课6节，每节课45分钟。南氵万小学自开办至北海解放的办学经费，合浦县府不拨款，主要由黄元炤以校董会的名义向合浦县府申请，经批准收回南氵万大潭沙至塔落石一带海滩垦海的转租租金收入维持。在此期间，南氵万的儿童除免费入学外，还发给书、纸、笔、墨等学习用品，每学期结束时对学习成绩优秀的学生予以奖励。学生小学毕业后，扶持考中学，继续深造，遂使本村出现黄成器、符忠汉、黄成应等首批中学生，对提高全村的文化水平起到了积极的作用。南氵万小学，既是北海第一家乡村小学，又是一家主要靠自筹资金作经费的乡村小学，开创了北海民众自力办乡村学校的先河，为北海的教育事业写下了光辉的一页。新中国成立后，改为"南氵万小学"，增至六个年级，由政府投资，南氵万出地，兴建教学大楼，充实设备，成为颇具规模的完全小学。2005年因生源不足被撤销，并入丰海小学。

（二）人物

1. 黄茂菊

黄茂菊（1864—1938），系南氵万绅士和文人，崇尚儒学，以《朱子治家格言》作为为人、持家、处事的准则。身体力行"自奉必须俭约""居身务期俭朴""见穷苦亲邻，须加温恤"[①]。他生有10个子女，要养要教，生活负担颇重。但能按照朱子的教导，坚持勤俭，日子仍过得平稳。他讲究节俭，从家庭的开支着手，日常生活琐事亦不忘能省便省。他喜欢吸烟。每当要吸烟时，肯定需点火燃烧装在烟具里的烟丝，这免不了要划火柴引火。为了节约一根火柴，他用一支香，或用草纸卷成一条纸煤儿，吩咐孙儿拿着（香或纸煤儿）逐家逐户到附近邻居探望，看谁家有火种便将（香或纸煤儿）点燃回来，供他吸烟用。他对自己的花费十分"小气"，对亲戚朋友乡亲熟人的"使用"却相当大方。如有人来访、求借、托办事，无论贫富贵贱都"一视同仁"，热情接待，有困难，尽力帮助解决。在送礼上，他认为有上、中、下之分，但标准不在于金额多少，不是谁送的金额最多就是上礼，而是看重情谊，他概括地说："礼到人不到为下礼，礼到人到为中礼，礼不到人到为上礼。"他解释：亲友办喜事，自己不登门祝贺，只送礼，那在物质上无可非议，但在情谊上未免不足。人到礼到，可谓"情物两全"，算得是做够"人情"。人到礼不到，尽管因为经济拮据，无法拿出钱封礼，仍打破世俗偏见，不怕被讥笑为"寒酸"，抱着深情厚谊前往祝贺，那应该是

---

① 王馨主编：《中国家风家训》，台海出版社2017年版。

"仁义值千金"、难能可贵的作为。这是为穷人设身处地的着想，是富有同情心的表现。清朝设科举制度，其中有童生试，简称童试，亦称小考、小试。应考者无论年龄大小，均称童生，或称儒童、文童。通过童生试合格，可以取得生员（秀才）的资格。光绪年间，南澫有两人参加童生试，未被录取。事后，一位住在合浦乌泥（又称牛屎港）的落魄文人，潦倒失意，总想惹是生非。他获知两人投考未成就心怀恶念蓄意捣蛋，专程从乌泥乘船来到南澫参加一次宴会，见到两人竟以轻蔑的口吻说："我出一上联给你俩对下联，对得着，算你俩还有半点墨水，对不着，你俩就'屙尿浸鼻去死'算了。"随即执笔写了一上联："澫中两鹤空前白。"（这上联含有讽刺打击的贬义：南澫有两个人胸无文墨，岂能考得上秀才，真是"蛤蟆想食天鹅肉——痴心妄想"。）黄茂菊当时在场，凝神一看，此人蛇头鼠眼，不是正派人物。再看上联，知道是针对乡亲的，顷刻文思涌动，挥毫针锋相对："港里一龟背后乌。"含义是：牛屎港有一小子的心地像乌龟的背后那样黑，无理取闹。这位狂妄者侮人不成，反而自取其辱，垂头丧气地走了。黄茂菊对待穷人热情关怀，遇着歹徒冷嘲热讽，这种爱憎分明的态度受到乡亲们的称赞[①]。

2. 黄元炤

黄元炤（1902—1941），字耀之，号耀德，系黄茂菊的第五子，自幼聪敏，勤奋好学，7岁入学读书，随后一年四季，手不释卷，通读四书五经，文化功底深厚。20岁投身教育事业，先任教于北海第三小学，后应越南华侨之邀，接受越南婆湾华侨公所聘请，任婆湾华侨小学校长。1926年，黄元炤自海外辞职回乡，在合浦县第一中学（现北海中学）任校董会委员兼庶务主任。当时，一中正在建校期间，他管的是庶务，即学校的各种杂务，不仅要购置教学设备、负责基建工程，还要关照教工生活，真可谓千头万绪，但在他悉心筹划和妥善安排下，件件落实，事事稳当。同时，他经常日夜奔走，四处活动，联系乡亲父老、各界人士捐款赠物，为建校筹集资金、增加经费做出了很大贡献[②]。黄元炤作为教师，爱生如子。他多次慷慨解囊，帮助经济困难的郑伟俊、郭彩富等学生缴学费。每逢学生参加较大的体育运动赛事，他都邀请著名外科医生叶桂初随队负责医疗保健，学生得以免除受伤挨痛之忧，努力拼搏夺魁。一中男子篮球队远征钦、廉、灵、防以及雷州半岛部分县，大获全胜。黄元炤随即向北海商家筹款，给全体队员缝制新西装，让他们穿上游行，意气风发，随队人员敲锣打鼓，燃放鞭炮，显示出对学生鼓舞激励的深情。黄元炤擅长书法，学生请赐墨宝者众

[①] 北海市银滩区银滩镇、南澫社区等编：《说古道今话南澫材料文稿》内部资料，第14、15页。
[②] 陈锡辉：《怀念黄元炤先生》。

多，他尽管工作繁忙，亦不辞辛劳，一一满足。1935—1940年，黄元炤"改教从政"，先后担任北海镇副镇长、镇长和北海民众抗日自卫大队大队长，继续积极造福桑梓。抗战时期，带领群众查禁日货，配合守军备战，巩固国防，保家卫国。黄元炤热爱家乡，为南澫做了许多好事，其中最为显著的是：出谋划策，发动乡亲同心合力创办北海第一家乡村小学——南澫小学，开辟北海第一条通向农村的公路——北海至南澫公路。

侨港海上部落

图 5-1　侨港电建渔港航拍图
（赖文昌　摄）

一、村落概况

（一）地理方位

电建渔港侨港海上部落隶属于北海市银海区侨港镇，地势呈现北高南低的趋势，北面与内陆相连，南面与海面相连，毗邻北海银滩旅游区，村落距离侨港镇政府仅300米，距离银海区政府5千米。村落外部道路网较为发达，交通便利，村落内位于电建渔港内，水路交通十分便利。该村落主要从事渔业或水上运输业，均以船为家。村域面积40万平方米，村庄占地面积2万平方米。受地形、自然环境的限制，电建渔港侨港海上部落主要选择在地势较为平缓的平原地带，面朝大海，构成了具有疍家文化的"海上部落"特色形态。

图5-2 海部落（赖文昌 摄）

图 5-3　侨港电建渔港（赖文昌　摄）

图 5-4　电建渔港渔船（秦竟芝　摄）

（二）村史

20世纪70年代末，国际风云变幻，越南政府对华政策突变，在国内掀起反华排华浪潮[①]。1978年初，北海港海面上每天都出现几十艘小木船，船上挤满了从海外被迫漂回来的侨胞。为了帮助从越南归国回到北海的8 000多名旅越难侨发展生产建设家园，我国政府拨款2 908万元人民币，联合国难民署资助785万美元，建起52幢1 000多套居民楼，总建筑面积93 739平方米[②]，并相继配套建设了学校2所、渔港、船厂、渔业生产公司以及供水、供电、道路街道生产生活配套设施。但这些房屋受当时条件的限制，其建筑均为砖水泥预制板结构，户型多为40平方米左右。1979年6月2日，为妥善安置遭越南当局驱赶回国的7 000多名归国难侨，华侨渔业公社正式成立，1984年11月更名为新港镇，1987年3月易名为侨港镇。

侨民所居住的房子大多是20世纪70年代建造的，现今房屋已变得破烂不堪，房屋结构多处出现裂缝，侨民的住房问题，不仅关系到侨胞生产生活安全，也影响地方经济的发展。随着中国—东盟自由贸易区的建立和广西北部经济区开发建设的进一步加快，银海区把侨港旧城改造作为对接东盟，参与北部湾经济区开发建设的一个重要项目。据侨港旧城改造建设项目指挥部工作人员介绍，正在建设中的侨港旧城改造建设项目，总投资80亿元人民币，占地面积2.6平方千米，涉及人口5万多人。项目通过引资方式进行开发建设。为提高项目建设带动作用，建设范围除包含整个侨港镇辖区外，与之相邻的银滩镇亚平村、电建设村也一并纳入进行规划建设。建成后的侨港新城，成为集居住、商贸、旅游、休闲于一体的新侨乡。

当年华侨渔业公社只有华侨一路逃难带回来的600多艘破旧的小渔船，现在已经发展为千多艘大船。风帆船变成机动船，小船换成了大型灯光渔船、拖网渔船等；采用了现代化的渔业生产技术，从近海捕捞到远洋作业，从简单的制冰到渔船的修造，从海洋运输到水产品收购加工和精加工，侨港镇实现了海洋产业链条的全覆盖。侨港镇成为北海乃至广西的渔业重镇。侨港镇建镇初期仅有两家极小规模的工业企业，现已发展到30多家，侨港半岛水产品加工区已成为北海市重要的水产品加工基地。当年华侨渔业公社成立时，只有600多艘小艇和几十艘破旧的小帆船，捕鱼量比不上当地其他渔业公司的两艘渔船。而到现在，全镇已拥有10个渔业公司，各种渔船2 000余艘，总功率达到26万多千瓦，每年水产品交易量近50万吨，海产品深加工企业有10多家，已成为广西最大的渔业生产、海产品深加工的重要基地。

---

① 参见康汝岭：《冷战后越南对华外交政策调整的动因研究》，山东大学硕士学位论文，2013年。
② 参见《中国海洋文化》编委会编：《中国海洋文化（广西卷）》，海洋出版社2016年版。

(三)村民构成

电建渔港侨港海上部落均为疍家人①,疍家不是一个独立民族,而是我国粤、桂、闽沿海地区水上居民的统称,是一个独特民系,属汉族。电建渔港侨港海上部落的疍民常年居住在渔船上,疍民们以海洋捕捞为主,村落内历史环境要素主要为疍家人的生产、生活工具,以及近现代的捕鱼器具,全面反映了疍家人的生产生活习俗,便于八方游客更好地了解电建渔港侨港海上部落历史悠久的文化。

"疍家"作为"以舟楫为家,捕鱼为业"的水上人家,其形成应在造船和航海技术已相当发达的秦汉时代②。由于地理和职业条件,他们无论在性格、语言、服饰和婚嫁住行风俗等方面,都有许多与陆民不同的传统。如果仅仅把这些作为划分他们为"疍族"的依据是不能成立的③。因为民族的形成必须是一个具有"共同语言、共同地域、共同经济生活以及表现于共同文化上共同心理素质的稳定共同体"。以此衡量,"疍家"并不兼备,故将疍民作为一个职业群体看待较为合适。据《广东通志》④说,广东这种水上居民,"晋时不宾服者五万余户"⑤。如果连"宾服"部分算在内,可以推知他们的人口规模在晋朝时已经相当庞大了。唐代称为龙户,唐代始设户口"计丁输粮"⑥,正式纳入政府管理供应粮食。宋周去非《岭外代答》称疍民为"海獭",是因为疍家小孩"冬无一缕,其类獭"故名⑦。到明朝洪武初年,进而设"里长"⑧,基层行政加强管理并征"鱼课"⑨,属"河泊所"管辖⑩。侨港镇95%以上人口为归侨侨眷,他们是疍家族群的一支,是侨港海上部落村民的一部分。他们依海而居,绕海而行,面海而旺。

1978年3月21日,3只小船载着23人在此登陆,成为北海首批难民,2个月后大批难侨和难民陆续进入北海口岸,每天六七十艘船只,最多一天竟达1 800人,到1979年12月先后有1万多人从海上涌入北海。1978年5月13日,北海成立安置难侨领导小组。1979年6月2日,国务院侨务办公室和广西壮族自治区革命委员会联合下文批准成立北海华侨渔业公社,成功解决北海难侨渔民安置去向问题,也在世界

---

① 李亚丽:《侨港归侨咸水歌的传承保护研究》,广西民族大学硕士学位论文,2014年。
② 陈惠娜、彭业仁、袁朝晖等:《"水上居民"传统民俗体育与特色滨海休闲旅游的开发——以北海疍家为例》,《体育成人教育学刊》2012年第1期。
③ 冯国超主编:《中国通史8》,光明日报出版社2003年版。
④ 王勇主编:《四库提要丛订》,齐鲁书社2018年版。
⑤ 高明市政协文史资料研究委员会:《明文史资料第9辑 罗功武遗稿〈粤故求野记〉选辑》,高明市政协文史资料研究委员会内部资料。
⑥ 同上。
⑦ 潘乐远主编:《合浦县志》,广西人民出版社1994年版。
⑧ 何少林主编:《中国少数民族大辞典(傣族卷上)》,云南民族出版社2014年版。
⑨ [清]丁斗柄修、[清]曾典学纂、[清]高魁标纂修:《康熙澄迈县志 康熙十一年本》《康熙澄迈县志 康熙四十九年本》,海南出版社2006年版。
⑩ 黄家蕃著,黄旭整理:《北海水上人家史话》,《文史春秋》2018年第8期。

上开启了一个全新的安置模式。

在历史的光影流年中，他们是从北海浪迹到异乡，又从异乡回归到北海的游子；他们是侨港镇从无到有，由小到大，从贫到富，从过去到现在的参与、亲历、见证者，是在这一历史变迁中体悟最深的人。

（四）发展现状

电建渔港所在的广西北海市银海区侨港镇，是中国最大的归侨安置点，1.8 万多人的小镇，95% 以上人口是 1978 年从越南回来的归侨①、侨眷和归侨的后代，这里曾被联合国难民署评为"世界安置难民的光辉典范"。1979 年，中国与联合国难民署共同在北海市郊区电建村附近的一个天然港湾建设"华侨渔业公社"②，也就是当年的北海市侨港镇人民公社，后来更名为侨港镇，是唯一安置归侨的镇，集中安置越南回来的归侨 7 700 多人。

据不完全统计，目前侨港全镇共有各类渔船 800 多艘，总功率 11 032 千瓦，其中大功率钢质渔船 150 艘；侨港镇规模以上工业企业总产值 0.87 亿元；全年水产品产量 10.42 万吨，渔业总产值 1.87 亿元，鱼货交易量 30 多万吨，总产值 45 亿元③。如今的侨港海上部落发展更为迅速，街道宽阔，道路纵横，周边学校、商区、文化活动中心等一应俱全。

近年来，侨港镇先后被评为中央精神文明建设指导委员会授予的"全国文明镇""自治区和谐乡镇""2010 年度北海市科学发展优秀乡镇"称号；2017 年 8 月入选全国第二批特色小镇。2020 年 11 月入选第十批全国"一村一品"示范村镇，同年侨港镇申报的"北海开海习俗"④和"北海海上扒龙船习俗"入选第八批自治区级非物质文化遗产代表性项目名录。

二、自然与人文景观

（一）自然景观

1. 侨港月明

侨港镇渔港是 20 世纪 70 年代末辟建的越南归侨专用渔港。沙白潮平，堤围环

---

① 《荒凉滩涂变身美丽渔港》，《人民日报》2020 年 8 月 20 日。
② 庞革平：《荒凉滩涂变身美丽渔港 探访"中国最大的归侨安置点"广西北海侨港》，《人民周刊》2020 年第 15 期。
③ 王玉刚：《中越海上划界以来广西北部湾地区化解"三渔"问题研究》，广西师范大学硕士学位论文，2014 年。
④ 牛崇荣主编：《中国旅游之最》，云南人民出版社 2014 年版。

绕。傍晚归舟停泊，渔灯闪烁，与月影白沙相辉映，别有意境。"月明"，用杜甫"月是故乡明"诗意。此地土名南边岭，明朝以前称"南海"，是与今北海港称"北湾""北海"相对而称的。每当月明星稀之夜，侨港镇月色如水，灯火闪烁，如林的桅杆和蟾宫渔火倒映在银波之上；海风徐来，飘荡着归侨阵阵渔歌晚唱。在渔港东边远处，一幢幢参差错落的别墅，在朦胧的月色下影影绰绰，宛若仙宫，如诗如画。这就是北海八景之一的"侨港月明"。

2. 侨港海滩

侨港海滩位于北海市银海区侨港镇港口路南端，毗邻"天下第一滩"北海银滩。侨港海滩与北海银滩并列于北海电白寮港港口的两侧，东起电白寮港。侨港海滩滩面宽广绵长，平均坡度约为0.05，砂型细腻柔软，海水温和洁净，近海域中无鲨鱼，空气含负离子极高。这里的气候条件为亚热带海洋性季风气候，风光旖旎，景色宜人。侨港海滩风景极美，且交通便利，冬季气温适中，海滩周边建立了许多酒店和度假村，特色美食不计其数，为旅游休憩之胜地。

图 5-5　侨港海滩航拍图（赖文昌　摄）

图 5-6 侨港海滩一角航拍图（赖文昌 摄）

（二）人文景观

1. 疍家渔船

电建渔港侨港海上部落不同于一般传统村落，居民常年居住在渔船上，也就是所谓的船居。整个村落内有上百艘渔船，有规则地停泊在港口内，形成了大面积的海上"吊脚楼"。

疍家渔船"建筑群"形成向海的建筑格局，形成网格状和放射状相结合的水上道路布局。疍民，是对在沿海港湾和内河上从事渔业及水上运输，并以船为家的水上居民的称呼。浮在海面上的疍家渔船覆盖了整个港口，很像一片片长廊亭阁建在了海上，那上面挂的一面面红旗，显得格外喜气。停靠港口的渔船，船体较大，一个个桅杆高高矗立，船只并排靠着，船身贴得紧紧的，像是一溜很长的鱼排，显示出渔家阵容的浩大[1]。

2. 疍家棚

电建渔港侨港海上部落以汉族为主，村落主要分布在平原沿海地带，至今保存的

---

[1] 张坚：《海洋权益争端激化背景下我国南海渔业生产转型发展研究——以北海市侨港镇为例》，《八桂侨刊》2016 年第 1 期。

180多艘渔船，均位于电建渔港，渔船整体布局合理，布置紧凑、有序，呈现集中式分布。形成了大面积的海上"吊脚楼"①。它们依岸临水，竹片为瓦，木板作壁，鳞次栉比，大小也与其主人的乌篷疍船差不多，里面桌椅板凳、床铺等生活用具一无所有，疍民们就直接坐在地板上，吃在地板上，睡在地板上。海上"吊脚楼"就是电建渔港侨港海上部落疍家人相对固定的住所，这就是世人所说的海上"疍家棚"。

3. 侨港风情街

侨港风情街为北海一条人气比较旺的特色小吃街，以北海、越南风味的特色小吃为主。每当夜幕降临，从市区及外地过来的车辆便开始源源不断地涌进侨港，品尝当地特色的海鲜。由于侨港风情街越南华侨很多，各种各样的美食应有尽有，目不暇接，主打越南风味，诸如鸡丝粉、蟹仔粉和卷筒粉等，深受本地市民和游人喜爱。

图 5-7　侨港风情街（秦竟芝　摄）

---

① 张火军：《北海疍家民俗文化旅游开发研究》，《梧州学院学报》2011 年第 4 期。

4. 侨港籺仔街

北海有许多特色小吃，这些小吃还有许多奇怪又可爱的名字，"籺"就是其中之一。在侨港就有一条专门以其命名的小吃街——侨港籺仔街。籺，北海话发音 ei（第二声），是北海本地人对一种米糕食品的统称，主材料为糯米，是北海人从小吃到大的美食，也因此自创出了许多花式吃法。在籺仔街建立之初，只有几个卖籺仔的摊点，如叶麻籺、白子籺、煎堆、马拉糕、斑斓糕等当地人喜爱的传统糕点。最初这条街不过百米，来来往往无论商家还是顾客都是当地人，随着北海旅游业的发展，这种传统特色小吃吸引了越来越多的外地游客，如今的籺仔街，主打产品不光有各种籺，还汇聚了北海、越南的数十种特色美食，已经成为游客们来侨港的网红打卡地。"白天游籺仔街，晚上游风情街。"在这里，您可以品尝到众多特色美食。

图 5-8　籺仔街美食（许小洁 摄）

三、民 俗 文 化

（一）民间习俗

1. 疍家婚俗

疍家传统的婚俗形式饶有特色，疍家婚礼，便是疍家祖先以船代步（轿）、以唱抒怀等一整套风俗习惯的集中体现，如果说陆民婚俗特色讲究一个"礼"字，那疍家婚俗还兼有一个"唱"字。电建渔港侨港海上部落疍民办婚礼一般要三天，内容丰富多彩，疍民以船代步，婚嫁以船代轿，疍家新娘出嫁前几天会有哭嫁，即"叹家姐"[①]仪式，实际上是以歌代哭。闺女出阁前十天就不许抛头露面，晚上例行"哭"嫁，有

[①] 朱宗信主编：《广西民间文学作品精选·合浦卷》，广西民族出版社 1994 年版。

母女对"哭"的,也有姐妹对"哭"的,实际上是唱咸水歌的对答,"哭"的内容大多是倾诉父母养育之恩、姐妹情深、伤离惜别等,后来发展到唱一些关于添丁发财、吉祥如意等祝福的内容。如今疍家婚礼习俗已少见,村落这一习俗保持比较完整。

疍家婚礼海味浓郁,异彩纷呈,情趣盎然,特色显著。

(1)以唱抒怀,别具海韵情味。闺女出嫁前几天,足不出户,在家自唱自叹,声情不绝。陪嫁姐妹、亲朋好友和伴娘日夜陪伴,也声情并茂地叹唱《叹家姐》——咸水歌中的《哭嫁歌》《十月怀胎歌》《姑娌妹》《伴郎》《伴嫁》《叹古人》《叹字眼》以及《十二月送人歌》等。曲调多姿多彩,或悠扬流畅,或亲昵委婉,或悱恻缠绵,或清纯甜美。给婚礼点缀了音乐的亮点。这些感人的《哭嫁歌》,有的唱三日三晚,有的连唱十个晚上,内容多为父母的恩深、姐妹情长以及寄情、赠言等,尽表惜别之情。所有这些,无疑是疍家古老传统——"婚时以蛮歌相迎"的遗韵。

(2)以船代轿(车),保留疍家水上生活特性。花团锦簇的"接亲船"展现了"以船代轿"的壮观场面,彰显了疍家婚礼独具一格的绚丽风采。喜气洋洋的接亲船妙趣横生,陪伴新郎接亲的人,往往在兴味高涨之时用力摇晃婚船,"颠船贺喜""抛新娘"。疍家的浪漫、豪放如浪如潮喧闹不息。

(3)场面精彩动人,互动效应热烈。船上迎亲的、看热闹的共贺同乐。当接亲船经过的时候,大家便会从船舱里取出锅、盖、盆等替代锣、鼓、钹,进行即兴敲打,营造婚礼的喜庆气氛,祝福新郎新娘。

(4)婚礼盛况连续,历时较长。疍家婚礼从"送日子单"到"宴宾""拆棚",双方祝福吉祥安康,完满结束,前后经过十二道仪式和程序,总共历时五天。其间,男女双方多次往来,情意连绵,这是区别于陆民婚嫁的又一个独特之处。

(5)内容和形式紧密结合,浑然一体。疍家婚礼的仪式履行内容,内容又通过相应的仪式去体现。每一个内容和形式既有独立性,又相互联系,一环紧扣一环,共同演绎婚礼全过程。比如,"采花""脱学"分别是婚礼中的仪式,同时又是内容。"采花"的具体做法寄托了疍家生男生女的意愿,这个意愿就是婚礼中的一个重要内容。同样,"脱学"是一项表示男女双方已长大成人,开始自立,成家立业的内容,而这个内容则通过"沐浴更新"的仪式去体现。诸如此类的做法不只是仪式,而是实实在在的内容。同样,诸如此类的寓意不只是内容,也是绚丽多彩的仪式[①]。

2. 疍家服饰

不同时代、不同区域的服饰各有特色,北海是一座海洋文化浓郁的城市。靠海而

---

① 金沙江:《疍家传统婚俗》,《文史春秋》2018年第8期。

生、以船为家的疍民逐渐形成了独特的生活方式和习惯，有了别具一格的腿穿宽裤筒、衣着马蹄袖，头戴垂檐海笠的疍家服饰。

原生态的疍家服饰别具风情，疍民原始的衣着源自蓝天和大海的图腾，以蓝色为基调。男女都穿着短、宽、窄袖的上衫，宽短的裤子及于足踝之上。不论四季，头戴既可遮阳又可挡雨的海笠（垂檐尖、圆顶竹帽），跣足。疍家妇女喜爱留长发，姑娘们把头发结成不容易散开的五绞辫，发梢上缀红绒，休闲时就让长辫摇晃垂及腰际。结了婚的妇女把长辫在头顶上盘成髻。捕鱼劳作时，习惯在头上包一块方格花纹的夹层方布，一角突出前额，一角垂于脑后，疍家俗称"猪嘴"，方巾的左右两角交结于下颊。疍家的这种装束打扮，利于海上作业和遮蔽风日，便于步滩涉水和渔业劳作。当时到处有人穿疍家服饰出海打鱼。在那个时候，穿疍家服饰的人在疍民中是极受人尊重的。

疍家服饰制作方法如下：从市场上购买粗白布，然后放入染缸，染上蓝色或者黑色、红色，晒干后，按照传统裁剪方法剪裁、缝制。疍民在日常生活中（或传统节日），男性常穿蓝色或灰蓝色疍家上衣，女性则常穿黑色疍家上衣。而红色疍家服是新娘结婚时穿的，白色疍家服则是新郎结婚时穿的。疍民们在实践的过程中，发现了独特的染制红色布料的方法。据介绍，当地有一种植物叫"松仔树"[①]，摘取松子果后，将乌红色的汁液从籽里压榨出来；疍民便将衣服放在乌红的汁液里浸泡、染色，待衣服染色后，又将其放进锅里蒸煮近两个钟头，再晾干。按照这个方法，衣服染色三次后，鲜红的颜色不但明亮照人，而且还不容易褪色。此外，疍家妇女穿衣喜欢宽大，故在制作时，上衣是马蹄袖，领袖衣边绣花边，裤筒则宽大。男性下身穿着一般为黑裤，裤筒亦很宽。

疍家人喜欢戴"疍家帽"。"疍家帽"用竹篾竹叶做成，直径约40厘米，帽檐下垂约5厘米，帽顶呈六角形。"疍家帽"做工精细，编织讲究，外涂光油漆，坚实亮丽。在帽内，编织时可镶嵌镜片或玉照。疍家帽安有四耳帽带，系紧帽带后，任凭风吹雨打，"疍家帽"也不易被吹落，具有遮阴挡雨的功能，很适宜渔家人在海边使用。疍家人以前还有互赠"疍家帽"，以表示敬意或传情的习惯[②]。

3. 疍家宴

疍家宴是疍家文化的又一体现。由于世世代代以打鱼为生，他们的日常饮食中，鱼类就成为他们的主要食材。甚至在北海，还产生了"疍家人的宴席——全是鱼"的

[①] 北海市非物质文化遗产保护中心：《沧海遗珠——北海市非物质文化遗产代表性项目名录》，漓江出版社2016年版。
[②] 蒋均：《独特的疍家服饰》，《文史春秋》2018年第8期。

歇后语。疍家人吃鱼与其他地区人吃鱼的方式不太相同。总的来说是采用最原始的烹饪方式，将刚刚打捞上来的鱼直接去掉鱼鳞，简单清理内脏以后就直接下锅炖煮，调料只选用适量的盐，煮出来的鱼肉最大限度地保留了肉质的鲜美，成为当地的一道特色菜肴。除鱼、海虾、海蟹外，海参、鲍鱼、鱼翅等珍稀物品，也时常出现在他们餐桌上。因此，有人说疍家人的宴席堪比"国宴"。

4. 侨港开海节

开海节是北海最有仪式感的节日。焚香、祭酒、烧猪、载歌载舞、敲锣打鼓……开海祈福大典的活动也很丰富，有渔家歌舞、渔民祈福、歌唱祖国、千帆竞发等精彩环节。开海节的活动流程为：焚香烛，上祭香，奏祭乐，诵祭文。近千人一同敬香祭酒，朗诵祭文，高呼"开海啰"，活动场面特别震撼。侨港开海的传统习俗，在北海源远流长。"开渔"俗称"开海"表示可以捕鱼，是渔民千百年来祈求渔获满仓、渔民平安的传统民俗习惯。一直以来，侨港海上部落疍民们都会在开海当日自发举办祭海祈福、舞蹈等传统文化活动。开海节体现了渔民祈求平安、鱼获满仓的传统需求，体现了疍民水上民族传统特色。

5. 端午节盛会

赛龙舟是端午节的主要习俗，后来，赛龙舟除纪念屈原之外，各地人们还赋予其不同的寓意。在侨港海上部落，龙舟是侨港镇人民团结、不畏艰辛精神的体现，龙舟祭港则是渔民们期盼来年丰收平安的仪式，龙舟祭港在侨港镇有着多年的历史和广泛的群众基础。侨港自建镇以来，除特殊情况外，每年端午节，侨港海上部落内到处都插着五星红旗，侨港群众为了庆祝端午节，自发举办龙舟竞渡（扒龙船）、祭港、百福宴（食龙船饭）等活动，吸引了上万市民前往观看[①]。

为了弘扬侨港的传统文化，推动健身运动的发展，促进渔民们协作交流，增进友谊，特在中国传统佳节之际举办"龙舟祭港"活动。这一习俗源自 2 000 多年前百越时期的"龙舟拜祭"，后来疍家人把这一习俗带到越南，并一直沿袭下来，成为对故土的精神寄托。20 世纪 80 年代初，安居乐业的疍家渔民恢复了一度中断的端午节龙舟祭海习俗，并一直延续至今。

（1）侨港镇归侨多为疍家海上部落的后裔，一直沿袭着龙船祈福的端午习俗，每年农历端午节前都会举行"龙船醒龙"仪式，上香祭祖、祈愿、发船、下水……以期风调雨顺，国泰民安。醒龙仪式，是为了让他们时刻铭记自己是炎黄子孙，是龙的传人。同时，醒龙仪式还包含着粤方言中"醒龙"的意义：也就是精神焕发，头脑灵

---

① 吴智文主编：《广府居家习俗》，光明日报出版社 2017 年版。

活，勇于创新。仪式现场锣鼓响起、鞭炮齐鸣、舞狮助兴。仪式结束后，参与赛龙舟的侨民推起龙船，向侨港码头进发。沿途家家户户都出门迎龙船，把龙船下水仪式带向高潮。

（2）扒龙船是侨港端午龙舟文化节的重头戏。"扒龙船"是侨港镇对"赛龙舟"的独特称谓，是侨港镇的端午习俗，具体包括起龙仪式、龙凤争霸赛、祭港仪式、巡龙仪式等。首先举行起龙仪式，主要有上红祈福、上香祈福、敬酒祈福、龙船下水、画龙点睛、拜码头等环节。龙舟赛包括龙凤争霸赛。龙凤竞技包括龙船直道500米竞速和凤艇直道200米竞速，共有6支龙船队和6艘凤艇分别参赛。龙舟竞渡，凤艇争先，锣鼓喧天，扣人心弦。

（二）民间文艺

北海咸水歌，以地道的本地方言演唱，是北海疍家广为传唱的口头文化表现形式。作为疍家文化必不可少的一个部分，咸水歌有着重要的历史价值、文化研究价值与艺术价值，是北海民俗文化不可多得的瑰宝。

侨港海上部落的咸水歌多方面表现了渔家的生活和感情，咸水歌旋律优美、格调清新、韵律流畅、感情浓郁。咸水歌源于北海疍家人的生活、劳作，是疍家人生活的重要组成部分，更是疍家文化的重要标志[1]。这种富有地方特色的唱叹调，又称疍歌、蛮歌、艇歌、渔歌、后船歌、海边歌、咸水叹、海水调等，分为生产歌和生活歌两大类，因歌腔不同又可分为"欢乐歌"和"悲苦歌"两种以"叹""唱"为曲调，随口而出，随声而唱，没有任何配奏，主要流传于北海的外沙、地角、南潭、高德，以及合浦的西场、党江、沙田等"有海水的地方"。

咸水歌是疍家人世代传唱的一种艺术形式，既可叙事也能抒情，触景生情，即兴填词，出口成歌，是承载疍家历史文化的重要载体，后来逐水而居的疍家人将它带到了越南。历史上咸水歌主要流行在北海的外沙、地角、高德等市区沿海一带，而今只有侨港镇比较完整地保留了咸水歌并传承下来，2010年咸水歌被列入广西壮族自治区非物质文化遗产保护名录。由于所处地域的不同，各个地方的咸水歌又有其不同的特色，如广东珠江口的曲调，表现出随着海水的波浪翻涌，船舶上下波动的悠然情景；又如湛江一带的曲调，表现出热烈欢快的气氛。

"廉人好歌，风晨月夕互相酬答……"据《合浦县志》记载[2]，明末清初，咸水歌这种富含"海的味道"的民间传唱歌谣，随着疍家人不断地迁徙漂移，在北海沿海地

---

[1] 赵龙明等：《横栏印记》，羊城晚报出版社2016年版。
[2] 金光耀、金大陆：《中国新方志知识青年上山下乡史料辑录5》，上海书店出版社、上海人民出版社2014年版。

区广为传唱。咸水歌是疍家人自娱自乐的一种渔歌文化，也是疍家人调剂生活、添加情趣的一种生活习俗。这种见人唱人、见物咏物、触景而叹的口头吟唱文化，表现形式有独唱、对唱、集体吟唱、随唱随答等，歌词多为即兴创作，多以口语、俗语等入歌，口语化色彩浓厚，男女老少、妇孺童叟皆能听懂，在民间很受欢迎，吟唱者也乐此不疲。"江行水宿寄此生，摇橹唱歌桨过溶。"[①] 像任何一个热爱唱歌的族群一样，疍家人把喜怒哀乐都唱了个遍，织网绞缆时唱，谈婚论嫁时唱，洞房花烛时唱，生离死别时唱。至清末民初，咸水歌在北海几乎家喻户晓，相当盛行，教劝、诉情、自叹、骂人等，都可用咸水歌声来表达。

咸水歌虽然具有深厚的群众基础，但是随着时代的变迁，尤其受到外来文化和流行文化的影响，再加之疍民上岸定居，现今北海能唱咸水歌的人已非常少，且多为年高老者，咸水歌日渐式微。如今，在北海侨港、外沙的海边，偶尔还能听到这富有海洋气息的民间歌谣。

（三）民间信仰

"三婆"是守护海上及江河民众安全的神灵，于是，凡港口、码头处，大都建有三婆庙（或称天后宫、天妃庙）。每逢年节、渔船出海和返航，居民用鸡鸭鱼肉、珠宝敬拜，每年农历三月二十三三婆生日、九月初九三婆忌日和农历十月收获季节，渔民均举行隆重的庆祝仪式，感谢三婆保佑平安、丰收之恩，此举当地人称给三婆"还福"。

水上居民在新中国成立前普遍迷信鬼神，盖终年涉险，安危由天。故休咎吉凶托付诸神灵。尤虔奉"三婆婆"（即"天妃"海神）[②]。其他诸如"龙母""关帝""华光""三皇"等亦在虔拜之列。故家中船上均设雕镂极精的神龛，供奉偶像多尊，琳琅满目，犹如雕塑展览。渔民、船民出海前和返港后，例备牲醴向神前祈祷酹报。日常生活颇多忌讳，大凡"翻""沉""搁""覆"之音义悉在避讳之列，用膳时食具不能覆盖，筷子不能搁于碗上等不一而足，是因为翻沉搁覆均为船家所忌。

四、风 物 特 产

正所谓靠海吃海，本地主要风物特产为海产品，有海参、鲍鱼、鱼翅、对虾、海马、带子、沙虫、石斑、青蟹、石鲛、鱿鱼、墨鱼、大蚝及各种贝类等。

---

① 谭元亨：《岭南文化艺术》，华南理工大学出版社2002年版。
② 李万鹏、山曼：《中国民俗起源传说辞典》，明天出版社1992年版。

(一)饮食习惯

疍家人长年累月在海上捕捞作业,每天都会收获新鲜的海产品,以往三餐都离不开海鲜。烹调所用的灶具和调料因为受到生活在船艇所限,相对比较简单,却也创造了许多独到的烹饪海鲜的方法。疍家人餐桌上的菜肴大都具有鲜美、原汁原味、原生态等特点。

为了预防遭遇恶劣气候天气,渔船无法正常出海造成食物短缺,疍家人平常会将一些海鱼晒干或腌制成咸鱼,以便更好地保存。疍家咸鱼煲[①]就是一道传统的美食,将咸鱼干配以肥猪肉大火烧开再用文火慢炖。两种食材相得益彰,共同呈现了疍家咸鱼煲独特的美味。

近年来,疍家风味美食深受北海市民和国内外游客的青睐。在侨港风情街等地,人们可以品尝到独具特色的疍家美食。

(二)特色小吃

侨港别具特色的饮食文化引起侨港镇、银海区以及上级部门的高度重视,并拨出专款对这一"亮点"进行扶持。为打造侨港小吃一条街的品牌,丰富"特色旅游名镇"的内涵,侨港镇出资 100 多万元,对侨南路进行铺面立面和路面改造。以侨南路为中心,开发小港北一路、二路,将其打造成啤酒一条街、东盟旅游商品一条街,充实侨港镇的旅游产品,打响"魅力小镇,风情侨港"的品牌,清甜的糖水和馅多皮薄的越南卷粉都是风情街闻名的美食,其中以"24 栋糖水""侨越世家卷粉"和"周记蟹仔粉"最广为人知。

在侨港,侨民们用砂糖熬出来的糖水,格外香甜,这种传统做法一直保持到现在。24 栋糖水店,首推板栗桂圆和五加。板栗入口绵软细腻,加上红豆厚实的口感,刚有一点过于稠的感觉,甘甜的糖水便浸润齿间,配上糖水特有的红糖香味,那种甜度,不多一分,也不少一分,刚刚好。一碗糖水品尝完,恰到好处。侨越世家卷粉有多种口味,如虾仁瘦肉卷粉、鸡肉香菇卷粉等,这些多是偏酸甜的越南口味,配上当地特有的酱料别有一番风味。而周记蟹仔粉则是北海的第一家蟹仔粉。"蟹仔"就是小螃蟹。蟹仔粉的做法是选用新鲜的小螃蟹,先把它捣碎,放入汤里慢慢熬制,直到螃蟹的鲜味全部融入汤中,蟹仔粉的精华全在这个汤里了,蟹仔粉更是美味绝伦。

1. 鸡丝粉和蟹仔粉

鸡丝粉和蟹仔粉是侨港最具代表性的饮食,圆溜细滑的越南米粉,配以清甜的鸡

[①] 鲁雯:《地方节庆、仪式展演与族群文化——基于三亚黎苗"三月三"与疍家文化节的考察》,《装饰》2017 年第 7 期。

汤或鲜甜的蟹汤，你简直不敢相信这看上去平淡无奇的一碗粉被侨港人施以了什么魔法，但你就是不能自拔地爱上了。越南的鸡丝粉久负盛名，在越南的下龙、河内、海防等任何一个城市的街头、摊档上都能吃到。因 20 世纪 70 年代末许多越南人侨居北海的侨港镇，把越南的鸡丝粉也带到了北海，让北海本地人及来北海旅游的游客不出国门在北海就可品尝到正宗的越南鸡丝米粉。细细白白的米粉，放上几片绿叶、葱花、香菜，再配上鲜嫩的鸡丝，鲜美的鸡汤，浓浓的热气，带着沁人的清香，让人食欲大增。

2. 糖水

北海有两样东西声名在外，即海鲜和糖水。侨港美食最早以糖水闻名，如今为吃货所熟知的侨港风情街，当年被人称为华侨糖水一条街，这里的糖水有"粤"情，更有"越"情，是别处吃不到的清甜味道。侨港的糖水口味繁多，价格又便宜，其中侨港风情街的"24 栋糖水"生意最火爆，傍晚海鲜、米粉配糖水，一天的燥热都立刻消失了，这份闲情逸致，唯有到了北海才能体会得到。

图 5-9　侨港美食鸡屎藤及糖水（许小洁 摄）

3. 杯仔籺

杯仔籺[1]，北海话发音 ei，基本上就是饼的意思。在北海，有很多小吃都是用籺命名的，这种杯仔籺是北海本地的特色，有咸甜口味，都装在杯子里。咸味的杯仔籺是白色的大米粉，甜味的加了红糖，因而呈现咖啡色。这种小吃口感爽滑有嚼劲，很像上海的米糕，是本地常见的早餐。杯仔籺这种滑而不粘牙的小吃，吃起来非常有嚼劲，爽口不腻。在 20 世纪七八十年代，每日早晨都有小三轮车或是挑着担子的妇女

---

[1] 陶红亮主编：《印象北海》，海洋出版社 2018 年版。

沿街叫卖，五六毛钱一碗，吃了既能当早餐填饱肚子，又能当小点心解解馋。早晨，走在街头，总能看见一群人排着队买杯仔籺来当早餐。

4. 海鲜

侨港地处银滩边上，这里渔民以海为生，海鲜自然是侨港美食的标配。与北海市区不同，在侨港才能吃到的味道当属炒螺和烤生蚝，对一些内陆游客来说，它们就是价廉物美的代名词。炒螺大多会搭配酸笋，酸味会很好地抵消海螺的腥味，留下回味无穷的鲜美；至于生蚝，当然是个头越大越好，加上精致的蒜蓉或者粉丝，灵魂瞬间升华。

图 5-10　侨港海鲜（许小洁 摄）

5. 炒冰

大多数人听到炒冰这个词时都会觉得奇怪："冰"明明是冷的，怎么还能"炒"呢？其实，这里的"炒"是指把果汁放在低温的铁盘上不断翻动，使其凝结成冰沙。不同于一般的冰沙，炒冰的口感更加细腻，每吃一口，那冰得爽歪歪、炒得滑溜溜的水果原冰在口中融化的滋味，让人的味蕾感到极大的满足。炒冰中，尤以风味独特的大菠萝炒冰、椰子炒冰和黄皮果炒冰（这款炒冰讲究时令，夏季是其最佳赏味期）最让人一尝倾心。

6. 卷粉

卷粉，同样带有粉字，越南卷粉跟蟹仔粉、鸡丝粉有天壤之别。它的制作过程是将大米浸泡后磨或打成米浆，加入适量米糊搅匀，浇到热锅的笼布上迅速被蒸成薄薄的圆形粉皮。还未等你反应过来，卷粉老手们已经用抹上花生油的专用竹刀快捷地将粉皮从笼布上揭起，再加入木耳猪肉等馅料后卷成条状。舀上火炉温炖的高汤，淋上生菜叶后，这样的味道甚至会让有的人一次吃上十多条都觉不过瘾。

图 5-11　侨港越南卷粉（袁泉　摄）

五、文化教育与人物

（一）文化教育

侨港海上部落是一个充满文化底蕴的地方，40多年来侨港的发展不仅展现了人民的幸福生活，还体现了我国安置难民及侨务政策的优越性。

自侨港建成以来，侨港非常重视教育事业的发展，实现了初中适龄人口入学率、小升初升学率、九年义务教育覆盖率均达100%。其中较有代表性的学校就是北海市华侨中学。

北海市华侨中学是北海唯一教授越南语的中学，当时7 700多名难侨中超过68%是文盲，许多人不会讲中文，小学文化程度不超过20%，读过初中的不到20人，读过高中的只有三四人，没有一名大学生。为了帮助难侨尽快融入祖国大家庭，1979年9月北海市政府成立华侨子弟学校。开办学校的同时，政府还成立扫盲班，晚上组织渔民、家庭妇女识字学文化，1986年又针对性地开办成人技校，到1990年整个侨港镇基本实现脱盲。

为全面展示侨港镇成立40余年的发展变迁，保护侨港镇文化历史遗存，形象地展现侨乡独特的文化魅力，2021年2月26日北海市首个乡镇文史馆——侨港文史馆宣布正式开工建设。

（二）人物

1. 周胜林

周胜林（1947—　），男，汉族，出生于越南北部海防市婆湾岛，归侨，北海市银海区侨港镇归侨文化促进会会长。周胜林虽然出生于婆湾岛，但他父亲那一辈却是地道的北海外沙人。1978年4月，31岁的周胜林和兄弟姐妹被迫携家眷离开越南，漂泊15天后，一家人终于安全抵达北海的地角镇。为妥善安置7 000多名同周胜林一样的归侨，1979年6月2日，广西壮族自治区人民政府划出面积1.1平方千米的荒滩，批准成立北海华侨渔业公社（后更名为"侨港镇"），让侨民可以靠海而居。对这样的安排，周胜林心怀感激，"渔民以打鱼为生，把我们放到企业或是农场，我们可能不会干活儿"。用一个建制镇来安置难民的做法也在世界难民史上开了先河。"祖国安置我们，我们一定要好好干。"周胜林说，归侨侨眷倍加珍惜来之不易的新生活，许下"排除万难，自力更生，建设美好家园"的誓言。探索新渔场，开拓深海域，周胜林和归来的侨民们一道，用辛勤汗水浇灌出致富花。1984年，北海市侨港镇富华捕虾大队成立，1990年改制为公司，"有号召力、有文化、有威望"的周胜林担任公司第一届副经理，1994年成为经理，一心发展渔业生产改善生活，周胜林干到2009年正式退休[①]。

2. 骆春伟

骆春伟（1979—2016），男，汉族，出生于广西壮族自治区北海市，中共党员。1997年12月入伍，2002年7月从公安海警学院（原公安海警高等专科学校）毕业，武警中校警衔，正营职。生前系广西壮族自治区公安边防总队北海市支队银海区边防大队电建边防派出所所长。曾被评为优秀共产党员1次，受嘉奖多次，先后荣立个人三等功2次。2010年9月21日，超强台风"凡亚比"直袭涠洲，骆春伟在风高浪急时毅然跳入海里，成功救助触礁冰船。2014年5月，涠洲西角码头一艘货船侧翻，骆春伟跳入海中，游进船内，救回5名群众。2016年5月，侨港镇小港码头渔船着火，骆春伟第一个冲进火场投身救援，避免1 200余艘渔船连体着火。2016年10月20日，受台风"莎莉嘉"影响，560多艘渔船、近5 000渔民在侨港镇电建渔港避风。当日11时37分，侨港镇码头一艘渔船着火，请求援助。接警后，电建派出所所长骆春伟立即带领官兵前往处置。现场着火渔船被浓烟烈火包围，正顺着风向朝对面的渔港漂移。当时电建港停泊了560多艘回港避风的渔船，一旦被着火渔船引燃，势必火烧连营，后果不堪设想。为了避免火势殃及别的渔船，骆春伟奋不顾身，立即拿

[①] 周胜林口述、李玉华整理：《我是疍家人》，《文史春秋》2018年第8期。

起一根缆绳，第一个跳下海，奋力向失火渔船游去，由于台风刚过，又逢退潮，海况复杂，骆春伟不幸被暗流卷入海底，壮烈牺牲。当晚，各界群众自发来到码头，祭奠为保护群众生命财产安全而牺牲的英雄，侨港镇挂满了悼念骆春伟的白色横幅。

3. 北海咸水歌传承人

（1）郭亚十

郭亚十（1941—　），女，出生于越南婆湾岛，1978年越南排华时回到中国，并定居于北海市侨港镇至今。17岁时在越南结婚，育有四子三女。她从小在婆湾岛听人唱咸水歌，自己也从十二三岁便开始唱咸水歌，精通咸水歌中的"叹"类，尤其擅长"叹家姐"。她的爷爷、父亲和母亲都会唱咸水歌，在越南时还听过父亲唱喃伴郎。据郭亚十讲，她从没学过咸水歌，只是别人唱的时候自己认真听，听多了就会了。在越南，男子唱咸水歌要比女子多。海上夜间航行要十分谨慎，一不小心就会触上暗礁，因此，男人们都会唱歌作乐，保持良好的精神状态以避免触礁。在郭亚十的记忆中，生活艰辛，每天都有干不完的活儿，根本就没有心情唱歌。到侨港之后，生活好了，人们才有时间和心情唱歌。

郭亚十为归侨咸水歌的传承与传播作出了突出贡献。她多次代表侨港镇参加北海市举办的文艺演出，她优美的嗓音和杰出的歌才使归侨咸水歌给观众留下了深刻的印象。疍家人生性害羞，不愿意在陌生人面前唱歌，但是在郭亚十的带动下，越来越多的归侨愿意站出来为疍家文化的传承保护付出自己的努力。如郭其友、林春权、卢瑞明、冯秀英、冼就珍、冯亚天等，他们所唱的咸水歌曾经登上了中央电视台。2011年入选第三批自治区级非物质文化遗产代表性传承人。

（2）郭其友和林春权

郭其友（1944—2021？），男，出生于越南，1964在越南结婚，育有三儿一女。1978年回国，被安置在侨港镇。郭其友小时候家境贫困，无钱上学。回到中国之后，参加政府为难民组织的扫盲班，能认识部分汉字。13岁便会唱咸水歌，其嗓音优美，音域宽广，中气十足，如今成为侨港民众公认的歌王。郭其友喜欢唱咸水歌自娱自乐，在他的影响下，他儿子和孙子对咸水歌的曲律耳熟能详，都会哼唱几首小曲。2019年入选第六批自治区级非物质文化遗产代表性传承人。

林春权（1942—　），男，出生于越南婆湾岛，曾经上过4年的越南文学校，1978年回国，现居于侨港镇。回国后自学中文，对中文有一定的认读能力。据林春权讲，他老伴的叹家姐也唱得非常好。

郭其友和林春权两人经常搭档表演。有角色扮演时，常常是林春权装扮成女性歌者与郭其友所代表的男性进行对唱。在"疍家婚礼"上，两人分别代表新郎新娘进行咸水歌情歌对唱；在侨港镇政府举办的文艺晚会上，两人用咸水歌的形式合作表演过小品节目《打工仔与渡艇妹》。自 2008 年开始，两人经常被邀请参加北海市有关部门组织的"非遗日"非物质文化遗产展演活动。两人的嗓音好，歌才好，也乐于在公众场合表演。此外，郭其友还曾被邀请到宜州参加庆祝广西壮族自治区政协成立 49 周年举办的民歌歌友会，并唱了许多优美动听的咸水歌；2013 年"十一"黄金周期间，侨港镇政府推出"侨港旅游·疍家文化"品牌活动，在侨港镇越南风情街上临时搭建舞台，请他们两人表演 4 个晚上，展示了咸水歌的独特魅力①。

4. 疍家婚礼的主要传承人

（1）黎明英

黎明英（1941— ），女，出生于越南婆湾岛，越南文高中毕业，能用普通话进行简单的日常交际。1978 年回国后在侨港政府任职，在镇上有很高的威望，为疍家文化的传承做出了很大贡献。在她的组织下，2009 年 11 月疍家婚礼参加北海海城区举办的"第二届社区疍家文化艺术节之疍家人水上婚礼"主题活动，并参加了央视国际频道《走进北海》——《疍家婚礼》专题的拍摄。在那场疍家婚礼上，郭亚十、林春权、郭其友等人演唱了咸水歌，黎明英也唱了不少叹家姐。据黎明英老人讲，她的妈妈很会唱歌，从小教她唱了很多歌，只是随着年纪的增长，她渐渐地忘记了。

（2）卢瑞明

卢瑞明（1948— ），男，出生于越南，在越南上过小学，回国后自学中文，能讲流利的普通话。卢瑞明年轻时做过渔民，后来在越南渔业公社当干部，回到中国后在华侨渔业公司工作直到退休。退休后在老年协会任职，经常组织老年朋友参加北海市文化部门举办的文艺展演活动。卢瑞明很会唱咸水歌，但是自认为嗓音条件不如郭其友和林春权，所以不愿在公众场合表演，不过遇到亲戚结婚，他也乐意唱上几首祝贺歌。政府有关部门举办活动需要咸水歌节目时，经常由他来策划节目，联系表演者。歌曲《侨港政府成立 30 周年》《十二月打渔歌》《咸水歌疍家唱》、小品《打工仔与渡艇妹》等都是他的作品。2019 年入选第六批自治区级非物质文化遗产代表性传承人。

---

① 吴莲：《北海疍家咸水歌》，《文史春秋》2018 年第 8 期。

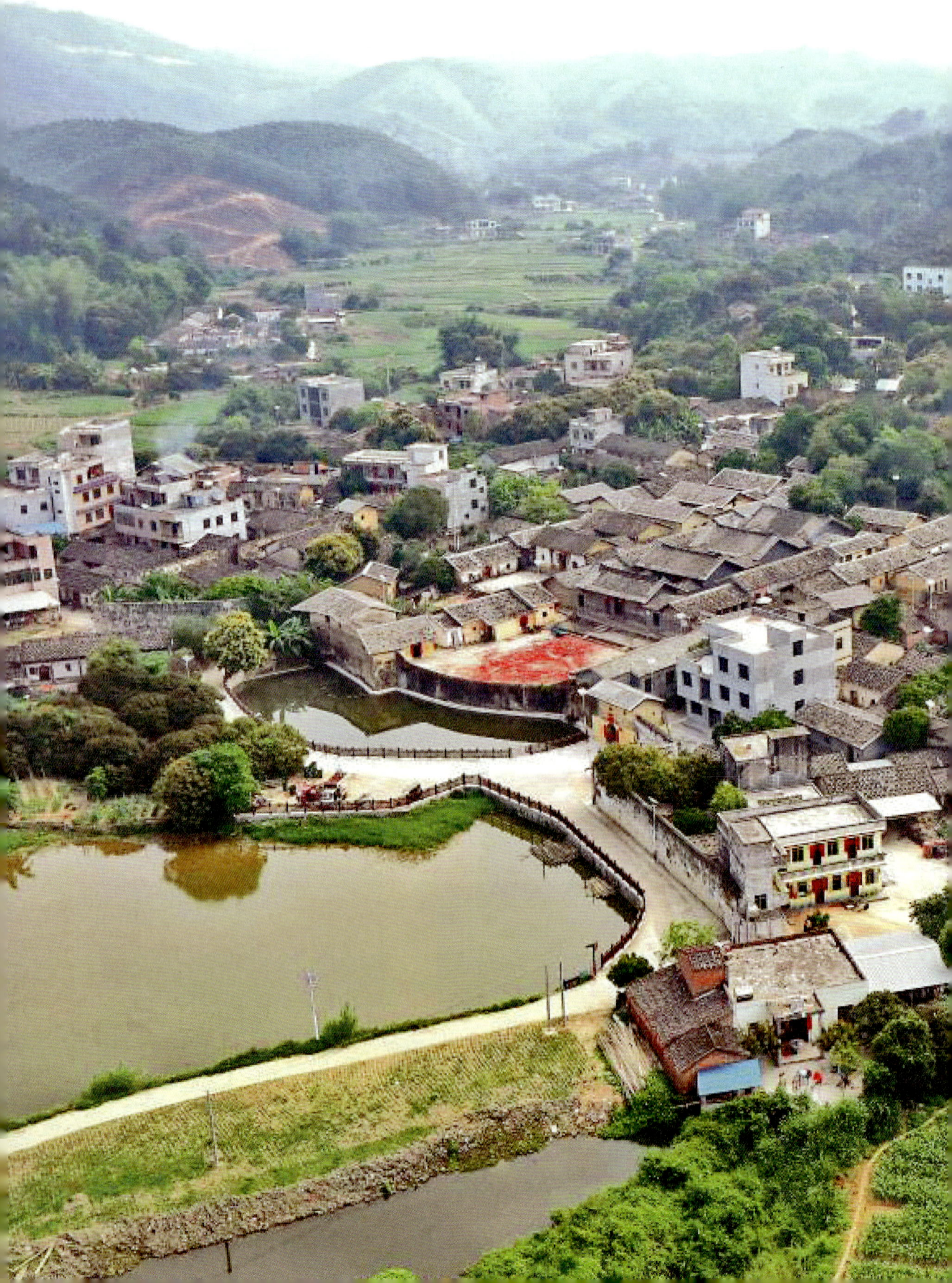

图 6-1　璋嘉老屋村鸟瞰图（唐长芳　摄）

璋嘉老屋村

一、村落概况

（一）方位与交通

璋嘉村位于合浦县曲樟乡东北部，地处北海市合浦县、钦州市浦北县、玉林市博白县的结合部，素有"鸡鸣三州县"之称。作为合浦县最偏远的山村，璋嘉村距离合浦县城65千米，北海市区94千米。这里不仅是革命老区，也是爱国名将陈铭枢的故乡。

璋嘉村的东北面与玉林博白县的松旺镇、菱角镇紧密相邻；西面与曲樟乡山心村、井山村委紧密相接；南面与合浦县公馆镇相连；西北面与浦北县石冲镇隔水相望。村内拥有村级硬化公路通往合浦曲樟乡、公馆镇，同时还有水路通往周边库区各村镇，交通条件便利。

璋嘉村地处大廉山峡谷心脏部位，四周环山绕水，聚水藏风，是典型的山谷盆地，据悉因村子及周边环境形状像古代帝王御用的玉器"圭璋"而得名，而村民也世代自称璋嘉村为"小天府之国"。后人对"璋嘉"这个名字解读为像"圭璋"一样美丽高贵的地方，同时，"圭嘉"也有美玉、美男子的意思，可引申为伟男儿、伟丈夫，内含高贵、美好、吉祥如意之意。这不仅是对璋嘉村美丽自然风光的赞美，更是对其深厚文化底蕴的肯定。

（二）村史

关于璋嘉村的建村史，民间流传着一个传说。据说璋嘉村的先祖是远近闻名的风水先生，他曾在苏杭游览山水时巧遇微服私访下江南的乾隆皇帝，便一起同游。乾隆皇帝在与璋嘉村先祖一同游览的过程中，发现璋嘉村先祖风水技术精湛且智慧过人，就邀请他到朝廷做官，但先祖不愿做官，他崇尚自由，喜爱游山玩水，遂婉拒了乾隆皇帝的邀请。乾隆虽惋惜人才，也不好强留，便赠丝帛，其上题字曰："弄璋蔚起为国栋。"璋嘉先祖得到皇帝丝帛后急忙赶回家隐居山林，之后便传授皇旨以教诲儿孙："读书长志，立身报国。"

璋嘉村九十一世祖陈念邦是合浦六湖开基始祖，法号陈念八郎，明弘治十八年（1505），念邦公携妻挈子从福建龙岩市上杭县（时属汀州府）迁至广东省城（广州市）

居住，后又迁到广东省廉州府六湖垌九塘下居住（今属曲樟乡）并开基创业。念邦公是两广沿海地区著名的风水大师，他精通天文地理和风水术，以老子的道德经天人合一的理念以及阴阳五行八卦来卜选居宅和墓葬。念邦公卜选龙岩头高峰居高临下俯冲下来的山脉凤凰山作为自己的墓地，背依龙岩头叠垒而起，步步高升的三个寿桃状的峰峦，美其名"三星拱照"，融合了老子"天人合一"的理念。取"道生一，一生二，二生三，三生万物"的真谛，面朝六湖垌的旺盛江水，接受对面山峰山脉作揖朝拜，认为有强大的山峰龙脉护佑，自己的墓地风水显灵保佑子孙后代，像火凤凰一样不畏风吹雨打，雷劈火烧，依然自由翱翔天地之间，享有富贵吉祥。

同时，为了纪念福建祖根地龙岩，陈念邦将居住地九塘下东面最高山峰命名为"龙岩头"，告诫子孙后代不要忘记祖根祖本，同时把"龙岩头"高峰顶礼膜拜为祖宗，记忆遥远的客家乡愁。陈念邦给五个儿子分别起名陈智仁、陈智义、陈智礼、陈智德、陈智信，教育子孙做人的准则，要奉行仁义礼德信五字方针，传承孔子仁义礼智信的儒家理念。

陈念邦始祖的第七代裔孙陈其萧秉承始祖的训谕和衣钵，卜选璋嘉盆谷和岭岗龙开基家业。陈其萧认为有了始祖墓的出山凤凰就必有凤凰的巢窝，那这个巢窝一定就在那个凤凰山的背后。于是陈其萧沿着凤凰山背后的水口溯溪而行，弯山曲水进入璋嘉谷，谷内群山环绕，古木葱茏，奇花异草，山中有大小动物，且有两条溪流合成大写的"人"字形状，形成璋嘉龙人谷的风水意象，颇有"山重水复疑无路，柳暗花明又一村"的情调，也有桃花源的景致。因此陈其萧认定璋嘉盆谷就是出山凤凰的巢窝，是罕见的"洞天福地"，认为择此风水宝地建家立业，一定保佑子孙后代富贵吉祥，昌盛不断。

当陈其萧将其父七世祖陈兆和的骨缸扛到篱竹山一棵大黄榄树下待择地安葬时，见蚂蚁群搬运泥土把七世祖的骨缸掩埋覆盖，陈其萧认为此为天意所然，将来必定保佑子孙后代旺发人丁和富贵，于是便顺意修建七世祖的墓葬，命名为"兆和园"。

八世祖陈其萧来到璋嘉村前，发现大廉山主脉居高而下的岭岗龙脉丰隆起伏，毓秀绵长，面前开阔，左右双溪绕伴，故选岭岗龙嘴开居建家，把原来社王祭坛（土地神）的香炉迁到夹圳和担水坑双溪汇合处的古樟树下安置。奇怪的是社王不肯迁移，三番五次回归原址，于是陈其萧八世祖施用道法软硬兼施把社王香炉固定安置在千年古樟下（据说用九条狗血圈定社香炉在此），并许愿子孙后代年节祭祀，先拜社王伯公，再拜祖宗。

在岭岗龙嘴社王坛（土地神）原址建祠时，因取先凶后吉的时辰，致先后损折14条人命，但陈其萧八世祖执意不停建，不易址，仍义无反顾地建设；升顶梁时，一只乌鸦飞来撞梁摔死在地上，施工者惊报八世祖婆。八世祖婆看见乌鸦倒地叹息说："畜生啊畜生，你这连我家屋顶都飞不过去，以后哪有本事飞遍我家子孙的田园山川呢？"而后托八世祖婆的吉言消灾，陈其鼐八世祖的子孙后代在璋嘉老屋建祠兴村，从康熙年间到清末民国时期，把老屋村建成大围屋包小围屋的围屋形制村落[①]。

同治丙寅年（1866），钦差大臣、清朝总理各国事务衙门大臣陈兰彬（清代著名的文学家、外交家、书法家、教育家）慕名来访璋嘉村，惊叹宗亲家宅为罕见的风水宝地，必出非常之人。于是为璋嘉老屋村陈氏宗祠题匾以及题联点赞风水。现村内遗存有陈氏宗祠匾额大字、门联和两副顶梁联。此后，该家族出了陈才业、陈铭枢等国栋英才，璋嘉村由此声名鹊起。而聚宝盆式的璋嘉村也印证了陈兰彬的预言："家声传颍水，庙貌壮廉湖""圣世兴贤知德庇圭璋嘉言罔伏，宗祠崇祀睹香升俎豆式礼莫愆""地毓鸿才允宜髦士奉璋嘉德无违隆享祀，天垂象巍还冀史官载笔贤人复聚证祥符"。

陈念邦始祖的裔孙现有30余万，遍布世界，成就国栋精英者成千上万，其家族成为广西沿海人口最多，声誉最大的望族。陈念邦始祖的陵墓也被子孙后代建造为广西风水最美的古老大墓园，接受四面八方人士的瞻仰礼拜。

（三）发展现状

璋嘉村委下辖6个自然村，即老屋、老屋场、坑尾、新尾场、新门楼、岐山背，共14个村小组，村域总面积约为9.8平方千米，是合浦六湖库区人口最多的移民村庄。璋嘉村共有林地约666.67万平方米、耕地约33.33万平方米、水库面积约133.33万平方米。

璋嘉老屋村是曲樟乡璋嘉村委下辖自然村，拥有较丰富的自然与文化资源，具有一定的历史、文化、艺术等底蕴和价值。老屋村村民姓氏主要以陈姓为主，其次为潘姓，多为客家人，为古时中原地区陈姓族人辗转江西、福建、广西等地搬迁而来，民风习俗淳厚朴实，村内建筑独具客家景观及特色。

璋嘉老屋村于2016年被列入第四批中国传统村落名录，是2018年第一批中央财政支持的中国传统村落。

璋嘉老屋村以种植业为主，农作物种植多为水稻、玉米、花生、木薯、红薯、鸡嘴荔、黄皮果、龙眼、沃柑、火龙果、百香果、林木等；主要养殖猪、鸡、鸭、鹅及龟等；主要农产品有本地土猪肉、蕃芋苗、酸竹笋、萝卜酸苗、萝卜香、萝卜干、番薯块干、木瓜等；主要手工制品有竹编制品，如竹编箩筐、筛子、竹篮、竹织扇子、

[①] 《"将相美庐"璋嘉村——老屋村客家土围落》，村委内部资料。

竹凉帽、竹织泥箕、竹织盖子、竹床、竹椅子等。

老屋村于2019年建立了"百亩果园"产业基地项目，该项目采取"合作社＋致富带头人＋基地＋农户"的形式，村委通过流转撂荒的荒坡山地，依靠合浦县曲樟乡廉湖农业发展农民专业合作社经营管理种植基地。

截至2020年底，"百亩果园"产业基地已经建设好的配套设施包括有1800米产业路、1口水利灌溉井、1座灌溉水池，同时种植有黑皮黄皮果1.33万平方米、百香果0.67万平方米、火龙果1.33万平方米。

二、自然与人文景观

璋嘉老屋村主要有千年古樟、百年老荔枝、百年香芒果、百年菠萝蜜、百年龙眼、百年鹤树、百年参树、百年松树、百年枫树、百年黄榄树等珍贵古木，堪称合浦、北海独有的原生态森林公园。

璋嘉老屋村的村前有千年古樟园，其标志性古木有千年古樟树、百年鹤树和百年荔枝树；村后有介园、真如园和马屋园，其中介园有500余年树龄的鸡嘴荔枝古树和百年荔枝古树；真如园主要以百年荔枝古树为代表和有陈铭枢将军当年亲手种的芒果（红花品种）3棵；马屋园里有老菠萝树、老荔枝林等。

（一）自然景观

1. 古樟树

璋嘉古樟树位于陈氏宗祠对面约500米左侧处，为自治区一级古名木，约500年树龄。古樟树树冠高约10米，冠盖约165平方米，树身约需10人手拉手才能合围[①]。其树皮斑驳龟裂，鳞甲满身，枝叶繁茂，郁郁葱葱。古樟树树下是村民祭拜社王公的地方，也是他们的图腾之地。另外，古樟树的旁边同时长

图6-2 百年古树——菠萝蜜（黄洁 摄）

---

① 根据千年古樟树景区展示资料整理。

有一棵榄树、一棵鹤树和一棵红豆树，这四棵树相互依偎、相互簇拥，形成了这片美丽的自然景观。

这棵古老的樟树有许多神奇的传说，一些由村民们口口相传，另一些记录在案流传后世。其中传说之一是这棵樟树会救人，据说有一次，一位璋嘉村人爬上树后没稳住，在快要掉下来时，树底下的社王伯公伸出双手救了他。另一个传说是，这棵古樟树长在水边，即使江水再大，都浸不到古樟树的脚下。这里提到的两个传说是村民们口口相传的。

在璋嘉陈氏族谱中还记载过如下一个传说。据陈氏族谱记载，古樟树和陈氏祠堂颇有渊源，璋嘉村开基始祖陈其鼐原住六湖峒高田村，后来为寻得一个风水好的居住地便来到了现在的璋嘉村。一日，他走到一处山脚下，看到山脉尽处的山嘴有一片树林，古木参天。树下有一块高尺余人、人工凿成、形似酒坛的石头正是人们在此祭祀的社王公，他看出社王公所处的位置是本地正龙正水的风水宝地，非常适合在此地修建祠堂。由于这里已经是社王公的供奉地，如果想在此修建祠堂必须给社王公重新找个位置，开基始祖陈其鼐思索一番后，决定把社王公请出去，迁到别处安置。

一切准备妥当后，陈其鼐便准备好三牲带领家人来到社王公前烧香跪拜，请求社王公让位置给他修建祠堂。一家人跪拜后把社王公搬到了樟树下，再次烧香跪拜后便回家了。第二天，当他来到原社王公所在地谋划如何修建祠堂时，却一眼看到社王公仍然端端正正地坐在原来的位置上，他不禁愕然。看来，是社王公不肯让位置给他建祠堂。为了在社王公的位置建祠堂，陈其鼐搬迁社王公的念头始终不放弃，过了几天，他又准备三牲供品带领全家人再次来到社王公面前烧香跪拜，恳请社王公迁到新的地方去。回家后，陈其鼐忐忑不安，一个晚上都睡不好，天刚亮，他就赶到社王公原址，发现社王公又端正地坐在它原来的位置上，这情形几乎让他晕倒。尽管如此，陈其鼐仍不放弃，如此几次三番，但社王公仍然"跑"了回去。社王公真的不肯让位吗？陈其鼐苦苦思索。

日子一天天过去，陈其鼐心急如焚，他认为只有在社王公的这个位置建祠堂，陈氏家族世世代代才可以在这里安居乐业、发展壮大，否则，没有龙气风水的呵护，子孙后代的生存和发展将会受到影响和限制，考虑到这是家族发展的大事业，不能马虎。因此，他下定决心，无论如何也要把社王公请出去。

又过了些日子，陈其鼐再次备三牲来到社王公面前烧香跪拜，并发誓承诺：如果社王公肯让出位置给他建祠堂，他和他的子子孙孙世世代代一定对社王公感恩戴德，以后千年万年、逢年过节一定首先拜谢社王公，让社王公先吃。许愿完毕后，又再次把社王公抬到樟树下安置。令人不可思议的是，这次社王公没有再回到原处，陈其鼐

图 6-3 千年古樟树（黄洁 摄）

图 6-4 古樟树社王公祭拜（唐长菁 摄）

才得以在此地建立祠堂。而陈其鼐及其子孙后代也没有食言，逢年过节都是先祭祀社王公，此后这一习俗世代相传并一直延续至今。

社王公请出去后，陈其鼐择吉日后便开始修建祠堂，然后又在祠堂两侧建房居住。从此，陈氏家族人丁兴旺，发展壮大，至今，包括已搬迁出去的约10万人。在此期间，村里出了包括陈铭枢等在内的一大批人才俊杰。

另有传说，爱国将领、抗法民族英雄冯子材，在经过古樟树时曾敬拜过社王公。有家族子弟陈才业效仿冯子材敬拜社王公后，于海南岛护国有功，受到光绪皇帝的嘉奖褒扬；另有追随孙中山民主革命的广东虎门海防军将军陈均义、北伐铁军名将陈铭枢和虎将陈矩（陈鸿才）；还有先随陈铭枢大哥征战，后随聂荣臻、杨成武等红军名将奔赴华北抗日战争的陈前（陈致中）等。此外，还有许多大企业家，如陈汉夫、陈质棠、陈立国等，他们都在这里拜过社树，吃过社粥。

2. 鸡嘴荔枝王古树

鸡嘴荔枝主要产地为合浦、钦州、北流等县市，是北海人在夏至最喜爱的一种荔枝，该品种的荔枝果实大、肉厚爽口、核小如珠，剥皮后干爽，掉到地上不粘沙，味道清甜可口，因其核小似鸡嘴，故而得名。璋嘉老屋村的鸡嘴荔枝核小肉厚，清香甜爽，品质极优，已有300多年的种植历史。

鸡嘴荔枝本属合浦县大廉山地区特有的野生荔枝，在当地生长不知有多长时间，被明朝由闽迁廉的客家人发现"好食"，而从大廉山南面的公馆香山村马拉坡传出鸡嘴荔枝"好食"的名声，源于抗美援朝志愿军一名烈士的亲属、五保老朱日道（朱二十八）感恩伟大领袖毛泽东主席，委托公馆邮电局寄送鸡嘴荔给毛泽东主席品尝的传奇美谈。改革开放后，借助朱二十八寄送鸡嘴荔给毛泽东主席品尝的美妙传奇或传说，大廉山鸡嘴荔枝通过拉枝驳苗种植，或者嫁接芽条移植等方法广泛播种，如今鸡嘴荔枝遍布桂南、桂东南、桂西南和广东湛江等地区。

拥有350多年历史的鸡嘴荔枝王古树为璋嘉村的镇村之宝，于清朝康熙年间被八世祖陈其鼐发现，陈世祖认定它是奇珍异宝，遂定居安家在此。鸡嘴荔枝在当地被赋予了很多寓意，也被当地人们赋予了一个个玄妙故事，比如璋嘉子弟冯子材、陈才业、陈均义、陈铭枢、陈鸿才、陈前等谱写的"出将入相"等英雄传奇，他们与鸡嘴荔枝果中的鸡嘴核一般充满斗志。

据悉民国时期合浦县县长陈介卿退职还乡后为璋嘉鸡嘴荔王专设了"介园"加以保护；解放后，又将其分给村民私有；1959年合浦水库移民时，鸡嘴荔枝王被移民转送给广东省劳模陈铭添管护；改革开放后，老劳模陈铭添唯恐鸡嘴荔枝王老死断种，遂与妻子朱新群的侄子朱定华商量，建造了"大廉山鸡嘴荔苗圃场"，每年都将

图 6-5　鸡嘴荔王（唐长菁 摄）

鸡嘴荔王和其他百年鸡嘴荔树新生的芽条剪下、嫁接并进行推广。几十年来，鸡嘴荔王传播的种苗超过 100 万棵，面积约 267 万平方米，每年创造的产值超过 3 亿元，惠及了璋嘉村的村民及果农，也实现了老劳模陈铭添一生的夙愿。

陈铭添的儿子陈剑国先生是璋嘉村鸡嘴荔枝王的传承人，也是鸡嘴荔枝王的主人，他除努力保护这棵鸡嘴荔枝王外，还在村内种植有几亩的鸡嘴荔枝。他表示，一定要保护和传承好这棵鸡嘴荔枝王，为鸡嘴荔枝产业发展壮大做贡献。

（二）人文景观

1. 璋嘉老屋村土围屋

璋嘉老屋村拥有广西最大的客家土围屋村落群，其中老屋村土围屋、岐山背村土围屋及新屋场土围屋是三座大型土围屋。璋嘉土围屋村落群是客家人特有的建筑，其总占地面积约为 12 万平方米。客家人是汉民族中的一支迁徙民系，他们背井离乡、颠沛流离，为了战胜当时恶劣的自然环境和抵御匪盗野兽的侵扰，璋嘉人建造了这三座大型的土围屋[①]。

---

① 北海市政协文史资料委员会、北海市文物局：《汉郡遗韵——北海文物精粹》，广西人民出版社 2015 年版，第 236 页。

客家土围屋的中心位置一般是家族祠堂，各房分长幼散居的家宅紧紧围绕家祠修筑，外圈则筑围墙固守家族；宗祠后山不准动土，不得开荒、墓葬、建宅，主要是防止伤龙脉、泄灵气。土围屋四周草木茂盛，生机盎然。整个土围屋内有三个门楼，同时各家各户巷道相通相连；各家各户洗涤用水的排放通过天井、水沟或涵道等各种网管集合，然后流经村门楼前面或左右两侧池塘集中存放、净化；猪栏、牛栏和厕所统一建造在土围屋内的偏僻角落；水井一般安置在祠堂面前低洼处，便于村民汲水、挑水；垃圾都放在村门楼外侧安放。

土围屋的"土"，是指建筑材料用的是土，土围屋的墙是用黄泥、石灰、河沙、糯米和红糖按一定的比例搅拌调和后用夹板夯筑而成。土围屋围墙高大、厚实、坚固，其最高处一般高约6米，最厚处约60厘米，这些围墙只开三扇门（取一生二，二生三，三生万物之意），门口被称为门楼，为东门楼、西门楼以及南门楼，而门楼的门第一重是大门扉，第二重是拖拢，非常牢固。另外土围屋围墙上不开窗，只是按不同方位开有枪眼，以备在有需要时保卫围屋使用。

璋嘉老屋村客家围屋位于璋嘉村村委老屋村岭岗龙嘴处，背靠岭岗龙山和大廉山脉，面朝大象山和五朵芙蓉峰、相夹水口，左右环绕夹圳和担水坑，堂前开阔平坦，有两条溪河交汇。

璋嘉老屋村客家围屋为陈姓宗族所建，建筑时间约在清代早中期。陈姓族人于明代迁居于此，兴建围屋聚居。该围屋坐东南朝西北，总面积为71 956平方米，围墙总周长1 716米，其中东面围墙长312米，西面围墙长436米，南面围墙长615米，北面围墙长353米。土围屋内布局大小房舍（含二层铺木板楼舍）总计431间，有门楼、祠堂、碉楼、民居等。土围屋大小围墙从3.6—7.2米的高度都有，月牙塘与广场的隔墙为5.4米，一般高度为6.3米，单体土围最大最长为"上将庐"，最高围墙为"百香居"，门口右侧墙高7.2米[①]。

围屋绕祠堂向四周展开，横式结构，与祠堂同向，为土木结构，上盖青瓦。围屋体现大土围包小土围的模式，俗称木菠萝围，围屋呈梯形结构，上短下长，右短左长，夯土筑墙较多，也有砖石筑墙，门楼上层设有碉楼，下层为门口通道，个别角落还另设碉楼，与围墙共同组成防匪防盗、护屋护寨功能，围墙、门楼和边角处有立砖块式枪眼，火力交叉保护围屋安全。

围屋中心为陈氏宗祠，依山势逐级建筑，周围民居基本同向聚拢，路巷和水网呈

---

① 北海市政协文史资料委员会、北海市文物局：《汉郡遗韵——北海文物精粹》，广西人民出版社2015年版，第237页。

图 6-6 璋嘉老屋村客家围屋门楼（唐长菁 摄）

图 6-7 璋嘉老屋村客家土围屋围墙及墙上排水洞口（唐长菁 摄）

图 6-8　漳嘉老屋村客家围屋炮楼（唐长菁　摄）　　图 6-9　漳嘉老屋村客家围屋围墙上枪眼（唐长菁　摄）

"之"字布局，祠堂门楼和住户相通相连。围屋内家家户户相通相连，连通主要靠巷道和排水管网，也可单户直通祠堂和门楼，家户排水集中流入池塘囤积净化。

围屋的砖瓦结构非常适应亚热带地区炎热潮湿的气候环境，村寨三门随山川风吹流向，冬暖夏凉，既符合人们的生活起居规律，又体现了中国传统《道德经》《易经》的唯物辩证法思想。另外，村寨泥墙、砖墙围拢，体现了族居团结和谐、共同抗敌的群体精神，表达了"家族一统"的思想；家居建筑和生态习俗传承了中原文化、客家文化、宗教文化的精粹；各种人文景观的浓厚文化气息，透露出客家人勤劳智慧、见贤思齐、爱国爱家的崇高精神[①]。

2. 陈氏宗祠

漳嘉老屋村陈氏宗祠祠堂创建于清朝康熙年间，清嘉庆十九年（1814）建成现规模大小，祠堂位于大廉山支脉岭岗龙头，是漳嘉山地盆谷的中心点和重心点。宗祠四周风景秀丽，群山叠翠。整个建筑布局雄壮、古雅。陈氏宗祠为典型的客家民间宗祠建筑，它集中体现了"慎终追远""崇本报先"的客家文化及中华民族"姓名有宗祠统之"的传统道德观念，同时宗祠也是劳动人民聪明才智和精湛技艺的结晶。

---

① 《客家文化空间：漳嘉客家文化生态博物馆》，http://bhich.cn/nd.jsp?id=119。

图 6-10　陈氏宗祠全景图（唐长菁 摄）

　　宗祠是客家人的精神圣土或圣地，在客家村落居于心脏的地位。璋嘉村居民为客家人，陈氏宗祠便是在客家人追本溯源的价值取向、浓厚的客家宗族观念的指导下，为纪念其璋嘉始祖陈其鼐公而建成的。

　　陈氏宗祠为开基祖宅，八世祖陈其鼐为开基祖宗。陈氏宗祠背枕岭岗龙山脉和大廉山主脉，左挽东面夹圳溪水从坑尾村沿岭岗龙左侧相伴而行，绕东门至堂前，右牵东北面担水坑溪水至堂前与夹圳交汇后合流西去，形成"文武曲水"汇局，昭示着陈氏家族人丁兴旺、文武并举、富贵双全。因此，陈氏宗祠取聚水旺财的风水玄机，也有仰望陈念邦始祖公墓地凤凰山的情意。

　　陈氏宗祠坐东向西，为砖瓦歇山顶结构，宗祠从门前广场、台阶拾级而上建构四进祠堂，加左侧正门楼算五个进座，前三进建有屏风，进与进之间有天井相连，门外是晒场，晒场围墙下面有月牙形池塘龙鲤池，紧连正门楼右侧。此宗祠形制连叠四进座，表明家族有人在朝廷为官，风水仅次皇帝家庙（祠堂）风水格局形制。

　　祠堂大门的门额刻着红底金字的"陈氏宗祠"四个大字，大门有门联："家声传颍水，庙貌壮廉湖"，门联是广东吴川人陈兰彬于清朝同治丙寅年到璋嘉时所题，陈兰彬是清咸丰三年（1853）进士，号称"出使西洋第一人"，此对联不仅道出了璋嘉

图 6-11 陈氏宗祠正门（黄洁 摄）

陈氏一族的祖源，也称赞了陈氏宗祠的雄伟壮观。

祠堂的墙为青砖所建，墙的上方瓦檐下绘有一幅幅精美的壁画，壁画刻有麟龙鹤凤、奇花异草等。

进入大门，即第四进，这一进的屏

图 6-12 陈氏宗祠题字及对联（黄洁 摄）

图 6-13 陈氏宗祠正门壁画（唐长菁 摄）

风上面悬挂着三块功德牌匾,左右两块均为红底金字,中间一块为青底金字。左边匾额上刻着"翰林院庶吉士",此为纪念清朝获翰林院庶吉士、随带军功加四级陈兰彬;右边匾额上刻有"赏换花翎",此为纪念清光绪六年奉旨获赏换花翎的两广总督府督标陈才业(督标相当于如今的军分区司令员);中间匾额最大,上刻"上将第",此为纪念民国三十六年(1947)6月9日由国民政府授予上将军衔的陈铭枢。

经天井后到第三进,第三进的门上方悬挂着一块红底金字的大匾额,上书"骑尉第"。客家传统建筑门匾挂名义理深邃,意境深远,也是一个家族形象和精神的外化。"骑尉第",即这是骑尉郎的府第,说明陈家人的祖上,曾获得朝廷封予的世爵。

第三进属厅型构造,比较开阔,没有另设进门,梁上方悬挂有两块青底凸金字的功德牌匾,为清光绪二十年(1902)八月十六日光绪皇帝赐制,上面书写着"奉天承运,皇帝制曰:……"等文字,主要是介绍赐制这两块牌匾的缘故。

此进屋内的墙中间还有一副长联:"地毓鸿才允宜髦士奉璋嘉德无违隆享祀;天垂象巍还冀史官载笔贤人复聚证祥符。"此对联也是进士陈兰彬所题写。大厅左边还有两块匾额,右边挂有一块"文魁"匾额。

第四进则陈列着陈氏家族的历代祖先牌位。

图 6-14 陈氏宗祠功德匾额(黄洁 摄)

图 6-15　陈氏宗祠第三进"骑尉第"（唐长菁 摄）

图 6-16　陈氏宗祠第二进大厅（唐长菁 摄）

图 6-17 陈氏宗祠第二进内悬挂匾额（唐长菁 摄）

图 6-18 陈氏宗祠第一进内祖先牌位（唐长菁 摄）

由于1958年合浦水库移民拆迁和十年"文化大革命"浩劫，樟嘉村包括陈氏宗祠在内的客家土围屋的民居、土围屋围墙等都遭受了部分损坏，虽然宗祠整体建筑保存较为完好，但祠内的历史文物等资料几乎被红卫兵砸毁或烧毁，至今剩下的部分文物是当时村民抢救并保存下来的。1993年，陈氏宗祠被合浦县人民政府命名为县级文物保护单位；2008年6月，陈氏宗祠因具有丰富的自然旅游资源和人文历史景观，且对客家民俗学具有相当高的研究价值，成功入选北海市第一批市级非物质文化遗产代表性项目名录，并重新命名为樟嘉客家生态博物馆。

3. 陈铭枢故居

陈铭枢故居位于合浦县曲樟乡樟嘉村岐山背村，据史料记载，陈铭枢故居原为歇山顶、夯土墙的平房，共有14间，占地面积415平方米，分前后两排，中间设天井，长34.3米，宽12.1米，是陈铭枢的祖屋，也是他的出生地和少年时代的居宅。

关于故居的修建，源于1927年陈铭枢回乡办事。陈铭枢投笔从戎任师长后，于民国15年（1926）春因事返乡，他见村里乡民贫寒悍朴，文风不开，于是捐巨资创办樟嘉小学（当时称作广东省合浦县*第七区立第三小学校）。

1928年，樟嘉小学建成后陈铭枢回到故乡主持开学仪式时，家中原有房屋均已破败无法居住，因此陈铭枢只能住在小学的校园内，陈铭枢回到广州后（此时陈铭枢已任国民政府广东省政府主席），便将钱款寄回家中，嘱咐村中父老在他家原来的宅基地上按当时西洋传来的流行式样建造一座楼房。

当时的楼房建于1929年，属中西结合式建筑构造，为一栋两层半楼房，坐西北

图6-19 陈铭枢故居（唐长菁 摄）

---

* 合浦县当时属广东省管辖。——编者注

向东南。

1958年修建合浦水库时,由于当时该村被列入水库的水淹区内,因此故居被拆毁。1984年陈铭枢故居被公布为合浦县文物保护单位。1999年为便于纪念和弘扬这位历史人物的爱国主义精神和高尚的情操,璋嘉村和社会上的一些有识之士发起修复陈铭枢故居的倡议,并在北海市客家海外联谊会和合浦曲樟乡人民政府的支持下进行故居修复工作。历经6年,陈铭枢故居于2004年完成修复,2008年完成全面整修和布展工作[①]。

修复后的陈铭枢故居是一座二层西洋风格建筑,现作为璋嘉村的旅游景点展示陈铭枢将军的生平、历史及故事。

4. 老君庙

老君庙最初由爱国名将陈铭枢的高祖父陈日新于同治年间集资创建。当时,璋嘉村因地处山区,山水险恶,交通不便,少有学士文人到访,同时该村也没有巨商、大贾等,以致村内文风不开、生活贫瘠、难出英才。

图6-20 老君庙(黄洁 摄)

---

① 北海市政协文史资料委员会、北海市文物局:《汉郡遗韵——北海文物精粹》,广西人民出版社2015年版,第217页。

有感于此，陈铭枢的高祖父提倡修建老君庙，提倡尊崇先贤，文化先行，树立人文榜样，以祈祷文风蔚起，村民能见贤思齐，奋发努力、英才辈出。老君庙建成后，里面塑有太上老君之金身，当时庙宇富丽堂皇、香火鼎盛，但在抗日战争时期，由于天灾人祸，老君庙只剩下断壁残垣。现老君庙已完成主体修建，其余部分尚在修建中[①]。

三、民 俗 文 化

（一）民间习俗

璋嘉老屋村民俗文化及传统的习俗中包括了我国南方传统的节日及风俗、民俗等，其村内最重要的部分是璋嘉村客家人的祭祖祭祀文化。除此之外，还有一个较新的节日便是璋嘉老屋村特有的"书种节"，此节日主要是为了表彰当年在高考中取得优异成绩的陈氏后裔学子和发扬优良的崇文重教优良传统。

1. 祭祖仪式

璋嘉客家人的祭祀文化中，祭祖活动不仅是民间的祭祀活动，还是崇拜文化的延续、道德礼仪的传承，其中村里最重要的祭祀活动就是春祭和冬祭的祭祖仪式。

璋嘉村民的祭祖仪式一般从春分开始，自春分后家家户户开始进行大大小小的祭祀仪式，全宗族最盛大的祭祖仪式为春祭。春祭一般在每年清明节举行，春祭的程序和礼仪非常讲究，祭拜时须严格按程序进行。在清明的祭祖仪式中，璋嘉村族人在祖祠内杀猪、杀羊、宰鸡、烧香、点烛、放鞭炮、摆祭品、读祭文，标志着一年一度的缅怀先祖祭祀活动在这一日正式拉开序幕。清明祭祖仪式一般是先祭拜土地公和山神，接着去山上老祖的坟头进行祭拜，最后回到宗族祠堂进行最后一道祭拜仪式。

宗族的祭祖仪式环节完整、有序，其基本程序一般包括：跪拜、进香、奠酒、进馔，须遵照次数顺序进行。祭祖活动一般由辈分高、有德行的长者担任主祭站在最前面，陪祭及主事站在两边，各宗支代表依序排列于后，然后才是参祭宗亲相随。主祭者宣读祭文时，大家都得跪在地上聆听，三拜九叩，宣读完祭文以后，烧纸钱、元宝，鸣鞭炮，一切都由村中长辈按照规定的仪式和程序进行。整个祭祖仪式一般会持续到下午3点半左右。祭祖仪式结束后，宗亲们会在祠堂内外聚餐、休息、交流。

---

① 以上内容参考陈氏宗祠景区展馆资料。

图 6-21 祭祖仪式（唐长菁 摄）

图 6-22 祭祖仪式——祭拜土地公和山神（唐长菁 摄）

2. 璋嘉"书种节"

璋嘉村"书种节"于 2017 年首次在璋嘉老屋村陈氏宗祠创办，其主要目的是表彰在每年高考中获得好成绩的陈氏家族（包括已外迁）学子，营造浓厚的尊师重教氛围，鼓励更多学子通过读书实现人生价值，传承客家人耕读持家、尊重知识、重视人

图 6-23 "书种节"合影（唐长菁 翻拍）

才的传统美德。

"书种"一词为客家方言，它是客家人对有文化、特别是古代考得功名之人的尊称。

"书种节"自2017年起，于每年8月底举行，节上的主要仪式有：为高考升学学子发放奖学金和荣誉证书；学子种植小树苗于上嘉林和桂嘉林中；学子于宗祠参加祭祖仪式；所有参加者共享祭祖恳亲饭。

（二）民间建筑艺术

1. 土围屋及宗祠建筑艺术

璋嘉老屋村土围屋是大围屋包小围屋的建构形式，都是大"品"字包小"品"字，小"品"字连小"品"字状的居民组合，内含"日、月、星相伴""天、人、地合一"和"三生万物"理念，有法天、法地、法人的思想，表达"天时、地利、人和"的愿望，也说明自陈氏念邦始祖以来，璋嘉陈氏先祖风水学术水平融会贯通了"一流风水观星斗，二流风水看水口，三流风水跟龙（山脉）走"的精华所在[①]。

陈氏宗祠的建筑艺术也按照上述"品"字构状结构，祠宇连接着广场，祠堂和正门楼呈"品"字构状结构，与始祖陈念邦墓地背枕龙岩头"三星峰"——"三星拱照"有密切联系。

宗祠右侧设有分支祠堂"斯干公祠""上垌祖祠"（均为两进屋宇）紧护宗祠，如"三星峰"星状，同样呈"品"状；围屋西北两个门楼同向西北水口，与东南门楼也成"品"字构状；宗祠右侧"瑞居""岳居（孖屋）"同显"品"字状；土围屋北门外右侧前的沙江四进围屋也呈"品"字构状；土围屋东门楼外右侧陈铭枢将军胞弟陈铭骥建造的"上将庐"围屋也呈"品"字状。

2. 民居建筑艺术

璋嘉老屋村依山势叠台建构横式民居，大多数民居与祠堂平行同向，左右聚拢。各民居之间的巷道、排水管网以及村中通道都用"之"字曲建制，带有顺山（风）顺水顺人的理念以及"弯山曲水才有情"的意境，也有通风排水缓冲、人行避让方便的功能作用。

首先，老屋村陈氏宗祠连通三大门楼的通道——铺石路呈"丫"状，朝北形如北斗，岐山背、屋场两村土围屋也同样如此。三大村土围连接即成"品"字状，也显示"丫"状朝北。

其次，围屋内开挖"水井"，风水学中称之为"开眼""开嘴"，有"龙开眼嘴，有食有使"的说法，告诫子孙后代要有心眼懂得做人做事规矩，也有饮水方便和防匪

---

① 《璋嘉村陈氏宗祠》，村委内部资料。

图 6-24　璋嘉老屋村土围屋内水井（唐长菁 摄）

防灾功能。据村中老人介绍，璋嘉村水井约有 200 年历史，现在所看到的村中的水井是 1994 年用水泥砌好的，修砌的主要目的是出于村民安全考虑。

四、风物特产

（一）竹头白切鸡

竹头白切鸡主要是来源于散养在村内竹林的阉鸡，其做法与白切鸡做法相同，不同的是，相比其他地区的白切鸡，璋嘉竹头白切鸡从色泽上而言更加亮黄，这也说明璋嘉竹头白切鸡更原生态，璋嘉竹头白切鸡是村内大小宴席的一道必备菜肴。

（二）白切土猪肉夹猪肝

白切土猪肉夹猪肝属当地特有，猪肉切出来是白色的，在汤锅中煮沸并搭配猪肝，淋上酱汁和蒜米，搭配佐料，此菜是村内宴席必备菜肴。

图 6-25　璋嘉竹头鸡肉（白切）（唐长菁 摄） 　　图 6-26　土猪肉夹猪肝（白切）（唐长菁 摄）

（三）璋嘉扣肉

与南方其他地区扣肉不一样的是，璋嘉扣肉并不搭配梅菜或者芋头，仅是炸制金黄的扣肉即可端上桌，此菜为村内宴席必备菜肴。

图 6-27　璋嘉扣肉（唐长菁 摄）

五、文化教育与人物

璋嘉村自古人杰地灵，村里崇文重教、人才辈出，涌现出陈铭枢、清两广总督府督标陈均义、武功将军陈才业、民国合浦县县长陈介卿、国军团长陈鸿才、民国时期两广禁烟局局长陈玉衡、民国时期钦廉禁烟局局长陈希徐、八路军团长陈前、中山大学教授陈润政等杰出人物。

1. 陈才业

陈才业，合浦县曲樟乡璋嘉村人，清光绪年间被封为游击广东琼州镇右管都司加二级武功将军，早年随爱国名将冯子材从军，先任琼州（海南岛）守备将军，后任两广总督府督标，官职骑尉，其夫人被评为二品夫人。

2. 陈广生

陈广生（1916—2005），名润元，字广生，合浦县曲樟乡璋嘉村人，陈铭枢的长子，早年留学英国，共和国冶金专家、科学家，曾任全国政协委员、广西政协委员。改革开放后旅居香港，2005 年病逝。

陈广生上中学时，陈铭枢曾说过："若广生在广州或南京上学，就是广生自己不学坏，下边的人也会把他带坏。"遂将儿子和侄子等晚辈郑重托付给政坛怪杰李一平先生进行教育。为了给这群已经少爷气十足的少年洗掉不良习性，陈铭枢和李一平决定把学校从大城市搬上庐山的"交庐精舍"别墅。李先生学贯中西，之后便由他专心教授这八个孩子。陈广生在此受教三年，在庐山打下了他一生的基础。

在"交庐精舍"，陈广生先学习四书五经，后学习商务书局的全套数理化课本和仪器。幸运的是，当时著名科学家李四光先生也在庐山上，一度教过他们化学。庐山之学结束后，八位学子各奔前程。

1935年陈广生离开庐山，由陈铭枢的秘书胡秋原夫妇带到香港，而后乘船经由欧洲大陆，最终到达目的地英国，开始了他在英国学习和工作的12年。陈广生在第二次世界大战结束后回到香港，1946年成为电路板总设计师。1949年初，他多次参加商侨观光团回国考察，准备为国效力。在参观中与富商陈祖沛先生取得共识"建厂"，并决定全面收购设在香港的香港钉厂全部设备，拆卸后运回天津生产。

3. 陈铭金

陈铭金（1921—1977），合浦县曲樟乡璋嘉村人，曾任中共地下党灵山县委书记和灵山县游击队大队政委，新中国成立后任中共灵山县委副书记，离休后病逝。

4. 陈润飘

陈润飘，合浦县曲樟乡璋嘉村人，曾任广东省司法厅律师处处长、司法厅政治部主任，高级律师，已病逝。

5. 陈徐南

陈徐南，合浦县曲樟乡璋嘉村人，早年随陈铭枢从军，抗日将领，解放战争徐州战役起义将领，少将军衔。新中国成立后任解放军南京军区后勤部副部长，少将军衔，离休后逝世。

6. 陈二十太公

陈二十太公，合浦县曲樟乡璋嘉村人，清末民初璋嘉村陈氏族长，清末他曾依托老屋村土围屋率族众抗击广西军阀陆荣廷部属陆军对家族的围攻清剿，并最终取得胜利。民国期间，他又带领36个家族的村民顽强抗击"八属军"刘朱华匪帮的围攻，为国民革命军陈铭枢部南征光复合浦、钦防，阻击和牵制了"八属军"的力量，被沿海一带尊称为"冯子材"第二。

除以上列出的陈氏家族的部分名人外，璋嘉村陈氏家族从古至今还出了许多人才，下表列出璋嘉村陈氏家族部分人才。

表 6-1　璋嘉村陈氏名人简表

姓　名	职　衔	日　期
陈尧化	例授千总	清乾隆年间
陈锡质	例授武略骑尉先锋	清嘉庆年间
陈清兰，字永馨	诰封四品五都尉	清嘉庆年间
陈清溪，号春泉	敕授登仕佐郎翰林院待诏衔赠奉政大夫	清同治年间
陈肄业，号昭堂	功赏花翎顶戴诰授朝议大夫五品	清朝
陈懋业，号春堂	敕授登仕佐郎	清嘉庆年间
陈灼堂	皇清诰授六品花翎顶戴	清道光年间
陈均诏	广西陆军游击统领	清末
陈灼盛，号际周	翰林院监生	清道光年间
陈灼诚，号舜卿	任东城乡公安局局长	清末
陈均详，号子端	任张黄警察局局长	清末
陈均调，号子和	陆军上尉副营长	民国初期
陈均诂，号艺文	区长和钦州禁烟局长	民国初期
陈均询，号少明	张黄粮仓主任	民国后期
陈均谦	广东宝安县公安局局长	民国后期
陈均评，号品南	寨圩警察局局长	民国初期
陈均诹，号徐南	国民党中央军校毕业，副师长	民国
陈均荣	南方大学毕业，合浦师范学校主任	中华人民共和国
陈铭岳	中山大学毕业，公馆区区长，广东省参议员	民国后期
陈铭芹	中山大学毕业	民国中期
陈铭淳	武汉大学毕业，钦州农业学校教师，已退休	中华人民共和国
陈铭卓	解放军营长	中华人民共和国
陈其清	国民党陆军保安大队长	民国后期
陈希环	国民党陆军营长	民国中后期
陈铭祯	国民党中央军营长	抗战期间
陈润政	中山大学教授	中华人民共和国
陈润飘	广东省司法厅处长	中华人民共和国

续　表

姓　名	职　衔	日　期
陈均镛，号汉生	广东三水河口水师统带	清朝
陈均颐，号其英	国民革命军第一集团军总司令部工作人员	民国

资料来源：陈氏宗祠景区展馆资料。此表为不完全统计，据璋嘉陈氏长辈提供的材料整理而成。因原稿字迹潦草，有些名字或职衔不一定准确。

7. 陈润政

陈润政（1946—？），合浦县曲樟乡璋嘉村人，早年毕业于中山大学，中山大学教授，生物教研室副主任，广州合浦学会副会长，学术成果丰硕，多次荣获省级、国家级奖项，因病去逝。

8. 陈铭骥

陈铭骥，又名陈希徐，合浦县曲樟乡璋嘉村人，陈铭枢将军胞弟。曾任民国广东省合浦专署禁烟局局长、海南行政专署禁烟局局长，新中国成立前病逝于璋嘉村"上将庐"家中，后人多定居于广西南宁市和广东深圳市。

9. 陈香南

陈香南，合浦县曲樟乡璋嘉村人，中共博白县地下党马子游击队队长，新中国成立前在璋嘉村被反动派武装拘捕，在合浦县公馆镇扫把岭壮烈牺牲。

10. 陈润霖

陈润霖，合浦县曲樟乡璋嘉村人，人称"陈副官"，革命志士，曾为国民革命军营长副官，任中共广东省南路特委和合浦县委外线联络员、情报员。新中国成立后，任公馆区工商业联合会主席，土改时被坏人暗害，"文化大革命"后经中共合浦县委县政府平反昭雪，恢复政治荣誉。

11. 陈均义

陈均义，又名陈梯云，合浦县曲樟乡璋嘉村人，两广总督府督标。先任清军统领，后任国民革命军广东虎门海防将军，系陈铭枢投笔从戎的引路人。

12. 陈介卿

陈介卿，合浦县曲樟乡璋嘉村人，民国时曾任合浦县县长，合浦知名绅士，居老屋村后龙山左侧的"介园""介居"，曾为合浦五中（公馆中学）校长。

13. 陈鸿才

陈鸿才，又名陈钜，合浦县曲樟乡璋嘉村人，陈铭枢将军的叔父，国民革命军陈济棠部属二十四团团长，师长参议，少将军衔，后为合浦知名绅士。

14. 陈铭枢

陈铭枢（1889—1965），字真如，合浦县曲樟乡璋嘉村人，清光绪三十二年（1906）入广东陆军小学堂，后加入同盟会，曾任国民革命军第十一军军长妆武汉卫戍司令、国民革命军总政治部副主任、广东省政府主席、京沪卫戍司令，后代理国民政府行政院长。一手创办了第十九路军，任第十九路军司令。抗日战争期间，陈铭枢积极拥护国共合作，主张团结抗日，反对分裂，反对投降，积极从事抗日民主活动。抗战胜利后，他和谭平山、柳亚子先生等发起组织"三民主义同志联合会"，团结国民党部分爱国民主人士，为反对内战独裁、争取和平民主而进行斗争①。

1949年，陈铭枢参加了中国人民政治协商会议第一届全体会议，参与了制定《中国人民政治协商会议共同纲领》和创建中华人民共和国的工作，并当选为中央人民政府委员，出席了开国大典。新中国成立后，陈铭枢曾任全国人民代表大会常务委员会委员、中国人民政治协商会议全国委员会常务委员和中国国民党革命委员会中央常务委员等重要领导职务。他积极参加国家政治生活和爱国统一战线的活动，参与国家大政方针的协商和讨论，提出了许多宝贵的意见和建议，为推进社会主义事业，巩固和发展爱国统一战线、促进祖国统一贡献了自己的力量。

陈铭枢热心于文化教育等事业。民国十五年（1926），捐资创建了合浦县中山公园和东坡公园，翌年于合浦一中（现北海一中，原北海中学）校园内捐资兴建合浦图书馆；其后，为扩建合浦五中（现公馆中学），他领衔募捐1.6万元，此款建成校务楼，取名"真如楼"。同时，他又在璋嘉村创办真如小学；民国十九年（1930），捐资兴建合浦医院；此后他还资助北海、石康等地兴建菜市场。民国二十九年（1940），在上海出资接办出版机构"神州国光社"，出版了许多有益的进步书籍；还编辑发行了《读书杂志》《文化评论》等多种定期进步刊物。

1953年，他与11位知名人士发起，召开新中国第一次佛教代表会议，成立了中国佛教协会，次年他主动请求政府对神州国光社实行公私合营，并入上海人民教育出版社，同时他还把18箱珍贵的珂罗版画册捐献给了国家。陈铭枢还撰写了一批有价值的回忆录，回忆录的文章发表于《文史资料选辑》等刊物，并著有《佛学总论》。1965年陈铭枢于北京病逝。

15. 陈前

陈前（1905—1942），原名陈致中，合浦县曲樟乡璋嘉村人。中共优秀党员，抗日英烈。因祖辈经商，迁居张黄开设当铺，1925年，他偕同妻子到广州谋生，得到

---

① 孙中山大元帅府纪念馆：《陈铭枢将军图文集》，团结出版社2018年版，第3页。

同乡陈铭枢的支持。1931年,他送妻回乡后投身当时任京沪卫戍司令长官的陈铭枢部下,后跟随十九路军调往京沪。1932年,上海"一·二八"抗战时,在十九路军军长蔡廷锴的指挥下,陈前和战友们跟日军展开了浴血奋战。十九路军奉命调往福建"剿共",他却留在上海做地方工作,与中共地下人员取得联系,并积极参与地下党活动。1936年,他进入延安抗日军政大学学习。

1938年,陈前加入中国共产党。在抗日战争期间,历任晋察冀军区一分区六团参谋股长、副营长、副团长。1942年5月12日,在河北省易县钟家店西北山顶的战斗中牺牲,陈前为保卫中华民族做出了杰出贡献。1953年11月6日,中华人民共和国中央人民政府授予其烈士称号。

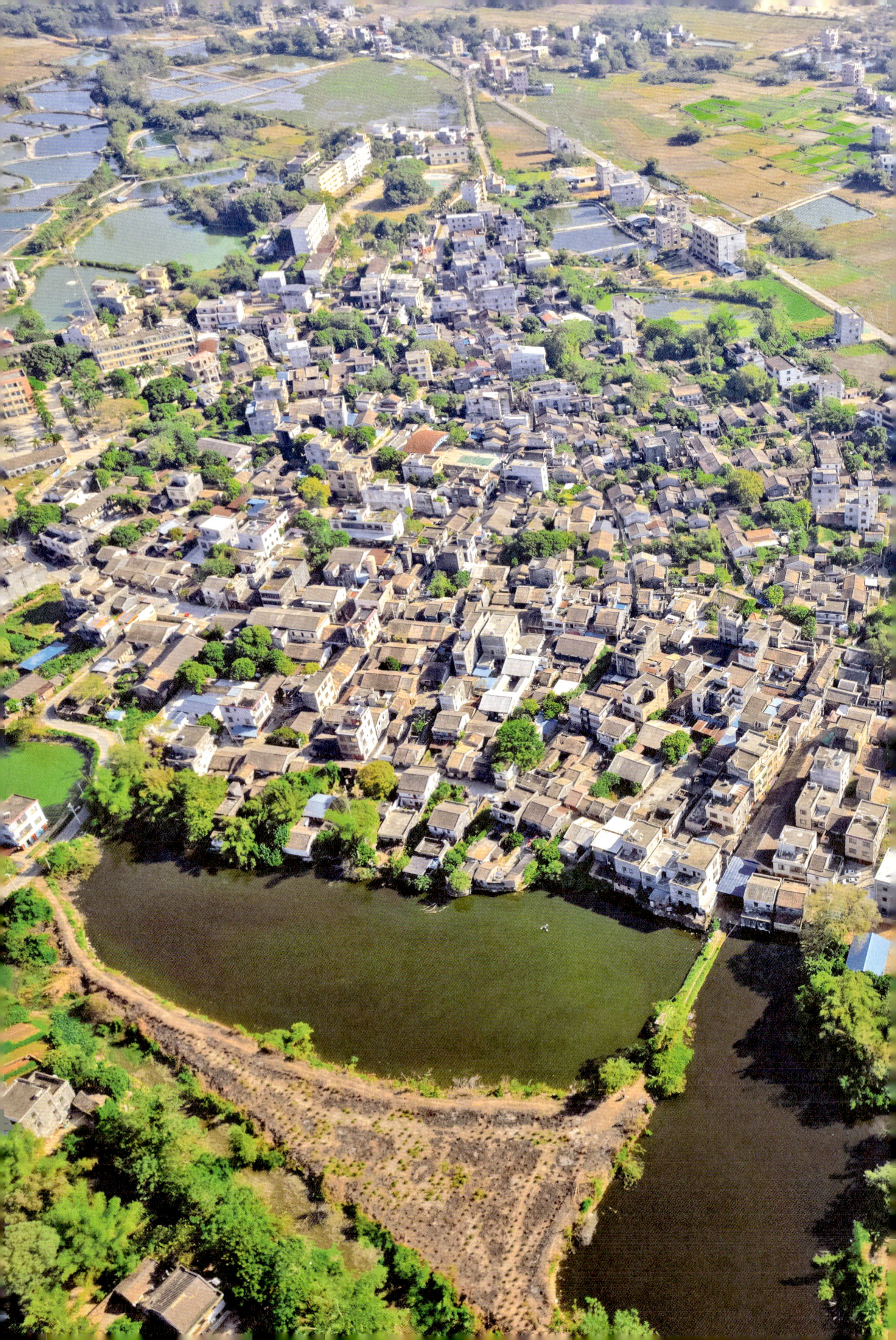

图 7-1 乾江村航拍图（唐米容 摄）

一、村落概况

（一）方位与交通

乾江村，总面积 1.2 平方千米，位于广西壮族自治区北海市合浦县廉州镇南郊，地处北部湾第一大河——南流江出海口最东边的汊口之畔。该村距北海市区约 20 千米，距合浦县城约 8 千米，地理位置优越、交通便利。其周围东面和北面为河流冲积平原，南面紧靠海域，西边则是南流江，既拥有通向北部湾海域的南流江海上通道，又与北海市区和合浦县城的陆路交通要道相连，这无疑为当地的经济发展和对外交流提供了便利条件。

（二）村史

乾江村拥有深厚的历史底蕴，是一座拥有超过 2 000 年历史的古村落。乾江古时别称"乾体""乾体港"。经考证，其历史可追溯至约 2 200 年前。作为我国古代海上丝绸之路的重要始发港之一，乾江在历史长河中扮演了举足轻重的角色。

1. 乾体

《方舆纪要》记载："合浦南濒大海，西距交趾，固两粤藩篱，控夷蛮要地。"[1] 从乾体海西经过大观港、乌雷岭后便到了越南，自秦汉以来，历晋、唐、宋、元、明以至于清世，中国对外军事，尤其是对越南，都涉及乾体。

《新唐书》记载："高骈征南诏，由中原出发，过灵渠，越桂门关，沿南流江南下，到乾体港，然后西达交趾。宋宝祐间，倭船入寇，理宗诏廉州沿海，严申防遏。"[2] 明洪武二十七年（1394），太祖朱元璋下诏命廉州防倭。

清顺治时期，在乾体设乾体营，设置了守备（相当于后来的团长）和游击（相当于后来的旅长）。

康熙时期，乾体营的官兵定额为 1 518 名，另有大小兵船 11 艘及艚船 7 艘、灰

---

[1] ［清］顾祖禹：《读史方舆纪要》，商务印书馆 1937 年版。
[2] ［宋］欧阳修、宋祁：《新唐书》，中华书局 1975 年版，第 32 页。

斗船4艘。康熙五十七年（1718）申洋禁，在乾体八字山建炮台。

光绪十一年（1885），法军侵越，法舰窜南澌，炮轰北海，合浦戒严，乾体又筑土堡红泥城用于防守。

从康熙北海建制时期，民国初期北海划为合浦第二区，乾体仍属第一区，过去乾体海域冠头岭沿海地方，都划属北海，乾体只偏安于乾江流域，此后乾体经济政治地位，便成了附庸①。

关于乾体名称的由来，李瑞声教授与钟定世副教授分析指出，西汉时合浦县总面积约5 861平方千米，人口密度约每平方千米2.7人，由此可看出当时合浦原住民很少。自从秦平定南越以后和西汉期间，由于中原人口三次大批迁徙进入合浦县境内以及乾体港成为海上"丝绸之路"始发港后，大量商贾、历代贬谪官宦、随军人员和家属定居于此，迁徙来此的中原人口总数很大，大大超过了本地原住民，中原人如果要在合浦乾体地区居住、繁衍生息，就要和本地原住民和谐相处，且民众间要形成紧密的生活圈，在政治、经济、文化各方面紧密联系和交往才能安居乐业、社会繁荣、戍边稳疆。

此地的命名需要符合上述要求，在历经历史与文化的积淀后，最终被命名为"乾体"。《辞源》将"乾体"二字解释为："乾"——"天人合一"，"体"——以仁义、诚信、道德为基础，以沟通、人和、共生发展进步，这便是乾体名称的由来及含义②。

2. 乾体港

"乾体港"是江河的汇集口，自古为中国南方军事要塞和通商口岸，之前乾体与乾体港是紧密相连的，后来由于南流江的冲积平原不断扩大，乾体范围的海面逐渐变成陆地（在今田框一带），此后乾体港不复存在。

《新唐书》记载："合浦全部之水，皆从乾体港入海，港口宽广，地势险要。"［宋］欧阳修、宋祁：《新唐书》，中华书局1975年版，第86页。《合浦县地名志》记载："乾体港是廉州门户，扼江海之交，秦汉至明清此港是对外交通贸易要地。"③

从以上史书可以发现，乾体港与合浦港的位置一致。现在的廉州镇在唐代称为海门镇，古海门意为海之门户，因此海门镇之南为廉州湾，即乾体港海面的范围。从现在来看，西门江口（海角亭畔）至文昌塔、九头庙至乾江再到冠头岭的北部沿岸都是乾体港的范围。

历史上乾体港与东南亚各国的交通贸易可上溯至汉代。《汉书·地理志》记载：

---

① 苏立桄：《北海市文史第十六辑·乾江述古》第10期，北海市政协文史资料委员会2002年，第58页。
② 李瑞声、钟定世：《合浦、乾体、乾江》，https://www.docin.com/p-2004243379.html。
③ 合浦县地名委员会：《合浦县地名志》，1989年，第35页。

"自日南障塞，由徐闻、合浦（那时从徐闻往来东南亚，首先要经过合浦）船行五月有都元国（今马来半岛），又船行四月有邑没卢国（在缅甸沿岸），又舟行二十余日有谌离国（在缅甸沿岸），步行十余日有夫甘都卢国（缅甸蒲甘城）。自夫甘都卢国舟行二月余有黄支国（印度建志补罗）……自武帝以来皆献见。""有驿长原黄门与应募比俱入海，市明珠，碧琉璃，奇石异物。赍黄金杂缯以往……蛮夷商船，转送致之，不利交易。"王莽时，中国使臣便曾到达皮宗（马来半岛西南）和日南（今越南中部）、象林（今越南广南濰川南）的边界和已程不国（今斯里兰卡）。中国在西汉时已从合浦带黄金杂缯到东南亚一带做生意，说明了中国在秦汉时期已开辟了东南亚丝绸之路，而乾体港正是中国古东南亚丝绸之路的始发站。

从那以后，乾体港和东南亚的交通贸易继续兴盛，但到明朝中叶时，一反汉唐宋元以来和明朝初期的传统，推行海禁，禁止对外通商，再到清朝闭关锁国时这种情况更为严重。清朝顺治康熙期间，海禁 7 次（顺治十二年、十七年、十八年，康熙元年、三年、十年、五十六年），从大观港东历高坡至新圩为合浦海禁界线，整个乾体港都被封锁，乾体港对外交通贸易便开始没落。

3. 乾江

乾江位于合浦县城廉州和北海之间，过去是乡政府所在地，是乾体港范围内发展最繁荣的地方，过去有水路（乾江）上通廉州，下通北海。历史上，乾江街有"六庙"、"八社"、"六宗祠"、牌坊、八角亭和古井等古迹，另有中学一所，小学五所，私塾一间，可以说当时乾江的古迹、学校在数量上为合浦地区之冠。

关于乾江村的名称，中山大学李瑞声教授与广州大学钟定世副教授在他们撰写的《合浦、乾体、乾江》一文中写道："你们老家为什么时称'乾体'，时称'乾江'呢？"据《合浦县地名志》记载：传说"此地最早是姓陈三兄弟居住，成圩后，以人名分为乾体、乾江、乾德三个区，后统称三区为乾体，乾体又叫'乾江'。数百年后，乾体发展为合浦县小有名气的圩市，陈氏三兄弟则成为乾体开发的始祖"[①]。

以上是有关乾江名称的传说，以下从历史、地理等因素对乾江名称的由来及变化做简要介绍。现在的南流江入海口约分为四汊，靠西边两汊（其中一汊与沙岗区域相连），水量较大，属南流江主流；而东侧的两汊水流量较小，属支流，最东的一汊西门江，则在今合浦西侧，流经草鞋村庆屋墩、乾江街西边至马头一带入海，具体来说这条支流流经乾江街后，经八字山、撑排江、沙墩、马安、马鞍岭、坡心、马头、水儿、五四、田寮出海，这条小江是乾体内的江，后人称为乾江。

---

① 合浦县地名委员会：《合浦县地名志》，1989 年，第 7 页。

（三）发展现状

乾江村是乾江片区文化与商贸中心之一，主要以乾江村委和乾江街为主体，包括南坡、深圳、井头坡等8个自然村落，村子周边与乾江、马安村民委员会接壤，乾江村以乾江圩为中心，形成"八星拱月"的形制。

乾江村共有8条街，分别是：薛屋塘街、大街、十字街、小新街、文山里街、木栏街、横埕坊、街后背山街，乾江村各街为一个居民小组，每个居民小组配有小组负责人（小组长）。乾江村以农业为主，主种水稻、蔬菜，兼以咸淡水养殖。此外，村里现共有个体工商户约81户，主要经营水产贩卖、小商品、狗肉等。

近现代乾江的行政区划有过数次变更，1952年为乾江乡（党江区管），1958年改为五一大队，属廉州公社管辖，1961年划为乾江公社管辖，1963年划为环城公社管辖，1984年改为乾江村公所，1995年改为乾江村至今[①]。

（四）产业

1. 商贸

明清时期，乾江圩已经形成了百货行、木材行、肥料行、海鲜行、农副产品行等商品交易场所，村中商品品种众多，商品交易繁荣。圩内各行各业，应有尽有，场地安排一般固定不变，可以说乾江圩麻雀虽小，五脏俱全。

与其他地方隔日成圩不同，乾江自古以来，每天都有集市，且全天候早中晚三市，乾江圩每天早上8点成圩，下午2点散圩，这是多数圩镇少见的情形，由此说明了乾江过去的市场经济地位以及繁华的商贸局面。乾江圩常常吸引周边村镇的村民来此"趁圩"（即赶集），有的商贩甚至直接在此经商。

在近代工业方面，乾江有3间染布厂，主要收染市内各户机织布匹，同时还有织袜和线衫织造厂以及机械修理厂。抗日战争时期，廉北疏散，工艺停顿，只有乾江修理厂照常开业，既修理各种机械和电机，也铸制各种汽车汽缸和零件。抗日战争胜利之初，北海海运尚未恢复，乾江修理厂古瑞炜选购旧机件，在八字山修造小机轮，载重30万斤，以北海鼎昌隆代理，行驶北海海防，填补那时北海海防间海运空白[②]。1949年后，乾江的工业仍以小手工业、加工业为主，区内建有染织厂、布织袜厂和绒机织厂等各式工厂，乾江乡人还经常碾米到北海、廉州一带贩卖，同时乾江的酿酒业也很发达，在加工业中尤以机械修理厂最有名气。

现在的乾江村主要是个体户经营，而平时的买卖交易主要集中在天后宫前的

---

① 北海市民政局：《北海地名词典》，2012年，第70页。
② 北海市政协文史资料委员会：《北海文史第十六辑》，2002年，第173页。

十字街上和天后宫门前的市场。乾江街道上经营的项目类别基本涵盖了乾江村人们生活的基本所需，如服装店、餐饮店（主要是米粉和小吃）、零售店、汽修铺、电器维修店、化肥店、玩具店、水果摊、药店、粮油店（自榨花生油）、邮政及快递店等。

2. 农业、渔业

（1）农业

1949年以前，乾江村以农耕为主，主种水稻、蔬菜，兼咸淡水养殖。

在乾江封海造田之前，由于乾江村位于入海口，因此靠海的田地中海水含量较高，不适宜种植水稻，但经过村民们的实践，他们在种植水稻方面形成了自己的特色，村民们每年2月、8月将南流江的淡水引入田里，中和稻田中水分的盐度，在经验丰富的农民培植下，水稻慢慢适应了江水和海水，生长良好，且造就了一种营养价值极高的"赤禾米"。"赤禾米"又称"长毛红米"或"咸田谷"，一年一熟，是一种天然的生态特种稻米。

但随着乾江封江之后，田中的海水浓度高于淡水，无法再进行赤禾米的种植，乾江的稻田也逐渐荒废了，如今海边的稻田大部分被改成了鱼塘、虾塘。

另外，乾江也有水旱稻，一般是一季水稻，而乾江其他的经济作物主要以花生、红薯、木薯、蔬菜等居多。

（2）渔业

乾江的渔业，主要分为深海捕捞和淡水养殖两种作业模式，淡水养殖收入也很高，但村民主要的收入还是靠海上捕捞。深海捕捞除拖网外，还有网门机构。网门是乾体十五户人所创办，元明时期，十五户人便在北海殖海，乾隆二年（1737）再报由清政府核定鉴碑为证，十五户报垦的海疆，北至漏江（即南流江），南至冠头岭石龟头，东至岸（即北海岸），西至那隆江口（距西场2千米），面积很大。垦殖海域内，普遍建立箔地，现在其中部分有名称可考的有五十六所，按现有资料排列推算，估计原有箔地在200所以上。有些箔地，如"竹根儿""大树根""崩沙口"等已成为陆地。乾隆二年时，因海疆逐渐变化，有些箔地荒废，便改为网门22筏。各筏有优有劣，因而拈阄使用，每年农历二月初十，集中乾体十五户祠拈阄，其余仍属箔地的，称为小网，在每年农历九月十五仍在十五户祠投批。因作业关系，乾体渔民一部分迁居海滨，开拓地角。

当时的渔业运销又叫作"赶鲜水"，这些运销者有的驾船到海上追踪渔船购买，也有的步行到地角、高沙龙、白虎头等各渔村购买。船购以春夏两季为多，每当潮涨，鲜水船便随潮返乡，卸鱼需要招二贩子，二贩子取得鲜鱼后，便抓紧时间赶往廉城各地售卖。鱼的种类按季节不同，鲜鱼一般用竹笠装载，有时买到大批𫚉鱼（俗称蒲鱼）或其他大鱼时，用绳子穿着鱼鳃，成串系在船边，随船漂海拖回，这种做法既省力又新鲜，更具有特色和风趣。据村中老人介绍，以前的二贩子一般不需要备有资金，也不用议价，都是先领取然后等卖去后才按市场行情，合理交纳鱼款。因此，那时只要有力气，能挑运，便能谋得一些活计，也不会亏本。

而步行赶鲜水的人，会在潮退船归时到渔村进行选购，买到鲜鱼后，便尽快赶回乾江。为了赶路方便，他们一般脱下裤子，用毛巾蒙着下体，一路奔跑，除到今电厂附近桥底小溪（旧名洗鱼水）中将鲜鱼冲洗一次外，沿途都争分夺秒，快步疾驰至终点，因此他们的每一分钱都是用汗水换来的。

还有一种就是贩卖咸鱼。咸鱼大都在家乡洗晒加工后才送往各地，不同于卖鲜鱼的朝夕往返，咸鱼买卖一般一去好几天，因为除在县属各圩场销售外，常常还要远销到灵山、武利、沙河、博白以至玉林的船埠。

二、自然与人文景观

（一）自然景观

古榕树。乾江古榕树位于合浦第五中学校园内，古榕树高约 30 米、根围 13.07 米，树龄 500 年，属于一级保护名树，是千年古镇乾江历史悠久的见证。古榕树常年翠绿、主干粗壮、根深叶茂、盘根错节。其主干需八九个成年人才能合抱。

关于这棵古榕树，流传着一个美丽的传说。据说在一个浓雾弥漫的夜晚，南海观音菩萨驾着祥云经过这里时，看到那些看守烽火台的官兵日夜守候十分辛苦，便生慈悲之心，随即双手合在胸前，口中念念有词，观音菩萨手一指，一股蘑菇状的青烟便在烽火台上升起。随后观音菩萨把口诀传授给了一个叫阿龙的守备长，告诉他如何报警和消除警情。阿龙第二天早上一觉醒来，却忘了这几句口诀，于是这朵蘑菇状青烟不再消散，便形成了现在这棵大榕树，而在古榕树树顶凹下去的地方，就是当年观音菩萨指点时留下的痕迹。

为此，后人在古榕树旁修建了观音堂和观音井（注：观音堂现已被拆除），并把这棵树视为神树，传说只要在树前许个愿或摸一摸它，便可保平安、心想事成。

关于这棵古榕树，民间还流传着另一个故事。据说清朝乾隆皇帝下江南时曾来到此地，为纪念这一次下江南，就从"乾隆下江南"这几个字中，拆出"乾"和"江"这两个字，把这里叫作"乾江"，而这株榕树就是给乾隆皇帝遮阳的一把大御伞。

图 7-2　古榕树（黄洁 摄）

（二）人文景观

1. 乾德牌坊

乾江村口处原有一座乾德牌坊，牌坊始建于清朝嘉庆年间，抗战后期被拆除，现存的乾德牌坊为后来重建。

牌坊建造的目的主要是古时府县为了褒扬乾江村的良好风尚，特奖"俗美风淳"四字立坊垂训[①]。牌坊的正门外面门楣及内楣上分别镌刻上"元亨利贞""乾德大生"八个字，同时在左右旁门内外楣上分别题上"俗美风淳""地灵人杰"八个字。

关于功德牌坊的建立，民间流传着一段故事。据地方史料记载，清嘉庆年间（1796—1820），乾体乡的一位饱学之士夏朝选中举人后回到乾江办乡学，兴学教化乡亲，在他的努力下，乾江学风盛行、人才辈出。据说，当时廉州知府到乾江视察时，被村里乡间优良的道德风尚和学风所感动，便将此事迹呈报朝廷，朝廷得报后，遂令廉州府拨款建立牌坊以纪乾江乡风民俗之德。

2. 天后宫

乾江有"六庙八社六宗祠"，六庙为天后宫、三婆庙、文武庙、龙王庙、康王庙和观音堂，现今乾江大部分的庙堂宫祠先后被损毁，六庙中的"天后宫"是乾江六庙

[①] 廖国一、易婷：《21世纪海上丝绸之路背景下古村落的保护和开发初探——以广西合浦县乾江村为例》，《旅新东方》2020年第14期。

图 7-3　乾江村口功德牌坊（黄洁　摄）

之一，也是六庙中仅存的庙宇。

乾江天后宫（俗称大庙）位于合浦县城约 8 千米之处，在乾江村内十字街 82 号，正对乾江菜市场。在古代，乾江天后宫是当地闻名遐迩的庙宇，也是乾江历史的见证。乾江天后宫庞大的规模、豪华的布局、精致的工艺在北海、合浦地域内祭祀妈祖的庙宇中可谓首屈一指。

天后宫始建于明代崇祯十三年（1640），历代都有维修，现存建筑为清同治三年重修（1864），民国九年（1920）时，天后宫再次重修，1993 年 5 月被列为合浦县文物保护单位。

天后宫坐东朝西，为三进三开间，两廊布局，面阔三间（宽约 24 米），进深两槛约 45 米，建筑面积约 930 平方米，天后宫主要为砖木结构，造型大方，工艺精巧。其建筑格局为前殿、正殿，两边配置厢房，庙前廊墙壁有花草、鸟、人物、山水等图案；大门两侧有八角形青石大柱，门前有明代雕造石狮一对，守护两旁（石狮现已毁坏不见踪迹），门头横联为"天后宫"（"天后宫"三字为后来毛笔书写贴在门楣上），门联为"神功护海国""水德配乾坤"（门联字迹现已无法辨认），屋顶重檐四坡面，屋脊浮塑瓷雕历史人物、戏文掌故，鳌鱼戏珠，角脊凤尾伸展而卷曲，瓦线优美柔和，整体结构华丽壮观。

图 7-4 乾江天后宫（黄洁 摄）

天后宫庙内装饰等以道教主题的图案为主，用福、禄、寿吉祥物衬托，呈现仙家的非凡境界。其前殿供奉于观音神像左右的分别是"千里眼"和"顺风耳"，正殿供奉着海神天妃娘娘菩萨，殿内壁画西番莲及喜鹊登梅图案，殿内梁柱雕龙刻凤。在百年以前，天后宫四时祭祀，香火旺盛，在庙内东侧墙壁有三方碑文记载，刻有捐助银两的善男信女名单，由此可见当时天后宫香火极旺。同时，为了酬神祝福，以祈人神同乐，乡众舞狮舞龙，还请戏班演庙堂戏，热闹非凡。

天后宫一年有好几个诞期：三月廿三为婆诞、六月廿四为关帝诞、十二月初八为还福诞、二月十九为观音诞生日、六月十九为观音成道日、九月十九为观音出家日、一月十九为观音出淤日。民国时期，天后宫被伪乡公所占用，1949 年后被国家征用，

图 7-5 乾江天后宫建筑细节（黄洁 摄）

现为合浦县文物保护单位。由于种种原因,现天后宫已难见原来的模样,已成为危房古庙,现在已采取措施进行有效保护和维修。

3. 乾江东西楼

乾江东西楼位于合浦县廉州镇乾江大街1号合浦县第五中学校园内,在大门的两侧。乾江东西楼原是文武庙庙体前座的左右两楼,文武庙的庙体现已被毁坏。文庙祭文圣孔子、武庙祭武圣关帝,因此名为"文武"。

乾江东西楼建于清同治十年(1871),均为楼阁式独立建筑,其结构、形制相同,带回廊,平面呈正方形,为单檐歇山顶二层砖木结构。东楼坐东向西,西楼坐西向东,两楼形制独特,相对而立。2013年乾江东西楼被评为合浦县文物保护单位[①]。

乾江东西楼是较能体现明清楼阁风格的原状古建筑,作为古代庙宇楼阁建筑的历史遗迹,它们是合浦县境内唯一原貌保存至今未被毁坏的原状砖木古建筑,具有很高的科研考古价值。

图7-6 东楼——藏经阁(唐长菁 摄)

---

① 北海市政协文史资料委员会、北海市文物局:《汉郡遗韵——北海文物精粹》,广西人民出版社2015年版,第86、87页。

图 7-7 西楼——吕仙阁（黄洁 摄）

图 7-8 乾江东西楼建筑细节（唐长菁 摄）

乾江东西楼中东楼称作藏经阁，原是文武庙中的藏书楼，主要用来存放经书；西楼称作吕仙阁，原庙内供奉着吕洞宾。东、西楼内所存放的经书和神像现都已不复存在了。东、西两楼之间正面相对，相距约15米，且两楼的结构、高度、布局等都一样。两栋楼的楼高均为六七米，二层结构，砖木材料，它们的底层正面均为一大二小三个拱门，二层为四周回廊，格栅窗墙，楼顶为四角四檐设置，檐角为木柱斗拱，回廊四面相通，可四围行走。东西楼内各有一副对联和一幅壁画，但由于岁月久远，对联和壁画又经过多次粉刷，其原来的痕迹已难以辨认，据考证字体应是小篆书法，大概意思是劝谕世人洁身自好，修身立品[①]。

乾江东西楼在战时（据说在中法战争时期，1883—1885年）设指挥部，光绪十一年（1885）2月，法国军舰逼近冠头岭海面炮击北海海岸。廉州点兵官梁正源奉朝廷之命修筑自冠头岭到乾江港一带20多米长的战垒严阵以待，在乾江东西楼设有指挥部，乾江修建红坭墙、白坭墙两座堡垒相连御敌。清末（清光绪三十一年，1901年）在此成立了我国南方沿海较早的新式小学之一——乾体学堂。此后1942年，合浦县最早的留学生、名士苏殿金在乾体学堂的基础上创立了私立乾体中学，两楼一直沿用至今。

4. 乾江方井

乾江方井呈四方形，井内空宽2米，深10米，四周用约2.8米长的黑色石条垒砌而成，它是与廉泉（汉甘露井）、东坡井（宋）齐名的合浦古代三大名井。

乾江方井现位于乾江村委大井村小组西侧（原属乾体），1993年被列为合浦县文物保护单位。乾江方井蕴含着丰富的历史文化内涵和人文事迹，据《廉州府志》记载："在府治南十里，即乾体路旁其泉甘美，每罈（罈，繁体字，同"坛"）较他净水稍重。"[②]据说明代张岳为廉州知府时在创建县学宫的过程中，因缺乏屋梁无法如期完工，张岳专门为之写了一篇祭文，请求神灵帮助解决建设学宫的材料。正在大家焦急的时候，忽一晚，乾江大井泉涌如雷，接着从井中涌出了几十根梁木，正好与建设县学宫所需的材料相符，从那以后，乾江大井就被视为灵井，一直被民间所珍重。

传说乾江方井曾是廉州府官署衙门的生活专用水源，而官府为了确认乾江方井的水源，专门制作了一种刻有廉州府衙专用印记和编号的特殊竹签，竹签一式两份，分别存放于府衙和乾体营署，并派专人管理。来取水者必须从廉州府衙领取竹签，再到乾体营署交换与编号相符的竹签之后，才可以到乾江方井取水，回到府衙后再以竹签验证。相传，苏东坡在廉州时，府衙也是用乾江方井的井水供其饮用。此外，乾江方

[①] 北海市政协文史资料委员会、北海市文物局：《汉郡遗韵——北海文物精粹》，广西人民出版社2015年版，第86、87页。

[②] 徐成栋纂：《廉州府志》（清康熙六十年）影印本，广西人民出版社2011年版，第320页。

井的水还是做发籺（软饼）、炸煎堆、蒸酒的上等用水。

5. 观音古井

乾江观音古井现位于合浦县第五中学校园内，观音古井原建于观音堂内，于2011年合浦县五中重建校园八景之际，发掘出并重建。观音古井为圆形砖井，外直径约1.6米，内直径约1米，深约4.2米，现该井已废弃不用。

6. 乾江传统民居建筑群

乾江传统民居建筑群位于乾江居委会境内，建筑群历史悠久，自汉代"海上丝绸之路始发港"乾体港开辟以后，古建筑群内的古街区——乾体圩便成为中外客商的商品集散地，是汉初合浦最繁华的主要市集之一①。因此，至今乾江村传统民居建筑群沿街还保留着不少百年前卖丝绸、布匹等老字号招牌和敞开式老街商铺（现亦为民居）以及大量的传统古民居。乾江传统民居建筑群于2018年被列为合浦县文物保护单位。

图 7-9 乾江观音古井（唐长菁 摄）

乾江传统民居建筑群，大体可以分为两种类型，一种是由青砖砌成的青砖瓦房，另一种是由石灰等混合物建成的两层式小楼②。乾江传统的古民居大多建于明清及民国时期，由于气候因素，村民将冬暖夏凉的青砖房作为民居材料的首选，在建筑风格上，大都保持了近代中国南方传统民居的建筑风格。从民居的建造形式上看，乾江传统民居建筑群主要有两大类，分别是：狭长型（包括骑楼）和院落型（包括宗祠）。

（1）狭长型（包括骑楼）

乾江传统民居建筑群中狭长型民居通常是临街的建筑，在宽约3米的街道两旁，紧密相连、相向而立。乾江的骑楼也属于狭长型民居，与岭南其他地区一楼有走廊的骑楼不同，乾江骑楼二层跨街的部分内收，支柱消失。据调查，形成此类乾江骑楼的主要原因是乾江的街道在未建骑楼之前就已成型，因此将原先的住宅推倒重建后的骑楼，由于街道和地理位置相对狭窄，于是就取消了传统的骑楼连廊，以此增强房屋的

---

① 合浦县志编纂委员会编：《合浦县志（1991—2006）》，方志出版社2019年版，第294页。
② 廖国一、易婷：《21世纪海上丝绸之路背景下古村落的保护和开发初探——以广西合浦县乾江村为例》，《旅新东方》2020年第14期。

采光和通透。乾江骑楼基本沿着乾江的街道两旁分布，并排相连，两楼中间共用一面墙。乾江骑楼一般为商住两用，一楼为商铺，二楼或三楼则居住，这类建筑又被当地人称为"上下水铺楼"。

乾江骑楼底层为柱廊空间，中间为楼层，顶层为山花、檐口等；一楼正门较为宽阔，一般为木板门；其屋顶一般为硬山顶样式或者矮栏杆，硬山屋顶样式主要用于避雨或遮阳，而矮栏杆上则多有小洞，主要是为了减轻台风对房屋的冲击。

此类民居房子狭长，其内部结构一般最前面为客厅，紧跟着是卧室，最后面是厨房，厨房旁边有一个小天井。

图 7-10　乾江传统民居（狭长型）（黄洁 摄）

（2）院落型（包括宗祠）

乾江院落型的民居通常分为两种，一种是一进三开间，这类民居又称为乾江四合院，一般由正房、东西厢房和倒座组成，其中间为厅，左右耳为卧室或者农具储藏室。另一类为二进或三进，为三开间，一般二进院落进门为前厅，往后是天井，中间是正房，正房后有天井和后罩房，较具代表性的建筑有乾江郭李氏祠、苏式宗祠等。

乾江宗祠主要有麦氏宗祠、苏氏宗祠、钟屋宗祠、郭李氏祠、洪屋宗祠等，这些宗祠建筑规模庞大，特点明显。宗祠整体上属于岭南派建筑风格，其主要特点是围屋式房屋建筑特色，另受宗法制度的影响，宗祠内部纵深布局为若干进，每进有天井、

图 7-11 乾江传统民居（院落型）（唐长菁 摄）

庭院、厢房、作抄手廊，几个围屋式四合院串联构建，形成长方平面。以下介绍较具代表性的郭李氏祠。

郭李氏祠始建于光绪十九年（1893），是一处明清风格的古建筑，其主要建筑材料为水磨青砖（主体）和花岗岩石柱（厅、廊屋檐），建设祠宇主要是祭祀先祖、储存粮食和家族议事等需要，是尊祖、敬宗的场所，也是族人团结交流的纽带，祠宇总

图 7-12 郭李氏祠（唐长菁 摄）

占地面积约 1 200 平方米。

三进三出的祠宇，分门厅、正厅、后厅，门厅正门门楣上镶嵌着花岗岩石雕刻的郭李氏族祠牌匾，大门两侧镶嵌有东国家风远，西陲世泽长的郭李氏春联大门对联；挂有木质"天秩堂"牌匾的正厅已被全部拆除；后厅是供奉郭李氏列祖列宗神位的地方；两旁有供贮谷、存物等的两排厢房。

新中国成立后，郭李氏祠为乾江粮所征用，将其做了适用性修改，后期破坏较严重。2013年起，由族长郭李尚钦带领家人捐献巨资，族人出力捐资，逐年进行修复；2015年完成了前后厅、厨房修复；2017年完成了西侧厢房修复。

（3）乾江传统民居建筑群特色

乾江传统民居因地域和气候等形成了自己的地方特色，尤其是民居墙上的纹饰种类较多，如植物、花鸟、山水、几何图案等。另外，由于时间和天气等因素，现在很多古民居的墙体表面风化，民居外墙形成了像玫瑰花一样的纹路，非常有特色。

骑楼商铺建有"铺窗趸"。在乾江水星街的骑楼建筑群里一些原商铺门面的右侧一般建有一个齐腰高的砖砌小平台，平台上方是对开门，当地人称为"铺窗趸"，其作用主要是深夜若有顾客拍门购物，商家即开此小门，放至"铺窗趸"上进行售货，这样既能确保商铺主人安全又不怠慢顾客。

图 7-13 骑楼建筑特色——墙体纹饰、"铺窗趸"（唐长菁 摄）

（4）乾江古街区

乾江古街区与乾江传统民居建筑群相辅相成，融为一体，乾江主要有八条街道，分别是：薛屋塘街、大街、十字街、小新街、文山里街、木栏街、横垭坊、街后背山街，这些街道早年间非常繁华。古街区的街道保持着清代的风格和特色，大部分古街约长80米、宽4米，街中心为青石板①，现在乾江街道大部分已经成了水泥路，街道中心的青石板已消失，只有水星街保留了部分砖石路。

村中老人一般称水星街为二街或小新街，近年来年轻人喜称之为水星街。水星街全长约180米、宽约2.3米，现存的古砖石路段约长140米，水星街的古砖石路段是一条上百年的石砖条古街道，也是乾江最古老的街道，水星街经过多年的风雨侵蚀和车轮碾压，路面已凹陷进去。从前，水星街由合浦廉州通往古港口，古时候这条街是官道，因此水星街也叫"廉乾官道"。

在水星街上，有一条被鸡公车行驶留下痕迹的古道，即著名的"鸡公道"。"鸡公道"连接着水星街，通往木栏街，"鸡公道"是古时"官道"途经的其中一站，也是"官道"在乾江村的历史见证，这条古道全长约400米，从路面被碾压的深度可看出当年乾江的商业运输之繁华，这条道路作为历史的遗迹，既见证了乾江的繁华，也见证了乾江作为合浦重要港口之一的历史。

图 7-14 乾江大街、乾江水星街（黄洁 摄）

图 7-15 水星街鸡公道（黄洁 摄）

---

① 北海市政协文史资料委员会、北海市文物局：《汉郡遗韵——北海文物精粹》，广西人民出版社2015年版，第162页。

7. 乾江粮仓

乾江粮仓建于20世纪六七十年代，位于乾江村郭李氏祠附近。乾江共有4座粮仓，大小规格相同，均用石头、石灰、黄泥、砖块、木板基本材料建造。粮仓屋顶为半圆形穹顶，中上部有3个窗口，下部为圆柱体，每座粮仓之间仓门相对，且有房檐连通着粮仓。粮仓是20世纪人民公社时期的产物，在当时主要用于存放粮食，据介绍每个粮仓能装约5万千克粮食，粮仓为圆形建筑，其通风效果较好，且不利于鼠虫等害虫藏身，现粮仓已废弃不用。

图 7-16 乾江粮仓（唐长菁 摄）

8. 历史文化遗址

（1）乾江烽火台遗址

乾江烽火台遗址位于乾江村合浦县第五中学校园内。据《合浦县志》记载，乾江烽火台是明代廉州府为抵御外敌设置的报警设施，乾江烽火台现已被毁坏，其遗址被乾江古榕树的气根包裹，只能看见部分砖石露在外面。乾江烽火台遗址于2013年被列为合浦县文物保护单位。

图 7-17 乾江烽火台遗址（唐长菁 摄）

（2）八字山炮台遗址

八字山炮台遗址现位于马安村委八字山自然村（原属乾体），八字山炮台与大观港东炮台、北海冠头岭炮台于康熙五十六年（1717）修筑，三座炮台同时扼守廉州江（西门江）入海口一带，构成了一道坚固防线，以防外敌入侵。八字山炮台临西门江故道东岸，台基外壁包砌条石、条块，厚约70厘米，内部夯填泥土，其东侧残高2.7米，西侧残高约4米，平面略呈不规则的长方形①。

原八字山炮台由总督扬琳奉准建筑，炮台位于西门江支流廉州江入海口的土墩上，炮台高1丈、周围12丈、高3.5尺、垛口24个。炮台上还有1座门楼、3间官署、8间兵房、1间火药局，同时有两门2 000斤大炮，两门1 000斤大炮，4门500斤大炮，其兵力部署为廉州营把总一员，带兵30名防守。据悉，嘉庆八年（1803）十月，悍匪袭击炮台，炸毁了一门500斤的大炮。后来从廉州城北门楼将一门500斤大炮移至炮台上作为补充。其后，随着历史变迁、自然环境变化等原因，炮台上的建筑及炮台慢慢损毁，1949年前仅剩的一些房屋被改建为峙山小学。八字山炮台于1984年被列为合浦县文物保护单位，现已重建修复，该遗址是研究清代海防军事的宝贵实物资料。

（3）乾江红白泥城

乾江红白泥城是乾江红泥城与白泥城的统称。白泥城城址大致在今盐坡尾村瓦窑附近，红泥城城址在今乾江村委辖区内廉城爆竹厂内，红白泥城现都已毁坏。

据悉，红白泥城是中法战争时期的国防设施。光绪十一年（1885），当时白泥城

---

① 合浦县志编纂委员会编：《合浦县志（1991—2006）》，方志出版社2019年版，第690页。

图 7-18　乾江八字山炮台（修复前）（庞白 摄）

图 7-19　乾江八字山炮台（修复后）（唐长菁 摄）

扼守着永兴桥，是廉北官道的要隘，而红泥城是白泥城的后卫。红泥城原来设有四门大炮，大炮放置在木架之上，可以推动，平日无事时一般存放于文武庙（即今乾江中学），需要时才将它们推到红泥城城上备用。与八字山炮台大炮相比，红泥城大炮稍短，长约70厘米，而八字山大炮则长达2米且不能移动。

三、民俗文化

（一）民间文艺

乾江村民俗及民间文化主要以文艺类《老杨公》《五方舞》(《道公舞》)和《耍花楼》三种民间舞蹈为主，这三种民间舞蹈在廉州一带各村落都较为常见，在乾江村也不例外。这些民间舞蹈作为北海市民间文艺的一部分，也是北海市民间宗教信仰的一部分。

然而在过去的50年里，尤其在"破四旧，立四新"运动中，有些民间文艺如五方舞曾被作为封建迷信的产物之一，濒临绝迹。近年来，虽然部分民间信仰活动有所恢复，但它们的规模已不如过去。另外，年轻人对这些民间文艺不感兴趣，使得诸如此类的民俗文化和民间文艺更加难以传承，以下主要介绍曾兴盛于乾江村等廉州一带的三种主要民间文艺形式。

1. 《老杨公》

《老杨公》是一种流传在北海、合浦一带用廉州话演唱的民间歌舞，据说其形成时间约明朝末期。2008年，《老杨公》被评为北海市第一批市级非物质文化遗产。2010年，《老杨公》被列入自治区级第三批非物质文化遗产。

《老杨公》是民间曲艺的一种，早期的"老杨公"以唱为主，经过历代民间艺人的演绎、传承、发展，穿插进了打诨、即兴表演及与观众随意唱答，形成了唱、白、做、舞相结合的民间歌舞形式。

《老杨公》有固定的曲调，包括《东海歌》《西海歌》《棹船调》和锣鼓《出坛锣鼓》《撑船锣鼓》等，格调清新、旋律优美、妙趣横生，具有北海、合浦沿海渔歌民谣风情特色。

表演时，男者手摇一支桨，地铺一块苇席，象征一叶小舟，手不断地摇着桨，身子一摇一晃，仿佛船在浪潮上颠簸，动作轻盈，形象生动，活灵活现。在表演技巧上，男女讲究"三角马""马步棹船""颤步棹船"等夸张而又朴实的动作，洋溢着渔家浓郁的生活气息和情调。

在乾江，过去一些节庆活动如婚礼或者社日祭祀时经常会邀请表演者前来表演《老杨公》，但现如今《老杨公》表演在村中已难得一见，只是在一些文艺汇演中以舞台表演的形式呈现在观众面前。如今北海市非物质文化遗产中心也在创作新的故事用于舞台表演,以期恢复、发展与传承当地传统《老杨公》艺术。

2.《五方舞》(《道公舞》)

北海《五方舞》是道公祭祀祈福的一种宗教舞蹈,又名《道公舞》,是由壮族的师公与汉族的道教融合而成的道公祭祀的舞蹈,是道教文化、宗教信仰的一个缩影。北海《五方舞》作为民间向五方天王、佛祖祈佑人畜平安、五谷丰登,接引亡魂顺达天堂的一种祭祀习俗,其具体起源年代已不详。由于《五方舞》在宗教祭祀、舞蹈中具有民俗性、地域性和传承性等特点,保留了北海民间大众,尤其是传统民间信仰及宗教文化特点,因此也是研究北海民众民间宗教信仰的重要依据。

由于过去《五方舞》曾被作为封建迷信的产物之一,它几乎濒临绝迹。近年来,这个民间信仰活动虽有所恢复,但它的规模已大不如过去。现在,北海《五方舞》除了在外沙、地角、侨港、乾江一带的祭祀活动中出现,其他地域已很少见。

《五方舞》的舞者通常在东、南、西、北、中五个方位绕"∞"字形,由执鼓、大锣、大钹三人以上伴斗者进行表演,余者随其行进路线跟进。寓意是民间向五方天王、佛祖祈佑人畜平安、五谷丰登,接引亡魂顺达天堂,舞者内容多与敬神驱鬼、消灾祈福有关。伴斗者动作刚劲有力,起伏对比激烈,镶钹舞者的脸、脑相擦而过,显得惊险异常。

《五方舞》的舞蹈内容及展现形式在于祭祀祈福,道公做斋行法时,惯手持器械喃诵"南无阿弥陀佛",且舞姿婉转奔放、富于变化,通过踏步、跳跃、转体、弯腰和摆手等姿势动作,达到请神、送魂、驱鬼以及为死者超度,为病人担灾、逃难等目的。2014年,北海《五方舞》被纳入广西第五批自治区级非物质文化遗产代表性项目名录。

3.《耍花楼》

《耍花楼》原称《洒花楼》,是北海市合浦县有名的民间传统歌舞之一,盛行于明末清初,主要流传于廉州、乾江、党江、沙岗西场、乌家、石湾等讲廉州话的乡镇。1958年,在合浦县参加原广州军区文艺汇演的《赶会》节目中,首次将《洒花楼》改为《耍花楼》[①]。它的表演形式和东北的"二人转"类似,需要一男一女搭配演出。其中男舞者手持花伞,女舞者手持扇子和手帕,两人一边跳一边用合浦本地的廉州方言演唱。其主要曲调有"花楼调""石榴花""采茶调""挂金索""二环调"等。

---

① 合浦县志编纂委员会编:《合浦县志(1991—2006)》,方志出版社2019年版,第671页。

此后,《耍花楼》的表演内容又有了很多新的变化,一些民间艺人根据自己的理解和创作理念,将《耍花楼》的内容进行了新的编排,让它慢慢发展为一种舞台艺术。2012 年,《耍花楼》被列入广西第四批自治区级非物质文化遗产代表性项目名录。

(二)民间信仰

乾江的民间信仰一般体现在传统宗教或依托当地关于大海的民间信仰及其相关祭祀活动中。除传承传统的道教、佛教等相关宗教文化外,乾江村民还有一些关于大海的崇拜、祖先崇拜、神仙崇拜、动植物崇拜等民俗文化,下表列出乾江村各类民间宗教及民俗文化等类目。

图 7-20　土地公祭拜(唐长菁　摄)

表 7-1　乾江民间信仰类目表

类别	名称	祭祀神灵	祭祀时间	祭祀地点
传统宗教	道教	天妃(妈祖、三婆)	农历三月廿三等	乾江天后宫
		关帝	农历十月初六至十月初十	乾江关帝庙
		康王	农历七月初四至七月初七	乾江康王庙
	佛教	观音	农历二月十九等	乾江观音殿
民间信仰	祖先崇拜	祖先	春祭、冬祭	郭李氏祠堂等
	土地崇拜	土地公	逢年过节或每月农历初一、十五	自家门前
	动物崇拜	石狗老爷	逢年过节或每月农历初一、十五	村口或路口
	树木崇拜	榕树	逢年过节或每月农历初一、十五	古榕树下
社坊祭祀	家族祭祀	家族祖先	农历二月初二、八月初八	村内各社、坊如永庆社、中囤坊等

图 7-21　乾江永庆社（黄洁 摄）

四、风物特产

　　沙谷米是乾江村传统手工制作特产，是乾江人儿时记忆中的美食。据村里老人介绍，沙谷米（尤其是陈年沙谷米）对小儿疳积、伤寒、痢疾、湿热等症有辅助疗效。因此在乾江，百姓有十年八年乃至几十年的沙谷米储存以备急需之用。

　　沙谷米是用状元薯粉、红薯粉和木薯粉按一定比例混合，经过10多道工序制作而成。沙谷米制作流程繁琐，它需要先将前一年收集的状元薯、红薯等薯类打磨成粉，再按比例混合后加入少量水，将湿粉放到筛子里筛摇，湿粉就慢慢黏合成小颗粒从筛子的孔洞掉落出来，最后将成形的沙谷米放入大炒锅中进行炒制。在沙谷米的制作过程中，最后的翻炒工序最为辛苦，为了保证沙谷米的外形着色均匀，掌勺

图 7-22　乾江沙谷米（唐长菁 摄）

人必须一直在高温中不断翻炒锅中的沙谷米，随后还要经过一系列程序才能制作出最正宗的沙谷米。

以前乾江几乎每家每户都做沙谷米卖，但近年来出于制作沙谷米的原料稀少、手工制作成本较高以及年轻人不肯接手制作等原因，沙谷米的制作量逐年减少，在市场上已越来越难看到沙谷米的身影了，如今仅有几家小作坊仍在坚持制作，产量大为缩减。

五、文化教育与人物

（一）文化教育

乾江底蕴深厚，民风淳朴，优良学风盛行。20世纪初，乾江地方文化教育事业发展非常迅速，是合浦教育最为发达之乡。

第一，从学校数量而言，自1901年起，乾江共有3所小学（先后有秩序学堂、海汇学堂、峙山小学）、1所初中（乾体学堂），多间私塾，学校之多是当时合浦地区之冠。

第二，从人才数量及质量而言，从古至今当地出类拔萃的文人学者众多。在北海，乾江有着"百年书香、教授之村"的美誉。据了解，明清以来的数百年间，乾江所出的举人、进士有好几百个。晚清同治、光绪两朝的47年间，乾江有据可查的科举人员超过100名，仅清末有碑可考的就有50多人，清朝晚期有进士2人、秀才1人；民国时期，有将军6人、县长2人、名中医3人、体育篮球健将3人[①]。新中国成立后，乾江出的人才就更多了，教授专家、高级工程师、中学名师以及各种高级职称的人超过170人，遍布社会科学和自然科学等各领域。据不完全统计，仅按获副教授以上高级职称者计就有200多人，其中正教授60多人，最具代表性的教授有清华大学教授冯乃谦、中山大学教授李瑞声、华中科技大学教授郑家燊；另外还有医学界颇有名望的妇产科专家潘启源、外科专家苏景道等。有人说，乾江的大学教授比一所中等规模大学中的教授还要多，因此民间也将乾江称为"教授村"。

第三，现代文化教育发展较早。乾江在乾体学堂成立之初，就开始创办现代文化教育。据悉，当时由乡绅苏培初、周光鉴和郭李润牵头，共有州同知、光禄寺署正、布政司经历等职衔及科举功名的50余名乡贤领衔成立筹建团队，劝捐募款，建立学堂。乾江学堂于1901年建成开学，在当时，乾体学堂课程设置除传统经学外，还开

---

① 颜昌泉：《合浦县第五中学（乾江中学）志（草稿）》，内部资料，2011年。

设了中外历史、中外地理以及数、理、化、动植物等学科。另外，学堂不仅购置了经史子集，还购买了大量外国书籍，这一系列举措都为合浦的教育事业与外面世界接轨做出了较大贡献。

接着乾体秩序学堂、海汇学堂和峙山小学先后成立。此外，除学校外，村中还有不少私塾，塾师包唐陛、黄焕图、包朱缓、陈元镐、洪以祥等多人都常年设馆授徒，他们的课程以开蒙为主（大约是现在的小学二三年级程度）。另外，还有界正学会聘请谢宝树老师主讲，上午讲五经，中午讲四书，晚上讲古文或史论，继承了乾体学堂的经学课程，是比较高级的学塾[①]。

乾江人在学术方面的成就，尤以中医学较突出，如中医学者苏健今、苏立民、苏德宁均是斐誉远近的珠乡名医。新中国成立后苏健今任北海市中医院副院长，其中医学知识渊博、医技精湛，已入选《广东名医录》，四种医学著作传世；苏立民则以善治伤寒、温病，挽救危症病人而著名；苏德宁是北海妇儿科专家，终其一生为民治病而分文不取。

乾江的名人才子也出了不少著作，如林朱赞著有《峙山草堂文稿》，分经说一卷、史论一卷、诸子一卷、性理一卷、财务一卷、序记一卷、文牍一卷、诗歌一卷，共八卷。苏健今曾留学日本，著作脱稿的有《胡卢燕石斋诗文集》《石鼓文扶桑摹本考证》《中药今释》《妇科医案》，未脱稿的有《中药治癌物质初探》等。苏健今也是一个收藏家，藏有明清名家的《万梅图》册页，八指头陀书画扇画，郑李胥行书扇面，曾国藩签发的"通行证"，以及出自名家手刻的印石、端砚、玉器，各种碑帖和《吉金乐石录》等，苏健今在日本学习时便临存了《石鼓文》《流沙坠简》等。这些著作和收藏品，极具收藏价值，可惜在"文化大革命"时全部被抄走了，至今下落不明。另有潘梅斋医生，在廉北一带也享有盛名，著有《妇科医方汇纂》。[②]

乾体学堂是合浦最早的一所小学堂，也是中国近代最早的小学堂之一。乾体学堂成立于1901年，比廉州中学早5年。乾体学堂历时两年筹备后，1901年，由乾体一批有识之士筹款捐资创立，他们将当时的文武庙改设为乾体学堂（小学），乾体学堂的成立是乾江（当时的乾体）教育中的里程碑。乾体学堂于1903年正式开课，乾体学堂学风开放，独具特色，不但培养传统文才武将，而且在教学上中西融会贯通。

1933年乾体学堂改为合浦第一区第一小学。1942年，为满足乾体学生的需求，在此基础上创办了乾体中学（后称乾江中学，今称合浦县第五中学）。乾体中学由苏

---

① 苏立栓：《北海市文史第十六辑·乾江述古》，北海市图书馆，2002年。
② 合浦县第五中学校史馆展示资料。

图 7-23 乾体学堂校史馆（黄洁 摄）

健今、林仲斡、陈濯涟、洪彬洲、陈普耀、苏立民、苏法其等组成校董会筹备成立，每年招收两个初中班。至那后，乾江便完成了由小学到中学的完整体系的建设，不仅解决了本地区小学毕业生的升学问题，还为邻近各村的学生升入初中提供了便利，为地方培养了诸多人才。

（二）人物

1. 苏慎初

苏慎初（1882—1936），字子奇，乾江人，清末秀才，历任广东军政府司令长，循军第三路司令，广东军政府第三军军长，广东民军第二师师长，陆军上将。

苏慎初于广东陆军速成学堂第一期毕业，清光绪三十四年（1908）加入同盟会，任高雷民军总会高雷主盟人。后组织反清暴动队，同时负责新军、防营及民军联络，随后返回高雷地区策动各县光复。辛亥广州起义时负责新军、防营及民军指挥。辛亥革命期间，在同盟会南方支部的部署下，在西江率新军起义。

1912年初，陈炯明代理广东都督，将原来的军队扩编为两师一旅，任命苏慎初为第二师师长。1913年，苏任广东临时都督兼民政长。不久，受新任的广东都督排挤而被革职，革职后调北京任谘议、顾问等职。1915年冬，苏慎初潜往肇庆一带，策动军队起义，因事情泄露而被追捕，后被云南当局扣押数月。1922年6月，苏慎初被委任为廉州民团总办，不久转入高、雷、钦、廉、琼、崖、罗、阳八属联军任职。1925 年，八属联军解体后，苏慎初返回广州湾（今湛江）创办同善社，后去香港，在香港逝世。

2. 林翼中

林翼中（1892—1984），字翼宗，北海合浦县人，乾体学堂校友六将，乾体学堂肄业。早年参加苏慎初领导的反清暴动队，1910 年加入同盟会，1915 年毕业于广东高等师范学校，从事中学教育，曾参加过讨袁驱龙（济光）运动。1925 年任国民革命军第十一师政治部主任兼师党部执委、秘书，参加第二次东征。

1926 年任肇庆市政局局长、广州特别市党部改组委员兼组织部部长。次年随陈济棠去苏联考察。回国后任黄埔军校政治总教官，广州特别市党部指导委员会常委、党部执委兼宣传部部长，广东省政府委员兼民政厅厅长，国民党第四届中央执委。1932 年任西南政务委员会委员、国民党中央执委会西南执行部委员、广东省党部执委等。1935 年任国民党第五届中央执委，次年随陈济棠赴欧洲游历。1937 年归国后，历任国民党中央执委会常委、三青团中央团部干事兼海外团务计划委员会主任委员、中央训练团指导员、内政部禁烟委员会常委、农林部政务次长、监察院监察委员、广东省临时参议会第二届议长、国民党第六届中央执委。抗战胜利后，参与创办私立珠海大学，曾任广东省参议会首任会长、监察委员等。新中国成立前夕，林翼中移居香港，任珠海书院监督、崇正总会副理事长，1984 年 11 月 20 日在香港病逝[①]。

3. 林朱樑

林朱樑（1899—?），另一说法为（1902—?），乾江人，黄埔军校第一期第三队毕业。历任广东江防司令部"广贞"巡防舰书记，西江善后督办公署上尉测量员。1924 年春，由粤军第一师师长李济深保荐投考黄埔军校，同年 5 月入黄埔军校第一期第三队学习。毕业后历任军校军需处服务员，第四期入伍生团区队长、排长、广州卫戍司令部警备连长、少校营长，第八路军总部第二警备团中校营长、团副。1932 年任第一集团军第二军上校副官处长，广东东区绥靖公署代参谋长，第四路军独立旅参谋长、副旅长。抗日战争爆发后，任第一八○师第九五九团上校团长，第七战区挺进第一纵队少将司令、军事委员会少将参议。1946 年任国防部少将部员。1947 年初退役，12 月任合浦县县长，后移居澳门。

4. 冼伟智

冼伟智（1912—2010），乾江人。毕业于黄埔四分校十二期炮科，抗战期间追随杜聿明、郑洞国将军参加桂南会战，曾参加中国远征军，任中美炮兵学校教官，中美

---

① 北海市申报国家历史文化名城文本编委会：《名人、故事、大事》，北海市人民政府，2010 年，第 10 页。

炮兵联络官，荣誉一师参谋主任、少将，第五军荣誉一师师部作战处参谋。先后到昆明参加美国开办的军事学校。

5. 苏汝森

苏汝森（1886—1914），乾江人。少时家贫勤学，光绪三十年（1904）考取秀才功名。1905年，清廷废科举，兴学堂，办新军。苏汝森报读广东陆军小学，陆小毕业后进入广州陆军学堂深造。后投苏慎初军中任标统（相当于营长），并由苏慎初介绍加入同盟会，积极参与反清斗争，参与密谋行刺孚琦及黄花岗起义，是化州辛亥革命的主要领导成员之一。武昌起义后，任广东陆军第二师团长，当时，陈济棠在陆荣廷部当差不得志而投苏汝森部，苏汝森安排其任机枪连排长。不久，苏汝森以战功升为独立旅少将旅长兼两阳东路指挥使，率部驻两阳（阳江、阳春）及高州，从事地方绥靖防务，政绩甚佳，颇得当地人称举。

民国三年（1914）袁世凯窃国，龙济光趁机入粤主政，对军中同盟会员进行清洗，当时苏汝森驻兵粤西，近广西，战略地位重要，因苏不是龙济光之嫡系，又不肯与龙同流合污，被龙济光所猜忌。龙济光的嫡系亲信趁机进谗。龙济光以电邀苏公回广州述职之名，将之骗到督军府后，立即被囚狱中，不久被害，时年29岁。

苏汝森在家乡时参与创建了乾体学堂，并为学堂撰联："乾兴文武、体会中西。"撰此联时仅17岁。苏汝森诗、联、文俱佳。传世遗作有《为钦廉起义烈士撰》联："遍地妖氛，尔盍姑留躯壳，霎时竟乘白鹤，祖国心，同胞念，桑梓情，混合一身殉党祸；漫天毒雾，君候善保灵魂，来日突进黄龙，胡房肉、酷吏头、劣绅血，调和三味奠坟茔。"

6. 邓世增

邓世增（1886—1954），号益能，北海合浦县人，乾体学堂校友六将。1908年加入苏慎初组织的反清暴动队，开展对驻守合浦清兵的袭击。

邓世增于1923年6月任粤军第一师炮兵营营长，1925年2月任粤军第一师二旅四团团长，7月任国民革命军第四军十一师三十二团团长。1926年任第四军十一师副师长，同年兼任钦廉警备司令，1927年5月任广州警备司令，同年冬任第四军参谋长，1928年任第八路军参谋长兼任广州卫戍司令和广州市公安局长，1929年春反蒋失败逃往香港，1931年11月任京沪卫戍司令长官公署参谋长，1932年任福建绥靖公署参谋长，1933年11月任福建人民政府第19路军副总指挥，失败后逃往香港，1937年5月任中将，1938年春任钦廉地区游击队中将司令，9月任广东省第8区行政督察专员兼保安司令，1942年5月被免职，1943年任军事委员会桂林办公厅高等顾问，1944年回乡，1948年5月任国民政府立法院立法委员，同年在广东北海协助中国国民党革命委员会组织起义活动，8月因起义事泄，逃往香港，后任中国国民党革命委员会中央团结委员，1954年5月16日在广州病逝。

7. 苏健今

苏健今（1889—1973），名廷鎏，原殿金，后改名为健今，乾江人。苏健今青年时深受康有为、梁启超新学思想影响，倾向革新。宣统三年（1911）辛亥革命爆发，他积极参加革命党人罗侃庭、苏乾初等领导的廉州起义，成立"廉州都督分府"革命政府后，苏健今功成身退。

民国六年（1917），全国招考60名公费留学生，报考者不下数千人，苏以优异的成绩考取了日本早稻田大学，攻理工化学4年。苏精通英、日文字，对中国甲骨文、古籀文研究造诣尤深厚。毕业归国后在廉州中学执教英语、化学等课兼任学监近10年。1930年，时任广东省主席的陈铭枢曾致函邀请其出任合浦县县长，苏婉言拒绝。1942年，苏发起创办乾体中学，任校董会董事长。

苏健今为北海市中医院的主要创始人，先后任北海中医院医师、副院长、北海市第二届人民代表，北海市政协第二届委员、副主席，广东省政协第一届委员，农工民主党北海市支部主任等职。曾出席广东省首次"中医拜师会"，名列《广东省名医录》，著有《中药今释》《妇科医案》《胡卢燕石斋诗文集》《石鼓文扶桑摹本考证》等。

8. 苏立民

苏立民（1890—1969），名汝林，字以行，乾江人。苏立民自小爱好医药，为清末秀才。民国元年（1912）毕业于两广陆军军医学堂，后任广东省独立旅少校军医处长。三年后返乡，潜心研究中国医学，后承邑中名中医陈冠峰、王孟材和潘梅斋等前辈扶掖，医术大为进步。之后在合浦、北海行医，以善于治疗伤寒、温病和挽救危症而著名。

新中国成立后，苏立民在合浦主持区乡卫生协会、联合诊所工作，1955年应北海市卫生局邀请，成功救治一名肾炎尿毒症重病人，被中西医界视为奇迹，随后被任命为北海市中医院内科医师。1956年被广东省卫生厅晋升为省内首批中医主治医师兼住院、门诊两部主任，日诊百数十例，还经常参加院外会诊。

1958年后，苏立民兼任合浦县、湛江专区中医进修班及北海中医学徒班的"伤寒论"和"温病学"两门课的教师以及北海市中医学会副主委，经常为《北海中医通讯》撰稿，为中医中药学的经验交流与水平提高做出了贡献。他晚年将平生临床经验及见闻记录整理为《医案》3卷、《杂著》2卷，约20万字，另有《敝帚集》，收录了苏立民平生诗词楹联等，但在"文化大革命"中均被烧毁，并被开除公职。1979年，北海市革命委员会为苏立民平反，恢复其名誉并补发其工资。

9. 冯乃谦

冯乃谦（1934—　），清华大学教授、博导。生于广东*，1958年毕业于清华大学，获优秀毕业生金质奖章，留校工作。1982年赴日留学，被聘为明治大学客座教授研究员，论文博士研究生。1991年为我国首个建材博士点博士生导师，培养了国内外访问进修学者、硕士、博士、博士后共38人。1992年获国务院特殊津贴。曾任教研室主任，清华大学专业技术职务校级学科评议组成员，北京市政府1、2、3届技术顾问，市建材行业高级职称评审专家，973项目评委，香港科研资助局基金评委，日本大学客座教授，马来西亚建设大学客座教授，香港理工大学博导，深圳大学、济南大学兼职教授，美国AAAS会员，RILEM78MCA委员，CCR杂志通讯评委，英剑桥名人协会会员，中硅会水泥混凝土理事会副理事长，高性能混凝土委员会主任。以中、日、英文发表论文350余篇，并应邀为法国《材料科学与工程进展》主编，出版专刊一期，文章全为SCI检索。出版著作《流态混凝土》《建筑工程材料》《中国建筑材料指南》《高强混凝土技术》《高性能混凝土》《混凝土力学》《天然沸石混凝土应用技术》《高性能混凝土技术》《高性能混凝土结构》《实用混凝土大全》《混凝土结构裂缝与对策》《混凝土与混凝土结构的耐久性》《清水混凝土》《高性能与超高性能混凝土技术》《混凝土结构电化学保护技术》《简明现代建筑材料手册》共16部，参编ABI出版专著2部、RILEM技术标准1部。获中国发明专利12项。获奖30余项：国际、国内发明博览会金奖9项；国际优秀论文奖2项；中国发明展奖4项；国家级二、三等奖3项；省部级一、二等奖15项；省部级三等奖7项；优秀工程奖、效益奖5项。

10. 李瑞声

李瑞声（1933—？），乾江人，中山大学教授，博士生导师。少年时就读于乾体小学、乾江中学。廉州中学高中毕业后考入中山大学化学系，1956年大学毕业时被选派留学苏联，因工作需要留校任教，任系党支部书记；1990年被国家人事部授予"有突出贡献的中青年专家"；1992年经国务院批准享受政府特殊津贴；1996年获全国第四届国家自然科学三等奖，国家教委科技进步奖一等奖、科研优秀奖，中科院"七五"国家专项"南沙群岛及其邻近海域综合考察"一等奖，广东省高教科技进步一等奖。

11. 潘启源

潘启源（1933—？），乾江人，乾江中学毕业后升读廉州高中、北海市中学高中。1953年考入湖南医学院，1956年就读广西医学院医疗系本科。1958年毕业后任内外科、妇产科医生，1965考入中山医科大学附属华南肿瘤医院进修1年。历任

---

* 原合浦县乾江归属广东，现为广西管辖。

主治医师，中华医学会梧州市妇产科分会主任委员，广西医科大学兼职教授，梧州市第六、七届政协委员，中国农工党广西区委员，梧州市医疗系列高级职称评委会委员。

潘独创半胶膜外子宫切除术，有关半胶膜外剖宫产术的论文获中华医学会优秀论文证书。1989年被评为梧州市专业技术拔尖人才，1993年获国家劳动部、中国科协颁发的少数民族科技荣誉奖，国务院特殊津贴获得者。

12. 苏寰中

苏寰中（1932—？），乾江人，少年时就读于向乾体学堂输送高小生源的秩序学堂。1943年考入廉中，高中毕业后任小学教师，1950年9月考上中山大学中文系，毕业后留在中山大学任教，历任助教、讲师、副教授、教授、系副主任、教研室主任、古典文学教研室主任、古代戏曲研究室主任。1961年国家公派到越南民主共和国讲学一年，获越南民主共和国颁发友谊勋章、胡志明奖章一枚。1992年退休后返聘至2002年。曾获中国教育部颁发的全国教材三等奖、全国古籍委员会科研二等奖、广东科研一等奖三次、中山大学科研一等奖三次，享受国务院特殊津贴。

苏寰中著有《中国戏曲选》《元代杂剧选》《全元戏曲》及《桃花扇校注》（合著），主编《中国古代文学作品选》《车王府曲本菁华》，编写《中国古代文学简史》，被聘为《中国大百科全书》撰稿人，撰写戏曲、曲艺卷的鸣凤记条文。另发表《浅谈苏轼岭南诗》等论文多篇。

13. 郑家燊

郑家燊（1936—2020），广西合浦乾江人，我国著名缓蚀剂专家，华中理工大学金属腐蚀与防护教研室主任，全国优秀科技工作者，享受国务院特殊津贴。1954年毕业于乾江中学，1957年廉州中学高中毕业，1962年毕业于华中工学院，毕业后留校任教，1964—1966年在武汉大学化学系进修，长期从事本科生、研究生和博士生课程教学，培养硕士研究生和博士研究生50余人。2001年获评为全国优秀科技工作者，国家自然科学资金项目通讯评审员。

郑家燊是20世纪80年代国内缓蚀剂领域的代表人物，最早研究出了利用吡啶化合物制备油田缓蚀剂，经典产品有"7701""7801"等，为当时油田酸压增立做出了巨大的贡献。

14. 庞俊筠

庞俊筠，乾江人。1954年就读于乾江中学，毕业后考入廉中高中，1960年考入郑州粮食学院，毕业后历任陕西粮油科学研究所主任、北海市粮食局副局长兼总工程师。长期从事仓储机械、植物蛋白提取、休闲食品及食品工程方面的科研工作，曾获省部级科研成果、技术进步奖等多项。1992年作为中国代表参加在美国纽约合开的国际蓖麻油协会年会第57届年会，在会上宣读论文并答记者问，该次年会被誉为中国年（会），1993年经国务院批准享受国务院特殊津贴。

15. 苏景道

苏景道，乾江人，外科主任军医，中共党员。1948年毕业于原乾江中学（现合浦县第五中学），当年考上北海中学高中，1950年参加军事干部学校，1955年毕业于江西医学院军医六期，1955—1964年在四十二军七六四中医院当外科主任军医，1969—1989年在陆军一五八医院外一科任副主任、主任军医。1990年退休，退休后受聘于广东省龙门医院任外科顾问，技术级六级（师级待遇）。曾先后参加过援越抗美战争（任手术医疗队长）及自卫反击战争（2次）。1991年被一五八医院评为优秀共产党员。

苏景道擅长战伤外科、肝胆外科、中晚期肝癌治疗，在疑难肝胆管结石的治疗方面有创新，为培养中、高级技术骨干做出了贡献。曾荣获二等功一次、三等功两次，1986年被评为州军区优秀知识分子，在任期中，先后在军内外专业杂志发表相关学术文章40余篇，个人事迹被录入《中国当代高级医师大全》和《科学中国人中国专家人才库》。

16. 钟文范

钟文范（1938— ），乾江人，出生于合浦县乾江，1949—1950年就读于乾体中学，1956年从北海中学毕业考入武汉大学历史系。1962年毕业后留校任教，同年加入中国共产党。

1973年起在武汉大学世界史研究所从事美国史研究和教学工作，历任该所美国史研究室副主任和党支部书记等职务。1978、1988年，先后晋升为讲师、副教授，先后讲授"美国近代史""美国外交政策史"等课程。发表论文和译文10多篇，合著《学习一点世界史》（1973）、《毛泽东同志在湖北的革命实践活动》（1977）《经典作家论美国》（1980）、《麦卡锡主义》（1980）、《中国大百科全书·世界史卷》（参与撰写美国史部分词条，1990）等书。已列入1992年出版计划的合著有《美国社会百科辞典》（副主编）和《美国传记辞典》。1991年夏，应湖北人民出版社约稿，参与撰写《战后美国社会变迁》一书。

17. 李瑀声

李瑀声，中共党员，乾体中学1945年首届毕业生。在广西大学学习期间，他积极响应党中央"抗美援朝，保家卫国"的号召，投笔从戎，参加中国人民解放军，入伍后被分配在军委总部工作，后在解放军高级工程学校进修。先后任该校及工程兵预校教员。自1962年起，他在工程兵工程学院担任讲师、副教授职务；1988年在解放军理工大学任讲师、副教授。在部队院校工作50多年，为部队建设做出了重要贡献。

先后立三等功两次，被总部及学院评为"学习雷锋积极分子""教书育人先进优秀园丁""优秀教员"等多次。身兼物理学会会员，多次参加湖南师范学院物理专业进修。1984年广西大学根据国务院有关文件精神补发了其大学本科毕业证书。曾参加编写工程兵部队数理化教材；学院物理教材（主编），在学报《物理通报》《化学通报》发表文章若干，参与学院党史编研工作。

18."勤礼婆"（乾江妇女）

讹名为"勤礼婆"的乾江妇女不但在合浦全境闻名，而且在灵山、浦北以至沙河、博白等地都闻名。可以说，来往廉北经商的人士无不赏识"勤礼婆"的英姿。

乾江妇女不仅是家庭的主体，也是社会活动的中心人物。她们手握家庭经济大权，掌握着家庭事务的支配权。在买卖方面，很多乾江妇女是个体户，如从前廉州居民都食用鱼虾海鲜，而这些基本是乾江妇女从乾江运来的。

据说，1925年，八属军邓本殷部已被击溃消灭，但他铸下在市面上流行的八属银毫还充斥市场，市民对这种八属毫艮有一个贬义的方言，名为"啰嚹把"，在当时"啰嚹把"已失去货币的价值而被市民拒用，可是有些市民，尤其是有些官员、警察等在购买鱼虾时，总是强要乾江渔妇使用"啰嚹把"，给她们造成了很大的损失。乾江渔妇为此一致罢市，不挑运鱼虾海鲜到廉城贩卖。以致廉城人日食无鲜，一连素食三天。而那些官员、警察迫于乾江渔妇的抵制及群众压力，不得不以铜圆交易，市场才逐渐恢复。在国民党滥发纸币、金融崩溃期间，民间叫那时的纸币为"湿柴"，那时也曾因湿柴纠纷（市场交易曾以米作物之交换）而罢市一天，结果也是乾江渔妇得到胜利。这些历史事件使市民一致认识了乾江渔妇在市场上的作用及其社会地位。

乾江渔妇承担的劳动量很大，她们运销海鲜到廉城时争分夺秒，通常20华里长途一口气疾驰到市场，这于一般男子也是不容易做到的。但乾江渔妇却不怕苦不怕累，天天如此，她们的担竿是作蛾眉形两端向上翘的，在跑步时利用担竿弹力，每步一弹，可以省力，还兼有韵律。但使用这样的担竿是要经过训练的，否则便很难把这样两头翘起的担竿平稳地安放在肩上，更不用说能运用它的弹力顺利奔跑。而且，在行进中为了不耽误宝贵的分秒时间，她们在闹市中急速行进时，还一面奔跑，一面吆喝，使街上行人远远听到后赶快纷纷让路，很多市民为此还经常指责乾江渔妇嚣张，但其实她们是温顺、团结的，也勇于反击那些对她们的无理行为和暴力。比如，有时有些过路人见到乾江渔妇抛头露面，或者罢市归来沿途爽朗谈笑，轻松随便，往往对她们讪笑或无礼相加，但团结的乾江渔妇，只要其中有一人呼唤，所有的同行渔妇便都举起担竿，同心协力使对方得到应得的惩罚。

图 8-1　永安村航拍图

永安村

一、村落概况

（一）方位与交通

合浦县山口镇区位优越，交通位置重要，地处两省区——广东、广西，三市——北海、玉林、湛江的交界处，325国道，南北高速公路和山口至玉林二级公路在镇中心交接穿过，英罗港和沙田港两个港口分列东西两翼，水陆交通方便，是连接"两广"乃至大西南各省区的交通咽喉。

永安村就坐落于合浦县山口镇南端的山沙一级公路8千米处，交通便利，三面临海，东靠英罗港，西邻铁山港，南临合浦八大珠池，远与斜阳、涠洲两岛隔海相望，占地面积9平方千米[①]。

作为传统村落，永安村兼具优美的自然风光和丰富的人文类旅游资源，现已打造成国家AAA级旅游景区，村内景观道自然、美观，道路交通基础设施和旅游接待设施相对完善。

（二）村史

永安村位于粤桂琼三省交会处，已有1 000多年历史。

永安村原名永安城，自汉唐以来，永安一直是我国古代丝绸之路的重要通道以及北部湾沿岸各港口的交通货物集散地，地理位置十分重要，是历代兵家必争之地，历朝历代政府都派重兵把守。

永安千户所是廉州卫左、中、右、永、灵、钦六个千户所之一，也是我国沿海"天下镇守凡二十一处"之一，为我国南端的防倭御寇卫所。"天下镇守凡二十一处"之一，证明了当时永安地理位置的重要性。据传，宋朝名将狄青率部南征时，首先把永安作为屯兵储粮之所。因永安军事战略地位重要，宋、元、明三朝持续把永安作为军队驻地，并派驻一定规模的军队驻扎在永安。宋、元时期，永安名为"广南南道海岸县"，管辖北起防城茅岭和钦州康熙岭分界的钦州龙门镇、斜阳岛、涠洲岛，南至

---

① 伍朝胜：《北海市传统村落保护开发利用分析》，《经济与社会发展》2019年第5期。

广东海康县纪家镇与遂溪县江洪镇北仔村分界的包金角。因管辖着雷州半岛、北部湾沿海所有港口和海域的一千条村户口，永安又有"千户所"之称。后因军队的驻扎、军属的迁入和商贸的发展，永安快速从单一的军队住所向多功能的城池转变。据永安历史碑记记载，元末明初时（1333—1402）有 16 000 多人居住在永安，明洪武二十八年（1395），永安在经过大兴土木后，改名为"永安城"。至此永安城市面繁华，房舍林立，街道齐整，往来宾客川流不息。

晚清时期（1840—1911），永安城历经几次鼠疫，因医疗条件有限，居民得不到及时有效救治，死亡率居高不下，惨不忍睹，导致居民恐慌情绪蔓延到永安城各个角落。一些官宦、富户便携家带口外出逃命，另谋生路，昔日繁华的边城巨埠，便逐渐没落。

明清两朝上下 545 年，永安从一个小渔村演化成海防军事重镇，长期担负着抗倭寇、防海盗、制暴乱、卫国保家的军事责任，为稳定、发展沿海边疆发挥了不可磨灭的作用，显示了中国人民不容侵犯、维护领土完整的坚强信念，是中华民族传统文化的重要组成部分。

从清末到民国末期，永安城管辖范围逐渐缩小，仅管辖沙田全镇、山口镇的英罗、中堂、新圩、大村、丹兜等地。1962 年永安人民公社成立，管辖沙田镇的上新村、新屋村、范屋村、大窑村、淡水村、海脚村、山景村以及山口镇的丹兜村、莫屋村、新圩村、儒角村、大村、中堂村、英罗村、乌妮村及永安村，共计 16 个村。

目前，永安村委辖下的 6 个自然村，分别为古城、东门街、下底街、角楼、南面街和烟楼底，共计 15 个村民小组。这些自然村落承载着丰富的历史和文化遗产。在永安村内，我们仍可以见到古城墙的断垣残壁、文衙门和武衙门的遗址，以及永安大井等 7 处重要古迹。这些古迹为我们揭示了永安村深厚的历史底蕴。此外，城隍庙、南堂、北堂、孔子庙、北极殿、关圣殿、天后宫、大王庙等 8 座古庙，以及大士阁、古炮楼、黄家大围屋、吴家大院等 8 幢古建筑，共同构成了永安村的独特历史风貌。这些珍贵的文化遗产不仅为我们提供了了解永安村历史和文化的重要线索，也成为了我们认识和了解中国传统村落的重要窗口[①]。

在永安村集中连片的民居建筑群中，大士阁在建筑手法上由于保留了宋、元、明、清时期的遗风，整个建筑布局合理、协调、浑然一体，组成一个优美稳固的统一体，是合浦县保存最长久的一座古建筑群，也是研究南方古建筑的重要实物资料；此外，

---

① 侯艳：《合浦永安古城海洋文化遗存多元构成及利用研究》，《广西民族大学学报（哲学社会科学版）》2019 年第 5 期。

村内尚有百年以上大树 11 棵，其中具有 500 多年树龄的"见血封喉"树最为出名。

永安村，1987 年被评为市级文明村，2008 年和 2009 年被评为县级文明村，2010 年被评为自治区文明村镇，2012 年被评为自治区和谐村屯，2016 年被评为全国综合减灾示范社区，2017 年被评为县三星级党组织，2017 年成功创建永安大士阁国家 AAA 级旅游景区，全村人均纯收入 13 109 元，2018 年被评为北海市"美丽北海"乡村建设综合示范村，产业发展初显成效。

永安村凭借其优越的地理区位、丰厚的历史文化底蕴以及丰富的人文古迹资源，成功成立了村民合作社。通过大力发展农村经济，特色产业已初具规模。2018 年，全村黄皮果产量达 30 万斤，养殖的生蚝、虾、蟹和螺类共计 1 100 多亩。

（三）发展现状

永安村三面临海，东靠英罗港，西邻铁山港，南临合浦八大珠池，远与斜阳、涠洲两岛隔海相望，占地面积 9 万平方千米。全村拥有耕地面积 1.1 平方千米，海滩涂地略超 4 平方千米，海洋渔业资源丰富，主要海产品有大蚝、虾、蟹、鱼、螺等。

永安村整体坐北向南。截至 2021 年，全村共有 1 181 户，总人口 6 153 人。现有姓氏 30 多个，其中人口较多的姓氏依次为李、吴、苏、何、王、林、陈、黄、傅、於等。

全村经济结构以水稻种植业和南珠（珍珠）养殖为主，部分居民从事渔业和农业，部分村民经营药酒、龙眼、凉茶、蜂蜜等副业。

二、自然与人文景观

（一）自然景观

1. 见血封喉树

永安村现存百年以上大树有 11 棵，其中以 500 余年树龄的"见血封喉"树最为出名。见血封喉树，又名箭毒木，被誉为世界上"最毒的植物"。箭毒木为桑科植物，属乔木，树形高大，枝叶四季常青，树皮很厚，既能开花，又会结果；果子是肉质的，成熟时呈紫红色，箭毒木的杆、枝、叶子等都含有剧毒的白浆，箭毒木是自然界中毒性最强的乔木，有林中毒王之称[1]。因其树干流出的白色乳汁有剧毒，一经接触人畜伤口，即可使中毒者心律失常导致心脏停搏，血管封闭，血液凝固，以致窒息死亡，所以人们又称它为"见血封喉"。箭毒木多分布于赤道热带地区，国内则散见于广东、广西、海南、云南等省区；印度、越南、老挝、柬埔寨等也有分布，生于丘陵

---

[1] 禾扬：《世界上最毒的树》，《生态经济》2003 年第 6 期。

图 8-2　见血封喉树（黄凤琦、许小洁 摄）

或平地树林中，村庄附近常见。用箭毒木的毒浆（特别是以几种毒药掺和）涂在箭头上，凡被射中的野兽，上坡的跑七步，下坡的跑八步，平路的跑几步就必死无疑，当地人称为"七上八下九不活"，野兽很快就会因鲜血凝固而倒毙。如果不小心将此液溅进眼里，会使眼睛顿时失明，甚至这种树在燃烧时，烟气入眼，也会导致失明。

据村民叙述，永安村内的这棵见血封喉古树已有 512 年树龄了，古树挺拔高耸，有 20 多米高，树围约 7 米，树干直径达 2.2 米左右，为国家三级珍贵保护植物、国家一级古树，这棵树与廉州镇乾江村乾江中学内古榕树和公馆镇六甘村的顶天楠一起被称为"珠乡三大古木"，由于它树高叶繁，在当地很少见，一直被永安村的村民视作神树，在没有灯塔的年代里，附近出海打鱼的渔民也把它当作茫茫大海中指引船舶航行的参照物，见血封喉树也见证了这座古城的荣辱兴衰。

2."五代同堂"百年大榕树

在永安南堂前的一棵大榕树，荫庇着南堂，也荫庇着村庄的世代村民们。这是一棵长得十分奇特的古树，从远处看好像是几棵很普通的大树，似乎同"奇"字无缘，但稍走近些，你就能发现三棵树的树根紧紧连在一起，浑然天成，自成一体。在距其10米处的两边，由一条小路隔开，各长着一株榕树，不注意看还以为是独立的一株，经当地村民提醒，才发现，它们顶着的擎天的华盖与母体连在一起，犹如一个得宠的孩子缠绕着母亲，几分任性，几分天真，而老榕树尽管岁月已剥去了它华丽的盛装，可它依然倔强地挺立着，并竭尽全力把身上剩余的汁液毫无保留地输送给年轻的榕树，默默地看着年轻的生命的成长。奇树"五代同堂"犹如一家老小同堂正享受"天伦之乐"，形成永安村一道静止而又富于生命的风景。

（二）人文景观

1. 永安古城遗址

永安城址是北部湾地区仅存的明代抗倭海防军事城池，1962年被评为县级文物保护单位。城址平面呈方形，面积约141 456平方米，墙基宽5.2米，红土夯筑，原有城墙砖基本被拆去建民房等使用。现存古城城郭基本清晰，只剩下南面残存的城基约200米长，高约1.5米，城基上杂草遍布。

永安城池从始建到被攻陷，再到重建、重修再被围攻，经历了至少两次战争创伤和500多年风雨摧残，岁月磨砺，日渐倒塌。

图8-3 永安古城遗址（许小洁 摄）

明代洪武二十七年（1394），迁石康守御千户所来此驻守。永乐年间，千户牛铭草创永安城，成化五年（1469），海北道佥事林锦增筑扩建。清代至民国期间，随着战争武器的不断进化，"以城御敌"的军事战术地位日益弱化，以致不再修理不再利用。抗战中，为避免日本飞机轰炸而拆除城墙。西门和南门虽保存到新中国成立后，但在"大跃进"和"文化大革命"期间，所有城砖皆被群众拆去建街舍，城壕被填为建房子或做耕地。一座千年古城就这样被夷为平地，只剩下一些碎瓦残砖和模糊的城基依稀可辨。据史料记载，元末明初时，大约有1.6万多人居住在永安，当时永安城内百姓安居乐业，商铺林立，街道众多，商贩云集，热闹非凡。但是，好景不长，永安城历经晚清时期的几次鼠疫，由于当时的医疗条件不发达，没有有效的治疗办法，导致很多居民没有及时得到救治，导致大量居民死亡。当时，死亡的气息笼罩在永安城，部分官宦、富户只得舍弃祖祖辈辈生活的地方，携带家眷另谋生路，昔日繁华的永安城也开始逐步没落。后来几经战乱，旧城被毁，永安城更加凋零，村民人数锐减。

2. 永安古城墙遗址

永安古城墙早期存在的价值就是守卫古城和村民。嘉靖十六年（1537），明朝朝廷把设在涠洲岛的游击营官署移驻永安城，永安城防御所的地位和功能也就日益凸显，除增建烽火台、哨所、炮台、汛兵（站）等外，还在城内建设守备公馆、珠池公馆（为内使即太监专设）、社仓（粮仓）和融书院等。与此同时，增派驻守官员，如千户、县丞、守备、指挥、太监。早期城墙的建立确实为抵御外来侵略、保家卫民起到了重要作用。据说，明朝时期，倭寇攻打永安城，攻了一个多月也没有拿下。

由于历史久远，永安城墙如今只剩断壁残垣。永安古城的城墙，大部分在"文化大革命"时期拆毁，城墙的砖被村民拆去建民房等，现在的永安城墙只剩下一个基本清晰的轮廓，仅剩的城南一段200多米城墙也被杂草灌木所掩盖。在历史的变化过程中，永安城的很多历史文物古迹损毁、丢失。随着历史的变迁，"以城御敌"渐渐行不通，永安的城墙经历数百年的风雨和战乱，倒塌后也就没有再重建的必要了。

3. 永安古城古炮楼遗址

一直以来，炮楼都发挥着保境安民的作用。据史料记载，永安城古炮楼在城墙的四个角落，分为东南西北四个，炮楼高于城墙，同时楼墙也比城墙厚，四座炮楼均有炮眼，可以便于监视敌人，同时，更便于架设武器，与敌人进行战斗。炮楼在抵御外来侵略的过程中发挥了重要的军事价值。由于年代久远加上朝代更迭和多年战乱，古城墙被毁，炮楼也随之被毁，如今仅剩下断壁残垣。

4. 大士阁

大士阁，坐落于合浦县山口镇永安村永安古城的中心，距离县城东南85千米，

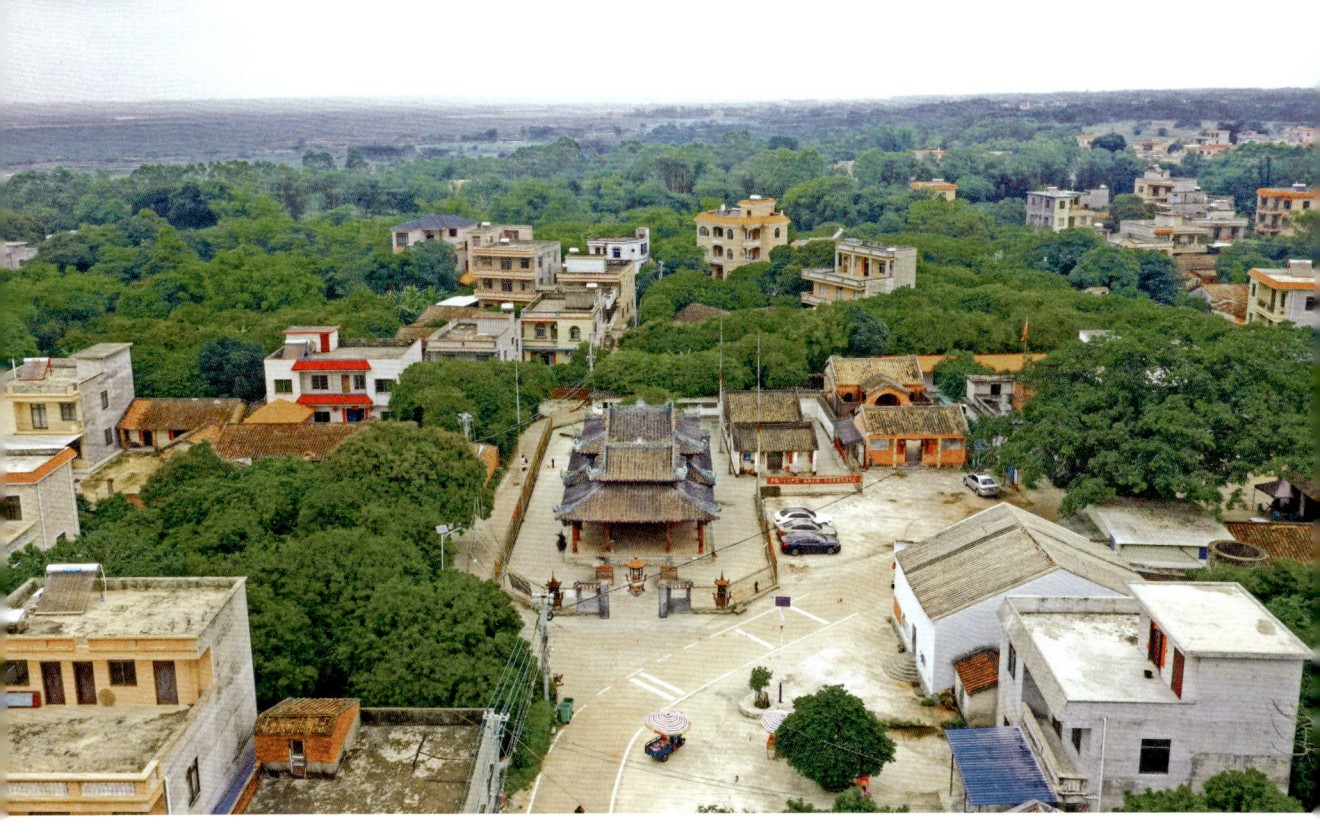

图 8-4 永安大士阁全景航拍（赖文昌 摄）

距离海边仅有 500 米。作为合浦县保存最长久的一座古建筑物，也是中国距海最近的古建筑之一。自清道光六年（1826）起，阁楼上开始供奉观音大士，因此改称为"大士阁"。该建筑以四柱厅为中心，下层通达四衢，故又俗称"四牌楼"。

大士阁占地面积 397 平方米，坐北向南，由两座敞开式重檐歇山顶亭阁建筑相连，内部连成整体。面阔三间，宽 9.7 米，总进深六间，长 16.4 米，总建筑面积 248.5 平方米；分前后两阁，上下两层，前后阁相连通，中无天井分隔，浑然一体[①]。作为两层双亭相连的亭阁式结构，整座亭阁共有 36 根柱、72 条横牵、108 个矮仔顶。其中一根柱悬空不落地，这是大士阁中最奇特的部位。屋脊、飞檐和封檐板均雕刻或绘有神话人物、飞禽走兽和花草等，壮观艳丽。值得一提的是重檐歇山顶脊上均饰精美的灰雕，两侧有各种形象生动的鸟、兽、花卉浮雕。

大士阁采用具有南方建筑特点的穿斗式和抬梁式相结合的大木构架，全用坚硬的格木制成，以榫卯相连，无一钉一铁。整个建筑以后亭的四柱厅为中心，梁架为"彻上露明造"，上层以木板围护，下层敞开无围护。大士阁前后两楼的体型组合高低错落，浑然一体，整个建筑布局协调，组成一个优美稳固的统一体。

---

① 范翔宇：《亭阁文化人文荟萃》，《北海日报》2002 年 1 月 16 日。

图 8-5　永安大士阁正门（许小洁 摄）

据志书记载，从明代至清代，合浦地区曾遭多次风暴袭击和地震摇撼，附近几里内庐舍倒塌，唯独大士阁岿然屹立[①]。在台风频发的广西合浦海边，大士阁这座木构古建筑，单靠36根圆木柱支撑，历经至少600多年的台风暴雨和海风侵蚀，至今依然完好，成为明朝城中仅存的完整古建筑。

大士阁被誉为"南海古建明珠"，在建筑学上有较大的历史、科学、艺术价值，也是研究南方古建筑的重要实物资料。1988年1月13日，大士阁被国务院公布为第三批全国重点文物保护单位，目前为国家AAA级旅游景区。

大士阁，这座始建于宋代的古建筑，历经千年仍保存完好，已经成为村民心中的圣殿。四牌楼为全木结构，用坚硬的格木制成，以榫卯相连。这个国家级文物保护单位竟然藏身于一个普通的村庄中，没有受到破坏，不能不说是个奇迹。也许，这与四牌楼的传说有很大关系。

[①] 范翔宇：《民间技艺八仙过海》，《北海日报》2010年10月10日。

图 8-6 永安大士阁局部特写（许小洁 摄）

　　相传，古时这里森林密布，古榕蔽天，环境清幽。观音菩萨下凡赐福人间来到这里，正好看到两对龙，一对从西边的十万大山飞来，一对从广东飞来，就在四牌楼上空交会。观音认为此为吉祥之兆，便把四龙压在这里。之后托梦给鲁班，让他就地取材建楼。鲁班来到这里，没有人帮忙，便请他想象中的木人帮着拉锯。鲁班的妻子让孩子给父亲送饭，可孩子认不出哪个是父亲。母亲教他：你看身上出汗的那位就是父亲。

　　材料备好后，由于太重，鲁班自己无法竖起，于是便请求观音菩萨帮忙。观音吩咐他到周边的村庄敲门找人，只要口头答应帮忙就行。次日，四牌楼神奇地竖起来了，那些前日答应帮忙的人醒来发现满身是汗，浑身疲乏，像做了苦力一样。原来是观音菩萨借力帮了鲁班的忙。传说盛传至今是因为大士阁的阁楼上过去一直供奉着观音大士。

　　关于大士阁的建成年代，石碑上记载着大士阁建于北宋。据何天衢《永安城重修大士阁碑记》载，清道光元年（1821），鼓楼重修①。1959年，广东省人民政府拨款维修大士阁。1960年初，认为大士阁创建于宋、明代重建；其后，又据建筑的时代特征推测造于明洪武年间。1983年，由于大士阁大部分柱子被白蚁蛀空，部分梁枋构件残损，后由广西壮族自治区人民政府拨款维修，对蛀空的柱子进行化学树脂加固，更换腐朽的梁枋，并对屋面进行了翻修。1990年，大士阁落架大修并考古发掘部分基础，最终确定为明成化年间海北道金事林锦所创鼓楼，至此，大士阁创建年代及建筑性质得出了明确结论②。据相关文献，大士阁曾在明洪武年间（1398）、清道光六年（1826）、1959年、1984年和1992年先后重修，现底层建筑面积达167.5平方米，二层建筑面积为81平方米，总建筑面积为248.5平方米。永安古城从北宋起开始繁荣，渐渐成为南海军事重镇。当时倭寇常侵扰我国东南沿海，朝廷为御寇，在永安城建"千户守御所"，并在城中央建造大士阁以便防守瞭望。

村里老人说新中国成立后，古城墙仍保留，后来"文化大革命"搞"破四旧"，把古城墙给扒了，城墙砖被村民们用来建猪圈。大士阁是原永安城的中心，城外有护城河，河外才是大海。当后人去寻找当年的护城河时，护城河早已没了踪迹。这里曾经繁华的唯一证据，就是直到1960年永安还是公社级建制。1963年后分解，划归山口镇管辖。

大士阁前碑上镌刻着一副本村村民作的藏头联：永留芳春新景物；安得华国大文章。大士阁就像永安村的守护神，见证了永安村的过往，永保村民的平安幸福。

5. 吴家大围屋

吴家大围屋是永安村最古老的古屋之一，相传为吴清怀所有，面积约6 000平方米，早期村中大部分人都居住在此。如今看来，早期大多数村民居住在这吴家大围屋，可想而知当时的景象是多么热闹非凡。围屋围墙均用黄泥、石灰、河沙、糯米和红糖按照一定比例拌和后用夹板夯筑而成，结实坚固。宅院四周建有围墙，围墙四角建有炮楼哨所，其中外墙内约4米高，建有通道，留有炮眼，顶上装有钢丝网和报警铃，防患设施完备。院内建有720间厅房、13个天井，宏雄庄严、森严壁垒。2017年，吴家大围屋开发成旅游景点供游客参观。

6. 永安城隍庙

永安城隍庙位于大士阁北侧，为祈求城隍神祇保佑一方村民平安兴盛而于清光绪十五年（1889）建此庙。该庙坐北向南，单檐硬山顶，灰裹垄瓦面，砖木结构，前后

---

① 杨家强：《广西真武阁与大士阁建筑研究》，华南理工大学硕士论文，2017年。
② 陆露：《永安鼓楼及其创建者林锦》，《广西地方志》2012年第2期。

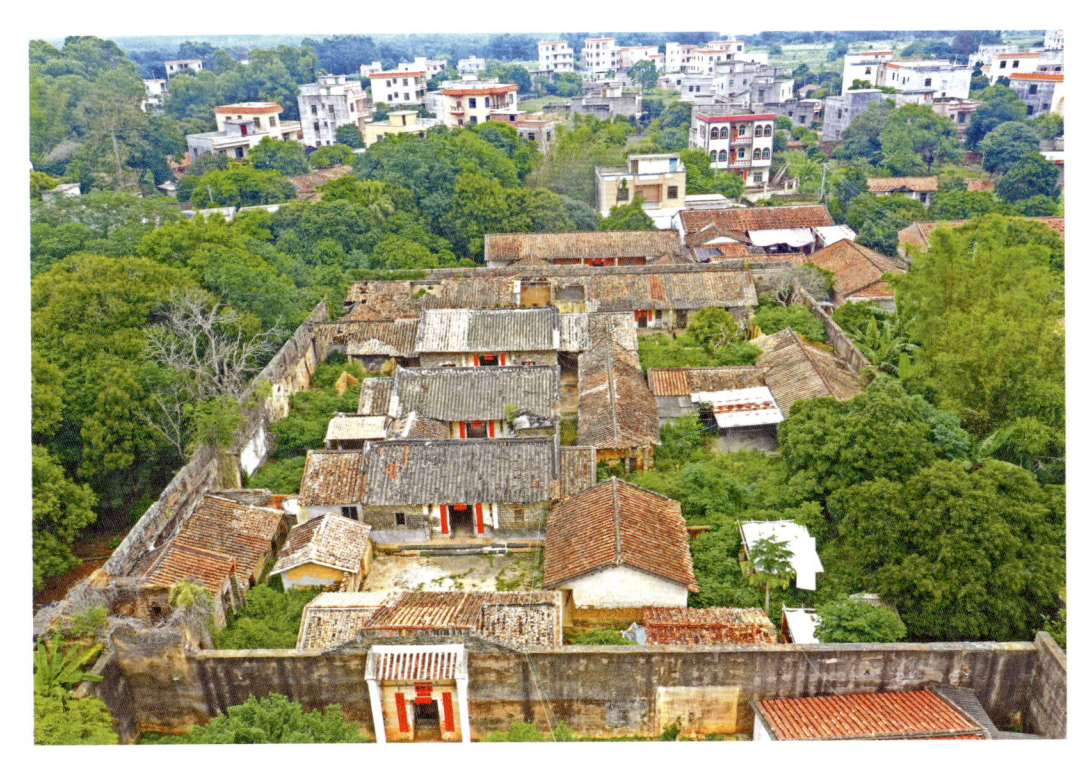

图 8-7　吴家大围屋全景（赖文昌 摄）

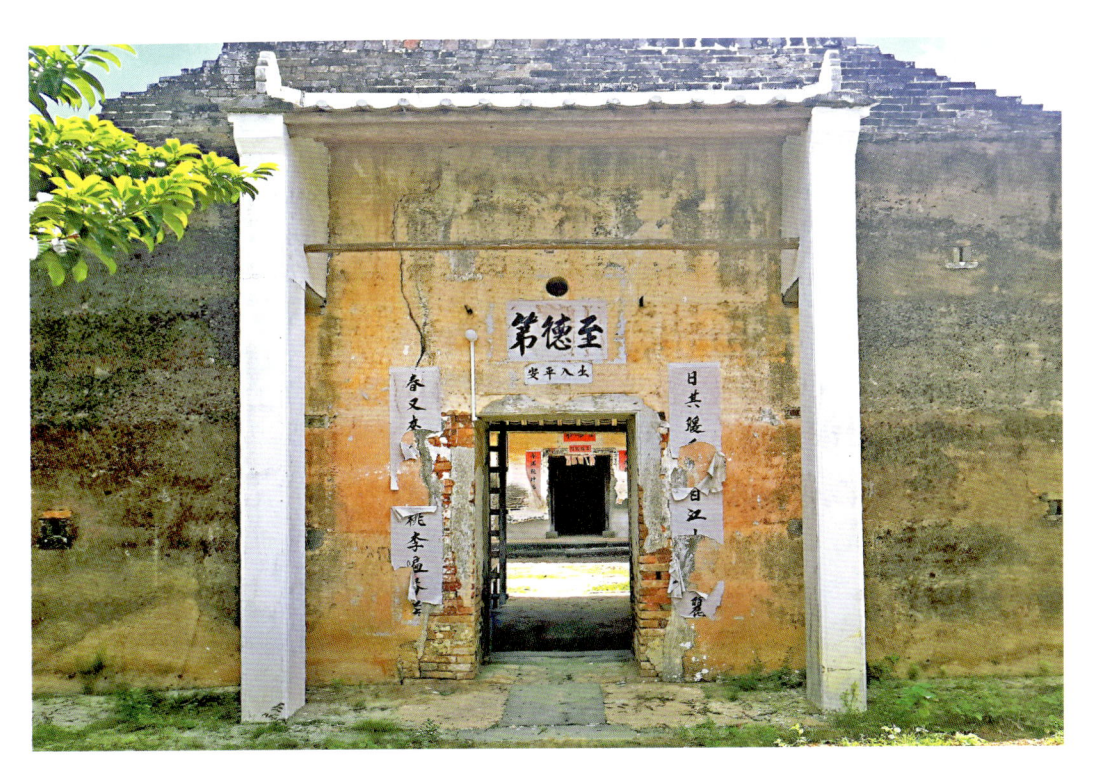

图 8-8　吴家大围屋大门（许小洁 摄）

图 8-9 永安城隍庙（许小洁 摄）

二进院落式建筑，面阔三间，沿中轴线由前廊、门厅、天井、后殿和两侧走廊组成，门厅和后殿明间两侧各设两榀穿斗式与抬梁式结合的木构梁架。1993 年被列为合浦县文物保护单位。

城隍，道教中守护城池之神，最早来源于西周时期祭祀的水庸神，水指的是护城河，庸指的就是城墙，因而城隍的第一职责就是守护城池，保护城中的百姓。随着社会的发展，城隍就逐渐成了老百姓心中求平安、消灾祈福的心灵寄托。隋唐时期，城隍又多了一个新的职责，那就是掌管生人亡灵、惩恶扬善。由于城隍具备保护百姓、惩恶扬善等职责，因此它在中国古代百姓的心中有着独特的地位。到后来，百姓们逐渐把现实中一些普遍认同的、已去世的英雄或名臣奉为城隍爷，并且设立庙宇城隍庙，逢年过节都到此来祭拜。

每逢重要节日，永安村民都会来到城隍庙举行盛大的祭祀活动，祭拜城隍爷，祈求城隍爷护佑神州国泰民安、风调雨顺、永安村民幸福安康，以此表达良好的祝愿。

城隍庙历来是各地市井文化的发源地，有城隍庙的地方就是城市的中心。古时城隍庙作为永安古城里人气最旺、人员流动最频繁的地方之一，官府常在这里贴公告，临时性的公告用纸张，长期的公告便刻在石碑上，现在城隍庙旁还留存有不少碑刻，让人们得以窥见旧时的地方律法和风土人情。

近年来,作为永安村历史文化资源代表的城隍庙得到了较好的保护和修缮。如今的永安城隍庙,不仅是永安古城文化的"活化石",还是弘扬传统民俗文化的"风水宝地"。

7. 永安南堂

永安南堂建于清代,因位于永安城南门外故俗称南堂,是供奉北帝及东、南、西、北岳的道教寺观,殿宇雄伟。永安村民依海生存,祀奉北帝诸神以求农业、渔业畅顺。南堂为砖木结构建筑,以铁木圆柱支撑桁架,占地面积约300平方米。庙前设有旗墩,渔船归航可遥望旗帜而归,1993年被列为合浦县文物保护单位。

南堂为砖木建构,三座相连,白墙黑瓦,气势恢宏。堂中供奉三尊四帅诸神。大门两侧顶墙绘有《仙鹤栖息》《雄鹰展翅》等壁画。大门门联是:"南土显灵一方是保,堂高昭帝万古同钦。"顶脊中央嵌有一个白色指向盘,底塑波浪花,顶塑卷草瓣点缀,彰显出别具一格的风格特色。庙前,一个半新戏台、一棵百年古榕树与之常年享受,更显出此古庙的古朴幽静。

图8-10 永安南堂(许小洁 摄)

8. 永安北堂

原称"东岳庙",因位于永安古城遗址北门外,故俗称北堂,是供奉东、南、西、北岳诸神的道教寺观。始建于清康熙年间(1611—1722),原是上下两座。"文化大革命"中被毁,1977年修复,2006年7月扩建装修。

永安北堂占地400平方米,坐东向西,砖木结构,三进两天井四厢房,白墙黄瓦,道佛风格融合。三元屋脊上,上元增添"双凤朝阳",中元"双龙争珠",下元"鳄鱼含带",墙壁粉刷描画,地板铺阶砖。庙前左右各建一座灵塔,四周增建围墙,墙内种上风景树,还建有厨房和卫生间。正面的屏风为清泉寺移迁改建,增建照壁和戏台。大门左右上方,绘八仙过海图、天鹅图及花鸟图,门联上联为"镇岳首五方群推东岱",下联为"调元归三圣永护南交"。如今,庙堂上元供奉佛祖——释迦牟尼,佛祖案下是观音等。中元正堂供奉邓、赵、康、马四元帅。下元供奉佛菩萨等神像。北堂面朝大海,渔民出海前、回港后往往先到庙堂祭拜。北堂经这次扩建维修后,面貌焕然一新,景致如画,将成为较好的浏览景点。1993年5月,该庙堂被列为合浦县重点文物保护单位。

图 8-11 永安北堂(许小洁 摄)

9. 孔子庙

孔子庙亦称文庙，清嘉庆十八年（1838），始建于城内大士阁东侧，因一场台风把数人合抱的一棵大树吹折，倒落在庙中，文庙被毁，墙垣崩塌，一片荒凉。后由乡绅邀集乡民捐资重建，于民国二年（1913）十月，移建于城南教场坡现址。该庙坐北朝南，砖木结构，硬山顶，上下二进，每进各三间，由中间天井两侧厢房连成整体。孔子牌位供在上座正中，七十二弟子牌位则供在下座左右厢房内。

门口一副对联书曰："夫子言行人共仰，先贤闻道世同钦。"永安文庙既是村民尊孔祭孔场所，也是绵亘数村学子求学之地。永安村尊孔倡儒的风尚，营造了浓郁的儒学礼教氛围，永安学子人才辈出。新中国成立后，从永安走出去的大学生已达300多人。现在二所学校和文庙之间只设一堵栏栅分开，为了不影响学校秩序，庙方在东墙处另开辟了扇大门，以方便游客出入。永安孔庙时常有村民前去瞻仰祭拜，这也充分说明永安村民尊师重道的一面。2013年1月，永安文庙被列为县级文物保护单位。

10. 永安北极殿

北极殿原名北帝庙，是汉朝时期合浦郡内最古老的庙宇之一，是明清时期广东省指定的永安四大庙殿（永安孔圣殿、永安大士阁、永安北极殿、永安关圣殿）之一，

图 8-12　永安孔子庙（许小洁　摄）

图 8-13　永安北极殿（许小洁 摄）

属当时的省级文物重点保护单位，并立碑为证，后因故石碑被毁。

北帝庙旧址在永安古城北门内西北侧，坐北向南供人朝拜。明洪武年间（1368—1398），永安城池竣工后，徙门城楼上，北极殿仍坐北向南，建有七十二级台阶，拾级而上可直达庙堂。

北帝，全称北方真武玄天上帝，在道教神话中，北帝的主要职能是司水，也就是水神，主管行云布雨，万物生发。屈大均在《广东新语》中曾写道："粤人祀赤帝并祀黑帝，盖以黑帝位居北极，而司命南溟，南溟之水生于北极，北极为源，而南溟为委。祀赤帝者以其治水之委，祀黑帝者以其司水之源也。"①

两广人崇拜北帝是因为当时民众相信北方五行属水，南方的水，由北方来。沿海地区，依海生存，出海捕鱼，靠海谋生。北帝属于水神，位于水源之上，奉祀北帝，祈求它控制水源多寡，使水安好流向南方，促进农业、渔业、贸易畅顺②。北帝在永安村受到崇拜，与其主水的功能密切相关，也与两广的地理环境密不可分。两广地区为"水国"，水资源非常丰富，永安这里的人们生于碱潮，长于淡汐。之所以能够平安生存繁衍，人们认为这与赤帝与黑帝的功劳密不可分，因而供奉北帝也有保家宅平安之

---

① 肖海明：《北帝（玄武）崇拜与佛山祖庙》，《佛山科学技术学院学报（社会科学版）》2002 年第 3 期。
② 吴自涛：《文化型海岛建设的思考与对策——基于外伶仃岛的分析》，《中共珠海市委党校　珠海市行政学院学报》2013 年第 5 期。

意。昔日，永安村临海且当地人大部分是渔民，因而对掌管水族的北帝非常崇拜，修建了北帝庙。相传清朝咸丰年间（1831—1861），因永安鼠疫流行，皆与鬼魅从北门而入作祟有关。为驱邪镇煞，稳定人心，经乡贤名流聘请易经大师点拨，将此殿从城顶移到城下，堵正北门，并改为坐南向北，扼守北方，方得趋吉引福，无灾无难。

此殿分上下两座，东西两廊小舍相连贯通，中间是天井。砖石铁木结构，红墙黄瓦，上座殿脊正中嵌"葵花宝镜"，下座则嵌"双龙戏珠"。上座正字大上中，两廊供奉道教"四大元帅"：华光大帝马王爷、武财神赵公明、东岳大帝部将温琼、关武大帝关羽，驱邪禳灾。下座大门门联为"万物总归三尺剑，五云时显七星旗"，大意是劝人做人做事要正派，不可存半点歪心，才能得到神明的保佑。北极殿也是永安十大庙宇中，香火最旺、信善者最多的庙宇。

11. 关圣殿

关圣殿位于永安村古城内正中偏旁北的黄金地段，坐北朝南，东与永安村村委办公楼接壤，西面相距30米处为大士阁，是历代朝廷官员到永安城文武衙门任职时朝拜的钦定庙堂。关圣帝君为我国重要神祇之一，信徒众多。每年农历五月十三为诞庆纪念日，据说这天也是关公单刀赴会之日、关公磨刀日。此外，还有一种说法即五月

图 8-14 永安关圣殿（许小洁 摄）

十三也是关平帝君诞,每逢五月十三关帝诞,人们向关圣帝君进香祀奉、顶礼膜拜。

关圣殿,全殿上下由三座大屋和一个拜亭组成,上座接拜亭,拜亭接二座连天井,天井连下座,天井两旁有瓦屋的走廊与上下连接贯通,由稀有的名贵铁力木和砖瓦构筑而成,红墙绿瓦、宏伟壮观、雕梁画栋、金碧辉煌;正殿供奉着关圣帝的神像,气宇昂扬、神采奕奕、威风凛凛,右边是关平,左边是周仓,下座供奉赤兔马、马夫和本庙的土地。

历史上,凡是官员上任、晋升,士子取得功名、婚配嫁娶,各种红白事,各地做平安打大幡的,远括公馆、白沙全镇、山口各村、沙田各坊的黎民百姓都会到关圣殿跪拜接圣。历年来关圣帝君四时享祭,香火鼎盛,拜神求签祈福者,香客络绎不绝,也是村人每年大年初六到正月十三晚,北极殿马赵温康,南堂邓赵康马、北堂康马邓赵庙堂共十二位元帅夜间出游时的寄宿停歇点①。

关圣殿的门口有一副对联,传说为文化水平最高的海门先生所赐,其联为:万古忠心同日月,千秋义气壮山河。这是对此关圣庙最好的诠释。

关于关圣殿的始建年月不详,按照推理应该是明朝兴起崇拜关帝灵神大浪潮时建成的,目前推断有以下两种可能性:一是永乐皇帝未登基时随皇室官员来参加永安城的竣工庆典前建起的,朝拜后改名为关圣殿的;二是永乐皇帝登基执政后命名兴建的。

如此旺盛的殿宇,人人踊跃朝拜敬仰的关圣帝灵神,在天有不测风云之时,也同样惨遭浩劫和摧残,令人难以想象和相信。据传民国年间,广西的化神军来到永安化神时,关圣殿受到冲击,永安乡政府亦曾将此庙作为办公处,在殿内设有监仓、合床(合床是将犯人的脚放入床内再合起来锁住犯人的刑具)。民国时期永安乡政府管辖的范围是现在的沙田全镇、山回镇的中堂、英罗、北界的大村、新圩、丹刀等区域。新中国成立初,百年神像被毁;1953—1956年,钦廉地区第十三区区政府在此办公(十三区管辖的区域是现在的沙田全镇和山口镇的一部分。1956年撤销后合并白沙区)。1961—1963年,永安公社成立时,一段时期又在关圣殿办公了。

12. 天后宫

亦名阿婆庙,该地处于榕根港东岸,距永安古城西门仅一里之遥。其坐落在巳卯方位,面向辛酉,正对大海,地理位置得天独厚。此庙历史悠久,为永安名胜古迹。

永安天后宫始建于南宋建炎四年(1130),明代洪武三年(1370)庙位更换并易

---

① 李红:《广西滨海传统村落文化特征及价值重塑——以合浦永安古城村为例》,《广西社会科学》2016年第11期。

图 8-15 永安天后宫（许小洁 摄）

址重建。清代乾隆五十八年（1793），龙门协水师永安右营官员汪葆再次迁址至现址。然而，至 20 世纪初，因年久失修，该庙破毁坍塌。自 1994 年起，在众多信众的慷慨资助和热心发动下，各界人士踊跃捐款，1994 年先行重建上座，2008 年续建前座，上下两座连为一体，中间设拜亭，门前新建十三级台阶以供信众上下。

此庙砖木结构，白墙黄瓦，正脊镶有形同浪花盛托珍珠的装饰。天后宫内的墙上，贴有善男信女合家敬送的"五子登科""五福临门""五世同堂"等瓷画以及重建、扩建时捐资者名单和数额的石碑。正堂中央供奉妈祖，案台上及两侧供奉形制不一的观音大士以及其他神像，流光溢彩，豪华庄严。

13. 大王庙

大王庙，又称佛陀庙，位于永安北堂西北侧约 100 米，为单间砖木结构，供奉大王神像，是永安村十大庙宇中最小的一座。

除此 10 座庙宇之外，永安村还尚存 18 间土地庙和社王庙，其中 6 间在城内、12 间在城外。一方土地一方神，一方村民供奉一方土地，每逢年末除夕，香火也很旺盛，年初六挂灯，十六燃灯，也有前一年内生有男孩的家庭向土地公和社王公祭祀的

图 8-16 大王庙（黄凤琦 摄）

习俗。土地庙的门联几乎统一为"红颜白发知公老，碧水黄金赐福人"，只有东门街头的永宁庙和城南的南隅庙与众不同。永宁庙的门联是："永安社稷千年盛，宁静人民万代兴。"南隅庙的门联则是："南亩千年稔，隅取四季安。"①

14. 大井

大井位于永安古城外西北约 500 米与农田交界处，在未围海塘造农田之前，大井实际上是在海岸滩涂边。大井以砖石土混构，长宽深几乎相等，约 2 米。传说水源来自永安古城东的包墩溪（20 世纪 70 年代已筑成水库）。水从地下流向大海，从低洼处涌出，故此井水位高，终年漫溢不歇，村民随手可吸取。与其说在村中的那几口深井（约 10 米深）中吸水，还不如到远一点的大井更为方便。因此，在未通自来水之前，全村 21 个生产队至少有 15 个生产队挑大井水饮用。相传，1950 年海南岛解放前夕，中国人民解放军第四野战军一个团官兵驻扎在永安一月有余，也饮用这口大井的水。大井于 1993 年被列为合浦县文物保护单位。

---

① 于子楼：《永安史话》，内部资料。

图 8-17　大井（黄凤琦　摄）

三、民俗文化

（一）民间习俗

1. 正月十四"摆衙"游神

游神，又称抬神像、神像出巡等，为传统贺岁习俗之一，人们在喜庆节日里，诸如元宵或诸神圣诞的这一天，把神像请进神轿里，然后抬出庙宇沿街巡游，接受民众的香火膜拜，寓意神明降落民间，巡视乡里，保佑合境平安，主旨为酬神、消灾、祈福等。

永安村的游神摆衙从正月初六一直持续到十五，场面十分隆重。正月初六晚，永安村民把北极殿的马赵温康四大元帅、南堂和北堂的邓赵康马四大元帅都请出了大门口，挨家挨户抬去。点过纸钱、蜡烛，接着就有一个领头的人出来说些吉祥话，大致意思是说"今天某年某月某日四大元帅来到谁家谁发财……"然后轮到的户主就给一些香火钱。祭祀活动结束后，锣鼓声响，举旗的孩子们就领路到下一个地点。

正月十四这一天，也是永安村正式"摆衙"游神的日子。每年正月十四可谓是永安村的小年，这天可以说是全村最隆重、最热闹的一天。在永安有过小年而不过元宵之说，这与本地乡镇其他的村庄大不相同。

这一天，村民们早早地就起来为神打扮、上色。从早上 7 点许开始，南堂、北堂和北帝庙 3 座庙宇的 13 尊神座要集中行动，由狮子开路，按规定次序游行到全村 9 个祭坛接受祭拜。各个祭坛摆放全猪、全鸡等祭品迎接神灵降临。13 尊神座一字排开，接受村民上香燃烛烧纸钱、跪拜祈祷。然后由主持人宣读祭文，最后燃放鞭炮。每个祭坛的爆竹连接起来足有五六百米长，燃放时间可达半个小时左右。所以这一天的爆竹声、锣鼓声、唢呐声响彻云霄，周边村庄无不听闻。这活动每年都会吸引很多其他地方的人前来观看。祭完一坛再到一坛，一直闹到半夜方可结束。祭祀用的猪，过后会按照份子数分给每家一份。

摆衙游神的主旨意思是，过年后就要开春，一年之计在于春，祈求神灵保佑村庄和村民，庇佑四季五谷丰登。永安村的正月游神摆衙巡游活动也是永安村民共同祈求新的一年风调雨顺、国泰民安美好心愿的表达。

2. 正月初六挂灯，正月十六化灯

初六挂灯，十六化灯，是自古延续至今的习俗，凡在上一年度出生男丁的家庭，都要统一在正月初六挂灯祭祖，同时祭拜社王。灯要挂两盏，一盏挂祠堂，一盏挂近家的土地庙或社王。灯是纸糊花灯，要预先定制。灯上绘有人物、有孩子所属生肖的动物、有田园风景，还有先贤语录，寄予对孩子长大后勤学苦读的期待。灯内置有油灯，晚间点燃，白天熄。制作上乘的花灯，灯肚内还装有机关，点燃油灯后即可旋转。待到正月十六，所挂的灯方可燃化，挂灯之事才告结束。不过，随着科技的进步，如今大多已使用电动花灯了。

3. 二月二祭土地祭社王

农历二月初二祭土地、祭社王，也是村里最忙碌最热闹的一天。全村18间土地、社王庙，庙庙都得祭拜。按照以前划分的区域，一方村民祭拜一方社王。按照惯例，祭品中必备全猪。因此二月二当天上午，村内十多处地方都在杀猪，俨然成了分散的屠宰场。中午时分才能分别将全猪抬进庙中祭拜，祈求土地、社王保佑一方平安，风调雨顺，五谷丰登。此时，鞭炮声响彻全村。下午分社肉，让村民把社肉和祝福一起带回家。

4. 七月十四包粽子

农历七月十五是民间传统节日"中元节"。在合浦县，农历七月十四被叫作"鬼节"，按照合浦当地习俗，鬼节是在七月十五子时之前，也就是要在七月十四这天过，因此合浦人都在这一天过节。

七月十四包粽子、杀鸭敬神、祭祖，是永安村的一个特色。

永安村把端午节称五月节，从来不包粽子，却在七月十四包粽子。这究竟是何缘故，查阅历史文献也没有相关记载，村民们的说法也不一致，不过确实是与众不同、别有特色。有一传说，永安七月十四包粽子、杀鸭子是有缘故的。话说，中元节当天，阴间的鬼魅全部出动觅食，阳间为防鬼魅兴风作浪，为非作歹，危害民间，人们就包粽子、杀鸭子（谐音：压子）以示祭祀。在农历七月十四"鬼节"时包"棺材粽"，粽子形状似寿棺，可让它们在阴界安家落户，勿扰世人。据说这种风俗是岭南古文化保留下来的，外壳是代表棺材，里面的一块肉是代表去世的祖先，肉用粽叶包裹代表衣服，米则是祭祖的。此外，再有不服者，鸭子也可压住鬼魅，可保国泰民安。因而在诸多传统节日中，唯七月十四中元节可杀鸭供祖。

（二）民间文艺

1. 曲艺团

1954年，由村民自发成立的业余剧社，30多名爱好者自愿自觉参加，每晚集中在大士阁阁楼上学唱排练至深夜。初期的导演是湛江返乡的林法（发）和本村的晚叔李秀全，主要演员有叶本强（文武生）、阿黄（花旦、为南康嫁进本村）、于子源、傅永年、陈英（帮旦）、何贤英（丑生）、傅远莲、吴桂兴、吴鸿权等，主要击乐、音乐有吴鸿珠、李郁清、陈发茂、吴乃栋等。在几年内，排演了《小二黑结婚》《梁山伯与祝英台》《高歌下太原》《苦凤莺怜》《白蛇传》等粤剧，还自编自演了反映永安村今昔生活对比的《古城吊影》，曾被邀请到广东车板一带演出。1956年参加十三区文艺会演，与沙田班、沙尾班在沙田对达小学门前三台戏同时演出。永安班演大型古装粤剧《高歌下太原》时，多数观众都喜欢看永安的，因此深受当时区政府的好评。

20世纪60年代后，随着形势的发展和要求，业余文娱团队被称为俱乐部、文化室、宣传队，如今被称为永安曲艺团。爱好者新老交替，自愿参加。

在此期间，曲艺团曾排演过《包公智斩鲁斋郎》《白毛女》及自编自演一些小剧目。1966年，由于子楼、周成英夫妇自编自导自演的粤剧小品《一担化肥》参加山口片（包括白沙、沙田及属地企业单位）的会演，被评为优秀剧目并推选至合浦县参加全县会演。

演出为业余性质，因此演出活动时断时续。现在只有曲艺团组织活动，会不定期地为村民带来演出，以此丰富村民的文化和精神生活。每当曲艺团在村里的广场舞台上为大家带来优秀的剧目时，村民们就会搬出自己家的椅子、凳子，坐在舞台下感受百年故事的演绎，领略粤曲的魅力。

2. 永安村武术表演队和舞狮队

武术表演和舞狮表演，是永安村民喜闻乐见的习俗节目。早在民国年间，武馆就已在永安村兴起。新中国成立后，全村建有四家武馆加舞狮队，其中要数陈发枝堂班最有名。他们利用晚上的业余时间，集中训练，从蹲马步等基本功练起，打牢基础，逐步过渡到复杂套路，所练武术有棍术、刀术、拳术、鞭术等，分为单打、对打、群打等几类，门派不同，打法各异。

舞狮作为一种驱邪避害的活动，常见于过春节等欢庆时刻。该活动已融入永安村民的生活，成为民间活动不可或缺的要素，成了极具地域特色的传统文化。永安村的舞狮表演属于华南狮派，当地称矮脚狮，即目前全国流行的高桩狮技术，起源于珠江三角洲，舞法传统古老，主要展现高处不胜寒的高难度动作①。舞狮表演，除威武的狮子，还需要锣鼓的配合。矮脚狮的鼓乐，以威风的气势，洒脱的节奏见长。其中，沈德宏狮队较受大家喜爱。在沈德宏去世后，他的女儿又拉班办起了女子狮队，继承其父的舞狮技艺。

每年春节，村里的几支舞狮队、武术表演队分别或集中活跃在各个表演点，按照自己设定的路线行进表演，锣鼓喧天，此起彼伏。雄狮起舞，武术对弈，威武强悍，气势凌人。全村男女老少层层围观，好一派娱乐升平景象。

逢年过节、祭祀、庙会活动，永安村舞狮队就会出动表演。同样，舞狮队是村民自发组织的，虽然没有正规培训，但是，对于丰富村民生活还是有较大的帮助。

（三）民间信仰

由于当时在永安建立卫所，全国各地的人都来到这里，形成了永安丰富多样的信仰文化，因而永安村宗教信仰呈现多元化特点。由于受历史和地方文化影响，永安村村民主要信仰的是道教、佛教及本地地方保护神。永安村村民对于地方保护神的信仰，是在长期生产生活中形成的一种民间习俗，表达了人们祈求安居乐业、家庭美满、人财两旺、健康长寿、万事如意的良好愿望。

在永安村现存的10座庙宇中，南堂、北堂、北极殿、关圣殿、城隍庙、大王庙6座属于道教信仰建筑，而大士阁则是佛教信仰的典型代表。北堂的信众偏重于道教又不专于道教，不分教别、兼收并蓄，寻求多神灵、多层次庇护。每逢重要节日，庙宇都会有重大的祭祀和拜神活动，热闹非凡。比如每年正月初六到正月十五的"游神"活动，正月十四的祭祀活动等。

受到当地宗教文化和海洋文化的影响，每到春节，每家每户

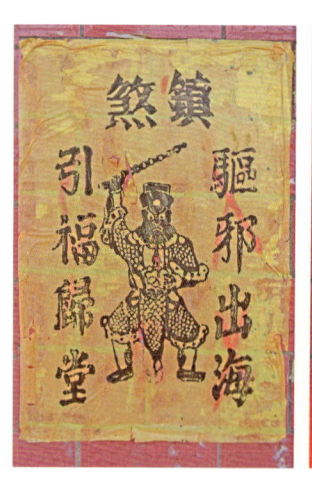

图8-18 出海灵符（许小洁 摄）

---

① 黄帝全、崔建、余中：《广东传统"高脚狮"的特点及发展》，《体育学刊》2008年第4期。

都贴有"灵符"祈福，祈求来年平安吉祥，出海顺遂。据了解，此"灵符"是春节期间都会贴的，就像门神一样。灵符的图形如图8-18所示，是一根权杖被一条蟒蛇所缠绕，蛇尾巴是一只神龟。据当地村民说灵符与出海打鱼的渔民有一定关系，除辟邪趋吉之外，还有保佑该村出海打鱼的渔民能够平安归来的作用，贴此灵符祈求平安，这也是该村的特色。

四、风物特产

（一）黄皮果

永安村出产的黄皮果远近闻名，据说永安村黄皮果的种子还是明朝一个到永安千户所做官的大学士带来的，至今已有400多年的历史。

黄皮果又名"黄皮""黄枇""黄弹子"，为色、香、味俱佳的水果，可与荔枝并称[①]。黄皮果含有大量的维生素C，以及糖类、有机酸、果胶、硫元素、蛋白质、核黄素、β胡萝卜素等，营养价值极高。黄皮始载于《本草纲目》，叶味苦、辛；果皮有较高的药用价值，根、叶、果和种子等都可入药，具有消食、健胃、理气健脾、行气止痛等功效。永安黄皮果的特点：果实大、皮薄、肉厚、爽口、味甘甜、核小，多数为单核，极少双核。永安黄皮果，除生食之外，还可制成黄皮干、黄皮酱，深受当地群众及各地客商喜爱。

（二）扣肉

永安香芋扣肉。用五花肉切成约0.5厘米厚，煮成八成烂后油炸。香芋头也切同肉一样厚度油炸成金黄色，与五花肉一块块相隔、相扣，放入调料，吃起来味香、不腻、爽口。肉皮金黄，香芋雪白，黄白相间，形成龟背，外观好看，而肉食不腻，芋嚼鲜美，香气扑鼻，回味无穷。香芋扣肉为本地逢年过节的必备菜肴，肥而不腻，鲜嫩多汁，老少咸宜，是永安村民款待贵客好友的上佳食品。

（三）年糕

永安村年糕，是用黏性大的糯米或米粉蒸成的糕点，属于农历新年的应时食品，永安村的传统美食之一。在春节期间，永安当地多吃年糕。

当地年糕主要以黄色为主，年糕又称"年年糕"，与"年年高"谐音，寓意着小孩身高一年比一年提高。所以前人有诗称年糕："年糕寓意稍云深，白色如银黄色金。

[①] 陈婉瑞、林娜、黄俊生等：《黄皮果皮色素的提取工艺及其稳定性研究》，《韩山师范学院学报》2011年第6期。

年岁盼高时时利,虔诚默祝望财临。"

永安村年糕制作的主要原材料为糯米,其做法是将上好的糯米和水一起磨成水浆,加入红糖、玫瑰糖或者白糖、火腿、芝麻、花生,将它们混合好,将混合好的浆倒入抹过一层油的模具,上锅蒸熟后,脱模包装好就可以了。永安年糕除味道香甜可口、营养丰富外,还具有健身祛病的作用,因而成为当地人所喜爱的特色美食。

(四)糍粑

早在汉朝时期,糍粑就已经成为中国人日常饮食的一部分。永安的糍粑是以糯米、土豆为主料,浸泡后搁蒸笼里蒸熟,再迅速放在石臼里舂至绵软柔韧,趁热将饭泥制作成可大可小的团状,搁芝麻炒香磨粉拌白砂糖(或是黄豆炒香磨粉拌白砂糖)的盘里滚动,即可取食。永安糍粑为健康食品,口感香甜,助消化,美味且便宜,深受游客和当地居民的喜爱。红糖拌糍粑软糯香甜,寓意团团圆圆。在永安村,大凡有喜事,当地人都要做红糖拌糍粑来招待客人,以表吉利。

(五)白切鸡

永安白切鸡又叫白斩鸡,其特点为制作简易,鸡肉刚熟不烂,不加配料且保持原味。白切鸡通常选用细骨农家鸡与沙姜、蒜蓉、葱等食材,慢火煮浸后,晾干切块。成菜后,色洁白带油黄,皮爽肉滑骨香,清淡鲜美,驰名粤港澳。

永安当地白切鸡,多选用三黄鸡做主料。鸡肉肉质细嫩,滋味鲜美,含有丰富的蛋白质、钙、磷、铁、脂肪等营养成分,其消化率高,容易被人体吸收。鸡肉还含有对人体生长发育有重要作用的磷脂类、矿物质及多种维生素,有增强体力、强壮身体的作用,对营养不良、畏寒怕冷、贫血等症亦有良好的食疗作用。永安白切鸡,由于味道鲜美,营养丰富,深受村民喜爱,也是逢年过节款待贵客的必备菜。

五、文化教育与人物

(一)文化教育

由于孔子庙的存在,村民受到儒家文化的熏陶,永安村一直秉承"诗书传家"的理念,对下一代的教育特别重视,同时也因"尊师重道"形成了良好的教育风尚。从古至今,永安人一直注重教育,培养了不少青年才俊。

嘉靖十年(1551),永安珠池公馆被裁革,知府张岳改为和融书院。直至清朝初期,和融书院仍然存续,并配有田产作经费来源。清末,废科举兴学堂。永安在孔子庙办了圣学堂,在城内、南堂、北门、王屋办了4间私塾。1930年,当时县立永安小学成立,校址仍设在孔子庙,在圣学堂两侧向南增建两排校舍和圆顶校门,扩大招生名额，4间私塾逐渐消失。

据文庙碑记、道光年间大士阁重修捐资名单碑记以及相关资料记载，经永安社学、和融书院、永安圣学堂培养出来的人才有进士、举人5人（即御史官沈公、孝廉官州伯郑公、海南知府吴公、平安州知州吴国典、苍梧训导梁赐），还有贡生3人、监生6人、员生5人、庠生（即秀才）6人。可惜由于年代久远，加上缺少翔实的记载资料，无法更进一步记述。

新中国成立后，永安小学经过70年17届校长和全校师生的辛勤努力，教育工作越办越好，校园场所建越大越优美。1990年，设有班级20多个，在校学生900多人。截至2019年，有教职工22人，在校学生450名。

自20世纪50年代开始，永安小学在县、区（公社）政府的重视支持下，发动群众献工献策，先在老校门外东西两侧，增建两排平房校舍共18间，把4棵百年古榕围在校园内（正门的一棵20世纪80年代已枯死），并在校园内建有篮球场、操场、沙池、攀杆、水泥乒乓球台等设施。1961年，永安公社成立后把小学办成永安中心校，1963年因撤社并区复称永安小学。1965年秋季，为使小学毕业而未考进初中的学子继续有书可读，小学附设"农业初中班"，对外称"永安农中"，开设初中知识教学和农作物栽培技能教学，开班时32人，毕业时只剩17人。从1970年秋季起，小学附设初中班，每年招收一个班，课程设置与公办普通初中一样。1976年秋季，又增设高中班一个，招收学生40名；1978年7月，34名学生毕业。当年秋季学期开始，因全县统一撤并小学附设的初、高中而停办。

合浦县教育局历来重视支持永安小学的工作，从20世纪70年代起，把永安小学作为教育示范重点培植，逐年拨给改造校舍经费，增建了南面校舍和新校门。特别是改革开放以后，校园面貌日新月异，所有平房改建成楼房，变成一座环境幽雅舒适，德智体教育设施齐全，教学师资雄厚的一流小学。

除小学教育和附设中学教育外，还办了成人教育和幼儿教育。1954—1958年，为普及识字教育，扫除青壮年文盲，在小学老师的帮助下，利用村里的知识青年，在全村设6个点办了扫盲夜校，帮助一批青壮年（妇女占多数）脱离了文盲。1960年以后，为解决部分因家庭困难而不能上学的适龄儿童教育问题，又设4个点办了"耕读小学"，利用中午和晚间上课，使全村适龄儿童入学率达到95%以上。

幼儿教育方面，1958年，全村集中2个点，在城内三队和吴家大院办了2所幼儿园，统一安排幼儿午餐，全天候开展幼儿教育。改革开放以来，经教育部门审查批准，由个人投资经办2所幼儿园，设小班、中班、大班和学前班。

目前，永安村总人口6 153人，初中文化（含初中）以下学历4 890人、高中

1 013 人，大专以上 250 人。村中儿童多数是在永安小学就读，毕业后，家庭条件相对较好的会被送到市区的中学读书，部分送到镇上中学，初中毕业就辍学务工极少。虽然永安村与镇上、县城、市区的教育条件相比存在较大差距，教学条件简陋，但是也走出了不少大学生。其中部分大学生毕业后又重返家乡，从事乡村教育工作，继续坚守在偏远的乡村讲台，默默地为永安村的教育事业的发展做贡献。

永安村人杰地灵，英才辈出。解放后至今 70 多年以来，从永安村走向社会、走上各条战线的人才济济。据不完全统计，永安村目前完成高中学业的 1 238 人，完成大学专科、本科学业的 232 人，完成硕士研究生、博士研究生学业的已有 6 人。完成学业的学子走向社会后，在国家党政机关、企事业单位从事公务员、教师、医生、护士等工作的有 600 多人，开公司、办企业、当老板的也有 160 多人。

（二）人物

1. 林锦

林锦，字彦章，号双溪，今福建省连江县人，景泰元年（1450）乡贡授职合浦县训导，累官广东按察副使分巡海北道。成化十七年（1481）致仕（交还官职，即退休）①。林锦守土北部湾 32 年，功绩卓著，深得邑人称颂。时人将之与马援、余靖并论"政绩于二公若一人者"，《明史》《廉州府志》《合浦县志》《灵山县志》《连江县志》都记载有林锦的事迹，将其事迹列入名宦志、宦绩志或人物列传等。合浦、灵山两县还为他立碑纪念，如《林公德政碑》《林公安边修造记》《廉郡修城记》《宪副林公彦章生祠记》等。

成化四年（1468），林锦转任海北道佥事"专备钦廉"。成化五年到永安重建城池，建"鼓楼"，建校场，建守备公馆和珠池公馆等。尤其城中央的这座"鼓楼"，结构奇特，建筑工艺高超，设计构思巧妙，屋脊装饰华丽，虽经历近 600 年的风雨袭击和多次地震摇撼，依旧巍然屹立，足见林锦倾其心血，皆有益于当代后世。

2. 李家法

李家法，永安南门街第 20 村民小组人，中国微型小说学会会员，广西作家协会会员，广西小小说学会理事。1972 年入伍空军，在部队写过诗歌，编过话剧，还创作过中、短篇小说，最后选择了微型小说作为主攻目标，于广西小小说学会成立之后，干劲倍增，作品入选了《广西文学》《检察日报》《广西日报》《三月三》《天池》《红豆》《小小说月刊》《小小说选刊》《微型小说选刊》《故事会》等，为广大读者奉献了《摸珠街58号》《一只黄蜂窝》《军魂》《哑佬三》《县长按摩》等一批内涵深沉

---

① 陆露：《永安鼓楼及其创建者林锦》，《广西地方志》2012 年第 2 期。

而又发人深省的微型小说作品。在国内外报刊发表小小说等文学作品200余万字，多篇作品被《小小说选刊》《微型小说选刊》《故事会》等刊转载。多篇作品入选全国各类年度最佳选本集、入编中学课本和大中学校试卷题。作品《哑佬三》入选广西改革开放40年最具影响40篇小小说之一。曾获全国小小说新秀赛三十强等各类文学奖项20余次，荣获广西作协、广西小小说学会授予"小小说桂军虎将"称号。2020年被遴选为"珠乡文化领域优秀人才"。

3. 于子楼

于子楼，永安角楼街第16村民小组人，《永安史话》编辑。在文艺领域颇具天赋，擅长写作与文艺创作。创作获奖小剧目《一担化肥》，并在盐场宣传队担任导演及主演，成功移植粤剧版《沙家浜》，备受各界好评。1969年前后，受自治区盐业公司和有关部门之邀，于钦州、防城、东兴等地的县政府礼堂、大戏院以及全区各盐场、工区、乡镇、村庄等处进行约100场演出，观众反响热烈。

4. 邹才源

邹才源，永安第10村民小组人，书法家，北海市书法协会会员。曾多次多幅书法作品参加北海市、广西壮族自治区书法展览并获奖。永安村关圣殿的匾额及门联，皆系其所书。

5. 吴智其

吴智其，永安吴家大院人，国家三级演员。自1966年合浦艺训班毕业后，他便投身于合浦粤剧团，开始了自己的演艺生涯。凭借其出色的表现，他于1991年被调至钦州市文化局，担任艺术科科长一职。在任期间，他致力于培养本地文艺人才，于1992年筹办了钦州市艺术学校，为钦州、北海、防城等地输送了大批优秀的文艺人才，为当地的文化发展做出了重要贡献。

6. 陈武威

陈武威，永安第9村民小组人（新中国成立前夕迁山口），国家三级演员，合浦粤剧团副团长。早年加入合浦文艺轻骑队，再调浦北县剧团，一生从艺40多年，辗转合浦、浦北，做了大量的文艺工作。

7. 林盛荣

林盛荣，永安村第17村民小组人，县级作家。曾主编合浦县政协《合浦文史资料》。

8. 于敏

于敏，永安阁楼街16队人，北海市第三代青年画家，东莞海敏装饰设计公司总经理，设计工程师。1989年广西大学毕业后，在北海市中国银行工作。1992年，其油画作品《红树林》入选广西壮族自治区《纪念毛主席〈在延安文艺座谈会上的讲话〉》发表 50 周年大型画展。2000 年被评定为北海市第三代青年画家。2001 年，北海市群众艺术馆为其举办个人画展，展出个人作品 100 余幅。2006 年，因创办古船木家具厂接受中央电视台现场采访，并在央视经济频道播出《古船变形记》访谈节目，入刊财富故事会丛书第一集。主要设计作品有：桂林百悦大酒店、阳朔见山酒店、阳朔遇龙河茶示酒店、东莞松山湖雨林木风总部、广州斗记茶业总部、蒙自源过桥米线品牌、茶示茶具品牌等。

9. 何怀武

何怀武，北京协和医院重症医学科副主任、主任医师、教授、博士研究生导师，从事重症医学医-教-研工作近 20 年，专注 ARDS 呼吸衰竭、血流动力微循环、重症质量控制等领域研究。主持国家重点研发计划课题、国家自然基金面上项目等多项国家和省部级课题，参编国内专著 10 部，国际专著 1 部。在 *Am J Respir Crit Care Med*、*Critical Care*、*Shock* 等学术期刊发表论文百余篇。2017 年获国家留学基金委资助公派出国留学，赴荷兰鹿特丹 Erasmus MC 访学 8 个月，其间师从著名临床微循环专家 Can Ince 教授学习床旁可视化微循环技术。多次参加重大社会活动保障及应急医疗救援，顺利完成北京冬奥会等重要活动医疗保障、地坛医院新冠危重症患者救治应急支援任务。获北京市科学技术进步二等奖、华夏医学科学技术二等奖、中华医学科学技术三等奖。*

---

* 根据永安村相关资料及《北京中西医结合医院肾内科特邀北京协和医院何怀武教授进行学术指导及教学》微信文章整理。——编者注

石子岭村

图 9-1　石子岭航拍图（赖文昌　摄）

一、村落概况

（一）方位及交通

石子岭村位于北海市合浦县东南部，属山口镇河面村委管辖，处于山口镇北面，距离镇中心约6千米，距离北部湾安铺港20千米，村落距合浦县城中心60千米，距火车站70千米，距长途汽车站6千米，村庄西南有325国道、G75兰海高速经过，交通十分便利[①]。

石子岭村属典型的山地丘陵村落，村庄整体坐西向东，依山傍水，四面环林，绿树成荫，来水悠扬清澈，去水顾恋有情，村庄民风淳朴，村落周边数平方公里土沃田肥、水源丰足、物阜民丰，自然环境优美。村内风景秀丽，环村景观道串联起了本村的自然景观、围屋、刘氏祠堂等，让人文与自然景物完美呈现出来。景观道极大地改善了村里的交通出行状况，在方便了村民出行的同时也极大地方便了前来石子岭旅游的游客。

图9-2 石子岭牌头（许小洁 摄）

---

① 伍朝胜：《北海市传统村落保护开发利用分析》，《经济与社会发展》2019年第17期。

（二）村史

石子岭，始建于清咸丰五年（1855），距今已有160年历史，村内有多处古民居、古井、古树，古风浓郁厚重。该村刘氏的十四世祖刘恒心公从合浦县山口镇河面村委上京村分迁居至石子岭村，十五世祖刘成琳公在此买田置地，聚居繁衍生息。从清朝到民国，经济发展稳定，拥有钱庄、油行、布行、私塾。

石子岭村之名沿用至20世纪90年代后改为石岭村，现存民居建筑物30多座、祠堂1座、清代客家围屋1座、清代古民居1座、民国初古民居3座，建筑类型主要为土坯、砖木混合承重，抬梁式硬山土坯砖小青瓦，天井和四合院式建筑，古井、古树等乡村风貌古风浓郁。坐落在村庄中部的刘氏祠堂，经历了近百年的历史变迁，2015年重建落成，正面为欧式风格，青砖外墙到顶，保留客家传统建筑格局——四合院式建筑。村内新增绿化树400多棵，绿化覆盖率达90%以上，2015年被评为自治区级绿色村屯。2017年12月，石子岭入选第三批广西传统村落名录。

小小的石子岭村，至今还流传着村民当年英勇抗击日军的故事。话说1945年，日本侵略者战败，从中国战场败退，有一股日军士兵经山口镇撤往广州湾，也就是现在的湛江市。村里人知道后，当即组织了民团前去追击日本兵，日军伤亡惨重，如惊弓之鸟，落荒而逃。

（三）发展现状

石子岭村地处山地丘陵地区，地势以丘陵为主，西边地势较高，东边地势较低，境内群山环抱，属亚热带气候，光、热、水都很充足，一年四季均可耕种。石子岭村民以刘姓为主，截至2018年，村里村民有45户，450余人。目前村民主要经济来源以水产养殖、对外劳务输出为主，村中建有爆竹厂、烟花厂、养鸡场、养鸭场等，还有农民专业合作社，主要种植绿色、生态、健康的农产品。

近年来，石子岭村以文化为核心，大力发展乡村旅游。2017年引进石子岭旅游有限责任公司进行市场化运营，落实资金270多万元实施风貌改造、村史馆项目。目前，村内已打造了自治区五星级农家乐"又一村"、自治区四星级乡村旅游区，每年吸引游客达1.3万人次。

乡村旅游区以"农耕文化"和"红色革命"为核心内容。以"农耕文化"为主题的区域打造乡村旅游的"农家乐"模式。陈列早期耕地用的农具，展现原始的耕作方式，也可以让游客体验原始的"农耕时代"的生活方式：游客自己体验春耕、秋收；自己收获蔬菜和水果；自己做农家有机绿色菜；体验农家生活方式。对远离农村生活的城里人有较强的吸引力，目前吸引了不少北海市及周边地市的旅游者来此旅游度假。乡村旅游区的"红色革命"主题部分，重点在于突出对革命时代的怀念和对革命先烈的缅怀，在民宿内陈列了部分革命时代遗留的物件供游客观赏，同时，部分展厅布置以红色革命为主题，吸引了很多对红色革命有兴趣的旅游者前来游览。

该乡村旅游区旅游接待设施较完善，经营项目主要有：餐饮550平方米；住宿500平方米；钓鱼场6 000平方米；游泳池2 300平方米；烧烤场100平方米。村落依托古民居等特色资源，大力发展乡村文旅产业，不断完善各项乡村旅游配套服务设施，提高旅游接待能力，提升旅游品质，致力于打造农耕文化休闲体验片区。

图 9-3 乡村旅游度假区民宿（许小洁 摄）

二、自然与人文景观

（一）自然景观

1. 百年古树

石子岭村中有一片郁郁葱葱的古树群落，包括樟树、荔枝树、龙眼树等，遮天蔽日，树荫下是村民纳凉、休闲聚会的好去处，这片古树群落用岁月年轮见证了石子岭刘氏宗族的繁衍生息与发展历史。这些古树或群聚成林，或傲然独立，多数树龄不可考，据很多村民回忆，其从小就见这些树。村里人对古树也格外爱护，这也是村民们留给后辈子孙的财富。

2. 田园景观

石子岭村属于亚热带，地貌以山地为主，南面为田地，适宜种植水稻，风光秀美，四季各异。如此温暖的气候和优美的自然风光，非常适合发展旅游产

图 9-4 村中百年古树（许小洁 摄）

图 9-5 村中蒟蒌（许小洁 摄）

业。随着农耕文明的远去，工业时代的我们似乎远离了大自然，城市生活的快节奏也让上班族们喘不过气来，他们也渴望亲近大自然。因此，依托本村得天独厚的自然、空气等优势资源，发展以农家乐为主题的乡村旅游度假区也似乎是本村目前和未来发展的最佳选择。本村在近几年发展乡村旅游，受到周边旅游者的青睐，获得了良好的旅游经济效益。相信未来石子岭的乡村旅游发展会越来越好，从而带动该村经济全面发展，助力乡村振兴战略实施。

3. 蒟蒌园

蒟蒌园为乡村旅游景区的小景点，在建设为景点之前，本地村民种植蒟蒌主要是供自己食用。蒟蒌又叫蛤蒌、假蒌、山蒌等，主要是生长在林下、村旁湿地等地方，除了食用的价值，蒟蒌还具有一定的药用价值，蒟蒌的根、叶、果子都可以用来入药，有温中散寒、祛风利湿、消肿止痛等作用。包粽子时用蒟蒌叶包肥猪肉作馅，一是可以消除猪肉的肥腻，二是中和糯米的湿热，祛热毒[①]。

（二）人文景观

1. 客家围屋

客家围屋位于石子岭村北面，是一座具有 200 多年历史的古代民居，也是继永安大士阁之后山口镇的第二大古代建筑。这座客家围屋的客家文化内涵丰富，是客家文化的重要象征，从建筑风格到民风民俗处处展现了客家的人文历史，也充分展示了清朝晚期古人建造房屋的高超工艺。虽历经 200 余年风雨沧桑，客家围屋至今仍然雄风犹存。客家围屋占地面积 2 352 平方米，为长方形，东西各一门。城墙高 8 米左右，为灰沙夯实，四周布满炮眼、枪孔，东南西北四个角都有瞭望楼，以利防守。城内为土木结构建筑，结构紧凑，功能分明，轴线明确，左右对称。客家围屋古色古香，呈现出一派古朴风貌，为不可多得的建筑珍品。

---

① 程淳、苗小荣、李金伟等：《假蒟叶系列菜品的开发利用现状》，《现代园艺》2018 年第 1 期。

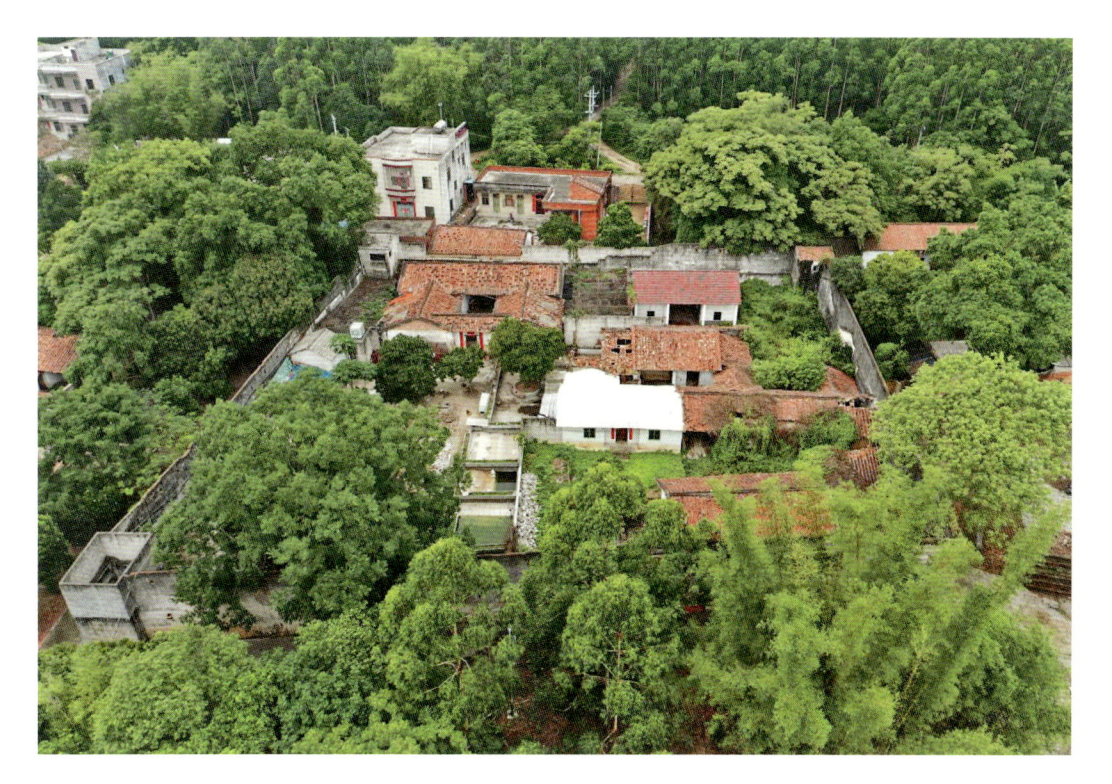

图 9-6　石子岭客家围屋（赖文昌 摄）

客家围屋的修筑于清代后期，刘氏先祖从福建辗转到广东，后搬到此地定居。当初并没有考虑修筑围屋，但是由于当时的治安环境不太好、盗贼四起。一天晚上，该村有 6 男 2 女村民共计 8 人，被盗贼劫走。此事发生后，族长考虑到以后族中的安全问题，必须修筑围屋保护全族成员。因此，客家围屋修建后其初衷是保境安民，后来逐渐增加了军事防御的功能。

客家围屋的军事防御作用主要体现在围屋的四个炮楼，炮楼设在围城的东南西北四城角。炮楼均设有炮眼和枪孔，炮楼有瞭望贼寇的用处。炮楼在 200 多年间，在抵御贼寇或外敌侵扰方面确实发挥过重要作用。虽历经战火，但是它们像四个魁梧的勇士一样依然保护着石子岭的村民。城墙是由黏土、石灰、红糖、碎石子捣碎，混合制成，可使城墙坚固。可以看到城墙上有很多蜂窝状的纹路，是贼寇的子弹打到城墙上，然后经过长期风化侵蚀形成的。这些残痕见证了古城墙为抵御外敌侵扰、保护当地居民做出了重要贡献。纵然间隔 200 多年，经过岁月和战乱的洗礼，城墙依然完好如初，城墙依然坚固挺立。1945—1949 年，由于发生鼠疫，导致不少村民不幸感染并去世，恐怖的气氛笼罩在围屋中，不少村民就搬了出来，随着围屋人数的减少，昔日的繁华便不复存在。

图 9-7　围屋内部建筑（许小洁 摄）

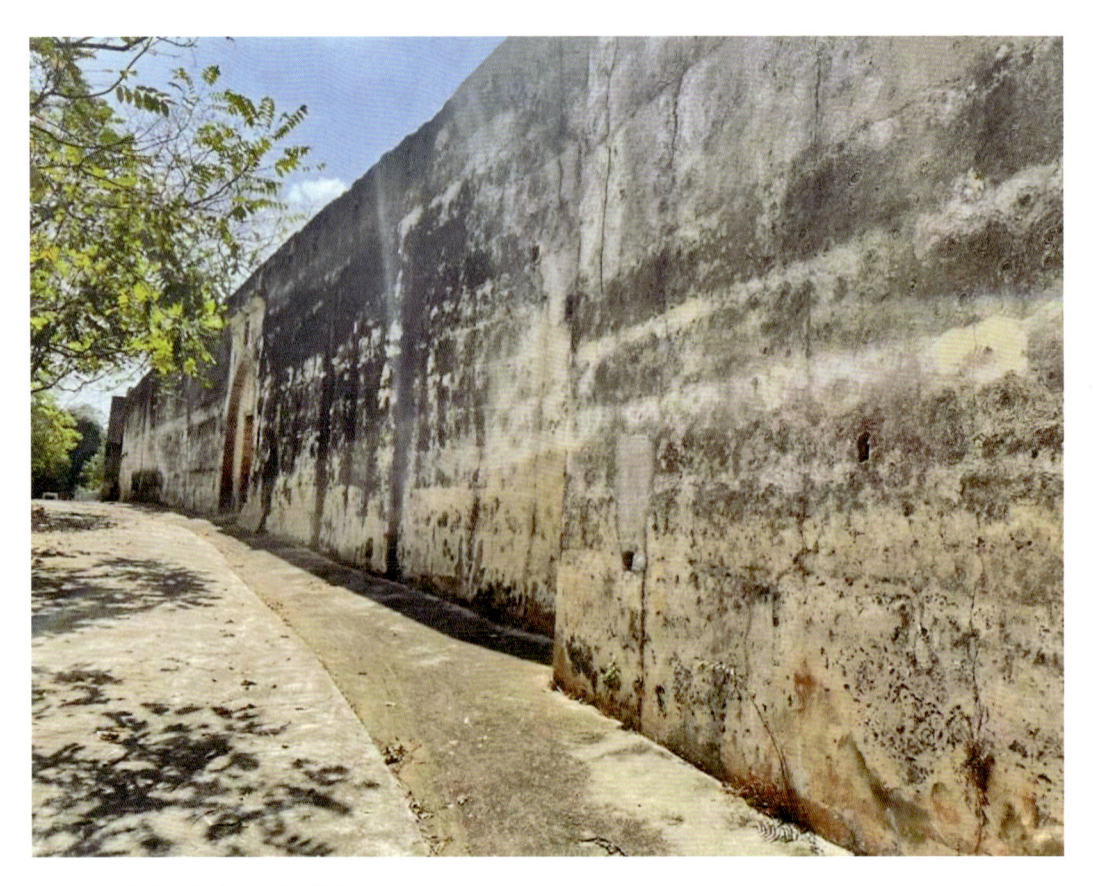

图 9-8　围屋一角（许小洁 摄）

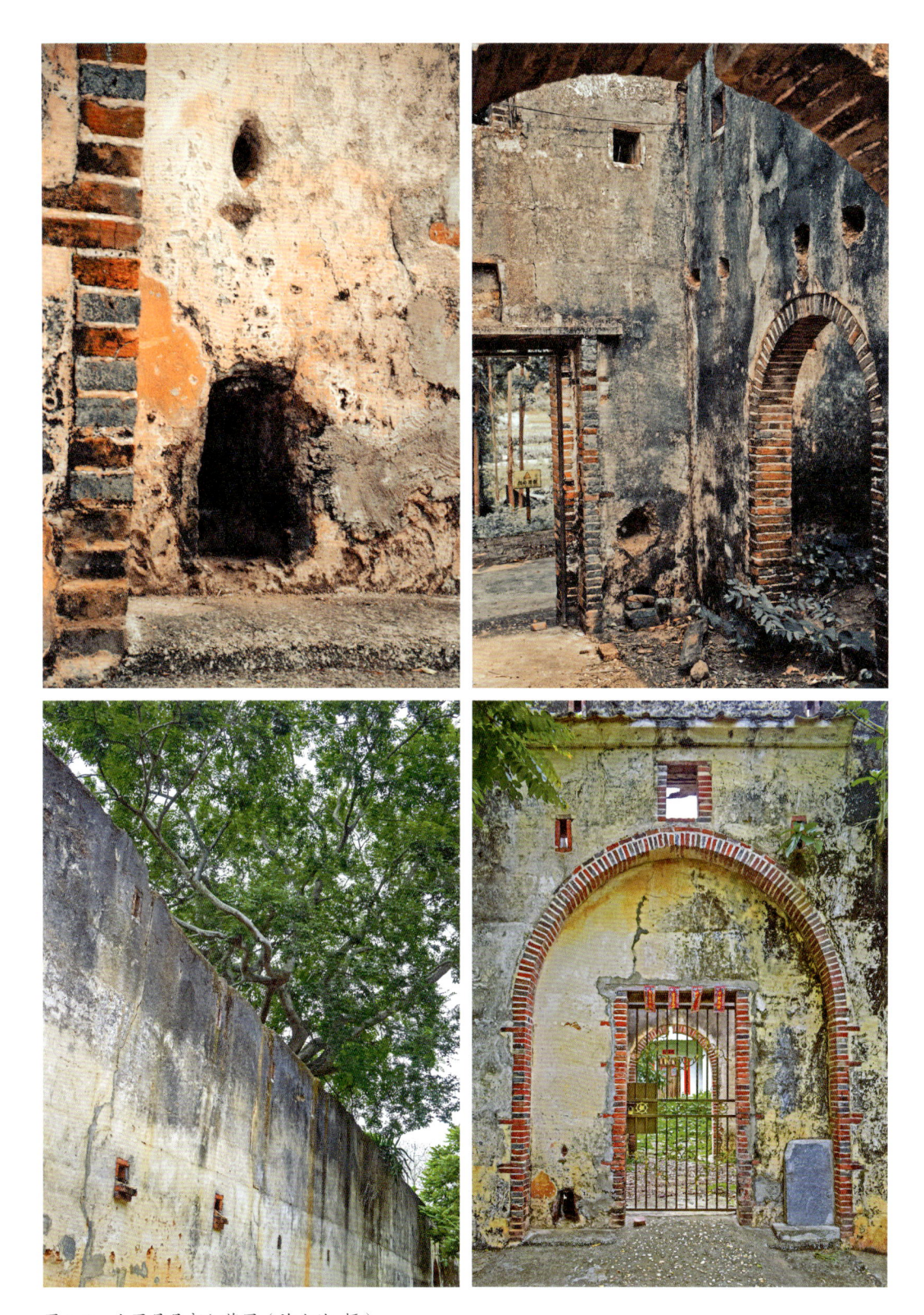

图 9-9 土围屋局部细节图（许小洁 摄）

此围屋为刘氏宗族所拥有,当时全村人都在围屋内居住,围屋内设有油坊、赌场、药材铺、布行、当铺、钱庄等,繁华热闹。客家围屋居住这么多人,几世同堂,围屋内民居结构复杂,房间众多,走进围屋,依然能够感受其沧桑的过往。

2. 刘氏祠堂

刘氏祠堂坐落在村中部,经历了近百年历史变迁,于2015年重建落成。刘氏祠堂正面为欧式风格,青砖外墙到顶,保留了客家传统四合院式的建筑格局。

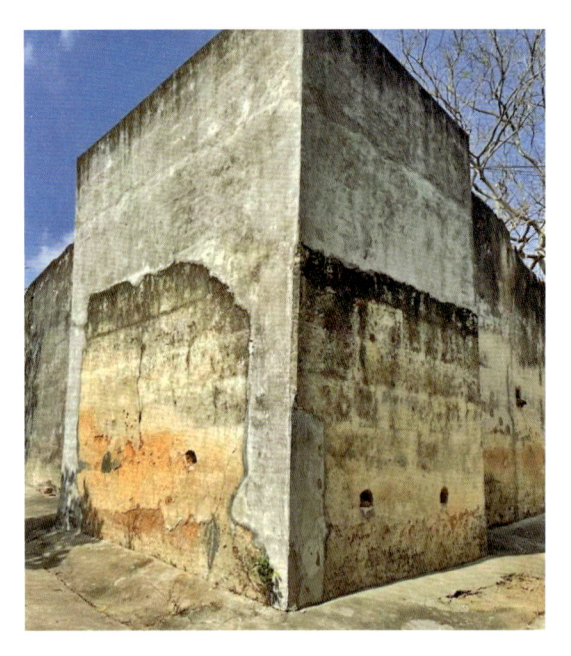

图9-10 围屋炮楼(许小洁 摄)

刘氏祠堂在早期并不是祠堂,而是一个私塾。刘氏非常注重宗族观念,将私塾改成了刘氏祠堂,每逢重大节日,如清明节、中元节这里都会举行隆重的祭祖活动,全族的人出动,遵循仪式祭奠刘氏列祖列宗。

祠堂供奉刘氏祖先共24代,刘氏祠堂门前有对联云:"禄阁家声远,彭城世泽长",表达了刘氏宗族"慎终追远"的传统。进入祠堂,可以看到历代刘氏祖先的名字和排位,同时还能看到一墙碑,上有一首《认宗诗》。相传刘氏先辈广传公为敦促十四子全部外迁他乡创业,为便于裔孙认祖归宗,作了一首《认宗诗》送别儿子:"骏马骑行各出疆,任从随地立纲常。年深外境皆吾境,日久他乡即故乡。早晚勿忘亲命语,晨昏须顾祖炉香。苍天佑我卯金氏,二七男儿共炽昌。"[①]诗中的第七句用典"卯金氏"指的就是刘氏。

据刘氏族谱记载,刘广传,名弁,号清淑,谥广传,南宋嘉定元年(1208)戊辰岁正月廿日辰时,生于福建汀州府宁化县石壁乡,宋理宗端平二年(1235)乙未岁,27岁登进士第,官授江西赣州太守(一说瑞金知县)。因筑城建学、平洞寇有功,当地人民爱戴,擢迁为奉议郎(朝官,即元代六部"吏、户、礼、兵、刑、工"中的议郎官,正四品),卒于京职。娶妻马夫人、杨夫人,生一十四子:巨源、巨湶、巨洲、巨渊、巨海、巨浪、巨波、巨涟、巨江、巨淮、巨河、巨汉、巨浩、巨深,分迁江南各省开基立业,其中三县令、五道府、二大夫、一提学、一都运、一按察、一京师九

---

① 邱立汉:《客家祖训对客家民系发展壮大的作用》,《龙岩学院学报》2018年第1期。

图 9-11　刘氏祠堂（许小洁 摄）

图 9-12　刘氏祠堂内部（许小洁 摄）

门大都督，书香盈堂，满门朱紫①。

当时，广传公生下十四子以后，正值元兵入犯，国破家亡之时，为家族能生存下去，广传公鼓励儿子、孙子要向外发展，不要儿女情长痴恋家中，作诗一首，以激励儿孙，并作日后认宗的依据。这首七律被奉刘氏族诗，谱曲后称刘氏祖训歌，鼓励刘氏后辈牢记祖辈嘱托，出去建功立业，就算到达他乡深根落地，也不能忘了祖辈的遗训，期望刘氏子孙兴旺发达，香火永续。这也体现了刘氏客家人的艰苦和创业精神。

---

① 刘道超：《宗教人类学视阈下客家祖垄信仰探析——以广西客家为中心》，《龙岩学院学报》2014 年第 6 期。

三、民俗文化

（一）民间习俗

1. 春节

石子岭村的春节活动，与汉族传统春节活动类似，主要时间是从上年除夕至来年正月十五。正月初一早起焚香烧烛，自先祖上下与四方之神皆祭，然后到平安社祭拜，最早到的叫春食。初二用牲仪祭拜，开荤。此后酬师、访友。初五以后，添丁之家挂灯，宾客往来，即使是邻居也必须吃果饼才告辞，谓之不空。初十起户挂彩灯，当夜户主相聚饮酒，至十五始散。

2. 二月二

在石子岭村，"二月二"为龙抬头节日，据说这一天吃的食物都与龙有关：要吃春饼，美其名曰"吃龙鳞"，还要吃面条，名曰"扶龙须"，吃米饭名曰"吃龙子"，吃馄饨名曰"吃龙眼"，吃饺子名曰"吃龙耳"。"二月二"村里会有"祈福"的活动和仪式，这一切都是为了唤醒龙王，祈求龙王保佑一年风调雨顺，五谷丰登。

"二月二"这一天流行理发，本着"正月不宜理发"的原则，到了"二月二"这一天大家争先恐后去理发，据说，这天理发可以让人精神焕发，福星高照，一年的好运都会随之而来。这一天也是"春社"，户主一般会集坛祭社祈福。

3. 三月三

"三月三"不仅是广西壮族重要的传统习惯节日，也是汉、瑶、苗、侗、仫佬、毛南等世居民族重要的传统习惯节日。主要活动是插青。各家各户用枫叶插在大门两旁，或捣枫叶浸糯米煮乌米饭，或舂接成粉，或炊发拜墓，气氛热烈，全村都沉浸在热烈的节日氛围之中。

4. 清明

清明扫墓，是中国的一种传统文化习俗，作为缅怀英烈、祭奠逝者、感恩先人的传统节日，承载着深厚的文化意义。在石子岭，刘氏客家人恪守重本溯源、慎终追远的家族传统，村里建有祠堂纪念和祭祀祖先。对于刘氏家族而言，清明祭祖是一年中极为重要的家族仪式。清明节是祭祖的大日子，每到清明，无论刘氏宗族的成员身处何方，他们都会设法返回家乡，共同参与这一庄严的祭祖活动。在祭祖仪式结束后，刘氏族人则聚集在刘氏宗祠，共享团圆饭，召开家族会议，交流家常，其热闹程度不亚于春节。

5. 五月初五

传统节日端午节，也叫作端阳节，又称作龙船节。家家户户以艾蒲插门户，包灰水粽祭祖及馈赠亲友，做香袋给小孩佩戴，谓之辟邪药，称王五膏药。

6. 七月十四

七月十四祭祀故人的方式与清明节稍有不同，需要在中元节前一日，家人在一起杀鸡、杀猪，摆上鱼肉，在屋前或者路口烧纸钱给故去者，或者拿祭品祭奠故人。

7. 八月十五

中秋节，与汉族的过节大致类似，中秋月圆，主要是有团圆之寓意。该村村民外出务工者也会陆续回来，与家人团聚。家家户户月出烹茶供祖先，后露天设几案，团聚赏月。

8. 冬至节

冬至有过大年之说，除了有吃饺子一说，村民还会包大粽，榨米粉，杀鸡鸭，家庭团聚过节。对应"二月二"的"祈福"，这一天一般会"还福"。

9. 十二月廿三

俗称"小年"，天亮更衣以待，妇女准备果品，如原有祈祷即还神。过去毗邻相亲，密者互养一猪叫轮猪，即在这一日屠杀，聚餐后瓜分。

10. 除夕大年

这一天与汉族节日过法一致，全村村民张灯结彩，全家团聚，包大粽、蒸年糕、打烧饼、做米粉，并以柑橘一道供奉祖先，次年正月十五撤。晚上吃团圆饭，新衣守月，还有舞狮舞龙等活动。

11. 舞狮表演

村里自发组织的舞狮表演，一般大型传统节日、婚宴或者喜宴上，会邀请舞狮队来进行舞狮表演，这也成为村民喜闻乐见的文艺活动。

12. 祭祀仪式

祭祀仪式一般是指该村居民在传统节日祭祀刘氏祖先，通常在清明节和中元节尤其隆重，通常该村村民及在外地的刘氏子孙都会从各地赶回来参加祭祀活动。

（二）民间文艺

1. 山口木偶戏

木偶戏以粤语乡音演唱，说唱为主，伴以锣鼓、笛子等。按曲目节奏敲打，有快有慢，轻重搭配，可一人饰演多角，形式生动活泼。唱腔圆润响亮，曲调流畅、富于感情，喜怒哀乐的说唱融入深情动人的表演，引起观众的共鸣。独具地方曲艺特色，给人亲切、清新的印象。

木偶戏在北海山口、白沙、沙田、公馆、南康、福成等乡镇均有分布，尤以山口、白沙两地为盛。最初是单人在田间或树下卖艺演唱，后来演变为多人演唱。清初，民间演木偶戏，用正字唱，后改用白话演唱。新中国成立前，木偶剧团在农闲时或在春节期间到各村演出。新中国成立后，木偶戏队伍不断壮大。1984年，山口镇举办全镇木偶戏会演，参演的有11个队。

山口木偶戏主要是杖头木偶（杖头木偶又称托棍木偶）表演。山口木偶戏由表演者右手操纵一根命杆（与头相连），左手操纵两根手杆（与手相连）进行表演。演出前不需彩排，也没有固定的剧本，只有提纲。配音者用粤剧的唱腔，按照小说的内容即兴发挥；木偶操作者根据配音者即兴演说的内容操控木偶。古时演出所用的木偶均为艺人自己雕刻制作，现今所用木偶从广东采购。木偶眼睛能开能闭、能转动，嘴舌也能活动。角色共分为旦、生、净、末、丑、杂六大类，其中旦又细分为花旦、夫旦、老旦，生分为文生、武生，各种角色形象不一，生动逼真，且不同角色所用的唱腔、音调不一。全队音乐只一人"掌板"，另一人手、脚、口并用，左手打锣，右手打双皮鼓、沙的、扣锣，脚打锣，口吹唢呐。山口木偶戏因手杆在外，身体塑形自由，整体感增强，突破了传统造型的局限，很受观众的欢迎。山口木偶戏的表演剧目超过300个，主要有《穆桂英挂帅》《赵双阳追夫》等，其中《赵双阳追夫》曾荣获合浦县委、县政府举办的合浦县民间传统文艺汇演二等奖[①]。

在北海市，木偶戏已流传了数百年。每逢春节、诞期及冬至等传统民俗节庆，木偶戏都会在广场、宗祠或者寺庙等公众场所进行演出。传统戏剧"山口木偶戏"于2015年7月被列入北海市第三批市级非物质文化遗产代表性项目名录，极大地丰富了当地的戏曲剧种和艺术表演形式，深化了城市的文化内涵；"山口杖头木偶戏"于2016年被列入第六批自治区级非物质文化遗产代表性项目名录。目前，自治区级非物质文化遗产——山口木偶戏在石子岭乡村旅游区等地不定期展演，由自治区级非物质文化遗产项目"杖头木偶"代表性传承人陈耀文与北海市级传承人为游客群众"零距离"表演。

2.《老杨公》

《老杨公》是一种源自中原古老的宗教艺术，盛行于北海、合浦、钦州等讲"廉州话"地区，已有几百年历史。它用"廉州话"演绎，深受当地群众喜爱，2010年被列入第三批广西壮族自治区非物质文化遗产。据资料记载，中原古代的《傩舞》是《老杨公》的源头，《老杨公》是直接从中原以《傩舞》形式传入合浦的民间艺术品种。它的歌舞形式活跃于东汉至明清时期，戏曲艺术定型并盛行于

---

① 翟坚求：《山口木偶戏：传统戏剧的坚守》，《北海日报》2019年9月26日。

明清，后被《耍花楼》取代而式微，渐偏向说唱发展，形成崭新的民间曲艺。《老杨公》以固定的曲牌进行演和唱，整套曲牌由海歌和小调构成，主体由《东海歌》《西海歌》《撑船歌》等组成，此外还有《大堂歌》《犯仙调》和《西江月》《判家档》等辅唱曲牌[1]。

民间曲艺《老杨公》取材于一个神话故事。传说有一个叫蔡九娘的姑娘为贫困所逼，被卖给财主王国清为媳。因地主和家婆百般折磨，难以忍受，欲投海自尽，幸遇南海观音老母化为老杨公撑渡搭救。石子岭村不定期举办《老杨公》艺术表演，深受老百姓欢迎，吸引诸多游客前来观看。

（三）民间信仰

石子岭村民主要信仰道教。当地有出海捕鱼的村民，也信奉妈祖，逢年过节会举行相关的仪式，祈求出海安全，满载而归。同时，本地每到传统节假日也会祭祀祖先和神灵。

四、风物特产

（一）特色美食

1. 荜篓特色美食

荜篓，又名假蒟、假蒌、山蒌等，是一种多年生、匍匐、逐节生根的草本植物，长数至10余米，叶近膜质，叶柄长2—5厘米，花单性，雌雄异株；总花梗与雄株的相同，苞片近圆形。浆果近球形。花期4—11月。荜蒌叶是一种在南方广为使用的美味的调味品，人们常常用它的叶子来做菜，它的美味经常和紫苏叶相提并论。海南、福建、广东、广西、云南、贵州及西藏各省区均有分布。

广东、广西人包粽子时用荜蒌叶包肥猪肉作馅，一是可以消除猪肉的肥腻，二是中和糯米的湿热，祛热毒[2]。另外也用其叶子煮荜蒌饭，有特殊香气。荜蒌叶还可以用来炒田螺、做牛肉饼。荜蒌牛肉饼就是一道美味的菜肴，荜蒌叶也有别的用处，叶子、果穗或根可以做汤料，熬鸡汤或别的汤时，放少许，汤会清香美味。

2. 糍粑

当地均产糍粑，做法是以糯米、土豆为主料，浸泡后搁蒸笼里蒸熟，再迅速放在石臼里舂至绵软柔韧，趁热将饭泥制作成可大可小的团状，搁芝麻炒香磨粉拌白砂糖

---

[1] 黄金：《探析廉州山歌剧〈老杨公〉的艺术特征》，《艺术评鉴》2016年第4期。
[2] 程淳、苗小荣、李金伟等：《假蒟叶系列菜品的开发利用现状》，《现代园艺》2018年第1期。

（或是黄豆炒香磨粉拌白砂糖）的盘里滚动，即可取食，口感香甜。但凡有喜事，当地人都要做红糖拌糍粑招待客人，以表吉利。该村生产的糍粑广受村民和游客的喜爱。

3. 年糕

石子岭年糕，该村传统美食，属于农历新年的应时食品。年糕是用黏性大的糯米或米粉蒸成的糕，在春节，当地多吃年糕。当地年糕主要以黄色为主，年糕又称"年年糕"，与"年年高"谐音，寓意着小孩身高一年比一年高。所以前人有诗称年糕："年糕寓意稍云深，白色如银黄色金。年岁盼高时时利，虔诚默祝望财临。"除春节以外，其他节庆活动、婚丧嫁娶皆有年糕在村民的宴席上。

4. 扣肉

当地扣肉，主要是香芋扣肉。用五花肉切成约 0.5 厘米厚，煮成八成烂后油炸。香芋头也切同肉一样厚度油炸成金黄色，与五花肉一块块相隔、相扣，放入调料，吃起来味香、不腻、爽口。肉皮金黄，香芋雪白，黄白相间，形成龟背，外观好看，而肉食不腻，芋嚼鲜美，香气扑鼻，回味无穷。当地扣肉是逢年过节的必备菜肴，肥而不腻，鲜嫩多汁，老少咸宜，是石子岭村民款待贵客好友的上佳食品。

图 9-13 当地扣肉（黄凤琦 摄）

（二）特色工艺

1. 竹编

竹编包括日常的竹篮、竹篓、竹椅、竹凳、竹床等，主要是一些日常用品，供该村村民使用，少有外销。竹编等手工艺品具有浓郁的地方特色，体现了村民的智慧和勤劳。

2. 酿酒

石子岭古法酿制白酒和米酒，主要供村民自己饮用，部分也拿来招待外地游客。当地产的白酒度数都不高，香醇可口，是逢年过节、宴席聚餐的必备佳酿。

3. 古法酿制花生油

该村村民多用古法酿制花生油，与现代工艺不同，古法酿制花生油绿色、纯天然，使用该村的花生烹制的花生油，香醇可口。该村产的花生油，不仅受到当地村民的喜爱，有部分外地游客也慕名而来购买此花生油，并且物美价廉，深受好评。

五、文化教育与人物

（一）文化教育

石子岭村的刘氏家族秉持"诗书传家"的家族理念，十分重视宗族子弟的教育。为了给后代提供一个良好的教育环境，早期便在村庄内开设了私塾，为孩子们提供接受启蒙教育的场所。

如今，石子岭村内有一所名为河面小学面坝分校的学校，其前身为面坝小学，现有学生约200人。这所学校为石子岭村及附近的学龄儿童提供了宝贵的学习机会。这所学校不仅为孩子们提供了基础教育，更为村里未来的发展奠定了坚实的人才基础。

（二）人物

1. 刘恒心

刘恒心，清末民初，石子岭刘氏宗祠后裔。相传，此人乐善好施，有求必应，此人堪舆之术尤为高明，常帮村民选择阴宅、阳宅，对于八字面相，也较为精通。他给贫穷的村民看风水、八字面相分文不取，因此在村中拥有较高的声望。时隔多年，村中还有人记得有一个精通易理的风水先生。

图9-14 面坝小学（许小洁 摄）

2. 刘成琳

刘成琳，清代秀才，出生年月不详，为石子岭村客家围屋的主要创建者。他学医做郎中，又极具商业天赋，在村中开设有当铺、布行、油坊、钱庄、私塾等，同时在邻村和镇上开设多家布行，富甲一方，财力雄厚，为该村的建设和发展作出了重要贡献。

3. 陈耀文

陈耀文，自治区级非物质文化遗产"山口杖头木偶戏"传承人，鸿运木偶团团长。1985年6月在合浦山口镇新兴木偶团开始木偶演出工作，担任过小生、团长，合浦县山口镇十二届人大代表，主演过《说唐》《薛仁贵东征》《薛丁山西征》《万花楼》《天门阵》《赵双阳追夫》等110多个木偶传统剧本，于1989年成立鸿运木偶团并担任团长。鸿运木偶团有9个班，总共培训传承新苗40人次。建团以来，每班每年演出100多场，受到当地民众的热烈欢迎。"山口杖头木偶戏"于2016年被列入第六批自治区级非物质文化遗产代表性项目名录。陈耀文作为该项目的传承人，专业技术扎实，演出经验丰富，为保护传承木偶戏和丰富当地文化活动以及发展民间传统艺术做出了积极的贡献。

4. 刘奎

刘奎，1967年生，石子岭刘氏宗族理事长，世界刘氏联谊总会理事，石子岭乡村旅游区乡村振兴带头人，合浦县山口镇石子岭村乡村旅游开发有限公司法定代表人。其旅游开发有限公司经营范围包含：旅游景区开发、农作物种植、禽畜饲养、水产养殖、农副产品、海产品、工艺品销售、歌舞厅娱乐活动、餐饮、住宿服务等。

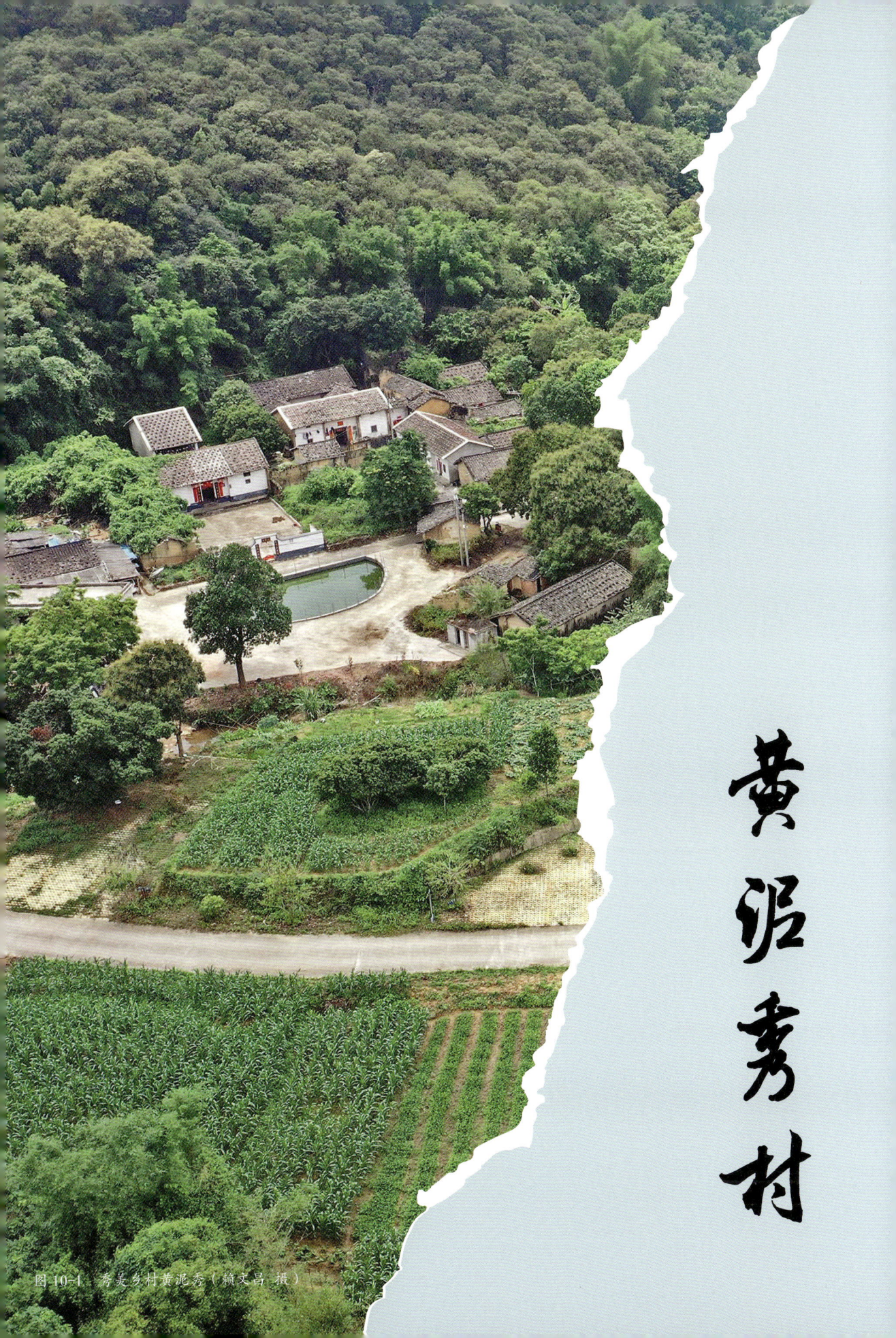

图 10-1 秀美乡村黄泥秀(赖定昌 摄)

黄泥秀村

一、村落概况

（一）方位与人口结构

黄泥秀村（旧称黄黎秀村），北海市合浦县曲樟乡山心村村委的一个自然村。该村的地理位置十分优越，距离北海市区约69千米，距离合浦县城约48千米，距离曲樟乡政府约5千米。黄泥秀村坐落在南流江畔的大廉山脚下，东面紧邻根竹山，南面则是茅斜村（黄泥秀创村始祖最初定居之地）。村庄的面积约0.15平方千米，村落占地面积约16万平方米。目前，该村户籍人口约400人，其中常住人口103人。全村只有刘氏一个姓氏，全部为汉族。村落周边数平方千米山林田地，水源丰足、物阜民丰。

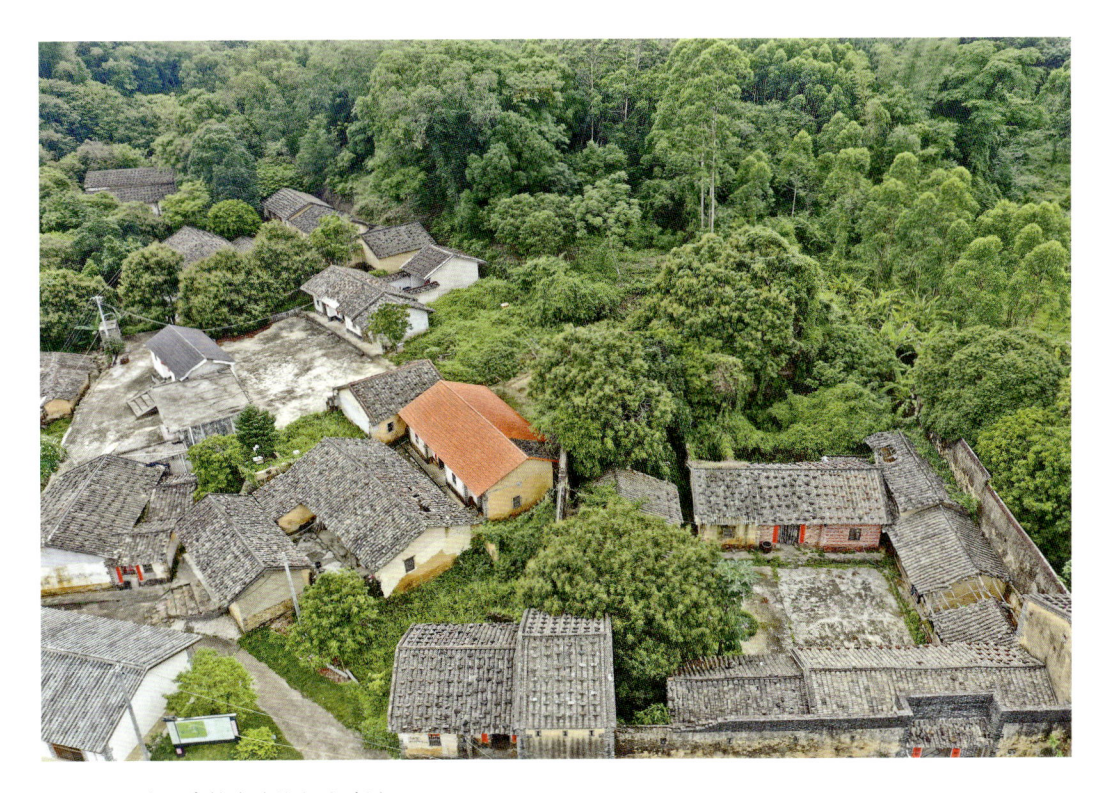

图10-2 黄泥秀村落（赖文昌 摄）

黄泥秀村属山地村落，其布局坐西向东，依山傍水，四周群山环抱，山势连绵起伏，峰峦叠嶂，四季常绿。此地的自然环境优美，民风淳朴，实为休闲度假的理想之地。在村庄中，有一条山间小溪横穿而过，将村庄一分为二。该小溪源于长窝岭，由山泉汇集而成，水清澈如碧，四季潺流不息。溪水内含有多种微量元素，口感甘甜，冬暖夏凉，既为村民提供了饮用水源，也满足了村民的农业灌溉和生活用水需求。而巍巍青山和川流不息的小溪，见证了黄泥秀村的百年历史，也诉说着这个村庄的沧桑历程。

（二）村史

黄泥秀村始建于清康熙二十七年（1688），距今已有300多年历史。据刘氏族谱记载：当年创村始祖刘荣庄（1668年8月—1749年10月）从浦北县张黄镇新圩刘屋村迁居至临近村（茅斜村）创业定居，每到傍晚劳作归来时，都看到有灵牛自动走往黄泥秀村，"耕牛是个宝，生产少不了"，刘荣庄通过认真勘察，看到此地藏风聚气、浑然天成，生态良好，遂决定在黄泥秀村定居，繁衍至今。村子四周砌有石头城墙，20世纪80年代被拆除。通过多年的合理布局，整个村体现了"天人合一"的建筑风水理念。黄泥秀村是继璋嘉老屋村这个全国传统古村落之后，在曲樟乡又一个客家传统古村，2017年12月被自治区政府定为第三批广西传统古村落。

（三）发展现状

黄泥秀村位于海拔约130米的山地丘陵上，以种植水稻为主，兼种花生、大豆等农作物，村民农闲之余主要兼营蜡烛生意，不少村民靠这种手艺发家致富。黄泥秀盛产红薯、黄椒、青椒、洋菇等农产品。这些丰富的农产品不仅满足了当地居民的生活需求，还为周边地区提供了重要的物资供应。

除此之外，黄泥秀所在的山心村还蕴藏着铝、锌、铜、煤等矿产资源。这些矿产资源的开采和利用，为当地经济发展提供了坚实的支撑。同时，该地区还积极发展丝织、酒类酿造、生物化工、机砖制造和油墨生产等小型企业。这些企业的发展不仅为当地提供了就业机会，还为当地居民创造了稳定的收入来源，为当地经济和社会发展做出了重要贡献。

自2017年被列入第三批广西传统村落名录以来，黄泥秀村获得财政专项扶贫基金产业基地配套设施项目，并建设了人畜饮水工程，使每户人家都能引入山泉水作为生活用水，有效解决了全村的饮水难题。在国家脱贫攻坚、奔小康的政策引导下，黄泥秀村外出务工及创业致富的村民数量显著增加。这些村民在取得成就后，不仅将新时代的新风尚、新知识带回了家乡，还积极参与到生态文明和谐新农村的建设中。

在政府的大力支持下，黄泥秀村的生态环境保护措施得到了加强，村容村貌及环境卫生得到了显著改善。通过开展城乡清洁工程，以及集资修建基础设施，村里的硬件条件得到了提升。具体而言，进村水泥道路、桥梁、篮球场、水渠岸堤等公共设施得以修建。同时，村民集资改造了祠堂、鱼塘、晒场、停车场等场所，并新建了文化活动中心。该中心每年开展丰富的文化体育活动，为村民的文化生活注入了活力。

此外，村内主要道路已完成水泥硬化改造，有一条4米宽的水泥道路与外界相连，极大地改善了交通。在电力方面，黄泥秀村实施了电网改造工程，实现了全村通电。电信、电视（村村通）、移动等信号也已覆盖到村内各个角落。在生活环境方面，村里整洁卫生，基础设施完备。村内污水经过化粪池处理后，以农家肥的形式用于农作物。排水设施主要为明沟排水，排水渠主要是村民自主修建的，顺地势高低流入溪水。此外，村里还设有垃圾收集焚烧点。

黄泥秀村地理位置优越，自然风光秀丽，旅游资源得天独厚。近年来，黄泥秀村把握机遇，大力发展乡村旅游，成果显著。2019年，黄泥秀乡村旅游区一期工程顺利竣工，为游客提供了一个感受自然与人文之美的理想场所。

黄泥秀乡村旅游区独具特色，由客家土围屋、桃花园、原始森林、山涧泉溪等部分组成。每一处景点都充满了历史的厚重感和文化的独特性，让游客在欣赏美景的同时，也能感受到古村的韵味和风情。

随着乡村旅游的蓬勃发展，黄泥秀村焕发出新的活力。游客在这里可以尽享如画的风景，品尝地道的客家美食，深入了解当地的历史文化和民俗风情。同时，村民们也积极投身于村容村貌的美化和绿化工作，加强对历史文化遗产的保护和传承，努力构建一个生产发展、生活富裕、村风文明、村容整洁的新农村。

在新的历史时期，黄泥秀村将继续发挥自身优势，推动乡村旅游的持续发展，为游客提供更加优质的旅游体验。同时，也将积极探索乡村振兴的新路径，实现经济、社会和环境的可持续发展，为建设美丽中国贡献力量。

二、自然与人文景观

（一）自然景观

黄泥秀村有一片郁郁葱葱的古树群落，村前、村中、村后均有古树数十棵，由于村民遵循不砍伐祖祠后山树木的祖规，因而古树连片成林，蔚为壮观，形态各异、枝繁叶茂的古树也成为黄泥秀村的一道亮丽风景。古树群包括黄花梨、龙眼、荔枝等珍贵树种，遮天蔽日，树荫下便是村民纳凉、休闲聚会的好去处。这些参天古树的岁月年轮见证了黄泥秀村刘氏宗族的繁衍生息与发展历史。

据村志记载，村落虽为宝地，先祖尚感不足，那就是南边过于穿漏，以风水论，正

图 10-3　客家四合院（许小洁　摄）

属白虎砂，"白虎口开开，不损人丁也损财"，此乃《易经》之论，不吉之象。于是栽了两棵细叶榕树，魁梧婆娑，塞得风也难透，弥补了宝地的不足。榕树经历 300 多个春秋，像两个年老的侍卫守护着黄泥秀村，又像两个长者，谆谆教导村民要热爱黄泥秀村。

（二）人文景观

黄泥秀村是客家传统古村落，村中现还保存有完好的街巷、古城墙、石拱桥、牌匾、筑堰等。这些保存完好的珍贵古迹，是客家文化的有力见证。民居、古祠、客家人特有的传统生产生活用具及客家人的传统美德等，也展现了客家人的独特生活方式，对于发掘和传承客家文化甚至是岭南文化有较高的价值意义。

图 10-4　细叶榕古树（曹计划　摄）

1. 街巷

黄泥秀村的传统街巷空间承载了村民与自然和谐相处、睦邻友善的包容智慧。其街巷空间平面肌理平直，形成户户相通、巷巷相连，串联起院落、建筑和道路的公共空间。同时，街巷空间纵向结构巧妙地利用地形起伏，高低错落有致，形成了独特的布局。石头铺设的路面、台阶和汀步等元素，不仅增加了空间的层次感，也展现了黄泥秀村传统街巷空间的独特魅力。

2. 古城墙

烽烟古城墙建于清末民初，当时，土匪频繁侵扰村庄，村民的生命财产安全受到严重威胁。为了抵御劫匪的侵袭，保护村民生命财产安全，族长和村中长者决定举全村之力，在村庄的四周用石头砌城墙。1912年由刘灼峰主持兴建烽烟古城墙。该城墙有1米多厚，4米高，固若金汤。自城墙修建完成后，劫匪望而却步，村庄得以安宁。

3. 石拱桥

黄泥秀村依山傍水，村庄有一条清澈见底的水溪由西向东从村中穿过。1702年，村民修建了村里唯一的砖石拱桥，桥有三拱，其中两个为旱拱，平时无水流过，只有在山洪暴发时为主拱分洪才发挥作用。朴实的村民先辈用智慧战胜天灾，历经数百年，砖拱桥仍然屹立不倒。2002年，村庄修通了水泥路，汽车来往不断，为安全起见重新建造了水泥钢筋桥梁。

4. 牌匾

黄泥秀村人杰地灵，村民均遵循"知识改变命运"的信念，耕读传家，人才辈出。同治十二年（1873），刘治庭获赏五品蓝翎、进士荣誉，有进士牌匾为证。

5. 筑堰

据村民介绍，先祖开垦田地的时候，发现此地蚂蟥很多，无法立足。在一次山洪暴发过后，偶然发现蚂蟥少了很多。先祖于是来了灵感，在要开垦田地的上游先筑围堰收集雨水，既可冲走蚂蟥，又可给下游田地灌溉，一举两得。现村中有保存完好的筑堰2处，残存的筑堰3处。

6. 天生庙

天生庙坐落于黄泥秀村樟树坪岭脚下，群山环抱，绿水绕流，幽静雅致，风光旖旎，环境宜人，诚为福地。天生庙坐南朝北，占地面积约500平方米，为村中的道教场所，每逢节日，村民均云集天生庙进行祈福活动。天生庙历史悠久，属县级文物保护单位，出于历史原因被毁弃。村民们在2014年自愿捐资重修天生庙，2019年村民们再次慷慨解囊，捐献土地，修建了天生庙门前的地坪与塘井，使庙宇更显庄重与肃穆。

据天生庙庙史介绍，殿中供奉有：玉旨加封天生老师、玉封道果康王大帝、敕封五显华光大帝、显应职官刘道生一郎四尊灵神。按排列次序,天生老师居首,故名天生庙。始建于清朝中期,为黄泥秀与茅崟两村刘、陈二姓元祖志同协建,迄今已有300余年历史。

诸神和衷共事,有求必应,指点迷津,笃千秋之正气,驱妖风以远遁,拯救生灵,造福百姓,显赫威灵,神恩广布,威名远扬,方圆百里黎庶,高官贤达,远道而来,络绎不绝,争相求问。或祈福,或许愿,获益良多,赞不绝口。"多年借债不还,焚香求助后,略隔一月之久,蓦然如数还清且道歉连连;军长香翰屏承蒙保命,一路平安,其母赏赐令箭;陈铭壁县长,感同身受,赠戏演唱,鸣枪恭贺。"事例生动,神乎其神!

地缘之故,天生庙风貌独特,别具一格,鲜为人知。地方游击队二连、七连频繁进驻、粤桂边区纵队新六团团长陆新率部到此,鱼水同欢,地下党的领导陈铭壁县长及其所属常作栖宿,赖以挡风遮雨,为中华人民共和国的建立默作奉献,政治意义极为彰显,可颂可歌,甚觉殊荣,岂敢忘却!

尽管如此,天生庙曾惨遭一劫,夷为平地,一切荡然无存。后蒙各各,乐善好施,集腋成裘,众志成城,遂得复建且有拓宽,植被美化,初具现代模式。年度中秋庆憸

图 10-5 天生庙(许小洁 摄)

(chàn)，加以演戏，洋洋得意，其乐融融。乐见诸神助天行道，匡地施仁，众拥尤奉。纵观庙宇的未来，必定犹如方壶员峤，蓬莱弱水。

7. 刘氏祠堂

刘氏祠堂拥有两座庄重而肃穆的建筑，分别为刘氏祖祠和刘家祠，均为黄泥秀村村民用以纪念祖先的祭祀场所。刘氏祖祠，由创始人刘朝华于1789年建立，其建筑为上下两层的四合院风格，建筑面积280平方米，占地面积580平方米。为确保其历史价值得以延续，分别于1986年和2011年进行了修缮工作。这座祖祠为全体村民所共有，象征着他们共同的文化根基和历史传承。

图10-6 刘氏祠堂——天禄第（许小洁 摄）

刘家祠，由刘永贞于1889年建立，其特色在于青石地板的天井设计。这座建筑同样为上下两层的四合院结构，上厅供奉着祖先的牌位。经过多次修缮，包括1992年、2016年和2019年由村民集资进行的重修工作，刘家祠得以保持其历史原貌。刘家祠占地面积720平方米，建筑面积280平方米。其背后是来龙山（又称浦岭山），前方则有聚宝盆（即池塘），完美诠释了依山傍水的风水理念。传说此地为一处风水宝地，也正因如此，黄泥秀村才孕育出众多杰出人才。

（三）建筑文化

1. 客家土围屋

村里至今仍保存着一座相对完好的客家土围屋，围墙四角均有骑楼。据黄泥秀村历史文化保护小组提供的黄泥秀上墙牌显示，客家土围屋建于1900年，占地面积约4 800平方米，属刘灼凤、刘灼源所有。围屋内有建筑物20多间，水井等生活设施一应俱全，是村里先民当时为了抵御贼寇而建设的，围墙均用黄泥、石灰、河沙、糯米和红糖按照一定比例拌和后用夹板夯筑而成，结实坚固。围墙四周有许多斜设的"枪眼"可以从里面观察和打击贼寇或入侵者，围墙四角均有骑楼。土围屋在1960年和1996年曾进行过维修，现保存完好，至今仍有村民在此居住。

2. 四合院传统民居

四合院始建于清初，共八座四合院依山坡并列而建，是黄泥秀村先民迁徙开基创

图 10-7　黄泥秀村土围屋（许小洁　摄）

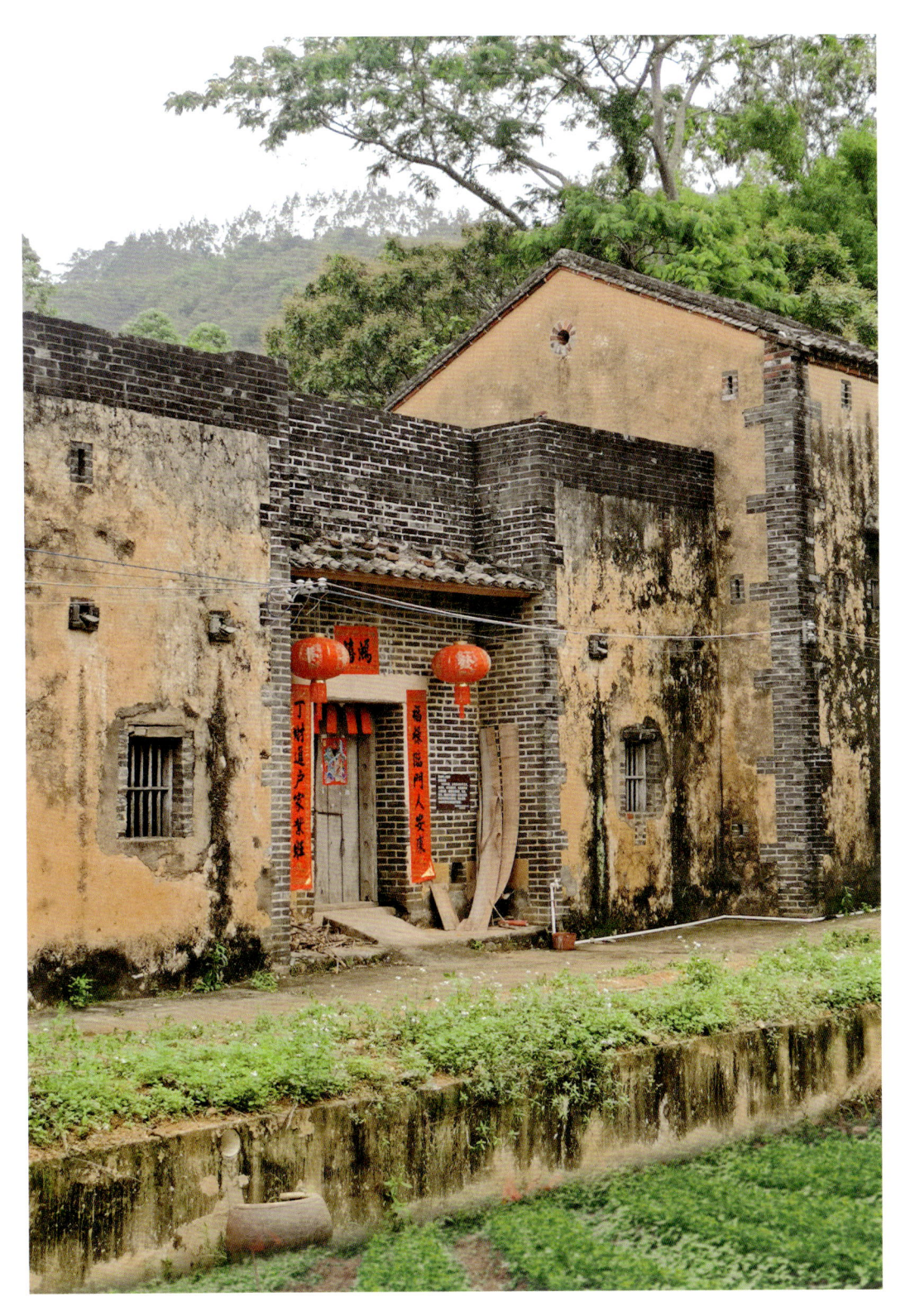

图 10-8　黄泥秀村土围屋（许小洁 摄）

图 10-9　黄泥秀村土围屋炮楼（许小洁　摄）

业的标志象征。这八座四合院的建筑面积约 4 800 平方米，主体建筑部分分两进，中间有天井采光透气，四边是各种功能的房间。前后进间，由两廊连接，两廊都开有侧门，具有古朴典雅的岭南客家建筑风格，建筑为青砖黛瓦、木格窗、坡屋顶和硬山墙。

至今保存非常完整的有刘灼寅四合院、刘均名四合院以及刘锡禧故居。刘灼寅四合院系砖瓦结构的建筑，建于 1892 年，上下两层，建筑面积 160 平方米，占地面积 290 平方米，曾于 1952 年和 1992 年进行过维修，现住刘锡初；刘均名四合院，亦是砖混结构建筑，建于 1889 年，共 11 间房，建筑面积 600 平方米，占地面积 860 平方米，曾于 1945 年和 2010 年进行过维修，现住刘润树、刘润仁；刘锡禧故居也是砖混结构建筑，创始人刘作仁，产权人刘锡祯，建于 1889 年，房屋山下木棚两层，房屋共 6 间，建筑面积 220 平方米，占地面积 330 平方米。刘锡禧曾为北京八一制片厂副师级干部[①]。

---

① 该村文稿根据黄泥村村情介绍纸质资料及村民口述整理。

三、民俗文化

黄泥秀村至今还保存着比较完整的传统民俗文化，每年的岁时节令，村民们都会按传统习俗举办各种民俗活动。

（一）民间习俗

黄泥秀村现存非物质文化遗产丰富，内容非常广泛，凡岁时节令、庆祝、生育婚姻、丧葬祭祀、医药、礼仪等皆属于这一范畴，且与地理环境、生产方式以及人们的心态意识有非常密切的关系。村子在传统节庆活动、地方特色饮食文化、民族生活文化等非物质文化遗产方面均具有十分重要的研究价值。祭祀、合浦公馆木鱼及中式传统婚礼等客家习俗，体现了黄泥秀村客家传统村落的浓厚文化特色。

1. 传统节庆活动

黄泥秀村传统文化延续完整，村民在传承传统文化的同时自发组织了开展各种节日活动，如每年春节、清明节、端午节、六月"丰收节"、七月十四"鬼节"、中秋节、十月"丰收节"、正月初八、二月初二、八月初二、十二月初二拜土地爷、正月初九全村祈太阳福、十二月还福等祭祀活动。

春节期间，十二月廿三为小年，天亮更衣以待，妇女准备果品，如原有祈祷即还神。过去毗邻相亲，密者互养一猪叫轮猪，即在这一日屠杀，聚餐后瓜分。除夕大年，全家团聚，包大粽、蒸年糕、打烧饼、做米粉，并以柑橘一道供奉祖先，次年正月十五撤。除夕晚上吃团圆饭、守岁。正月初一早起焚香烧烛，自祖先上下与四方之神皆祭，然后到平安社祭拜，最早到的叫得春素食。初二用牲仪祭拜，开荤。此后酬师、访友。初五以后，添丁之家挂灯，宾客来往，即使是邻居，也必须吃果饼才告辞，谓之不空出。初十起户挂彩灯，当夜户主相聚饮酒，至十五始撤。清明节，合族聚会祭祖墓；四月初八浴佛日，各户采山中野菜、木叶入，叫作拉杂垃圾；五月初五端阳节，又称龙舟节。各户以艾蒲插门户，包灰水粽祭祖及馈赠亲友，做香袋给小孩佩戴，谓之辟邪药，称王五膏药；五六月，以新粮（大小米）作杂粮揉米粉祭祖先；丰收节，每逢六、十月，村民都举行丰收节。歌舞、舞龙、舞狮以庆祝当年获得丰收，感恩天、感恩地、感恩祖宗等给予的庇护，风调雨顺、五谷丰登；七月十四中元节，也叫"鬼节"，按目连救母神话故事，前一旬起，有新丧满日的多在焚冥衣、纸覆致祭，以飨死者，旧者即在十四日烧化或除服，谓之新不与旧鬼同行，普遍宰牲榨米粉过节；八月十五中秋节，又叫团圆节。家家户户月出烹茶供祖先，后露天设几案，团聚赏月；冬至节，包大粽，榨米粉，杀鸡鸭，其盛有"冬至大如年"之说。

2. 祭祀仪式

祭祀仪式自黄泥秀开村以来便有，这是怀念先贤敦宗睦族的孝道文化，祭祀祖先的意义是为了"追养继孝，民德厚望"，追思、缅怀先祖的恩德。每年春节，清明节，端午节，六月"丰收节"，七月十四"鬼节"，中秋节，十月"丰收节"，正月初八，二月初二，八月初二，十二月初二拜土地爷，正月初九全村祈太阳福，十二月还福等重大日子，黄泥秀村刘姓后裔及男女老少便聚集祠堂举行古朴庄重的祭祀仪式，设祭祀司仪，备三牲祭品，宣读祭文，行三拜九叩之礼节。传承孝道、追思先贤是黄泥秀村的传统祭祀文化特色。

（二）民间文艺

1.《公馆木鱼》

合浦《公馆木鱼》（又名《牡丹花》《金牡丹女》《金牡丹》）是合浦人民群众，特别是当地客家人喜闻乐见的一种曲艺说唱形式。《公馆木鱼》已有200多年的历史，是客家民间民俗文化艺术主要表现形式之一，于2012年5月被列入广西第四批自治区级非物质文化遗产代表性项目名录。

《公馆木鱼》的基本乐句源于原始的《金牡丹》曲调。《金牡丹》由上下两个乐句构成，上下两句的前半段无固定的曲谱，遵循方言歌"问字要音"的法则，按唱词文字的客家话读音配谱。前半段的歌词唱完后，紧接的是固定的尾腔和衬词。上句尾腔的衬词是："那个呢呀金牡丹女哪。"下句尾腔的衬词是："牡丹花，一对鸳鸯对凤凰哪。"这样结构的句式易编、易记、朗朗上口，受客家人欢迎和接受。传唱至今的《公馆木鱼》已经不再局限于《牡丹花》这个单一的曲式，已将木鱼调、客家山歌、快板、道白穿插运用于整个表演之中，进一步完善和丰富了《公馆木鱼》作为说唱曲艺的曲调唱腔。其歌词、快板均以七言诗为主，偶有三、五字的词律出现，多言极少见。措辞为当地客家的通俗语言，又基本符合汉语语法。唱词、快板，甚至连道白都强调双句押韵，并且要符合客家话的音韵。《公馆木鱼》的歌词节律和旋律句基本上是一致的，即在一个相对独立的音乐段"乐节"里完整地演唱一个或几个词组的歌词，一个词组不会被分拆在两个乐节里演唱。由于歌词与曲调采用"吻合型"的方式，字音结合非常紧密，与自然语言表达方式十分相近，所以很适合说唱曲艺的行腔要求，达到听众通晓、心生共鸣的艺术效果。

《公馆木鱼》只用客家话演绎，曲调受语言声调影响深刻，且因客家话具有良好的传承性与稳定性，在说唱行为中始终体现出鲜明的客家文化色彩，也充分体现了曲艺表演的便利性，既可登堂入室，又可在街头巷尾、田间地头传唱表演。其高亢明快的旋律是当地客家人界定、理解和表达"美"的一种方式，不仅具有审美愉悦性，还折射出客家人勤劳勇敢、耿直豪爽、坚韧刚强的性格特征。

民族生活是民族文化的源泉，《公馆木鱼》的歌词内容、曲调、节奏与语言表达的习惯、语调、语速，吸收了客家生活丰富的营养，对认识、研究客家文化具有重要价值。其诞生是当地人民群众生产生活的产物，长期以来，人们以它进行娱乐活动，传授文化、生产知识和人生经验，成为客家地区信息传播的载体，为联络海内外的客家人架起了一道心灵的桥梁，集实用价值、艺术价值及社会价值于一身，是发展和繁荣客家文化艺术不可多得的民间艺术精品。

关于《公馆木鱼》，有个民间传说。明嘉靖年间（1522—1566），廉湖书院（旧址在今曲樟乡境内，公馆至曲樟的公路边）有一对恩爱如鸳鸯的青年男女，女的名叫牡丹花。一日，他俩到廉州府赴考，县官张五爷见牡丹花貌若天仙，聪明伶俐，便心起歹念，垂涎欲滴，企图霸占为妾，便令兵丁强抢入府。廉湖书院的书生们得知此事，十分愤慨，一齐冲向官府抗议，要求贪官还人。但因势不力敌，他们全被抓进牢房。此事惊动了乡亲，大家纷纷凑钱购衣买食及灯油给书生们，让他们在牢房一边斗争，一边苦读诗书。数月之后，贪官张五爷迫于民众的压力，无奈释放了书生们和牡丹花，出狱后，正赶上科场应考，结果有八名书生中考应举。喜讯传来，乡亲们大摆宴席，请来亲朋好友，同饮共庆。席间，一些常敲木鱼四处行乞卖唱的民间艺人计上心来，便编造了独具一格的《牡丹花》曲调，把喜事到处传唱，很快，牡丹花和书生们的故事便传遍了民间。

《公馆木鱼》的问世，为当地乞丐带来了新的乞讨方式。他们不再是单纯的问话乞讨，而是运用乡间喜闻乐见的《公馆木鱼》为布施者演唱。他们走街串巷，传唱廉湖书院的故事，后来把对布施者的恭维及所见所闻、新人新事、坏人坏事也套入曲调中演唱。因为《公馆木鱼》用当地客家方言演唱，容易听懂，只要木鱼一敲，曲子一唱，就能聚拢听众，大大增强了宣传实效。

2.《老杨公》

《老杨公》以固定的曲牌进行演唱和对唱，整套曲牌都由海歌和小调构成，主题由《东海歌》《西海歌》《撑船歌》等组成。此外，还有《大堂歌》《犯仙调》和《西江月》《判家档》等辅唱曲牌。

民间曲艺《老杨公》取材于一个神话故事。传说由一个叫蔡九娘为贫困所逼，被卖给财主王国清为媳，因地主和家婆百般折磨，难以忍受，欲投海自尽，幸遇南海观音化为老杨公撑渡搭救。老杨公棹着一艘无底船，与蔡九娘对唱，老杨公多次出难题，试探其真情，蔡九娘思绪万千表露尽致。老杨公了解她悲惨遭遇后为她指点迷津，使一心寻死的蔡九娘转而觉醒过来，帮助她渡海，逃往南山解脱困境。

图 10-10 《老杨公》表演的服饰与帽子（许小洁 摄）

　　早期的《老杨公》以唱为主，随着人们对娱乐的需求和对表现生活风貌而产生的欣赏情趣，经历代民间艺人的传承发展，穿插进了打诨的即兴表演和与观众随意唱答的民间歌谣，也添加了简单的舞蹈动作，包括仙姑耍扇花、耍手巾花及步法、杨公的跳四星、撑船棹船等动作，这些动作偏向于象征性和程式化，且没有群舞，仅侧重于少数角色间的边歌边舞，舞蹈元素淡薄。

　　《老杨公》以固定的曲牌进行演唱和对唱，衬词"情恩呢，呢哎呀，呢哎呀""呀些，咳！"等成分体现了《邦歌尾》的中原"山水文化"特色，同时《老杨公》与海歌小调相结合，成为海洋文化范畴的傩戏类品种留存于民间。它以唱为主，并杂有大量的俚语"噱头""顺口溜"等，说唱艺术效果雅俗共赏。发展至今的《老杨公》兼具俚语、民谣和民俗风情等复合人文元素，这正是它的魅力所在。

　　诚然，《老杨公》作为一种民间曲艺，在充分展现珠乡民俗风情的同时，也由于自身的艺术特征，使其流传发展具有一定的局限性。虽然它的主要人物戴着面具表演这一特征和固定的曲牌都具有鲜明的戏曲艺术特色，但剧中人物是既定的、个性相对单一；而曲牌还停留在民歌曲调的原型，变化的只是"依声填词"部分，没有形成典型的戏曲唱段，这极大地限制了《老杨公》的发展方向；它的说唱艺术混杂着掩盖于宗教信仰下的一些低级趣味、庸俗的成分，流传至今对主流的乡村文化有不良影响，尚需改进。但它的娱乐性并不因此失效，反而更加旺盛、经久不衰；它的幽默风趣、含蓄委婉的说唱艺术更为广大群众所喜爱，关键是在继承艺术特征的基础上，如何丰富其表演形式及"古为今用"了。

四、风物特产

（一）传统工艺

蜡烛是黄泥秀村传统的手工艺品，声名远扬。黄泥秀村向西 5 千米是曲樟乡农贸市场，向南 5 千米是公馆镇中心市场，主要交易农副产品、手工艺品，很多村民依靠这种手艺发家致富。

（二）特色美食

黄泥秀村还保留传统生产工具、生产工艺，做客家传统美食。黄泥秀村的传统美食有白切鸭、糍粑、粽子、年糕、扣肉等，其中要数糖糕最受人们欢迎。客家美食有糕点盖籺、晾晒在屋檐下的玉米、放养的土鸡，以及客家扣肉、猪脚扣等。

图 10-11　白切鸭、客家扣肉以及猪脚扣（曹计划　摄）

五、文化教育与人物

黄泥秀村民风淳朴，崇尚读书，持有读书能改变命运的信念。黄泥秀村刘氏族谱记载，黄泥秀建村至今，刘氏族人一直教育子孙后代"耕读传世"的道理，正是在这样的祖训下，造就了黄泥秀村人才辈出。

1. 刘治庭

刘治庭（1785—1843），黄泥秀村人，为清同治十二年（1873）进士。刘治庭从小志向远大，饱读诗书，刻苦用功。依次考取贡生、举人、进士。有进士牌匾为证。

2. 刘慕韩

刘慕韩（1870—1936），黄泥秀村人，为清朝末期的秀才，1927 年参加北伐，任十九路军独立师副官；1930—1936 年任合浦五中（现为公馆中学）校长。从小天资聪慧，甚爱读书。1890 年参加合浦县院试，得童生，后获秀才。据他的朋友回忆说：慕韩先生"生有聪颖，学有渊源诗追元白之神赋""试冠前茅食禀于天家名列优等文章""廉湖文学之宗"，可见非同一般。1927 年参加北伐战争，任十九路军独立师副官。1928 年前后，当时合浦县、浦北县两县军阀横行，官兵骚扰。绿林劫杀案堆积如山，民众人心惶惶不可终日。刘慕韩亲自通电给时任广东省主席、爱国名将领陈铭枢（陈铭枢是刘慕韩夫人的叔叔），请他调动国民革命军，以扫清官匪民患。后陈铭枢派他率领国民革命军，联合两县团防，还两县之太平。在刘慕韩的游说下，1930 年，陈铭枢创办了合浦县立第五中学，现名公馆中学。应陈铭枢之邀，刘慕韩于 1930—1936 年在公馆中学任校长。

3. 刘英

刘英，黄泥秀村人，毕业于清华大学，1934—1939 年在黄埔军校任讲师。

4. 刘德荣

刘德荣，黄泥秀村人，毕业于北京大学，1933—1939 年任广东中山县县长。

5. 刘锡奎

刘锡奎（1935—2008），黄泥秀村人，团级干部退伍。1950 年 8 月，响应党和国家号召抗美援朝，任中国人民志愿军六十五军一九三师五七九团战士，抗美援朝战争结束后回国，先后在北京军区、广州军区等地服役。1978 年 10 月从广州军区 54405 部队转业到当时钦州陶瓷厂任供销科长。

6. 刘锡禧

刘锡禧（1940—2014），黄泥秀村人，中国人民解放军副师级干部。1962 年 3 月参军，1966 年调入八一电影制片厂，任摄影师，主要负责新闻纪录片和电影的摄影工作。曾参加过"珍宝岛"战役并立三等功。曾出席国庆六十周年庆典宴会，北京军事博物馆现收藏有他的作品。

7. 刘龙

刘龙（1949—2001），黄泥秀村人，1972 年参军，曾参加过对越自卫反击战，时任正营级干部，退伍后在广西医科大第一附属医院任工会主席。

图 11-1　曲木村坑片区（赖文豪 摄）

曲木村

一、村落概况

（一）方位与交通

曲木村隶属北海市合浦县曲樟乡曲木村委，同时也是曲樟乡政府的驻地。该村位于合浦县东北部，距县城49千米、北海市区约80千米。北与钦州市浦北县相邻，东北与玉林市博白县相望，东、南与北海铁山港区接壤。周围有早禾村、高豪村、亚山村、樟木村、李家水村、井山村、中城村、山心村、南城村、璋嘉村等村落。对外交通发达，有5条公路通往各地，包括曲樟至公馆、曲樟至常乐、曲樟沿合浦防汛公路至十字路、曲樟至浦北县石冲镇、曲樟至璋嘉村等路线。地理位置优越，G75兰海高速、G59呼北高速、209国道苏北线、228国道丹东线、325国道等环绕周边，形成了便捷的交通网络。

（二）村史

曲木村史可以追溯至明清时期，距今大约500年。曲木村的主要居民为客家人。客家人，又叫客家，是源于中原汉族的一个民系。因战乱或灾荒，历史上客家先民五次南迁，饱受颠沛流离之苦，他们辗转千里，在漂泊迁徙、扎根异乡过程中形成了客家民系，有其独特的精神和文化传统。

大约明末清初，曲木村成村始祖迁徙至此地，在曲木村的客家人，主要以陈姓客家人为主，他们的祖先300年前落于此地，择一方水土而居，世世代代，开枝散叶，客家人就像曲木村的百年老树一样，深深扎根于这片土地，枝繁叶茂。在此地，村民们每日生活习惯同当地人无异。农忙时节，妇女们凌晨4点起床做全家人的早饭，男人们就外出杀猪或谋其他活计；或有些男人外出务工，女人们则负责家中庄稼菜田，主要种植稻谷、玉米、南瓜、红薯、花生等，用于满足一家人自给自足的生活。

（三）发展现状

曲木村位于曲樟乡政府所在地，地处丘陵山地，风景优美且物产丰富。作为革命老区和"十二五""十三五"时期的贫困村，曲木村在近年来取得了显著的脱贫成果。

曲木村辖区总面积12.15平方千米，包括耕地面积约1.56平方千米、林地面积约

7.33平方千米以及淡水养殖水塘0.2平方千米。下辖12个自然村,包括曲木村、屋元村、石井村等,共17个村民小组。截至2020年8月,总户数1 005户4 182人,其中库区移民占总人口的70%。劳动力1 680人,外出务工450人。

2019年人均收入6 010元,建档立卡贫困人口36户共138人。在政府和村民的共同努力下,2016—2018年已有30户脱贫,剩下的6户在2019年底的"双认定"[①]工作中达到"八有一超"[②]标准,顺利脱贫。至此,曲木村全村脱贫[③]。

曲木村委下辖12个自然村(如表11-1),其中最大的自然村为曲木村。

表11-1 曲木村委12个自然村户数与姓氏

曲木村委	户 数	姓 氏
曲木村	151	陈
要岭村	130	陈
旺山村	126	吴
潭村	88	张
石井村	75	陈
营下冲村	75	陈
洪湾村	67	陈
坝角村	67	刘
屋元村	39	陈
新村	37	李
纸要岭村	31	陈
楼角村	20	叶

(四)产业

近年来,曲木村利用地理优势,积极实施产业富民、政策惠民战略,采取"党支部+合作社+贫困户"的经营模式,以"六湖合作社"为龙头,曲木村成功打造了养羊、养蜂两大特色产业,"六湖蜂蜜""曲木黑山羊"声名鹊起,订单不断飞来,实现

[①] "扶贫双认定"指帮扶责任人认定、贫困户自身认定。
[②] "八有":有稳固住房、有饮用水、有电用、有路通自然村、有义务教育保障、有医疗保障、有电视看、有收入来源或最低生活保障;"一超":家庭年人均纯收入超过国家扶贫标准。
[③] 以上相关数据由曲木村村委提供。

了由"输血式"扶贫向"造血式"扶贫转变，帮助贫困户走上产业化脱贫之路①。此外，曲木村还充分利用闲置山地，招商引资打造了七彩椒种植基地，初步建成了循环经济生态种养区，产业扶贫经济效应日益显现。

村中还有客家土围城，为合浦县文物保护单位，目前已创建为国家AAA级旅游景区，现免费对公众开放。

1. 六湖种植、养殖农民专业合作社

2016年5月30日，合浦县曲樟乡曲木村六湖种植、养殖农民专业合作社经合浦常乐工商行政管理所登记注册并挂牌正式运营。合作社目前有40名成员（5名村干部和35名贫困户），农民占合作社成员的100%。合作社注册资金为7.635万元，办公地点在曲木村村委。

2. 六湖蜂蜜

曲木村地处大廉山山区，森林茂密，一年四季野花不断，蜜源丰富，具有得天独厚的养蜂条件。坝角自然村周围就有近2 000棵龙眼、荔枝、黄皮果、菠萝蜜等果树，因而曲木村的蜂蜜主要以荔枝蜜和百花蜜为主。

2016年6月起，曲木村六湖合作社与该村养蜂大户签订了合作养蜂协议，先后投入后盾单位资金12万元，购买200箱蜜蜂，建成了坝角养蜂场。目前，该养蜂场共有蜂群250余箱，每年产蜜约2 500千克，产值约40万元。六湖合作社对贫困户采取统一供蜂、统一配送供应药品、统一提供技术服务指导和统一包装销售产品，依托蜂蜜产业，带动村民致富增收②。

通过参加巾帼电商、青年创业基层行、"青创杯"等展销活动，曲木村的蜂蜜获得了"北海市巾帼电商活动深受消费者喜爱产品奖"的荣誉，打响了曲木村蜂蜜的品牌。此外，曲木村的蜂蜜还成功注册了"六湖"商标，待完善产品包装和标准化生产车间建成后，"六湖蜂蜜"将进入大型超市和电商平台，面向全国销售。

图11-2 贫困户查看自家养的蜜蜂（吴杰 摄）

---

① 邓召娇：《打造特色产业 共享发展成果》，《北海日报》2018年4月6日。
② 麦月：《"靠山吃山"甜如蜜》，《北海日报》2020年9月13日。

3. 黑山羊养殖

曲木村黑山羊产业，为曲木村村委因地制宜带领村民脱贫致富的另一特色产业。曲木村六湖合作社利用市县级专项扶贫资金43万元，搭建羊棚510平方米，已建成要岭、屋元两个养羊基地，实行保本经营，按比例分成。目前，曲木村围绕"曲木黑山羊，专吃天然青草，不喂饲料，纯绿色环保，肉嫩鲜美，供不应求"来打造黑山羊产业特色品牌，还计划将曲木村打造成北海最大的黑山羊养殖基地。

图 11-3　曲木村黑山羊（合浦县政府办供图）

二、自然与人文景观

（一）自然景观

曲木村夏无酷暑，冬无严寒，年均气温23.0℃，雨量充沛，年均降水量1 700—1 800毫米，环境舒适宜人，是西南沿海地区独特的避暑避寒胜地。这里有优美的高山、峡谷、树林、湖泊、水库岛屿等自然景观。

1. 大廉山峡谷

曲木村所依托的曲樟山水风光中，要数大廉山峡谷最为出色。大廉山峡谷距合浦县城48千米，距北海市区75千米。左傍325国道和省道，右靠209国道，交通便捷。无论从哪条道路进入大廉山峡谷，都可以感受大廉山"世外桃源"般如诗如画的景致。大廉山脉由东北向西南进入北部湾，由高渐低起伏，富有龙势和节奏；山环水绕，青山叠嶂；峭壁林立，河湖纵横，洞天景致；龟蛇对峙，莺歌鸪啼；松竹滴翠，湖汊迷途；山岭灵化，似人肖物；雄山抱水，多娇多情[①]。

[①] 陈德权、陈青春：《大廉山峡谷——曲樟生态旅游资源开发建议》，《广西林业》2002年第1期。

2. 六湖水库

六湖水库，又名"六湖垌水库"，坐落于合浦县曲樟乡，距离合浦县城 48 千米，北海市区 75 千米。该水库由六湖垌的广袤田野、6 个天然湖泊以及十几条村庄共同构成。自 1958 年合浦水库水浸以来，经过改造建设，形成了今日的六湖水库。六湖水库是合浦水库的主体部分，属于河道型水库，最宽处约 1.7 千米。六湖垌畔森林覆盖率高达 80%，富含负氧离子，有"天然氧吧"之称。水库水岸线长达 100 千米，水库沿线山水相依，众多秀丽的岛屿点缀其中，造就了一片美丽的湖光山色。水库周边重峦叠嶂，植被繁茂，青山绿水，景色宜人。水库的湖水清澈透明，无任何污染，为北海市二级饮用水源保护区。

这里山清水秀，风景幽美，传说是西王母娘娘居住的地方，被誉为南国瑶池。如今的六湖水库，已成为北海市旅游业中的一颗璀璨的明珠，吸引着越来越多的游人。

六湖水库，曾因其境内分布着官塘湖、养珠湖、深湖、黄坭湖、青湖、赤子湖 6 个自然湖泊，而享有"六湖垌"的美誉。然而，随着时间推移和自然环境的变化，原有的 6 个湖泊已不复存在，被水库所取代。20 世纪 50 年代末期，当地居民付出了巨大努力，历经艰辛，通过挖土筑坝的方式，成功建成了现今的六湖水库。水库周边山清水秀，众多美丽的岛屿点缀其中，形成了一片迷人的湖光山色。六湖垌水清澈宁静，与大廉山脉交相辉映，共同勾勒出一幅长达 100 千米的山水画卷。

水库中岛屿众多，其中以乌龟岛和龟卵岛最为引人注目。这两个岛屿的植被茂盛，生长着野生地瓜。在秋季成熟时节，地瓜清甜可口，令人回味无穷。此外，如游客足够幸运，还有机会一睹狐狸、猫狸和大蟒蛇等野生动物的身姿。

图 11-4　曲木村段六湖水库的冬季（袁泉　摄）

水库两岸树木竹林青翠欲滴,峰峦叠嶂,景色宜人。宁静的村庄错落有致地分布在两岸,不时升起袅袅炊烟,呈现出一派人与自然和谐共生的美好景象。

六湖水库区居住着大部分的库区移民,这里也是客家人的集居地。客家人自数百年前从中原迁居至此,建造家园,开垦农田,一片欣欣向荣。1958年建造合浦水库时当地的客家人离开家园,有的迁到合浦的堂排村,有的移居到南康,有的到达钦州的三娘湾、犀牛角,有的移居至涠洲岛,一贯有着乡土情怀的客家人开始了又一轮的家园建设。六湖水库除发电和航船之外,灌溉合浦县农田约500平方千米。此外,还为北海市、合浦县提供淡水。

3. 旺盛江水库

曲木村所处的地理位置,位于六湖水库的旺盛江中段江畔。旺盛江同距北海市城区120千米的浦北县石埇镇旺盛江村有些渊源,石埇镇至旺盛江主坝的四级公路从坝首通过。旺盛江水库是北海市重要的饮用水水源地,始建于20世纪50年代,其中,曲樟乡段约25千米。旺盛江水库是一座以灌溉为主,结合防洪、发电、供水等综合利用的大型水利工程。自1960年建成投入运行以来对下游灌区的农业发展做出了重大贡献。旺盛江两岸乡土气息浓郁,杨柳依依,时不时还可见到一种色彩奇特的小鸟,当地人叫作"钓鱼公",和观翠(翠鸟)外形一样,就是体型小许多,常在水边守候捉鱼,在崖上的石洞做窝。江面风光旖旎,颇具江南水乡之气质,是不可多得的旅游资源。

4. 社王"神树"

高山榕,位于曲木村当地人拜社王的地方,属于桑科,榕属,树龄160余年。高山榕是村民们拜祭的社王梁氏姐妹之荫庇,现已被列为广西壮族自治区三级保护的古树名木。

在高山榕的不远处,有两棵樟树,当地村民称这一前一后、树龄相仿的树为"兄弟树",这两棵树都是广西壮族自治区三级古树,树龄均已超过120年。这对"兄弟树"与高山榕彼此呵护,守望相助。

5. 曲木村荷塘

夏季,在曲木村村边田间,可以欣赏到一大片的荷花,5—7月,花开不断。荷叶层层叠叠,错落有致;荷花娇艳昂扬绽放,用鲜艳的色彩点缀在绿叶丛中。真可谓一番"接天莲叶无穷碧,映日荷花别样红"的胜景。

6. 土围城古榕

曲木客家土围城内,生长着一棵榕树(小叶榕),已有百年树龄。这棵古榕树紧紧地缠绕着古城墙而生长,发达的根系已和古城墙融为一体,虬枝盘根错节,树叶遮天蔽日,蔚为奇特。

图 11-5　曲木村荷塘风景（吴均秀　摄）

图 11-6　土围城古榕（袁泉　摄）

(二)人文景观

1. 曲木客家土围城

曲木客家土围城距曲樟乡政府东北约200米,始建于1883年(清光绪九年),因其保存较为完好,现已成为客家文化和建筑的"活化石"。客家土围城现为合浦县文物保护单位,广西第二大、桂南地区第一大保存最完整的土围城。

这座土围城背山面水,距六湖水库约500米;占地面积约6050平方米,由老城、新城两部分构成,城内的住民均为陈姓客家人。

据史料记载,客家人陈氏十五代祖陈瑞甫从福建省迁至合浦县六湖峒(今曲樟乡曲木村),为防御贼寇和本地异姓势力以及野兽的侵扰,参照福建客家祖地建围楼而居的传统,于清光绪九年(1883)八月率领陈氏族人修建起了老城。后因人口发展,老城已不够居住,又于清光绪二十一年(1895)建成新城。

现围城的整体保存基本完整,大部分房屋仍有陈姓客家后人居住。2017年11月24日客家土围城被评为国家AAA级旅游景区。

该土围城的新城是光绪初年地方最大财主陈文山父子所建,采用黄泥、河沙、石灰、糯米饭、红糖等材料,耗费10万石稻子(一石相当于现在的100斤)建成。陈文山花费了10年,耗费大量人力、物力,将自己家族的房屋,全部用坚固的墙围起来。而这座坚固的土围城,也在抗日战争时期发挥了积极作用。1938年,陈文山的后人陈承臻为常年活动在曲樟、公馆一带的抗日游击队招兵买马、支援粮草,土围城里的谷米、布匹等物资源源不断地运出。土围城以宗祠为核心,向前逐步延伸,向左

图11-7 曲木客家土围城大门(许小浩 摄)

右对称发展,横屋房门均朝正厅方向开,反映了客家人强烈的凝聚力和向心力。这座土围城最繁盛时,曾居住着200多人,在当时可以算是座大宅了。如今,生活在这里的客家人只剩寥寥几户。

客家人认为没有安全就不可能生存,因而土围城的防御性极好。曲木村的这座土围城,拥有固若金汤的结构,虽然整体几乎是土质构造,但十分坚固,枪炮打过来也只是出现一个小坑。土围城只开一处大门,设有板门、闸门、便门、栅栏门等,三道五层式的连环防卫门,重重关卡,想要破门而入,千难万难。五道门分别象征着对福禄寿喜财的希冀。

土围城的所有功能,都首先服从于防卫的要求。土围城呈长方形,城墙采用古老的夯土成墙技术,将黄泥、石灰、河沙、糯米和红糖按一定的比例拌和,后用夹板夯筑,城墙最高处达10.5米,最低

图 11-8 曲木客家围屋保护单位牌(黄凤琦 摄)

图 11-9 曲木土围屋正院(许小洁 摄)

图 11-10 土围城城墙(许小洁 摄)

处也有 7.1 米，厚度达 0.86 米，这样的城墙刀枪不入，常规炮火难摧，非常坚固。

城墙一个窗口也没有，只有密麻星点的枪炮眼，四角及门口设置有碉楼，碉楼比屋子高出一层，是防御的主角。在当时，这座土围城固若金汤，枪炮打在围墙上，墙体屹立不倒，只是出现一些大大小小的坑。

曲木客家土围城内墙半腰设有跑马道（亦称骑马道），为古时客家人用来抵御外侵的专用道路。跑马道将整座城墙、四角的碉楼及门楼连接起来，宽约 0.5 米，一次仅能容下一人一马通过。之所以称为"骑马道"，是因为它的宽度仅能容下一匹轻巧的小马经过，南疆产小马，倘若马匹高大，则不宜顺利通行。此外，客家先祖具有敏捷的形体和高超的胆艺，才可以坦然自若地背着枪炮在骑马道行走。

土围城内部以宗祠为核心，布置有屋、厅、天井、粮库、晒场、水井、厕所等。曲木土围城由"新城""老城"两部分构成。"老城"为二横二堂，大门对联为"有虞世泽，欲伴家声"，无落款，据说是晚清大臣、学者陈兰彬手迹。"新城"为二横三堂，祖堂前厅大门现存匾额一块，乃是"赐封登仕郎文山先生暨德配张孺人秩开一双寿"（秩是十年，开是开始，"秩开一"是指第 X 个十年将要开始，如"八秩开一"

图 11-11 土围城城墙上的枪眼（聂峥嵘 摄）

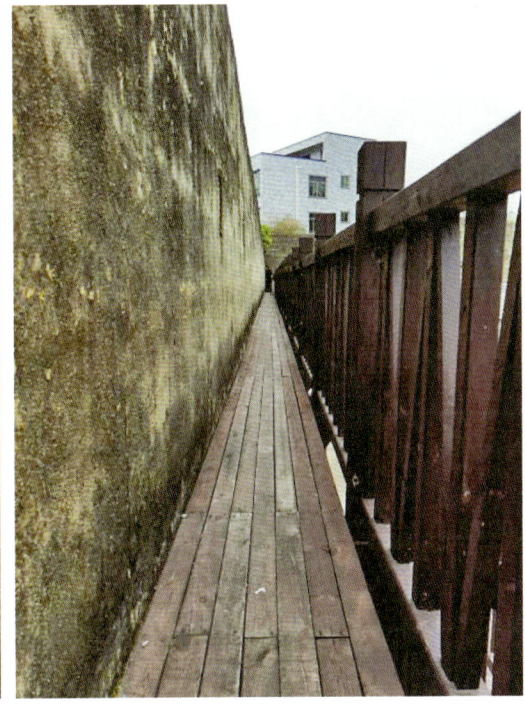

图 11-12　土围城的跑马道（聂峥嵘 摄）

就是第八个 10 年开始的第一年，即 71 岁。该句意思即为：文山先生和他姓张的夫人一起过某个寿辰，正好都是"X1"岁的状态），书"待诏第"三字；后厅为祖公堂，现存横匾一块，楷书"春酒介眉"四个大字，取意《诗经》"为此春酒，以介眉寿"，落款为"光绪十三年正月宗弟兰彬拜祝"。

图 11-13　围屋内待诏第（议事厅）（聂峥嵘 摄）　　图 11-14　围屋内祖厅（聂峥嵘 摄）

图 11-15　土围城内的天井（赖文昌 摄）

图 11-16　土围城内的天井（许小洁 摄）　　图 11-17　客家风车（聂峥嵘 摄）

图 11-18　土围城古井（左）与古石磨（右）（聂峥嵘 摄）

2. 曲木村陈氏宗祠

在曲樟乡几乎村村有祠堂、组组有祠堂，曲木村也不例外。作为陈姓客家人的后代，他们怀着对先祖的无限感恩和缅怀，而宗祠正是他们家族团聚、寄托精神的地方。曲木陈氏宗祠，供奉着陈氏客家人的先祖，正是这些先祖，寻得此富庶之宝地，使得后世子孙得以安居乐业，怡享天伦。

提起曲木村的陈氏客家人，还得从合浦曲樟（曾名六湖）陈氏客家人的始祖陈念邦说起。陈氏后人陈清海（现北部湾陈氏宗亲会名誉会长）曾有这么一段描述：在北宋末年，金兵南侵，天下大乱，为避战祸，义门陈分庄主陈元公九子分迁九州。七子魁公（宋朝进士）带家口97人入福建汀州府宁化县石壁庄陈德村（葛藤坳）。魁公世系：魁公—嵩公—钦公—俭寿公—孟二郎—七郎—四郎（忠成）—念国、念文、念邦。至魁公第五代裔孙孟二公起，始迁上杭县来苏里州试街瓦子巷。历称汀州庄魁公派。

图 11-19　曲木村陈氏宗祠（聂峥嵘 摄）

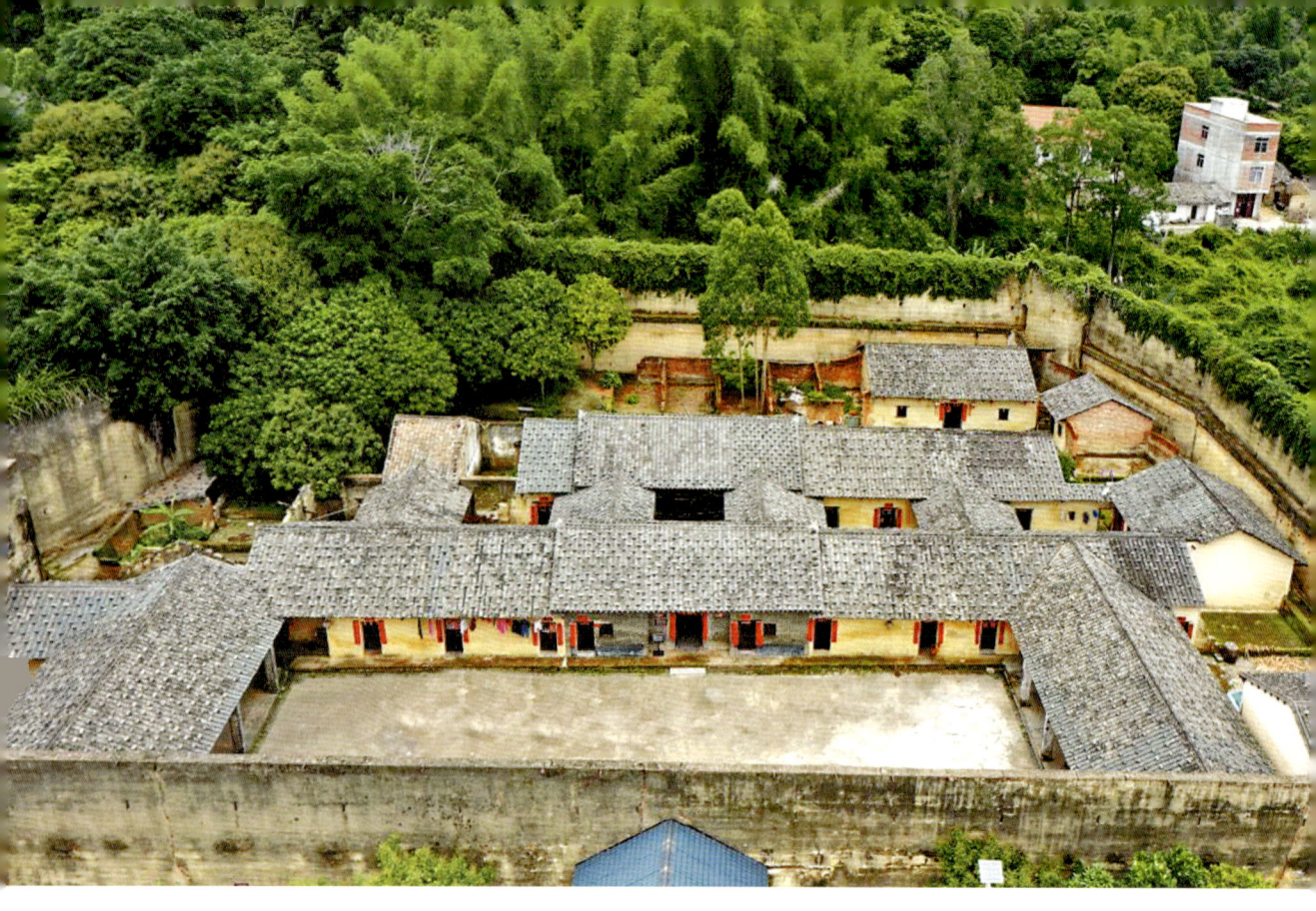

图 11-20 曲木村土围城航拍（赖文昌 摄）

明弘治十八年（1505）陈氏念邦公和其兄念文公携家带口，从福建省汀州府上杭县来苏里州试街瓦子巷，辗转迁徙，来到广东省廉州府合浦县兴中里六湖垌九塘下村（今曲樟乡）开基创业，为六湖陈氏始祖。时称客家人，也称新民。念邦公生五子智仁、义、礼、德、信。历经500多年，五房均发，子孙分布粤、桂、以及海外等，人口达30万之众。可谓人文蔚起，泱泱望族。明清两朝，廉州府共有77位举人，念邦公裔孙就有3位，即竹书、清藩、永江。其中有国民革命军十九路军之父、抗日名将、"一·二八"淞沪抗战核心总指挥、国民党"行政院"代院长、坚定爱国民主人士陈铭枢，共和国导弹专家陈家礼等皆是念邦公后裔，乃族之精英，国之栋梁。曲木村的陈氏客家宗祠，迄今为止还保留着它古朴拙实的外观，但内里却是纤尘不染，毫不马虎，常有人黎明

图 11-21 曲木村陈氏宗祠门前的古井

即起，洒扫庭除，毕竟宗祠是曲木陈姓客家人精神的寄托。这座宗祠还是 2011 年央视纪录片《客家足迹行》和 2015 年北海电视台《千古南流海丝路》的取景拍摄地。

3. 社王祭坛

当地村民所拜的社王为梁氏姐妹，梁大姐和梁二姐。据说这两姐妹在村庄刚建立之时，便从远方迁徙而来，知书达礼，颇有学问，于是做起了当地的社王，掌管着一方水井、降雨，保佑地方一年四季风调雨顺，无灾无殃。于是，在她们死后，村民择了两处相距不远稍有坡度且背靠大树的地方，奉她们为社王，设立祭坛，一年四季进行拜祭，希望她们能够继续保佑村庄。祭拜社王还有个规定，如遇妇女来月事，则不可祭拜。

社王的祭坛背后有一棵巨大的榕树，已有 160 余年树龄，独树成林，已被列为广西壮族自治区三级古树名木加以保护。这棵榕树，恰好成了社王的荫庇。

4. 曲木村青年的"鸳鸯神树"

在曲木村东北方向大约 1 千米的地方，是曲木村委下辖的另一自然村，名曰"旺山村"，此地有两棵神奇的树，紧紧相拥，当地的村民称其为"鸳鸯树"。这两棵树的神奇之处在于，远远看去就像一棵树，走近一看却是两棵不一样的树。一边是荔枝树，相较年长，树皮较为粗糙，据专家推测树龄有 120 年以上；另一边则是榕树，相

图 11-22 "鸳鸯神树"（左侧荔枝树，右侧榕树）（聂峥嵘 摄）

比较年轻，树皮较为光滑。两棵树，相互寄生。每年的5、6月份，荔枝树还能收获大量荔枝，味道极甜。

关于这两棵树的来历，还有一个浪漫的传说。传说这棵荔枝树是饱经风霜的男人，而榕树则是温柔细腻的女人，二者彼此纠缠，永世不休。如果情侣一起环抱过这两棵树，就可以永生永世不分离。村里的年轻人有需要姻缘的，随时都可来树前虔诚祈祷。未来这"鸳鸯神树"，将被曲木村开发为必"打卡"的旅游景点之一。

然而，从科学的角度来说，这两棵神奇的树，是这样形成的：先长成的是荔枝树，树根已深入地底，根系发达。有一天，一只小鸟吃了一棵榕树上结的果子，饱腹之后，来到此荔枝树上小憩，尔后在树坑中拉出了榕树的种子，后来，该种子生根发芽，茁壮成长，成了寄生在荔枝树上的榕树，直到后来，共用一套根系，遂长成了规模庞大的"鸳鸯树"。这就是为什么人们看到的荔枝树，显然比榕树要年代久远，这一糙一细，一老一新，相互纠缠，至今还能结出累累硕果。

三、民 俗 文 化

（一）民间习俗

1. 春祭和秋祭

曲樟乡当地的陈氏客家人每年都要举办盛大而隆重的春祭和秋祭的祭祖仪式。春祭一般在春分，秋祭一般在秋分，目的是让方圆数百里的陈氏后人，祭拜先祖，向祖宗汇报一年的收成，祈求来年五谷丰登，降福子孙，并借此机会让所有的陈氏后人联络感情，让他们不忘祖不忘本。

从1505年至今，500多年，陈氏客家先祖陈念邦的后人，已经传承了30代，据统计，现今陈氏后人已经有30万人，分布在全国各地以及多个国家。

祭祖当天一大早，五湖四海的陈氏客家人很早就汇聚在祠堂前。为了参加祭祖仪式，很多定居在外地的陈氏客家

图 11-23 陈氏客家人祭祖仪式（陈晓锋 摄）

图 11-24 客家春祭场景（陈晓锋 摄）

人必须提前动身。

按照当地陈氏客家风俗，祭祖之前要前往墓地祭拜，以示对祖先的怀念与敬意。在风景如画的六湖水库中，陈氏客家人的祖先陈念邦，就被安葬在水库中的一个小岛上，那座小岛当地人称凤凰山，亦叫飞凤出山，背后是璋嘉村天人水，也叫天人湖。岛上有陈氏后人为先祖陈念邦修建的一座巨大陵墓，耗费200余万元，是陈氏客家后代每年祭祖、恳亲的重要场所。陈氏后人修缮陵墓，每年到这里祭拜，为的是凝聚族人、念祖思亲。陈氏后人在这里可以获得精神上的归属感，心里始终牢记不论他们迁徙到什么地方，都觉得自己是有根的。

由于人数众多，陈氏后人需分批祭拜，一批一批的客家子弟陆续乘船至岛上，参与者少则数千，多则数万。这边的祭拜还在进行中，陈氏祠堂中祭祀仪式准备工作也已经就绪。正式祭祀仪式，一般设主事、主祭、陪祭、执事等，一般由族中德高望重的人担任。举行祭祀仪式时，他们必须穿上特制的传统礼服、长袍和礼帽，以示恭敬。最德高望重的人为主事，宣读祭祀祝文，祝文的主要内容是概述姓氏由来、迁徙过程、祖先的功德业绩，激励子孙后代弘扬先贤风范，为宗族争光。

2. 婚丧礼俗

曲木村的红事即结婚或乔迁新居都要去祖屋祭拜，张贴喜结连理的对联，因婚礼习俗与北海市区无异，故不再赘述。

曲木村的白事，则更为复杂。一般是老人正常去世，就要摆道场，请"师叔"或"老师"做法事。在曲木村，若哪家有老人去世，便由全村的人捐钱给死者家属布道场，必须搞个送别仪式。若死者为女性，就要从十月怀胎开始唱颂她，颂她从生到死辛苦的生平。不仅要"点主"，即像如今一样，在死后点评此人的生平，以此来悼念他，还要为他布施一个名字或法号。"点主"必须得是两个字，如"勤俭"，意为死者一生勤俭节约、不浪费；如遇丈夫早逝的寡妇，将两个孩子独自抚养长大，终身未改嫁，死后可以点为"忠贞"；再如从军当兵的死者或做过公安的人，不能点评其"忠"或"勤"，要点为"刚烈"，因其涉足杀戮。"点主"又叫"施主"，颇为讲究，施予其名字，相当于法号，令其到阴间，有个名分，一定要根据其生平做过的事情，追封他后名，类似于古代皇帝死后追封的谥号。他的一生从开启之初，到死后，一生做过多少好事，多少坏事，都要体现，比如他人心坏，又杀人，又打架斗殴，扰得邻里不安，是绝不能点其为"勤"或"忠"，需点适合他本人的名。好的要写好，坏的要写坏，中的要写中。必须由村支书、校长，有身份或带"长"字的人方能对死者进行"点主"。

对生平做过许多坏事的死者，还需要在道场里替其"还债"，即在道场里做还债仪式，烧纸、诵经，口中念叨他已经知道错了，让他尽早超生，在人畜鬼道轮回里，要回到人道，不要变成厉鬼。道教讲究超生，在道场里，家人围着死者守孝、烧香、打饭打菜。如遇老皇历上的"重丧日"，则不能入土下葬，否则接下来的两三天至一个月内，就会再次有人死亡。如果尸体已发臭，的确需要下葬，则可以扎绑一个活物（必须有生命），如昆虫之类，放入盒内，置于死者旁，一同入殓下葬。

据客家《家礼》记载，男拜三七，即去世 21 天后祭拜；女拜五七，即去世 35 天后祭拜。死者入土 3 天后，要祭拜，叫"哭坟"，头七可拜可不拜，主要遵守上述"三七"或"五七"即可。

此外，倘若家中老人去世，嫁出去的女儿需得回来，在入村的时候，必须在原地跪下，往东南西北方向叩拜，方可入村。

3. 孝道

百善孝为先，孝是客家人最为重视的一项社会道德准则。春去秋来收获季，家祭莫忘告祖宗。孝乃为人之本，是子女对父母、晚辈对长辈的一种善行和美德，以及应具有的道德品质、必须遵守的行为规范和应担负的责任。

曲木村的客家先民来自中原，南迁后形成了客家民系，缔造了客家文化，其中孝文化传承了中华民族优秀的孝道文化，《孝经》则成为至高无上的经典纲领，为人子者必须遵循的基本原则。

4. 传统节庆

曲木村的客家人一年四季春夏秋冬都有集体性的节事活动或祭祀活动，且农历日适逢"二"或"十九",便要举行比较重大的仪式。以下是该村农历各月份的节事或集体活动。

曲木村的春节,过年同大多数地方的习俗一样,是与家人团聚最长的时候,饮食以鸡肉、猪肉、狗肉、糕饼为主。

每年的正月初二,就有拜社年习俗,村民们买点心糖果饼干水果去拜祭社王,寓意"开年",

图 11-25　曲木村客家人社王之日围炉造社（聂峥嵘 摄）

在新的一年,祈求社王保佑各家各户平平安安,兴旺发达。

正月十五,曲木村跟中原地区的汉族一样,会过元宵节,在节日这天,村民们会做一种叫菜心粑的吃食,在特色美食部分已做介绍,不再赘述。

农历二月初二,广西的龙抬头节,曲木的客家人也会过这个节日,但节日习俗依旧以拜社王为主,意为"做社"。而这个时候祭拜社王,同正月初二有所不同,此时为固定习俗,更为隆重,需取杀三头猪前往社王的祭坛拜社王。而这样的拜社活动,在曲木村一年有三次是固定的,即农历二月初二、八月初二和十二月初二,分别在年头、年中和年尾进行拜社。在年尾的十二月初二,曲木村进行年末最后一波的"围炉社"。在每一次的大规模拜社之后,便是村中长老对三头猪进行猪肉的分割,随机分配到各户,由抓阄来决定哪一份分给哪家。当地的村民认为分猪即分福气,每家每户都会领到一份福气。

二月十九系曲木村当地的观音节,需要族群中大部分人前往祖宗祠堂拜观音,同时在家中亲手制作糖包粑、油麻糖等吃食,以庆祝观音节的到来。观音节一年一共有四次,分别是农历二月十九、六月十九、九月十九和十一月十九,流传下逢"十九"必拜观音的习俗。

清明节,曲木村同样要举行较大的祭祀祖先活动。与汉族其他地方的习俗略有不同的是,曲木村客家人准备的祭祀品为:一块猪肉,一只鸡,三碗饭,三杯茶,行三跪九叩之大礼。

五月初五,端午节,曲木村家家户户包粽子,与国内其他地方的习俗无二。

七月十四,中元节,曲木村的客家人在这一天会杀鸡杀鸭,举办宗族家宴,此习俗同广西其他地区习俗几乎一样。

八月十五,传统的中秋节,曲木村的客家人会前往市场采买水果、月饼等,享受一家人团聚的时刻，同其他地区习俗无异。

农历的十一月，曲木村的客家人便迎来了秋收之时，但在收割稻谷之前要先拜社王，表达对社王的感激，拜过社王之后方能将稻谷晒干后入库。

表 11-2　曲木村一年四季农历节事一览表

农历月份	农历日期	节事	活 动 内 容
正月	正月初一	春节	同汉族其他地区一样的习俗
	正月初二	社年	备好点心果子拜社王，寓意"开年"
	正月十五	元宵节	做菜心粑，家庭团聚
二月	二月初二	龙抬头	全村取三头猪拜社王，又称"做社"
	二月十九	观音节	聚集宗祠（老祖屋）拜观音
三月	清明	祭祖	准备一块猪肉，一只鸡，三碗饭，三杯茶，在祠堂行三跪九叩之大礼
五月	五月初五	端午节	包粽子，同国内其他地方文化无二
六月	六月十九	观音节	聚集宗祠（老祖屋）拜观音，做糖包粑、油麻糖庆祝
七月	七月十四	中元节	杀鸡杀鸭，同广西其他地区习俗几乎一样
八月	八月初二	社王日	全村取三头猪拜社王，又称"做社"
	八月十五	中秋节	买果子月饼等与家人团聚，同其他地区习俗一样
九月	九月十九	观音节	聚集宗祠（老祖屋）拜观音
十一月	不固定	秋收日	收稻谷之前要拜社王，方能晒谷入库
	十一月十九	观音节	聚集宗祠（老祖屋）拜观音
十二月	十二月初二	社王日	年末最后一波"围炉社"，同样要准备三头猪

（二）民间文艺

曲木村客家人流传下来的民间文学与艺术，主要是客家民谣《月光光》以及一种叫作《木鱼》的曲调。现如今，传统民间文艺日渐衰微，但村民已然意识到《月光光》和《木鱼》需要加以保护并传承下去。

《月光光》是最广为人知、分布最广泛的客家童谣，同时也是每一个客家儿童都能朗朗上口、随口哼出的儿歌。海内外每一个客家分布区都有这首《月光光》，无论是大陆的广东、江西、广西等省、自治区,还是台湾省以及马来西亚、印度尼西亚等客家人聚集地区。由于受到各地生活环境的影响,每个客家聚集地的《月光光》的歌词可能有少许的差别。如今我们所了解的《月光光》版本就有不下数十种。而曲木村客家人流传的《月光光》版本大体如下:

> 月光光,照地方;
> 马来等,轿来扛;
> 扛么人?
> 扛老陈,老陈不在家;
> 扛阿妈,阿妈爱屙屎;
> 扛大姐,大姐爱炒菜;
> 扛老妹,老妹爱喂鸡;
> 扛老弟,老弟会烂叫;
> 扛空轿,扛到荔枝山;
> 有张塘,捡条鲤鱼八尺长;
> 阿公讲留来做生日;
> 阿驰讲留来娶新娘;
> 娶只新娘高天天,煮饭臭火烟;
> 娶只新娘矮墩墩,煮饭香喷喷。

(三)民间信仰

1. 多神信仰

凡客家人聚居地,到处都是神坛社庙,举目都是神明,天有天神、佛祖,地有伯公,门有门神等。单在曲樟乡,就有灵隐寺、老君庙、天山庙、三宝岩庙等。客家人是多种信仰的族群,崇儒教,重佛教,尊道教,供奉妈祖、财神、土地公、灶王、太上老君、玉皇大帝、观音菩萨等各路神仙,这些都是客家人苦难生活的精神寄托。

2. 祖先崇拜

祖先崇拜是客家人凝聚宗族力量的方式之一,体现一种根的意识,表现客家人慎终追远的精神。祖先崇拜还体现在建宗祠、修族谱上。凡有客家人居住的地方都会有祠堂。祠堂是祭祀先祖的场所,也是族中聚会、议事场所,同时亦用作学堂。"祠"的本意就是在春天祭祖,祭祀祖先是祠堂的最主要功能,在客家人的各项祭祖活动中，祠祭是其中最为重要的仪式之一①。"陈氏宗祠"里悬挂有名人字画、家训、宗族名人介绍，是不可多得的理想学习场所，也是客家人才辈出的原因之一。客家人重视教育，直到现在，仍设立有各项奖学金，鼓励莘莘学子，传承客家耕读文化。

（四）特色工艺

1. 编炮仗

曲木村曾有一门较为危险的手工艺，即手工编织炮仗。由于制作工艺的危险性大，加上手工制作鞭炮已被现代机械化制造工艺所取代，目前已不再有这种手工作坊，手工编织炮仗的手艺也将失传。

2. 水豆腐

曲木村有位专做水豆腐的民间手艺人，姑且称其为"陈师傅"。听闻陈师傅做的水豆腐跟他人不同，不同之处在于他有秘诀，只需用较少的原料，便能点出比别人更多的豆腐，口感也更好。目前这门独家手艺，只有陈师傅和他的妻子掌握。

（五）服饰文化

客家服饰是以中原文化为基础，结合迁徙地环境所发展出来的一种汉文化艺术的形式，代表了客家人勤劳、朴实的生活。客家服饰也是客家文化的重要象征和载体。客家先民在唐宋时期南迁，把优秀的汉民族文化艺术带到迁徙地，服饰就是其中一个重要部分。客家服饰的种类繁多。客家人称衣服为衫裤。衫指上衣，裤指下衣。上穿大襟衫，下着大裆裤是客家人最常见的衣着打扮。大襟衫是客家人男女老少最常穿的上衣。除大襟衫之外，客家人也穿对襟衫。与上衣相关联的，就是围裙。客家人的围裙裙身上及胸口，下至膝盖，常用一块花色耐脏的单布做成，多为客家女子劳作时穿着。严格说来，围裙并不是上衣，一般不可单用，常穿于大襟衫表面，为劳作时防止弄脏衣衫而穿戴的附属服饰。帽子也是衣服的一部分。客家人最有特色的帽子，要数女人夏天戴的凉帽（凉笠）和秋冬时期戴的冬头帕。

与传统客家服饰略有区别的是如今曲木村的客家人所穿戴的服饰已打上了北海当地的烙印。一般客家人的服饰主要由家中的女眷飞针走线缝制而成。其中，在缝制衣服的过程中，最难的一道关便是缝制纽扣，但这也是最能体现女子的缝制水平。缝制纽扣的材料主要是布块，将普通的布块，通过自己的巧思，缝制成各种形状样式的纽门，然后钉在衣服上，再搭配扣子即可。缝制纽扣最精湛的地方在于纽扣的花样款式，精湛到可以制成福寿纹状的、祥云状的、鱼纹状的。扣子的制作则相对简单，圆的、方的、菱形的等搭配纽门，体现着曲木客家女人的心灵手巧。

---

① 林晓平：《客家祠堂与客家文化》，《赣南师范学院学报》1997年第4期。

曲木村的客家服饰，除继承了赣闽祖地的特色外，还融入了北海当地的文化特色。客家人来到北海定居数百年，由于特定的自然地理环境和区位环境，客家人不断吸收疍家、壮族、苗族、瑶族等服饰风格和元素，既有少数民族的宽裤阔襟，又有疍家渔民的阔袖短裤、妇女轻盈的花布头巾及系法，实用性优先，兼具美观性，以适应亚热带气候地区的生活劳作。

四、风物特产

曲木村的风物特产主要有天然淡水鱼、天然小江虾、白切土猪肉、白切竹头鸡、客家扣肉、酸甜猪脚、红烧黑山羊肉、客家豆腐、客家虾公籺、酸梅酒、饭包籺、菜心籺、六湖蜂蜜、鸡嘴荔、石夹龙眼等，以下简单介绍几种曲木村具有代表性的风物特产。

（一）六湖蜂蜜

六湖蜂蜜为曲木村的一大特产，亦是当地扶贫项目之一。曲木村委坝角自然村周围有近2 000棵龙眼、荔枝、黄皮果、菠萝蜜等果树，一年四季山上的野花花开不断，属于天然的养蜂场地，同时也酝酿出了口感上佳的百花蜜。目前，六湖蜂蜜已成为当地的品牌蜂蜜，并已实现标准化生产。

图11-26　六湖蜂蜜（曲木村委供图）

（二）饭包籺

曲木村最具有地方特色的菜品要数春节前夕曲木客家人的饭包籺了。饭包籺因制作时间较长，一般仅过年期间才做。从农历腊月二十开始，家家户户都要奢谷兑米磨粉，主要是将糯米研磨成粉。准备好做年糕的原料，以及一只鸭子、海螺、猪肉、辣姜等。因为古时候没有机械，奢谷碾米兑粉全得靠人工。到那时，村场里到处都会响起奢谷兑米磨粉的声音，似在告诉人们，就要过年了。而到了廿六日，就要开始制作各式过年节的糕点，其中制作工序最多、花费时间最长就是饭包籺。当地村民口述，自己动手做的饭包籺很耐放，可以放很久，想吃的时候就拿出来放入微波炉加热即可入食，味道十分可口。由于饭包籺耗时较长，因此当地人只有在过年期间才会做。

(三)菜心籺

元宵节前,曲木当地的客家村民们,开始做菜心籺,同春节曲木人做的饭包籺一样,菜心籺亦是一种点心,村中集市偶有售卖。菜心籺可以用各式各样的馅料填充,比较多的是用沙虫、虾米、瘦猪肉、香芹等调制的香心籺的馅。

(四)酸甜猪脚

最受曲木村人欢迎的当属酸甜猪脚这道菜了。其具体做法灵活多变,有的直接用水煮之后淋上酸甜浇头;有的则是先用一只炸过猪脚,然后煮醋酸乳,其中有荞头、酸醋等,再淋上去。这道菜是曲木村当地有名的特色菜,一年四季在各大小餐厅均有供应。

(五)炸虾饼

炸虾饼也是曲木村人喜闻乐见的一道特色风味小吃。制作时,将米粉和葱花调糊,加入鲜虾,再炸至金黄色。河虾、海虾为随处可取的食材,现炸的虾饼口感酥脆、香味扑鼻。

图 11-27 炸虾饼(许小洁 摄)

五、文化教育与人物

客家人崇文重教,以兴学为乐,以读书为本,以文章为贵,以知识为荣,始终把对家族子弟的教育当作家族中的一件大事来办。无论去往任何地方安家,都不忘叮嘱子孙多读书,为此不惜花费重金鼓励求学、升学等。因此,客家人出将入相、升官发财者数不胜数。民国时期,北伐将领陈铭枢便是出自曲樟乡的客家人。

1. 陈念邦

在六湖水库中央的一座小岛,当地人称此岛为"飞凤出山",也叫凤凰山,陈氏客家人的先祖陈念邦安息于此。岛上为其兴建了一座巨大的宅兆,且专门为其作了墓碑记,记载着他的生平。以下内容节选自《念邦公墓记》。

念邦公墓碑记

溯吾高祖元公四郎讳忠成,生三子:立德、立成、立功,兄弟三人均被封为大将军,领兵勤王。立成公生三子:念国、念文、念邦。念邦公乃吾合浦六湖开基始祖，法号陈念八郎。妣张妙二娘金一娘，生五子：智仁、智义、智礼、智德、智信。按陈氏源流，为立国受姓太始祖陈胡公嫡传江州义门魁公派系。大明成化年间，广西流寇侵扰广东廉州石康县，并洗劫一空。因此当地人心惶惶，四民逃散，以致地广人稀，田地荒芜。弘治十年（1497），廉州府张榜，广招远方黎庶前往定居开垦。大明弘治十八年（1505），吾祖念邦公携妻挈子，千里迢迢，从福建省汀州府上杭县来苏里州试街瓦子巷迁来广东省城居住。时值朝乱国争，四海不靖，广州城难于安居。故又继续往西南迁徙至吴川县，后又迁到广东省廉州府合浦县兴中里六湖（今广西合浦曲樟）九塘下村开基创业。其间，祖妣外家张氏亦合家结伴前来，在吴川，张家一部分人落脚安居，一部分人随吾祖迁至六湖，并于排上定居。念邦公定居四年后（1509），祖妣往吴川探亲而病故于外家，葬于吴川县四面岭（称蚁坟）。念邦公卒年不详，葬于此处（东山境后岭）。后有二房三世孙陈公，欲将祖妣金骸从吴川迁回与念邦公合葬。奈因路途遥远，张家早已立碑谋占，不准迁回。只好于祖坟右侧埋下一埕，内置一泥塑人，以代妣骸，故称双坟。数百年来，其间虽经两次改葬，但祖灵依然显赫，福荫绵绵，嗣沾泽润，人兴财旺，世代书香，公侯科甲层出不穷，真可谓：土德潜扶，宗恩浩荡，裔孙洪福齐天。

2. 陈公

或许每个村庄都有一两位帮族群中人看婚嫁、入宅等好日子，看建筑方位的民间高人。在曲木村，人们称这样的人为"先师"。曲木村有一位先师叫陈公，他能帮助村民们祛除魔怔，点化顽疾，本领得其外公亲传，外公早已仙逝，目前为止，他是唯一的传承人。乡亲们一有疑难杂症，皆找陈公看病。例如口舌生疮；或齿痛难忍；或偶患眼疾，流泪不止，且久治不愈；抑或神情呆滞，精神麻木，村民们无一不想到他。经由他"点化"，立刻由混沌变成清澈，通身舒泰，药到病除。陈公深受村民们的信任和爱戴，即便不是疑难杂症，村民们若有鸡毛蒜皮的纠纷，或哪家有水管电灯需要维修，陈公都热心肠地帮忙解决，村民们无不崇之敬之。

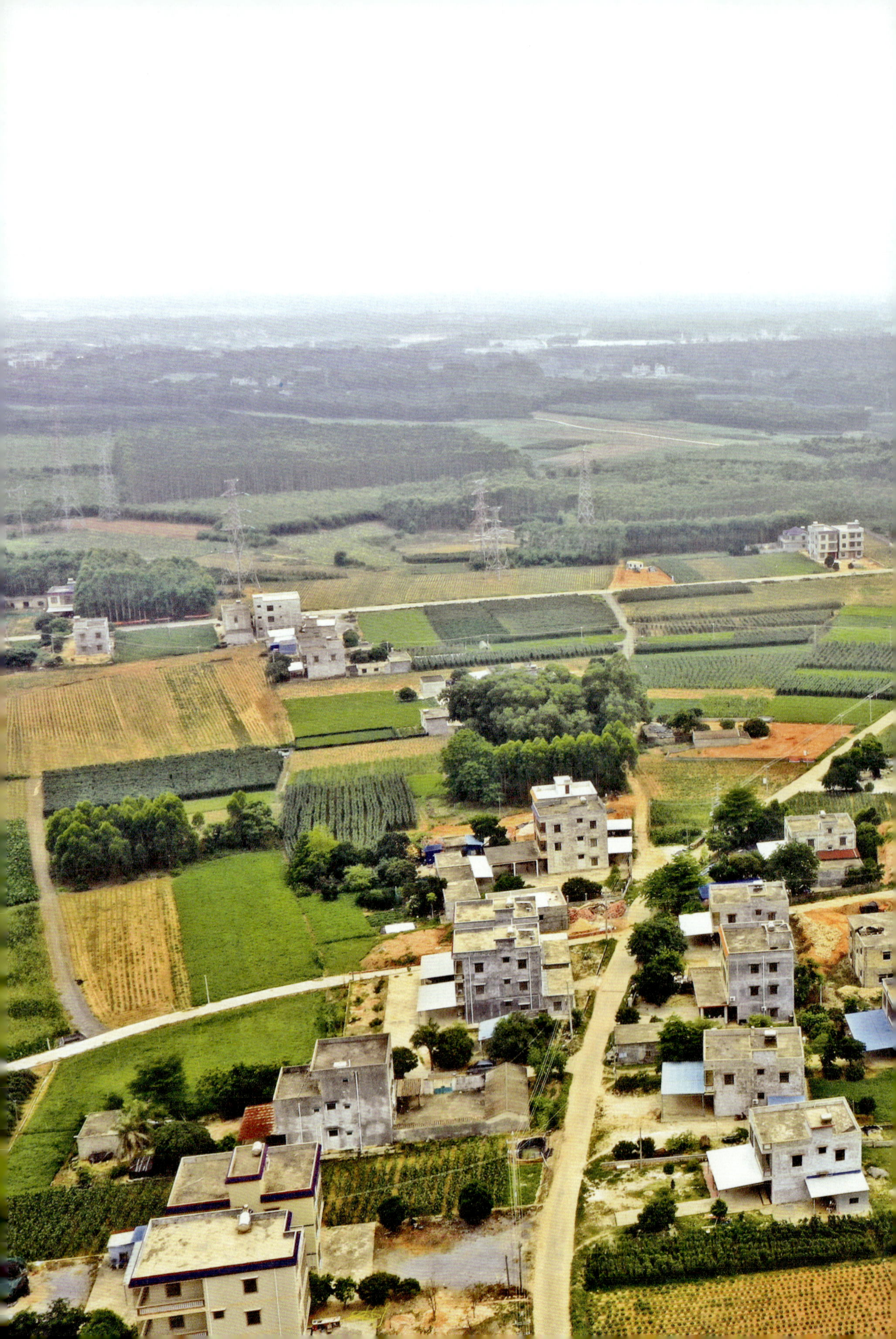

田头屋村

图 12-1　田头屋村航拍图（赖文昌　摄）

一、村落概况

（一）方位与交通

田头屋村为北海市铁山港区兴港镇杨屋村委下属的自然村，距北海市区约53千米，与首府南宁市相距约238千米，距离湛江市约129千米。田头屋村的地理环境相当优越，其土地呈现出平坦开阔的特点，属于平缓的沿海台地。该自然村的总占地面积约2.5平方千米。村里盛产高岭土、石英砂、煤等，其中高岭土储量高、埋藏浅、矿层厚、含铁少、自然白度好，是理想的陶瓷和建材原材及造纸涂料。这些丰富的矿产资源为田头屋村的经济和社会发展提供了坚实的基础。

（二）村史

截至2020年10月，田头屋村共有160户、720人[①]。田头屋村共有九姓人家，因村庄附近拥山近海，方便谋生，先后到这里居住的人家有徐姓、罗姓、曾姓、陈姓、吴姓、黄姓、利姓、庞姓和林姓。其中，目前村里人口最多的姓氏为罗姓，约占村总人口的1/3。村民们主要使用白话和瓦话等语言交流。

田头屋村形成于宋朝中期，原名瓦窑仔，田头屋的村名由最早从福建迁徙到这里的徐姓家族命名的。据说这徐姓祖先徐国祯，携带三个儿子徐周、徐明和徐栋一大家子人，从福建迁徙到广东下四府遂溪县洋清镇田头屋居住。几年后，因天灾大旱、世道不太平，无法继续在那里生活，方才寻到现在的铁山港区兴港镇一处海沟与田园相间之地，于是沿用他们曾在广东居住过的"田头屋"地名。徐姓老祖一家人迁徙过来之后，在此地起屋造舍，安居乐业，因周边没有砖瓦厂，后请师傅建窑烧瓦做砖，故得名瓦窑仔。至清朝中期，开始叫"田头屋村"。瓦窑师傅走后，徐屋祖先继续做砖烧瓦，后因年久失修导致瓦窑破败不堪，只剩下旧址瓦窑仔。此外，由于该村附近的山头多以红色为主，当地人还喜欢把这一带称作赤江。

---

① 以上数据由铁山港区兴港镇杨屋村委提供。

图 12-2　田头屋村虾塘（赖文昌 摄）

（三）发展现状

田头屋村的主要产业为水产养殖和陶瓷生产。2020 年村集体经济收入为 5 万元，村民人均年收入达 1.6 万元。

1. 种植和养殖业

田头屋村的种植和养殖业较发达。村民主要从事传统种植业，以自给自足的小农经济为主。因离海不远，也有部分村民以近海捕捞为生。田头屋村的养殖业主要以名贵鱼、虾等海产品为主，盛产南美白对虾。

2. 矿物原料

田头屋村所在的兴港镇主要矿产资源有高岭土、石英砂、煤等，其中高岭土遍布全镇，储量高、埋藏浅、矿层厚、含铁少、自然白度好，是理想的陶瓷和建材原材料及造纸涂料，国营赤江陶器厂就位于兴港镇的东北方。此地石英砂储量大，分布广，二氧化硅储量高达 98%—98.5%，是制造光学玻璃、光导纤维、高级器皿的上等原料，也是铸造的上等辅料。煤炭矿床位于石头埠一带，规模较小，煤层薄，属于高灰分无烟煤。如今，当地的高岭土原料已不再作为商品流通。据估算，田头屋现有的高岭土矿原料，可供村中陶瓷产业使用 20 余年。

3. 制陶业

田头屋村的制陶业历史悠久，早在清道光年间（1821—1851）就有了。同治年间（1862—1874），南康垌心坡村的吴正仁、吴正义、吴正礼兄弟三人到赤江建"白碎窑"，厂号为"义和祥"，生产缸、煲、盆、钵等民用生活陶器。到了清朝末期，增建了"伯公窑"和"中间窑",共有6条窑口和1条碗窑。同治年间,以生产缸、煲、盆、钵等为主,后来逐渐增加生产碟、杯、碗等各式陶瓷器具[①]。民国期间,组建为"同益公司",生产煲、砵、盆、碗、碟、缸、杯、壶等多种陶器,又因窑址濒临海边,海路运输方便,在20世纪七八十年代,陶器产品就已畅销粤、港、澳及欧美、南洋诸地。

进入21世纪后,在当地国营赤江华侨陶器厂的带动下,阳光陶瓷厂、振兴陶瓷厂和永发陶瓷厂等一批私营陶瓷厂应运而生。迄今,已有10多家陶瓷生产企业盘踞于此,生产设备有辊道窑、新式汽窑、隧道窑及传统龙窑,年产量5 000万件以上。

此外,还有一些民营陶器厂融入了广东佛山等其他地区陶瓷业的技术和风格,尤其在成品器具的外观上呈现出现代人追求幸福好运的鲜明特色。

二、自然与人文景观

(一)自然景观

1. 名木果树

田头屋村普遍种植有树菠萝、龙眼等果树。树菠萝又名菠萝蜜、蜜多萝、牛肚子果,主要生长于气候温暖的南方地区。树菠萝为桑科常绿乔木,株高可达20米。叶互生,长椭圆形或倒卵形,革质,有光泽,全缘或偶有浅裂。复合果卵(果实)状椭圆形,外皮绿色有棱角,常生于树干,大如西瓜,重量可达50千克,为世界之冠,内有数十个淡黄色果囊,果色金黄,中有果核,味香甜,可食用,炒食风味佳,素有"热带水果皇后""留齿香"之称。表皮有六角形钝刺,成熟时趋近平滑,果味佳美。树性强健,适合作行道树、园景树。

龙眼树属于常绿乔木,主要生长在广东、广西、福建等亚热带地区。龙眼树通常高10余米;小枝粗壮,被微柔毛,散生苍白色皮孔。叶连柄长15—30厘米或更长;小叶4—5对,薄革质,长圆状椭圆形至长圆状披针形,两侧常不对称;小叶柄长通常不超过5毫米。花序大型,多分枝;花梗短;萼片近革质,三角状卵形;花瓣乳白色,披针形,与萼片近等长,仅外面被微柔毛;花丝被短硬毛。果近球形,通常黄褐色或有时灰黄色,外面稍粗糙,或少有微凸的小瘤体;种子茶褐色,光亮,全部被肉质的假种皮包裹。花期春夏间,果期夏季。

2. 社公大榕树

田头屋村原有社山大杨树,约有千年历史,树身高达几十米,枝叶笼盖着几亩土

---

① 罗伟:《赤江陶瓷——揭开历史的尘封》,《北海日报》2019年8月1日。

图 12-3　社公大榕树（小叶榕）（袁泉　摄）

地，那是田头屋村的社树。令人遗憾的是大杨树早已枯朽，不复存在。取而代之的是一棵参天的小叶榕。原先此地还有一棵比这棵小叶榕还大的大叶榕古树，后也枯朽了。现在这棵小叶榕开枝散叶，根茎似是虬龙，盘根错节，遮天蔽日，直径约22.48米，将一块空地呈圆形状覆盖，形成了一个天然的树帐，为社公最好的荫蔽之所。田头屋村的村民将这棵独树成林、约有百年历史的小叶榕作为新的社树，每年"社日"，便在这棵树下设立祭坛做社，拜祭社神。

（二）人文景观

1. 赤江古龙窑遗址

田头屋村现遗留有石头埠煤矿遗址、田头屋窑址（2013年被列为北海市文物保护单位）。据可考资料，赤江制陶最早可追溯至宋代，至今已逾千年。元明之时，日渐衰微，屡经战乱，此处制陶业曾一度没落。道光年间，民间土窑重燃炉火。咸丰年间（1851—1861），赤江第一条初具现代雏形的龙窑建成。

图 12-4　田头屋窑址保护牌（袁泉　摄）

同治年间，南康垌心坡村吴氏兄弟建"白碎窑"，厂号"义和祥"，产品以缸、煲、盆、钵最负盛名。清末，增建"伯公窑"和"中间窑"。封建王朝衰落之后，千疮百孔的废弃古龙窑址遍布赤江周边村落。

如今，在赤江古龙窑遗址之处，还保存着一座完好的龙窑，距今已有160多年历史。龙窑全身长约40米，顺斜坡而建，窑室用土砖堆砌形成，最高处不到2米，内墙壁堆积了厚厚一层由草木灰经过高温烧制形成的釉，无瑕通透、温润如玉，分窑头、窑床和窑尾三部分。龙窑依山势倾斜，用砖砌筑成直焰式筒形的穹状隧道，建于斜坡上，有利于让火自下而上自然升温。窑顶堆满烧窑需要的柴火，窑身上方建有窑棚，可用于遮雨。窑头前有一个约10平方米、深2米的坑，用于堆放柴火。在龙窑穹状脊上的两旁，有规律地分布着42个小洞，用于投柴。龙窑横卧于斜坡上，窑室内部用土砖堆砌形成，最高处1.5米。鼎盛时期，有6个窑口和一条碗窑，兴旺一时。

由于兼具中华民族特色和鲜明的地域文化特征，2013年9月，赤江古窑址被列为"北海市文物保护单位"。

2. 出土的历代窑址器物

在田头屋古窑址，我们随处可见地上或地底下的残砖碎瓦，随意捡拾一块，便是宋代或清代瓷片。而令人遗憾的是，完整的陶瓷生活器具已很难寻觅。据当地村民们说，以前的人为了谋生计，到处挖虾塘养虾，古窑遗址受到了极大破坏，村民们挖到

图12-5 田头屋窑址简介（袁泉 摄）

图12-6 出土瓷碗（聂峥嵘 摄）

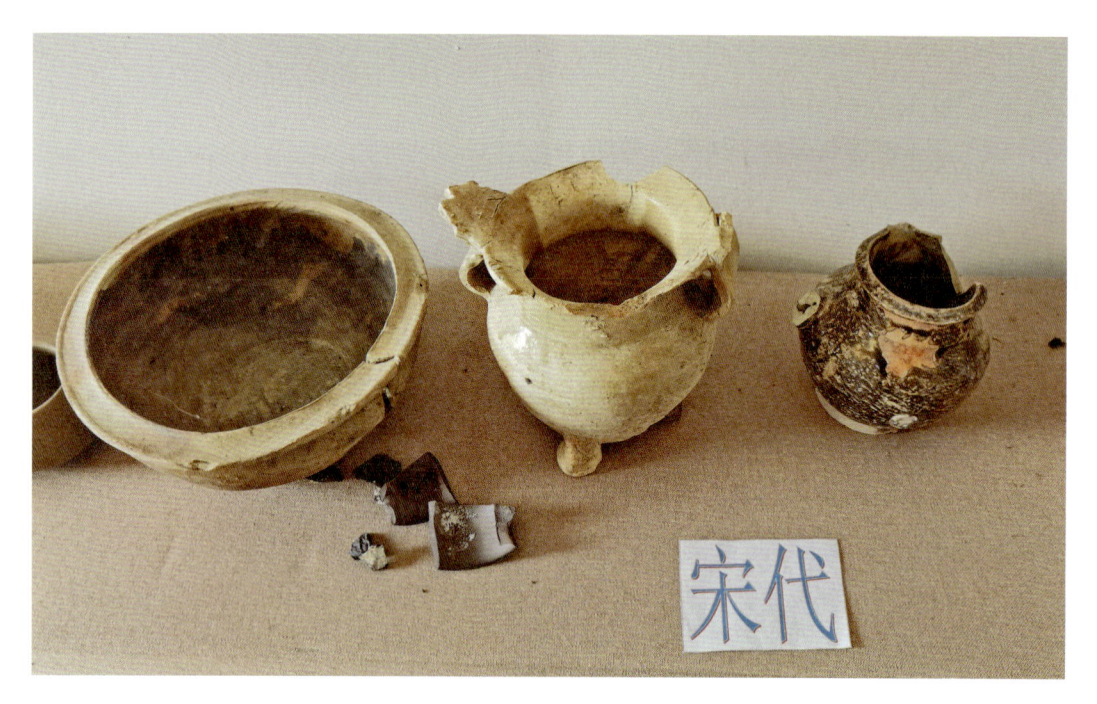

图 12-7　出土的宋代陶器（聂峥嵘 摄）

图 12-8　出土的清代陶器（聂峥嵘 摄）

了相对完整的宋代、清代陶器，便捡回家收藏了，剩下的就是满地的残砖碎瓦，几乎失去了收藏价值和文物价值。

在距离田头屋村两三千米开外，从合浦县山口英罗到铁山港谭村，考古工作人员历时三年，最终在北暮、晚姑娘、盐灶、芋头塘村等沿海数十平方千米区域发现了6处大型唐代窑址，这也是在广西发现的规模最大的唐代窑址群。在南康镇雷田村委员会芋头塘村虾塘边，大量的陶瓷碎片散落在虾塘四周，这些陶瓷碎片来自芋头塘村唐代窑址群。芋头塘窑址群周围蕴含丰富的高岭土资源，水路运输便利，为陶瓷生产和运输提供了良好的条件。据考证，芋头塘村唐代窑址群分布面积大约5万平方米，属于南方青瓷民窑系统，产品应为民用生活器具。瓷器胎体厚重，里外施青釉但不及外底，釉面稍显粗涩，素面，仅个别器物肩部饰水波纹，有些罐、瓮、盆、垫、饼的肩部或底部有划痕文字或符号，碗、碟内壁多留有支钉痕。附近海边都有分布唐代的窑址，这说明在唐代，这片地区的陶瓷业就非常繁荣。

3. 瓮罐民居

在田头屋村随处可见用陶瓮、瓦罐或匣钵与石砖混搭出的房子。匣钵是一种窑具，用来盛装即将要烧制的陶器产品。毕竟在这里，无论是匣钵还是瓮罐都比砖还要便宜可得。田头屋村不少村民是陶瓷厂的工人，厂里报废的瓮罐、匣钵堆积成山。有的废弃匣钵重新被研磨成粉用来盛装新的产品，次品则作为垒砌院墙的主要材料。

在古代，早有文人墨客游历记载关于瓮罐民居的所见。清代的李渔在《闲情偶寄》里写道："至入寒俭之家，睹彼以柴为扉，以瓮作牖（窗子）。大有黄虞三代之风，而又怪其纯用自然，不加区画。如瓮可为牖也，取瓮之碎裂者联之，使大小相错，则同一瓮也，而有歌窑冰裂之纹矣。柴可为扉也，取柴之入画者为之，使疏密中綮。则同一扉也，而有农户儒门之别矣。"这是李渔在形容贫寒的人家将瓮作窗时的景象。汉代的贾谊在《过秦论》中也将"瓮牖绳枢之子"比喻为家境贫寒之辈，仅好于"家徒四壁"的说法。这说明，在古代，但凡用瓮罐做院墙、做窗户的人家，皆是较为贫穷的人家。因为用瓦罐做窗户透光和透气性均是非常差的，而用瓦罐做院墙，防盗匪、防震性能亦是极差的。

从20世纪七八十年代开始，田

图 12-9 瓮罐民居（聂崢嵘 摄）

头屋村的村民们就喜欢用瓦罐来做院墙,或许是深受赤江陶器制造业的影响,虽然村民不再贫穷,但是依然乐于居住在这种就地取材的瓦罐、瓦缸垒砌院墙的民居里。这种院墙冬暖夏凉,有着特殊的隔热效果。同时,这些使用瓮罐做的院墙无意间也形成了田头屋村的一道独特风景线。由此可见,田头屋村的村民深受陶器文化的影响,在民居建筑上也打上了重重的陶器文化的烙印。

三、民俗文化

(一)民间文艺

1. 北海粤剧

北海粤剧作为田头屋村民闲暇时的一种消遣,深受村民们喜爱。北海粤剧广泛分布于北海市三区一县各个城区与乡镇,为北海城乡流传最广、最受市民群众喜爱的一种地方戏曲。北海粤剧在借鉴和继承广东粤剧的基础上,多以生旦戏剧目为主,重唱轻做,文戏多于武戏,代表剧目有《珠还合浦》《分钗奇缘》《花王之孙》等。声腔多用"梆黄",中间穿插民歌小调,唱法上改"假声"为"平喉(真声)",用粤语演唱,偶尔穿插官话。在声音演绎方面,男声唱得比较平稳、低沉,有时略带沙哑;女声唱得非常细腻而又圆润。内容多以清廉吏风、生态环境、民心呼唤为主题,传播正直、积极、乐观的正能量。2016年,传统戏剧《北海粤剧》入选广西第六批自治区级非物质文化遗产代表性项目名录。

图 12-10 北海粤剧(图片来源:北海非物质文化遗产网)

2. 木头戏（木偶戏）

木头戏，又称"山口杖头木偶戏"，以北海合浦县山口镇流传最甚，其他地区也有盛行，如铁山港区的田头屋村，也有人即兴表演木偶戏。2016年11月，自治区人民政府批准了文化厅确定的广西第六批自治区级非物质文化遗产代表性项目名录（共137项），其中，《山口杖头木偶戏》与北海市传统戏剧《北海粤剧》、传统美术《合浦角雕技艺》、民俗《三婆信俗》等四个非物质文化遗产项目共同入选该名录。

木偶戏由表演者右手操纵一根命杆（与头相连），左手操纵两根手杆（与手相连）进行表演。演出前不需彩排，也没有固定的剧本，只有提纲。配音者用粤剧的唱腔，按照小说的内容即兴发挥；木偶操作者根据配音者即兴演说的内容操控木偶。古时演出所用木偶均为艺人自己雕刻制作，现今所用木偶均从广东采购。木偶眼睛能开能闭、能转动，嘴舌也能活动。角色共分为旦、生、净、末、丑、杂六大类，其中旦又细分为花旦、夫旦、老旦，生分为文生、武生，各种角色形象不一，生动逼真，且不同角色所用的唱腔、音调不一。全队音乐只一人"掌板"，另一人手、脚、口并用，左手敲锣，右手打双皮鼓、沙的、扣锣，脚敲锣，口吹唢呐。

图12-11 木头戏（图片来源：北海非物质文化遗产网）

根据田头屋村85岁高龄老人徐英口述，其祖父生前为一木偶戏班的班主，若有人家生男孩了，就会请戏班子来摆戏台唱戏，一般情况下唱一晚上。富裕人家则唱两晚。现如今，田头屋村依然保留着一位会唱木偶戏的人。是田头屋徐姓先祖的后人。村民们称此人为"路商"。每年村中但凡有大喜事，尤其是家中新添男丁，都是此人从外地请来同道的木偶戏班来田头屋村唱戏，一唱就是一整晚。这样的习俗至今还在田头屋村延续着。

（二）民间信仰

1. 添丁点灯

田头屋村有着先祖流传下来的点灯习俗，但凡有人家里有男婴出生，便会点一盏灯。一盏灯代表一个男孩诞生，百姓要制作六边形的纸花灯，剪成动物的影子，类似古代的走马灯。春节后至元宵节前，尤其是正月初八这天，凡有添"新丁"的人家都要购买花灯悬挂在大厅里,并准备酒菜,不论远近的客人,都予以盛情款待,并再次通报"新丁"的名字、乳名。因此,正月初八是田头屋村非常隆重的日子。而在周边村落,每年的正月十三亦有添丁点灯习俗。

"新丁"平安降生后,家中大人在家门口燃放长串鞭炮以示庆贺,但此时不取名字。大约过了八九天后,由家中长辈将"新丁"出生的年、月、日、时辰、地点端端正正地写在一张红纸上,然后请人排排"八字"(即出生的年、月、日、时),卜算"新丁"的命运。如果"八字"有缺损,则在取名时加上。如卜算出这个"新丁"缺"水",则取名时,就加"水"或带"氵""冫"的字;缺"木",则加带有"木"字旁的字;如果"八字"跟父、母的"生肖"相克,则"新丁"叫父母就不能叫爸爸、妈妈,只可叫叔叔、婶婶或其他称呼。长辈根据卜算,然后按族谱上祖宗定的辈分给"新丁"取一个吉利、好听的名字。在给"新丁"取了正名之后,一般还附带一个乳名,如"细狗子"(狗又叫犬,"犬"与"健"谐音,喻健康又精灵)、"牛牯子"(喻健壮如牛)等不一而足。

2. 拜社公

拜社公,是田头屋村历来的习俗。社公,在其他地区也有称"土地公"的,社日,即拜社公的日子。国内每个地方的社日不尽相同。不管如何,在社日当天,村民们都须聚集于社公庙或大树下的祭坛前虔诚祭拜,以祈求和感谢土地神的福佑,年景

图 12-12 社树下的"社公"神祇(聂峥嵘 摄)

丰收。拜社公的地点位于田头屋村中一处古老的大榕树下（如上文"自然景观"部分所述）。故而在大榕树下总是能见到满地的爆竹红屑和插在地上数不清的香烛。

田头屋村每年有6个社日，春夏秋冬四季都需"做社"。在田头屋村，6个社日分别是春、旦、夏、秋、冬、福。其中，"旦"和"福"也即田头屋的"福旦日"。"做社"，即安排社日当天祭拜土地公的活动流程。在6个社日之中，只有正月初八和二月初二两天是固定的社日，其他4个社日则不是固定的。一年四季6个社日，需得由"社头"来主持大局，通常每年由100个人负责"做社"，一年做6社，每个社需要16—17个人做社，如果轮到你，你若刚好有事不能去，可以请他人代替去执行相关任务。

在做社那天，除拜祭土地公之外，还有一项必须做的事便是分猪。采购一头猪，无论大小，都要分给全村所有参与做社的家户。比如一头300来斤的猪，分给90户人家，每户能分到大约3斤多的猪肉，若一头猪只有200来斤，则每家能分到2斤多。历来做社的风气就是，分猪无论被分到哪个部位，是否能分得分毫不差，无人有怨言，大家都很和睦客气、相安无事。这体现了田头屋村民们淳朴开朗的性格。

3. 做斋

在田头屋村，有"做斋"的传统。若村中有人过世，便会请和尚来村中做斋日，做祭祀的活动，一切都是由他们来操办。请来的和尚要念经，超度亡魂，寓意给过世之人开路，让他走好，令逝者脱离地狱，升上天堂，到西方净土的极乐世界去。村民通过这种仪式，寄托自己的哀思，表达自己对死者的怀念，以此减轻失去亲人的痛苦。做斋，一般稍有经济能力的人家做一日一夜。经济困难的只做一个晚上，仅做"救苦"段。富庶人家则可做"三日三夜"。

4. 石狗崇拜习俗

田头屋村石狗崇拜源自雷州，相传是最早迁到此地的徐氏祖宗将此石狗文化带来，徐氏祖宗从东海福建之地迁徙至广东，后又从广东迁徙至田头屋村，因此，便将那石狗文化亦带了来。

雷州石狗崇拜习俗主要流布于雷州半岛中部的雷州市，覆盖范围包括雷州半岛、海南岛、广西、越南北部等广阔区域，2008年被列入第二批国家级非物质文化遗产。

雷州古属骆越之地，骆越族的"盘瓠蛮"部落曾聚居于此，他们自称为狗的后人，素有崇狗、拜狗的习俗。以玄武岩雕刻的石狗就是这种民间信俗的具体化和物质化表现形式，石狗也被当地民众尊为"守护神""吉祥物"。在日常生活中，雷州人每每遵照传统习俗，在门口、村口、路口、水口、庙前、墓前立以石狗，逢年过节或遇红白喜事时供奉敬事。这种石狗寄托着人们祈福迎祥的美好意愿，甚至还有"契石狗为父"的神圣意义。以雷州石狗雕刻及相关习俗构成的"石狗文化"是汉、越文化融

图 12-13　田头屋村石狗（袁泉 摄）

合的产物，以雷州市为中心在环北部湾地区形成了一个"石狗文化圈"。雷州石狗雕刻包含着丰富的历史文化信息，在某种程度上可以视为雷州历史和民俗的浓缩，具有文化人类学、民族学、社会学、历史学等多方面的研究价值。

在田头屋村社树大榕树的旁侧，紧挨着那一尊雕像，是用石头雕刻成的狗的模样（有点类似石狮子的雕刻手法），通体呈青黑色，身形大小同正常的家犬无异。石狗的高度约 55 厘米，侧身宽约 41 厘米，正面的身宽约 31 厘米，后背的身宽约 35 厘米，石狗稳稳立在一个小圆石盘制成的底座上，底座有不大不小的石块垒叠，石块的高度约 48 厘米。虽然石狗雕像整体的高度才 1 米，可在村民们的心中，已然奉它为高大的神祇。

田头屋村的石狗，曾在 20 世纪"破四旧"时期惨遭掩埋。据村民流传的说法，某一天，石狗托梦给村中姓罗的一位村民，含泪告诉它自己被掩埋地方；第二天，罗姓村民顺着梦中的线索，果然精准地找到了石狗所在的地方，并将其小心翼翼挖了出来，然后用茶水将其周身洗净。石狗便又焕发出它气宇轩昂的神采。

石狗被挖出来距今已有 30 多年。村民们一致认为它是社公的狗，用来看守全村，协助社公护佑村民的。如今，它就立于社树大榕树旁侧。村里时常有人会去祭拜，据说能保平安。每到家族重要的日子，必然会拜祭石狗。据村民口述，以前村里面不够平安，自从村里有了石狗之后，这狗也不叫，鸡也不鸣了。

虽然今天田头屋村的石狗崇拜习俗不如旧时浓烈，但是石狗作为"地上的兵马俑"，是向世界诉说中华民族源远流长的历史文化的重要证据。

（三）特色工艺

田头屋村最著名、最具特色的工艺当属赤江龙窑制陶技艺。

北海的制陶技艺传承至今长达1 000多年，赤江陶艺更是北海陶艺中最璀璨的一块瑰宝。赤江陶艺自宋元而始，兴盛于明清，历经800多年，至今仍窑火不熄，留存有桂南粤西地区仅存的宋元窑址。"赤江陶烧制技艺"也因历史久远、工艺成熟，于2015年7月和2018年11月先后入选北海市第三批非物质文化遗产代表性项目名录、第七批自治区级非物质文化遗产代表性项目名录，成为北海众多"品牌名片"之一。

中国古陶瓷专家冯先铭在《古陶瓷鉴真》一书中介绍："在广西，宋代烧青白釉的有桂平和北海二窑，桂平窑所烧器皿较多，北海窑只烧碗盆碟等器……主要供外销之用。"

赤江陶艺的盛名，最早可追溯至宋代，且随海上丝绸之路扬名海内外。从赤江旧窑址出土的宋代的瓶、罐、碗、盆和瓷片均为拉坯成型，说明当时的陶瓷技艺水平已相当高。随后几百年，出于屡经战乱及历代对外贸易政策等原因，赤江陶瓷业一度走向衰落。清道光年间，赤江陶瓷重燃炉火。至同治年间，南康垌心坡村的吴正仁、吴正义、吴正礼兄弟三人到赤江建"白碎窑"，厂号为"义和祥"，生产缸、煲、盆、钵等民用生活陶器。到了清朝末期，增建了"伯公窑"和"中间窑"，民国期间组建为"同益公司"，产品畅销粤港澳以及南洋、欧美等地。

那么赤江龙窑制陶技艺这朵"非遗奇葩"为何会在田头屋村盛绽？其主要原因有两个：一是此地出产丰富的高岭土，二是此地出了民间艰苦卓绝的技艺传承人。

高岭土是一种以高岭石族黏土矿物为主的黏土或黏土岩，因江西省景德镇高岭村首先发现而得名。高岭土具有良好的可塑性和耐火性，用于烧制陶瓷，再好不过。最早龙窑制陶流行于江南一带，古法工艺神圣而艰辛，极为考验匠人的耐力和技艺。黏土灰不溜秋而成品美丽精致，要经过配料、固型、烧成三个阶段和装料、过筛、除铁、压滤、陈腐、压实、制坯、黏结、刷坯、施釉、出装、烧成等13道工序的锤炼，过程可长达数月。每次点火开窑后要24小时不间断连烧3天以上，窑温必须控制均衡、持久，稍有不慎，就会前功尽弃。

北海作为古代海上丝绸之路始发港水陆枢纽，境内高岭土矿藏丰富，洁白细腻、松软，发展制陶产业得天独厚。赤江白泥质地优良，秉承道光年间传统拉坯成型方式，兼以原生态的草木灰原矿着色，素心革面，古朴文雅，自然中透着别致的格调，颜色千变万化，润实坚致、经久耐用，每件作品都独一无二。高峰期年产陶瓷20多万件，远销欧美、南洋诸地，堪称"中国特色炊具"。

与此同时，在田头屋村，还有多名享誉区内外的赤江陶瓷烧制技艺的传承人。

（四）食俗文化

田头屋村的饮食习惯与北海地区无异。村民平常吃清简粥、木薯、海鲜虾鱼等。该地村民特喜欢熬上一锅清简粥，配上咸菜或鱼虾等。此外，村民偶尔会酿制一些米酒，村民戏称其为"土炮"——农村对当地酒的通俗说法。村民取用自家的稻米，用大曲、快曲、酵母菌培养液，粮谷就可以酿土炮酒。米酒的酒精度数约20度。

四、文化教育与人物

田头屋村，人勤物丰，制陶业历史悠久，赤江陶艺最远可追溯至唐代。陶瓷是泥与火的艺术，承载着厚重的中国传统文化。这些年，北海市铁山港区出土多处古窑，都印证了赤江陶艺历史上的辉煌。陶瓷技艺匠人，择一业终一生，工匠精神，薪火相传。一代又一代的陶瓷技艺传承人以其对赤江陶的热爱和执着，默默耕耘在赤江陶技艺的传承与发展之路上，通过不懈的努力和创新，不仅保留了传统陶瓷技艺的精髓，还为陶瓷艺术注入了新的活力，让更多人看到了中国传统文化之美。陈国瑞、陈家宝夫妇、陈李明等人就是其中的杰出代表。

1. 陈国瑞

陈国瑞，田头屋村制陶名人，广西非物质文化遗产赤江陶烧制技艺传承人陈家宝的父亲，当地人称他为"老陈"。陈国瑞原是北海赤江陶瓷厂技术工人，1989年因工厂改制，离开了陶瓷厂回家务农，但他舍不得丢下这十几年积累下来的烧窑手艺，于2003年自己投资办厂，并亲手设计建造了一口龙窑。工厂以生产汤煲、砂煲等生活器皿为主，产品因耐高温、结实耐用而深受当地居民喜爱。陈国瑞还对当地

图12-14　陈国瑞建造的龙窑（聂峥嵘 摄）

图 12-15　陈家宝夫妇创立的赤陶陶瓷工作室（袁泉　摄）

用于捕捉章鱼的传统陶杯进行改进，开发出一种新的章鱼杯，上市后得到市场追捧，客户遍及整个北部湾地区，甚至远销到越南。

2. 陈家宝、朱芳

陈家宝、朱芳是陈国瑞的儿子和儿媳。陈家宝于 2019 年凭借赤江陶烧制技艺入选广西第六批自治区级非物质文化遗产代表性传承人名单，其妻朱芳于 2020 年亦凭借赤江陶烧制技艺入选北海市第四批市级非物质文化遗产代表性传承人名单。

2014 年，陈家宝夫妇创立了北海市铁山港区赤陶陶瓷工作室，专门从事陶瓷泥料配制和陶瓷形态的设计及手工拉环制作，经过多年学习，结合合浦汉郡文化和北海丰富的

图 12-16　忙碌中的陈家宝（袁泉　摄）

图 12-17　陈家宝工作室陈列的艺术陶作品（袁泉 摄）

图 12-18　获奖作品《一脉相承》（袁泉 摄）

图 12-19　陶瓷艺术品石狗（袁泉 摄）

海洋文化等地方特色，研制出灰釉、花釉、青瓷等一系列陶瓷工艺作品。灰釉是依照古瓷片的效果，采用原生态的草木灰，原矿着色，不添加任何化工料。他们的作品呈现出古朴、文雅的艺术效果，既符合现代人返璞归真的审美需求，又与现代人对实用器皿追求健康、原生态的理念相契合，深受社会各界好评。

2014年8月30日—9月2日，陈家宝和朱芳携带他们的最新作品，参加了在南宁举行的"2014广西工艺美术作品暨大师精品展览"。在此次展会上，由陈李明、陈家宝和朱芳共同创作的《海马并蒂瓶》荣获"八桂天工奖"金奖，由陈李明与朱芳共同创作的《富贵牡丹瓶》荣获"八桂天工奖"铜奖。

图 12-20　陶瓷艺术品中华鲎（袁泉 摄）　　图 12-21　陈家宝的市级、省级传承人证书（袁泉 摄）

3. 陈李明

田头屋村的另一位著名陶瓷技艺传承人陈李明，亦是广西工艺美术大师。陈李明退休前曾在国营赤江华侨陶瓷厂担任过多年的工程师。从小在赤江长大，对这片土地最为熟悉，他被村民们誉为"赤江的活地图"。在经历了"文化大革命"和知青生涯后，陈李明和同伴们回到了赤江，被分配到赤江陶器厂，在他们之前，厂里已经刚安顿了数百名因越南排华而到北海来的难侨归侨。

陈李明的人生大半时间都与陶瓷相伴。虽已年过花甲，但作为广西工艺美术师和"赤江陶烧制技艺"非遗传承人，他对陶瓷有着执着的坚守。在陈李明的工作室，可以看到他收藏的一些赤江古陶瓷器皿和碗碟碎片，陶瓷片上的图案和雕刻的花纹清晰可辨，勾画的装饰线条粗细一致，釉色纯净，见证了赤江陶艺曾经的辉煌。在工作室的展架上，摆放着大量造型各异、风格独特的赤江青白瓷和多种颜色的釉瓷器。据陈李明说，经过100多年的演变，赤江艺术陶艺与广东石湾陶艺异曲同工，都秉承传统拉坯成型方式，兼以原生态的草木灰原矿着色，素心素面，古朴文雅，陶器纹路自然中透着别致的格调，颜色千变万化，润实坚致、经久耐用，兼备实用性与艺术性。

陈李明认为，要制出一件赤江陶瓷精品，从拉坯、装饰、上釉到烧窑，每一个环节都十分讲究。一件陶器要经过配泥、成型、施釉、烧制等工序，往往要花费一个半月时间才能做出来，最考验技术的还在烧制这一工序上。烧窑时对温度的控制最考验技术，升温太快或太慢都难出佳品。要根据陶器颜色的变化，及时调控炉温。器皿的颜色是先变黑，再变红，最后变白，每次变化都要及时增减柴火，烧得好了就是大功告成，稍微出点差错，之前所有的工作就功亏一篑了。

4. 徐氏

田头屋村历史上，最早迁徙而来的便是徐氏。徐氏家庭亦出过一些教育工作者，或大学生，或为官者，或体育界拔尖者。20 世纪 60 年代，在中学任教的有徐英，人称合浦体操王子，1962 年春参加中学体操比赛荣获 6 项器械体操全能冠军、石康中学体操队总分第一，震惊全县中小学。徐英长子徐成海毕业于北京铁道学院，现在广西沿海铁路公安处任干部。其爱人以劳敏任合浦县保密局长，兼县委办副主任。徐英次子徐成军，就读于玉林师范学院，大学毕业后分配在北海市任教，兼少年武术教练，2012 年至今参加自治区比赛荣获金牌 10 枚、银牌 11 枚、铜牌 9 枚，被评为北海市优秀教练。其孙徐欣毕业于大连交通大学。

5. 其他

历史上也有一些人在田头屋村当地小有名气，他们多半是教育工作者，抑或入仕为官者。1946 年有黄猛教私塾几年，教室是众屋*。1949 年初有地下共产党员罗光超，明教书暗里做革命工作，新中国成立后罗光超调到防城港任党委书记。地下联络人员徐汉曾任大队信用社会计，后调出南康公社做干部，在浦北官垌、钦州那彭任党委书记。还有一些田头屋村民的子弟在北海的学校或卫校工作。教小学的有吴德芳、陈贵、徐雄、罗光武、罗光锐、罗光正。从武汉大学毕业的陈辉分配到浙江，曾任局级领导干部；从外贸学院毕业的罗光辉，分配在湛江市外贸任领导干部；由部队转业的罗光文分配到广东顺德南康粄厂任行政干部。

---

* 众屋，指一个村庄的村民共同出资建造的用于各家各户逢红白喜事聚众举行典礼的场所（公房），众屋为大家所有，人人可用，但必须是被社会和全村所公认的公益活动。——编者注

福禄村

图 13-1　福禄村航拍图（赖文昌 摄）

一、村落概况

（一）方位与交通

福禄村隶属北海市合浦县闸口镇，地处合浦县城以东约 39 千米处。该村坐落于闸口镇东部大廉山南段的山脚下，坐北向南，背靠大廉山，面朝铁山港，海拔高度约 200 米，地理位置极佳。

福禄村自古以来便是合浦通往广东、桂东南的必经之地，该村南侧紧邻海岸线出海口，交通十分便利。目前，325 国道横穿村前，钦北高速公路也经过此地。

图 13-2 福禄村一角（赖文昌 摄）

（二）村史

1. 村名由来及历史

福禄村曾为廉州府东路至高雷的盐运通道，明代时朝廷为加强盐运管理，设有专门的盐运中转站，古称"铺"，福禄为其一。据清康熙年间《廉州府志》记载，因盐运通道沿途有盗贼抢劫，往来公差使客颇感不便，明万历十七年（1589）廉州指挥蔡仕请议砍山立营，拨营兵9名防守道路，盐道得以安宁。到清朝时，在福禄村筑一座围楼让盐勇驻守，福禄铺中转输送范围10里，福禄村由此形成。明清至民国年间福禄土楼都有盐勇驻守。至今，福禄村还保留着当年盐勇居住的土楼。

新中国成立后，福禄由乡转为村公所。据《合浦县志》记载：1951年6月，分署北海市后，全县设21个区，1个区级镇，区下设274个乡（镇）。福禄乡作为第七区的7个乡之一。1993年起，福禄为闸口镇16个村公所之一，后改为村民委员会。

福禄村居住有刘、包、赵、严、叶、张、冯、郭、邱、陈、黄等17个姓氏，均为汉族，其中，刘姓村民最多，约占村民人数的90%，所谓"无刘不成村"。据刘氏宗谱记载，福禄村刘氏源于中山靖王后裔一百四十六世广传公之巨浤公之后。广传公娶马杨二氏为妻，马氏生九子，杨氏生五郎。二房巨浤公后定居广东潮州，于明弘治十三年（1500）从广东潮州府程香县石坑都移居合浦县公馆香山。乾隆年初（1763），居住在大廉香山的始祖刘琛公十世廉相公之子上现移居福禄高坡村，迄今已有260多年历史。当时福禄有十八姓氏居住，"刘包赵罗冯郭邱陈谢黄，翁孙严叶石林张杨"。在盗贼残虐、环境恶劣、人单力薄之下，刘氏先祖历尽艰难："足蒸暑土气，背灼炎天光"，耕种粮食；不畏艰险从山上采料制作绳索出卖来增加收入。当时村中屡被贼害，生存艰难，其他姓氏纷纷迁移逃避贼害，只有刘氏祖辈靠着过人的胆识，不畏险阻，轻财重义，与其他姓氏人家和睦相处，团结一心，守护家园，终于在这里开枝散叶，安居乐业。

刘氏宗谱记载：大伯祖长大之后，弃诗书为官吏，专治小人，歼厥渠魁，昔日欺我、偷我者无不畏威怀德。嘉庆初年，山有会匪，海有强盗，赖有伯考，力率乡人，共归王化，多方筹谋，以据险隘而居海得免海盗之害，居乡六十余年，外患不侵，内忧不作。房房兄弟同心，和睦友爱，勤俭持家，发愤图强。晚房祖推崇文化教育，素开家塾，敬请四宾，课读孙子，五夜重申，督率农业，悉戒逸民。效仿古贤，订立宗规，各房子孙遵守，修心齐家，日愈兴盛。

2. 历史上的海盐生产基地

福禄村曾经是晒沙滤卤煮熟盐的场地，一个以"煮海为盐，以盐谋生"的古村。因村子所临海岸是广西沿岸海水盐度最高的地区，福禄村先民靠海吃海，在这里垒灶煮盐，靠盐业谋生，并与周边的很多村落构成了庞大的盐业产业链条上的盐场、盐坊、仓库、码头、盐闸（关），成为历史上的海盐生产基地。

《北海市志（1991—2005）》记载了福禄村等地晒沙滤卤煮制熟盐的产盐工艺——用海水晒沙，滤卤煮制盐。主要生产工具有沙耙、独轮车、压沙板、木勺、铁锅、水桶、铁锅铲、扁担等。其方法步骤如下：首先是晒沙。盐民、盐工选择平时海水浸不到的较高墩头，搭茅舍作简易厂房，砌盐灶、漏床及储存咸沙地坪，同时在海边浅滩上，安排一大幅沙田晒沙，早上将沙田耙松，用木板拖平，白天经过太阳暴晒之后，沙田泛起一层白色盐星，傍晚将咸沙耙收成堆，用独轮车运上地坪集中盖密。晒沙时候，凡是海水白天不浸沙田，都可以晒沙，一个月大约可以收沙10多天。其次是滤卤。将咸沙置于漏床上，用海水浇淋咸沙，滤出卤水从漏床下的竹筒流出，盛在木桶，一般有12°—18°波美度，咸沙经过浇淋海水成卤后，扒出放在漏床旁边，然后推落沙田反复使用。最后是煮熟盐。先砌盐灶，盐灶一般可装6—9个锅，一天按12个小时计，可煮5替，每替产盐200司码斤（1司码斤等于0.6千克）；每替卤水煮干炒锅装笠，又煮第二替[①]。

明朝宋应星《天工开物·作咸第五》记载了海水盐晒沙滤卤煮熟盐的制盐方法，经历了漫长的岁月，直至20世纪70年代还有少数盐民、盐工使用。在当时环境恶劣的条件下，煮盐是一件辛苦活，劳动强度大、负荷重、全凭手工操作。清代《如皋县志》曾这样记载盐民之苦："晓露未晞，忍饥登场，刮泥汲海，佝偻如猪。此淋卤之苦也。暑日流金，海水如沸，煎煮烧灼，垢面变形。此煎办之苦也。"[②]北宋早期的著名词人柳永《煮海歌》、元代王冕《伤亭户》、清代吴嘉纪《风潮行》，都切实反映了盐民的艰辛生活。

而盐，国之大宝。自西汉武帝起，历朝历代都对盐业实行不同程度的专营、专卖制度。据《史志》记载，明清之间朝廷在福禄村一带设盐业福禄厂，福禄厂有盐灶51座，下辖的储备盐仓有福禄堡6间。为加强管理，每个盐仓都有盐勇驻守，而且海岸线一带的盐仓与盐仓之间有应急联动机制——烟火报警。据村民介绍，在福禄村驻扎的只有几个盐勇，但遇有紧急情况，在烟墩（明代为发现敌情用烟火报警的设施）一放烟火，附近公馆盐田、白沙榄子根等地的盐勇就会很快赶来。

后来从广东电白传入了晒海水成卤再晒生盐，利用太阳能晒制盐比柴薪煮制熟盐成本低。因此北海盐业区也迈入了新的历史时期。如今，用海水煮盐的历史已成过

---

① 北海市地方志编纂委员会：《北海市志（1991—2005）》，广西人民出版社2009年版。
② 如皋县志编委会：《如皋县志》，如皋县志编委会1995年版。

去，盐业归国家经营和生产，福禄原先的盐灶也早已拆毁，难觅踪迹。

3. 历史上重要的海盐通道

由于地处海陆两路的交通枢纽位置，福禄村还曾为廉州府东路至高雷的盐运通道。据史料记载，至明代时福禄铺为专门的盐运中转站。公馆的白石铺、平鸭铺、白沙铺、山口的海川铺及后来的对达、沙田所产贮海盐，通过大廉港到闸口大廉盐驿，经驿路从福禄、茅山、大路山、庆丰、新寮、佛子到盐都石康长沙埠仓，再沿南流江、北流江转入西江，在梧州溯桂江而上，过灵渠，进入湘江，直抵中原地区。这在当时可以说是一条非常重要的海盐通道。

4. 历史上的海防重地

福禄村背靠大廉山脉，面临海岸线，不但在商贸活动中的襟联作用明显，而且在军事方面更是得山海屏障之利，攻守有据，是历史上的海防重地。

历代朝廷皆在闸口设置了军事设施和交通设施。据《合浦县志》第三十二章《兵事纪略》记载：万历四年（1576）十一月，倭寇攻永安城，指挥张本固坚守。倭寇改攻海州营及新寮闸（今山口镇及闸口乡一带），海北道兵备佥事赵可怀率兵抵御，狼兵头目韦真为倭寇所杀。倭寇猖獗已极。十二月，广东副总兵张元勋率兵进剿，追袭至白沙香草江，大败倭寇。而当年的福禄村正处于闸口一带的海防重地[1]。据明代版本的《廉州府志》《经武志》"守备"编中得知，闸口的汛防体系较为庞大，有"五汛五营二塘"之称。从"五汛二塘"的设置中，可感受到当时闸口海防布局的气势。

5. 抗日名将陈铭枢的第二故乡

福禄村还是抗日名将陈铭枢的第二故乡。陈铭枢晚年在回忆录中回忆他的童年生活：父亲是个秀才，不问家人生产。母亲早逝，后母过门后同父亲染上大烟、俾昼作夜，全不理会子女何等状况。家庭败落，吃不饱，穿不暖，住在黑暗的屋子没人理睬我，头长疮，眼疾盲……三岁时，陈铭枢难忍后妈殴打虐待，寻求老用人背他到50里路远的福禄村外婆家。如没有舅舅收留、没有舅母悉心照料，自己早已夭亡。"我有时白日被闭在狂鼠闹跳的小黑屋内，怖极号啕，终日无人过问；我的眼因疳积失明，几乎成为盲人，舅氏某怜我，采蛞蝓虫燃灰，吞服一年始愈；满头虱子咬嚼，发肿浆胶入毛际，发肉模糊不分，腥臭经年；在书馆常偷大学生冷猪头肉冷猪油吞食；有一次被父母鞭挞遍体鳞伤，潜逃七八里外一穷苦老太婆家，她原是我家的老用人，哀求她背我到50里远的外婆家；这是我童年时期常临灾病死亡线上的凄惨生涯。"[2]

---

[1] 合浦县志编纂委员会：《合浦县志》，广西人民出版社1994年版。
[2] 全国政协文史和学习委员会：《陈铭枢回忆录》，中国文史出版社2012年版。

福禄村就是陈铭枢从3岁到14岁成长的地方，也是他最难忘难舍的地方：睡在社坛树下千百回，禾草堆上设擂台，榄钱树下挖螃蟹，山塘水库救牧童，还被表哥骗骑牛背而在后猛抽牛跑……山边海边留下他成长的足迹。1955年夏，陈铭枢回本籍钦廉视察，写下《过福禄村》记录了青少年时的回忆。

（三）发展现状

福禄村，坐北向南，背靠巍峨山峦，苍翠古松，面朝碧波荡漾的大海，约2.33平方千米。村庄内部结构清晰，布局合理。村庄占地面积0.13平方千米，耕地面积0.665平方千米，其中水田占据主导，共计0.447平方千米，坡地0.219平方千米。此外，尚有山林2平方千米、海滩涂地0.2平方千米、池塘0.253平方千米。

至2020年12月，福禄村下辖3个自然村落，共14个村民小组，合计469户家庭，总人口计2 181人。村民人均收入8 160元，生活水平稳步提升。福禄村不仅自然环境优美，人文气息亦十分浓厚。目前，村内农村公路硬化率高达90%，村民楼房入住率高达95%，呈现出一派宁静祥和的景象。这里环境幽雅，水、电、路等基础设施一应俱全，民风淳朴，村民安居乐业。

福禄村曾是著名的海盐生产基地和海防重地，在历史的变迁中遗留下大量古迹，有百年古树、古城墙、古井、古民居，淳朴秀丽的田园风光别有一番诗意。2017年12月28日入选第三批广西传统村落。

福禄村山土资源优良，山坡低缓，土质肥沃，气候温和，四季如春，年均无霜期在355天以上，年均气温23.2℃，雨量充沛，年均降雨量1 650毫米，年均光照1 928小时，主要种植水稻及旱农作物玉米、花生等，水稻播种面积0.433平方千米，并种植荔枝、龙眼、芒果、香蕉、柑橘、菠萝等亚热带水果。海洋和滩涂资源良好，浅海滩涂面积0.2平方千米，泥沙地质、无污染、浮游生物充足，宜于养殖对虾、青蟹、大蚝、贝类等名贵海鲜。村里海水养殖面积0.333平方千米、淡水养殖面积0.133平方千米；同时，海地滩涂主要为泥质滩，沿岸及湾底多见石灰岩层出露，有岛屿礁石数量11处，低潮时出露浅滩地表分布有白骨壤群落（榄钱树）。

二、自然与人文景观

（一）自然景观

1. 古树

福禄村古树名木众多，主要树种为荔枝树、龙眼树等。这些古树树龄不一、形态各异，依旧"老当益壮"，枝繁叶茂，构成了福禄古城内的一道亮丽的风景线。如南门前那棵荔枝树，尽管树干已空心腐朽，它的生命力依然顽强，枝叶茂盛，焕发新活力。加上历代村民也非常注重对它的保护，这棵古荔枝树至今每年还能结不少荔枝，令人称奇。

此外，在福禄村的后山岭还生长着一株格木，当地客家人称其为铁木，已有700年树龄。此树树体优美，树冠浓荫苍绿，新叶红色，在冬春季节极具观赏价值。树高24.5米，胸（地）径126厘米，冠幅22.1米，高高耸立，树冠塔形，坚硬的树枝，向云伸去，又像神话中的巨人，打开一把撑天的巨伞，护佑着福禄村民的家园。

格木，又叫"铁力木""铁梨木""铁栗木"，是华南多地主要的风水林构成树种，也是两广地区天然分布较广的硬木树种，因其木材坚硬、耐腐蚀、防虫蛀，价值在花梨、鸡翅木之上，已成为当地特色景观的一部分。广西玉林市容县的真武阁就是格木建筑的典型代表。

在新中国成立初期，村里人为了保护这棵铁木树，还演绎了一个关于砍伐与守护的故事。当时，福禄村民为了保护古树，不让外人砍伐，在树上布置钯齿陷阱，日夜守防，还差点上演械斗事件。由于他们的执着，古树才得以保存至今。经历了700多年的狂风暴雨，格木树依然苍翠挺拔，不愧是"天下第一铁汉"。格木现为国家二级重点保护植物，在世界自然保护联盟（IUCN）濒危物种红色名录中属于濒危树种。2018年9月合浦县人民政府根据《广西壮族自治区古树名木管理条例》将其列入一级保护名树，对福禄村铁木实施挂牌保护。

2. 西冲水库

西冲水库位于福禄村的后背山，建于1952年，为泥质土坝水库。水库坝高9.2米，坝长32米，水库集雨面积为0.8平方千米，总库容为17万立方米，设计灌溉面积1平方千米。水库主要保障附近村庄的农业灌溉，保证农作物正常生长，同时也兼具防洪防涝、调节局部气候的作用。

3. 红树林

在福禄村外的海边，生长着一大片红树林。涨潮时，红树林没入海中，潮落至半，荡舟红树林之间，树影若隐若现，潮退后红树林盘根错节裸露在外，给人带来无限的想象。

红树林是生长在热带和亚热带海湾河口泥滩上的特殊森林，它与珊瑚礁、上升流、海滨沼泽湿地并称为世界四大最富潜在资源的海洋自然生态系统。红树林生态系是世界上最富生物多样性、生产力最强的海洋生态系之一，有着极高的生态效益、经济效益和社会效益。红树林能够防风消浪、固岸护堤，保护沿海的农业和养殖业，保护人民生命和财产；为各种各样的鸟类和昆虫提供了避敌、寻食、繁衍生息的理想场所；

为各类鱼、虾、蟹、贝等海洋生物提供了丰富的粮食；还可以净化海水，提取化工原料和木材、药材、柴薪、食品、饲料，人们又称之为"海岸卫士"和"天然牧场"[①]。

福禄村的红树林经历了不平凡的历程。1964年，时任福禄村村支书的刘禄业带领三个自然村的群众出海采集树苗，种植了0.67平方千米红树林。经过30多年风吹雨打，长势良好的红树林，在海岸边形成一道绿色保护带，福禄村的2 000多名村民也从中受益。1997年，合浦县林业局依法为红树林立了一块石碑：国家特殊保护林带061号碑。2000年5月，福禄村围垦建虾塘导致0.27平方千米红树林被砍，占了当时种植面积的近一半。如今，如何做好红树林的保护工作已引起村民的重视，他们坚持"养护为主，适度开发，坚持发展"的保护方针，探索红树林资源合理综合开发和持续利用。

（二）人文景观

1. 古城

福禄村内有保存完整的古城。清末民初，军阀混战，盗贼群起。为抵御贼寇，福禄村先辈们众志成城，不畏险阻，一担担黄土、一筐筐沙石、一块块夯板……历经五载，克服重重困难，筑起了一座客家围城。围城占地0.13平方千米，布局合理，最多可供千人居住。据说建城过程中有的村民因劳累过度而吐血身亡，全村妇女为了支援城建，整整5年都没有回娘家。

古城呈长方形，城墙是用黄泥、石灰、河沙、糯米和红糖按一定比例拌和后用夹板夯筑而成，墙高6米，下低上高，厚实雄伟。正大城门楼一座，左右偏城门和东西小城门各一座。

城墙上不开窗，只按不同方位开有枪眼。城中占地0.13平方千米，路路连通，八卦布局，门楼枪眼，居高临下，城墙设置的枪眼，上下眼睛相顾，任何角度都能精准打击攻城者，对守城护城，防贼抗敌起到重大作用。整座城成为统一而严密的防御系统，体现了先辈勤劳和智慧的结晶。

在古城里，年壮村民，日间勤劳耕作，晚间轮班守城，守护古城的安全。相传古城建成后，有盗贼暗传，抢福禄城胜于抢廉州城，把福禄村当作"一块肥肉"。营盘西村海盗匪首罗汉初念念不忘，带盗贼乘船到老鸦州墩时，茶壶突然破裂，他认为兆头极凶，立即打道回府，放弃血洗福禄村的念头。后来，仍贼心不死，又派探子假装卖货，进村侦查，策划第二次攻城抢劫方案。当罗汉初带强盗登陆后发现福禄城中守城人员，穿梭来往，有序不乱，戒备森严。盗首罗汉初暗暗害怕，暗派探子了解，得

[①] 王志伟：《保护红树林刻不容缓》，《中华工商时报》2001年11月23日。

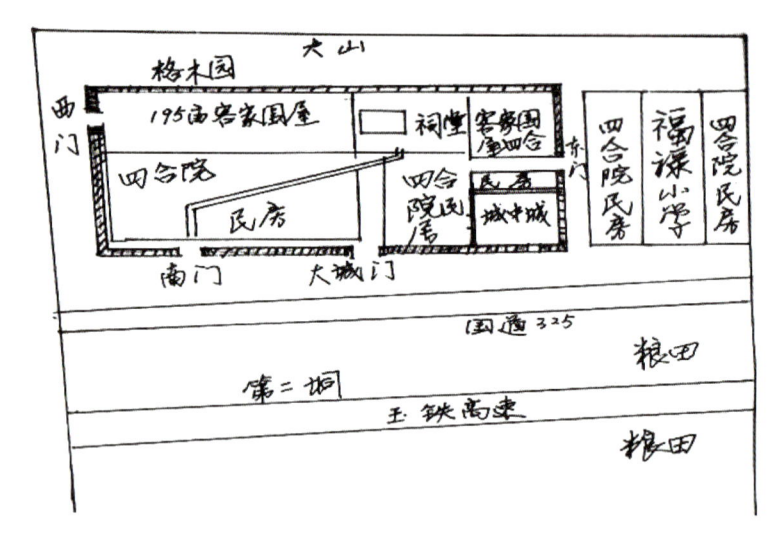

图 13-3　福禄村平面图

图 13-4　古城大城门（袁泉 摄）

图 13-5　古城门一角（张成煜 摄）　　　　图 13-6　古城南门里外及栅栏门（袁泉 摄）

图 13-7　古城西门（郑敏 摄）

图 13-8　布满枪眼的古城墙（郑敏　摄）

图 13-9　古城中的农用风柜、石磨、耙及木板凳（刘品业　摄）

知城中道路复杂，白日探路，仍分不清南北，各处出口一夫当关，万人难攻！匪首暗思，全城防备严密，即使攻入城中，还有全军覆没的可能，权衡再三，再也不敢妄动。从那以后，古城不仅保护了福禄村民，也是附近其他村庄生命财产的一道保障。在《陈铭枢回忆录》中，陈铭枢还特别提到当年富甲一方的福禄乡村，城内拥有织布机、坊染房、榨油行、商店、赌场、当铺、钱庄，还设有私塾书房。收获季节里大地主收租繁忙，城内车水马龙；每当傍晚，附近村庄村民为了防贼，将一群群水牛牲畜和值钱财物送进村中过夜；晚上灯火辉煌，当铺、赌场一片繁忙景象。

如今，福禄村的大多村民迁到古城外的福禄新园，古城日渐衰败，残垣断壁、杂草丛生。当我们走在村中，触摸古老残旧的城墙，可以感受到时代的变迁。

2. 古井

福禄村内有三口古井，分别位于村外牛牯山脚下、古城外、古城内。第一口井相传是牛牯山脚下的神牛受伤所流的"牛血"变成山泉而挖成，该井水量充足，一年四季不会干涸且水质清凉甘甜；但是水井离住地太远，取水很艰辛，于是村民想办法把水源引到古城外并挖了第二口井水。在军阀混战、盗贼群起的年代，村民经常要关起城门抗敌防贼，这期间村民的饮水又成了问题。富有智慧的村民又想出了办法——他们充分利用山势及流水规律，在城内挖了第三口井，从而构建了从城外到城内的三级引水体系。井水冬暖夏凉，清冽甘甜，村民世代以此三口井为生。时过境迁，尽管现在很多村民自己家都打了井，还是有不少人家利用抽水机在这三口井取水。

（三）建筑文化

福禄村古楼古墙、古树古井、古城古道，互相衬托，形成了独特的客家建筑风貌。

1. 四合院

四合院为古城内客家民居的典型代表，砖瓦结构。清代建成的刘志明旧居城中四合院、刘英业四合院、刘润业四合院、刘艺四合院、刘永东四合院5座四合院，占地1380平方米；还有刘耿业旧居骑楼、刘学旧居土楼、福禄土楼3处，全部传统建筑占村庄建筑总面积的70%。部分四合院至今还有村民居住。

每个四合院都是一个小院落式，前有门楼，门楼内的左右两侧为厨房或柴房、碓房或家畜栏圈，中间设有方形天井，后为三开间主房，中间为厅堂，设有供奉祖宗的神龛、神台；左右为厢房，中部用檩条和木板架设成楼阁，用于放置粮食或家杂，形成一个以家庭为单位的封闭式居住建筑单元。而整个村落的房屋形成一个统一的整体，内部的房屋分布井然有序，巷道纵横；各家各幢的房屋又自成相对独立的单元，每一单元由门楼、天井、侧房和三开间主房构成，设施完善，具有良好的实用与防御功能。其最为显著的特点就是各幢房屋的山脊呈高隆的骑马墙，既可挡风又可防火，

图 13-10　古城中客家四合院及院门（刘品业　摄）

结构严密，坚固耐用，古色古香，中原汉文化韵味浓厚。

  2. 刘氏祖祠

  村里保留有最具代表性的客家建筑——刘氏"恭顺祖祠"。福禄村的旺族是刘姓，刘氏宗祠是福禄村最有名的祠堂。

  恭顺祖祠于清朝道光年间由刘氏先祖所建，面积376平方米，是一座三进九栋的建筑，肃穆古朴，雄伟壮观。现在的祖祠为后来重建，更显庄严雅致。宗祠门联："恭听祖训，顺得亲心。"恭顺先祖的威名嵌入联语之中，以此作为刘氏家训，意在教

图 13-11　恭顺祖祠（张成煜　摄）

育子孙后代，不管为官为民都要忠孝仁爱，这充分体现了中华民族几千年的传统道德观念和客家文化。

　　祖祠是怀念追忆祖先的场所，亦是家族凝聚力的象征。刘氏源于中山靖王后裔一百四六世广传公之子巨浤公之后，字辈为：廉上域意，黎为文士，业显先人，传家华国，祚永昌荣。刘氏祖祠在每年祭祀祖先的过程中，都会向族人宣读《族谱》《族规》，讲述祖先创业的艰难、祖上的荣光、亲仁孝悌、耕读为本、科举功名的道理，教育、勉励后代子孙奋发图强，不辱祖德。同时对光宗耀祖、成为楷模的族人，加以褒奖，树立榜样，"上奠先祖之灵，

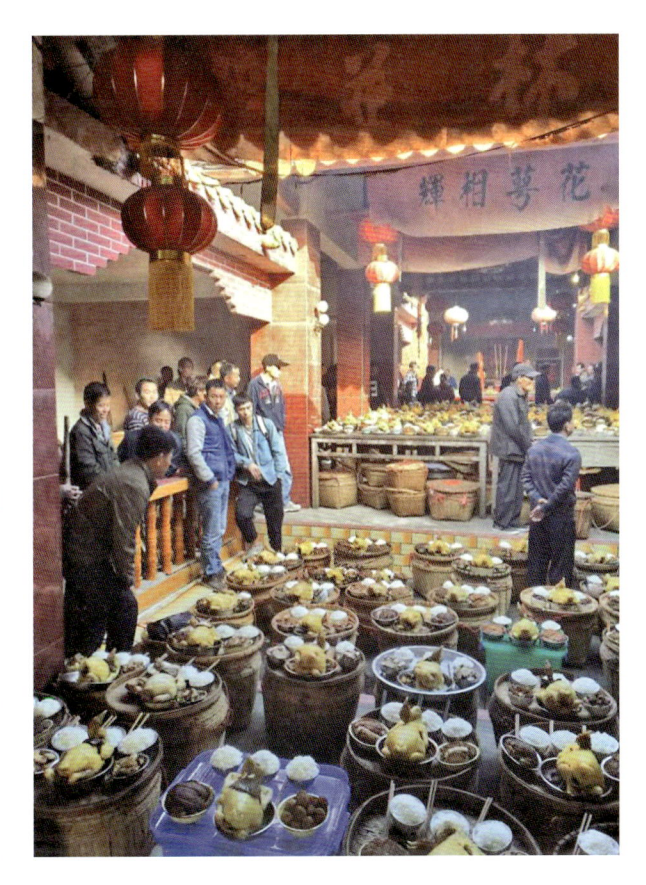

图 13-12　刘氏宗祠祭祖盛况（刘品业　摄）

下规后嗣之则",激励后人不断进取、奋发努力、耀祖光宗、齐家敦本。

刘氏祖祠的教化作用,有一个较为经典的改姓拜祖故事。相传公馆香山人朱华,是民国时期钦廉一带著名土匪,早年啸聚山林、打家劫舍。后来朱华受任于地方军阀,最高当过八属(指高、雷、钦、廉、琼、崖、罗、阳八属)联军司令邓本殷部下旅长。朱华投诚后,兜兜转转,虽历经十多年,官始终做不大,不免苦恼非凡,觉得前程无望。有一天,他偶然来到福禄村,觉得此地风水不错,文治武功,名人志士出过不少,干脆改名刘朱华,每逢年节都来到福禄村恭恭敬敬祭拜先祖。但是,不久后他还是因为秉性不改等问题被官府抓走处死——这是刘氏祖祠传承"读好书、说好话、做好人、行好事"家训反面教材之一。

根据相关资料,刘朱华真有其人。《合浦县志》第三十二章《兵事纪略》第二节"民国战事"中记载:"辛亥革命后,县境政局多变,战事频繁,军政派系斗争激烈,无暇顾及地方治安,加之地处两省交界,靠山面海,地理条件复杂,土匪乘机踞地,遍及山海城乡。横行20余年,尤以民国十年(1921)山口的'匪焚沈仙舫宅'匪案和民国16年刘朱华匪乱为甚。"据说他曾认贼头刘吉禄为义叔,后将刘吉禄押解到官府领赏,以此换取清政府阳春守备营左哨官千总职务,民国成立后任粤军北海水师统带、营长等职。民国十一年(1922),刘朱华失去接济,又成流寇。当年7月,"讨(陈炯明)贼军南路总指挥"黄明堂率军进驻廉州北海,刘朱华被委以统领职务。1923年七八月间,黄部杨弼臣旅在廉州被八属联军副司令申葆藩(广西军阀)围攻受挫,刘闻讯思变遂受编于八属联军邓本殷部。

图 13-13　92 岁的村主任在翻阅《刘氏宗谱》(刘显源 摄)

3. 包氏祠堂牌匾

福禄村包氏在村内也有几百年历史，据说是包拯后裔。福禄村落形成初期，包氏较为强人，据说有9个大家庭，吃饭时要用最大的牛三锅做饭，一家人才能勉强吃饱。包氏还有9艘三桅大船专用于海上运输，一桅两桅帆船不在其中，可见当时包家之强盛。

村内至今保存有清代的包氏牌匾。

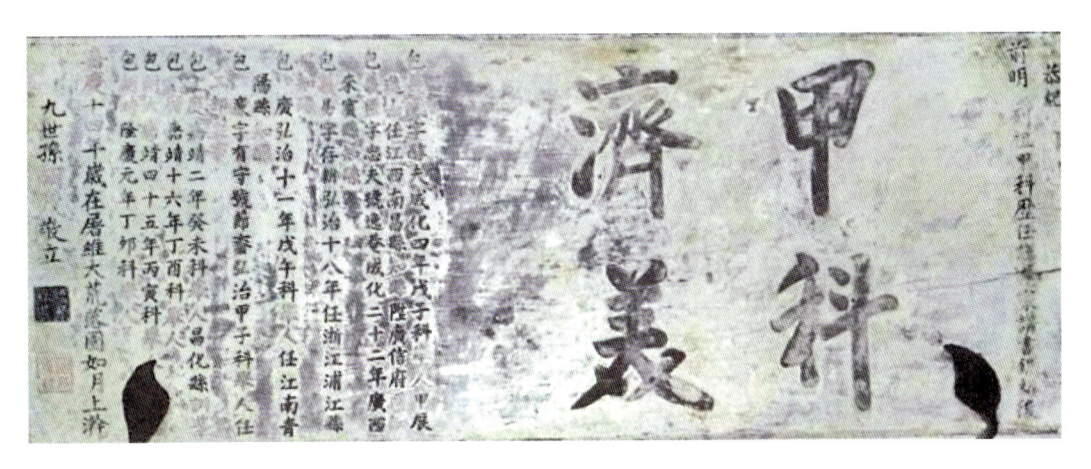

图 13-14　古城内的包氏祠堂牌匾（刘显源　摄）

三、民 俗 文 化

（一）民间习俗

福禄村村民大多为客家人，因而保留着客家人的特有风俗：一是祭祖祀墓，追忆先祖。农历正月二，是福禄人最热闹的日子，各家各户都挑着祭品到祖祠祭祖，不论多远的外地宗亲也赶回来一起祭拜祖宗。这个传统一直传承，新中国成立后破旧立新时被视为迷信，中断30年，后逐渐恢复。二是最为盛大隆重的拜祭土地民俗活动，每年二月二的祭土地仪式从早到晚，得经过10多个小时，因此形成了完整的祭礼程序，成为一种具闸口客家特色的民俗盛典。三是保留各种节日风俗。如端午节全村包粽子、中元节劏鸭、中秋节吃芋头饭、冬至吃香心籺的传统，一直继承至今。

（二）民间文艺

1. 福禄对联

村民家的对联都很有特色——大多为"福禄"两字的藏头联："福星高照财星聚禄马扶持驷马荣""福海寿山春浩荡禄林棋树日光华""福旺书香名金榜禄贵豪宅振中华"

2.《牛牯山》传奇故事

关于福禄村古井,有一个《牛牯山》传奇故事。很久以前,客家先民从中原辗转迁徙,来到大廉峒福禄,发现这里山清水秀,气候宜人,于是便在这里定居下来。这些客家先民筚路蓝缕,勤劳能干,很快就开拓出一片片良田,在这里安居乐业,整个村庄逐渐兴旺起来。但好景不长,村民们平静的生活引起了附近海中一条妖龙的注意,此妖龙常窜岸上,专吃童男童女,侵扰村民,残害生灵。

一天,村里的青壮年都去开荒了,只有老人和小孩在田里耕作,不幸被妖龙发现。妖龙碧眼幽幽,张开大嘴,露出凶牙,带着一股浓烈的腥臭味扑向小孩。老人举起锄头,毅然挺身挡在小孩身前,准备跟妖龙做最后一搏。在这生死关头,突然一声雷鸣般的牛吼在耳边响起:"哞——"巨大的吼声震耳欲聋,顿时整个山林簌簌颤抖,落叶纷纷。两人脚下一软,跌倒在地。惶恐中,只见一头神牛从天而降,挡在了妖龙面前。神牛与妖龙展开了激烈搏斗。妖龙仗着凶牙利爪和能腾云驾雾,不断向神牛发起攻击,神牛则依靠沉实的大地稳扎稳打。双方你来我往,斗得难解难分。缠斗了几百回合后,妖龙故意卖了个破绽,一口咬住了神牛的喉颈。老人和小孩不禁心头一紧,暗暗为神牛担心。这时,神牛突发神威,猛然扭头,将尖利的双角刺进了妖龙的胸膛,然后向空中一抛,把妖龙的尸体甩进了大海。鲜血不断地从神牛颈脖中喷涌而出,它耗尽最后一点力气慢慢走到福禄高坡村边,回头看了老人和小孩一眼,就趴下不动了,身子幻变成了一座神奇的"牛牯山",牛头、嘴巴、鼻子、眼睛、牛角一应俱全,跟牛肩连在一起,形态逼真,栩栩如生。令人啧啧称奇的是,牛牯山山嘴延伸靠在一座水库旁边,人们称之为雄牛饮水。

千百年来,神牛化成的牛牯山一直守护大廉峒福禄村庄的安宁,并不断地为村人造福,留下了很多故事。据说村中担水角那口自流井水便是神牛受伤所流的"牛血"变成的。井水冬暖夏凉,甘甜无比。相传破坏风水的国师康府路过牛头时,锣声顿失,怎么敲也敲不响。康府大惊,赶紧找人询问,在得知来龙去脉后,怀着对神牛的敬畏,悄然离去。村民为了感恩神牛的福泽,在其身上种植竹木,披盖绿色的衣裳,还立了族规,不准砍伐山中的树木。这是福禄村民对山川绿色生态的热爱,更是对后代持续发展的期盼,与当今"绿水青山就是金山银山"的重要理念不谋而合。

(三)语言文化

福禄村村民的语言是客家话,也称"𠊎话"。客家话最独特的一点,是联结了各省,乃至全球各华人地区客家人的民系认同。客家人无论在广东、江西、福建,还是在台湾地区,以及马来西亚、印度尼西亚,只要会说客家语,坚持客家人"不忘祖宗言"的特性,就会互相视为"老乡""自家人"。

客家话的日常用语：叫（哭）、面（脸）、热头（太阳）、月光（月亮）、火蛇（闪电）、心舅（媳妇）、古典（故事）、打靶（枪毙）……

形容小儿：缺牙爬、爬猪屎、爬到尿缸角头粘鸡屎……

客家人的经典民谣：

① 厌儿儿（摇啊摇），担塘泥，塘泥崩，打烂解公（外公）厅。解公骑马去告状，解婆（外婆）揽仔上树望。望埋西（什么），望荔枝。荔枝跌落井，捡只大烧饼。大烧饼跌落河，捡只水老婆。水老婆跌落江，捡只猪儿无食糠。担去卖，卖无了，担转（回）来炒，炒无熟，打卜。

② 在月光下乘凉时，大人会和孩子一起唱："月光光，照地方；马来等，轿来扛。扛晚人（什么人）？扛老陈；老陈无哀夸（不在家），扛阿妈；阿妈爱（要）屙屎，扛大姐；大姐爱炒菜，扛老妹；老妹爱喂鸡，扛老弟；老弟会烂叫，扛空轿。扛到荔枝山，有张塘，捡条鲤鱼8尺长，阿公讲留来做生日，阿解（奶奶）讲留来娶新娘。娶只（个）新娘高天天，煮饭臭火烟。娶只（个）新娘矮墩墩，煮饭香喷喷。"

③ "月光光，照屋背，鸡公砻谷狗踏碓，狐狸烧火猫炒菜，斑鸠死吃陆（烫）疤嘴。"

④ 客家小孩还有一个特别的游戏童谣——趣味盎然的"点指农扭"："点指农扭，盆盆石狗。石狗庆框，牵牛过径。径子弯弯，牵牛落山。山子曲曲，牵牛落屋。红鸡公，捡稗谷。捡到晚人的新舅（媳妇）男女着揞扑。"

一个小孩一边念，一边用手指在众小孩的脚上点过，当念完了，手指也随之停了下来，而手指停在哪个人的脚上，哪个人就得把脚放出去。这种古老而又简单的游戏，娱乐了许许多多客家儿童的生活。

客家童谣，它是"有声的母乳"，渗入每个客家人的心中、血中和灵魂中，催萌了客家儿女的诗心，教化了一代又一代客家人。

四、风物特产

（一）泥虫汤

福禄村临海，海鲜品种丰富，品质极优。泥虫，也叫泥丁，是生长在海泥中的一种软体动物，一般生长在红树林赖以生存的滩涂下面。不但与沙虫有点相似，而且生长的海域对于水质和土质要求很高，但凡有一点污染，它们都不能生存。泥虫为深褐色，沙虫为浅灰色。泥虫，也是人们的美味佳肴。既可以生吃，也可以熟食。在广西沿海区域盛产的泥虫中，口感最好的当数合浦闸口的泥虫。闸口泥虫则是珍品海鲜，而想吃极品泥虫，必须到福禄村来。

秋季的泥虫是人间珍馐，重阳过后更是异常肥美。泥虫处理洗净后，放少许姜和葱，鲜美的汤汁与丰厚的蛋白质交融，汤汁醇厚，泥虫爽脆。福禄村泥虫汤色泽微绿，有排毒、祛湿热、美肤等功效；当地有说坐月子的妇女喝了泥虫汤，孩子高大俊美、皮肤细柔。

图 13-15　福禄村泥虫汤（郑敏　摄）

（二）炒泥龟

福禄村还有一种神奇的贝类——泥龟，它与贝类、螺类是近亲，状似黑色的"鼻涕虫"，让人一看觉得有点恶心。泥龟的学名叫石磺，属于亚热带的腹足纲贝类，体呈卵圆形或椭圆形，成体体长 6.0 厘米、体宽 3.7 厘米左右，平均体重 14 克，全身裸露无壳，体表呈青蓝色、灰色并夹杂绿色、褐色，其上密布多数瘤状和树枝状突起，且有无数黑色的背眼，背眼对光线非常敏感，外形酷似癞蛤蟆或土疙瘩①。泥龟腹部像鲍鱼而背部像海参，因此有土海参、土鲍鱼的称谓②。

图 13-16　生炒泥龟（袁泉　摄）

泥龟在夜间及阴雨天出洞活动频繁，聚集于埂边洼旁，而太阳照射或晴天时则入洞生活，不喜过分潮湿，具有较强的避光习性。因而只有在晚上或者天未亮的清晨才能在海滩找到它。

泥龟具有极高的营养价值和滋补功能。民间流传它有治哮喘、助消化、消除疲劳、明目的功效。冰糖炖泥龟据说对治疗哮喘有特效，并常被作为孕妇产后良好的滋补品。常见的做法是将鲜活的泥龟用开水烫一下，剥去外套膜的革质表皮，从腹部剖开、弃去内脏，用食盐或草木灰洗净黏液，然后切肉丝，加上佐料生炒，可以制成各种美味佳肴，深受群众喜爱。还可以加蒜米爆炒或是煲粥，爽口又鲜甜。最美味的粥当然是用泥虫和泥龟一起熬制的，又香又甜。

---

① 沈和定、李家乐、张缓溶：《石磺的生物学特性及其增养殖前景分析》，《中国水产》2004 年第 1 期。
② 孙仁杰、范航清、吴斌等：《广西红树林生态系统的常见物种》，《广西科学》2018 年第 4 期。

(三)榄钱

福禄村沿海滩涂生长有一大片红树林。白骨壤红树是一种奇特的植物,可以防御海浪对岸堤的冲刷和侵蚀,其果实——榄钱可以用作菜食。榄钱味甘、微苦、性凉,具有清热、利尿、凉血败火的功效。随着生活水平提高,人们摄入大量高蛋白食物,给身体带来不良影响,榄钱恰好能平衡、调节人体各项功能,是北部湾沿海一带食、药两用的佳品。

本地有个不成文的规矩:可以摘食榄钱,但不能砍伐红树林。榄钱有清凉解毒祛湿的功效,比较适合北海湿热的气候,本地人都比较喜欢吃,经典的做法是煲车螺、红螺等海产品,或者用蒜米炒特别的清香。

制作榄钱时,用开水煮开去皮,然后用水泡两天就可以食用了。可以清炒,也就是放上葱花爆炒,放上调料,口感特殊;还有就是与贝类一起炖,炖好放料即可。车螺榄钱煲,怎么吃都不够!吃上一顿感觉整个人被洗涤了一遍。

(四)福禄籺

福禄籺有多样:粽籺、大笼籺、盖籺、香心籺为王,对于福禄村人来说,不吃粽籺不能叫过端午节,不吃盖籺根本不能叫过中元节(七月十四),不吃香心籺根本不能叫过冬至,不吃大笼籺不能叫过年!

"盖籺"用米磨成浆蒸熟,一般有5层,每层不超过5毫米,最上层铺的"佐料":有猪肉、虾米、木耳、芹菜、竹笋等。蒸好后切割用小碟盛好,再放上酱、醋和拍碎的蒜米配成调料,酸甜咸辣,鲜嫩爽滑。炒盖籺也很好吃。中元节劏鸭和吃

图 13-17 盖籺(郑敏 摄)　　　　　　图 13-18 艾叶、南瓜香心籺(郑敏 摄)

"盖粄"是福禄人的传统节目。

香心粄用猪肉、芹菜、蒜、虾米、木耳、白萝卜等作馅,再用面皮包裹,最后用油麦菜包住粄,它的作用主要是为了不让它们粘锅,及相互粘在一起。"冬至大过年",福禄村客家人过节时,必会一家人热热闹闹在一起做香心粄,以示生活日日香甜。

大笼粄每年春节,福禄村人家家户户都会准备好大笼粄,迎接新年的到来。大笼粄,对于大多数福禄村人来说就是故乡的年味!是浓浓的乡愁!吃上一块,年的滋味才更加完整。

大笼粄的主要原料为糯米和黄糖,还有碱水、生油。一般要准备二十几斤糯米,用水浸泡后,将糯米晾至稍干,捣磨成粉,过箩斗,筛细幼。按一定的比例煮好糖胶,拌米粉,加适量碱水、生油,一边加糖胶一边把米粉拌均匀,稀稠适度。

图13-19 大笼粄(郑敏 摄)

看起来很简单,但是把简单做到极致实属不易,一笼甜而不腻的"大笼粄",需要糖和米粉、水的完美结合;糖的比例,水的比例,搅拌的时间,蒸的火候,精确的计量和经验同样重要!制作大笼粄还是个力气活,一般都是全家出动,经过揉、盛、蒸、凉、脱几个环节,大工程终告完成。大年三十,福禄村人习惯用大笼粄供年(敬神),过了年初二,可以切成几大块走亲访友。大笼粄可以直接吃,也可切成手掌大的薄片,放油煎软煎香,好香好甜呀!

(五)粽粄(粽子)

端午节吃粽粄是福禄村人的传统习俗。包粽粄主要是用竹叶,称粽叶;端午节的粽粄也有各种形状,有三角形、菱形;福禄村人一般用五花肉、蛤蒌(一种植物)等做馅料。吃粽粄的风俗在福禄村盛行不衰。

(六)芋头饭

福禄村人每到中秋,除吃月饼外,还会吃一种传统美食——芋头饭。先把芋头刮皮洗净,芋仔成只就

图13-20 福禄村的三角粽粄成品(郑敏 摄)

可，把比较大的芋头切为若干小块，放在烧热的油锅里炒五六分钟，然后加入水，放进洗净的大米，盖上锅盖煮。其间，如果怕粘锅，可在适当的时候用锅铲搅拌一下。待到熟时，用锅铲把芋头压碎，放入盐、味精和蒜头，一起搅拌一会，便可做成一锅香喷喷的芋头饭了。

五、文化教育与人物

（一）文化教育

福禄小学。福禄小学有着光辉的历史，新中国成立前为当地培养了不少有识之士，新中国成立后为国家输送了大量的栋梁之材。

学校初由福禄村乡绅刘汉光等牵头，于1941年在福禄村东北面的众山麓下"张皇九郎庙"内创办，名为广东合浦县公馆镇第十四第十五保联立国民小学。当时设有校训：没有艰辛，便无所获！从建校到新中国成立的那段时间，广大乡民求学心切，故节衣缩食，尽量送子女上学堂，由于学风严谨，尽管办学时间不长，也为当地几个自然村培养了不少乡儒文豪和有识之士，此后，福禄村及附近村落人文蔚起，吐纳菁华，饮誉钦廉。公馆、闸口周边学生纷纷前来求学。

新中国成立后，学校由人民政府接管，1951年2月26日（农历辛卯年正月廿一），很巧合，也正是创校时的同一天，学校被命名为"合浦县第七区福禄乡福禄小学"。历经几次更名，直到1969年公办小学下放生产大队办，恢复"合浦县闸口福禄小学"校名，并沿用至今。新中国成立初期，经济困难，上级无办公经费下拨，连教师的工资也无法解决，在这种极其困难的条件下，首任校长刘群业、二任校长刘士怡及学校经理刘仕扬铁了心办好教育事业，相继依靠群众，发动群众打柴卖，烧石灰出售，捉鱼摸虾上市兑钱，勉强解决了学校的办公经费问题，但教师的生活只能依靠学生家长捐柴捐米捐杂粮来解决，就这样，学校得以在当时艰苦的条件下生存和发展。

几十年来，福禄小学师生始终不忘"为善最乐，读书甚佳"的古训，踏踏实实，刻苦求知。"文化大革命"前其教育教学质量和办学经验在公馆、南康诸地颇有名气，每年升初中率和优秀生居上，在合浦也声名大噪。学校老师含辛茹苦，奋育英才；广大学子奋发读书，不负众望，福禄小学人才辈出，桃李满天下。外交部西欧司外交官刘佐业、"两弹"专家刘伟业、化学专家张朝罕、农业专家严子才、学者教授刘修业、机械工程师刘显芬、公安模范刘士鹗、1958年曾驾机参加国庆阅兵表演的副军级军官刘珍业、北海市人大常委会原副主任张玉兴、合浦县原副县长刘琳、慷慨解囊资助桑梓学校建设贡献大的北海新长江房地产开发公司董事长陈钦伟，还有工作在祖国四面八方的 300 多名党、政、军要员，他们虽已功成名就，但均出自福禄小学，这是学校的光荣和骄傲。

（二）人物

福禄村有着浓厚的文化底蕴。祖辈先贤，审时度势，设立私塾书馆，使福禄人文蔚起，饮誉钦廉。

1. 刘春寿

刘春寿，福禄村人，当年参加广东地方会考，连考官都敬佩惊叹，提笔批下：字压三州 *！书法真迹，影响深远。

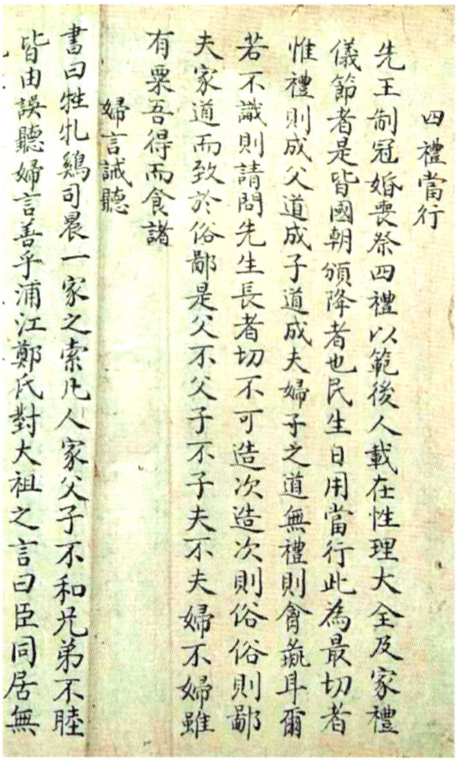

四禮當行

先王制冠婚喪祭四禮以範後人載在性理大全及家禮
儀節者是皆國朝頒降者也民生日用當行此為最切者
惟禮則成父道成子道成夫婦子之道無禮則禽獸耳爾
若不識則請問先生長者切不可造次造次則俗俗則鄙
夫家道而致於俗鄙是父不父子不子夫不夫婦不婦雖
有粟吾得而食諸

婦言誠聽

書曰牲牝鷄司晨一家之索凡人家父子不和兄弟不睦
皆由誤聽婦言善乎浦江鄭氏對太祖之言曰臣同居無

图 12-21　刘寿公真迹（刘显源 摄）

2. 刘春光

刘春光，福禄村人，中山大学学生。1927 年 12 月参加广州革命起义英勇献身。

3. 刘国瑞

刘国瑞，福禄村人，民国中央陆军团长。七七卢沟桥事变，刘国瑞率部抗日，血战殉国。

4. 刘俊率

刘俊率，福禄村人，民国南京空军飞行大队长。1937 年 9 月南京危急，刘俊率率 40 余架战机起飞迎敌，在南京上空击落日军机 4 架。

5. 刘士禄

刘士禄（1910—1968），福禄村人，黄埔军校第六期高才生，于 1949 年 1 月 21 日随爱国将领傅作义率部起义，为北平和平解放做出贡献。

6. 刘伟业

刘伟业（1943—1998），福禄村人，曾任中国核动力研究院副院长。毕业于北京大学，国防科工委两弹制造参与者，为国防事业做出过重大贡献。

7. 刘佐业

刘佐业，福禄村人，毕业于北京大学，曾任中华人民共和国外交官。

8. 刘显芬（女）

刘显芬（女），福禄村人，天津大学毕业后分配在中央组织部工作。

---

* 三州为钦州、廉州和高州。

9. 刘显贵

刘显贵,福禄村人,曾任广西北海市总工会主席,现为北海客家联谊会常务副会长。

10. 刘珍业

刘珍业,福禄村人,曾任空50师师长。1984年10月1日,率32架强-5飞机编为空中第三梯队参加国庆35周年阅兵。

11. 刘强业

刘强业,福禄村人,曾任广西钦州军分区后勤部长。

12. 刘伟伟

刘伟伟,福禄村人,英国剑桥大学毕业,上海交通大学教授。

13. 刘修业

刘修业,福禄村人,南开大学教授。

14. 刘钊业

刘钊业,福禄村人,曾任广东《南方周末》总编辑。

15. 刘显球

刘显球,福禄村人,农业专家。

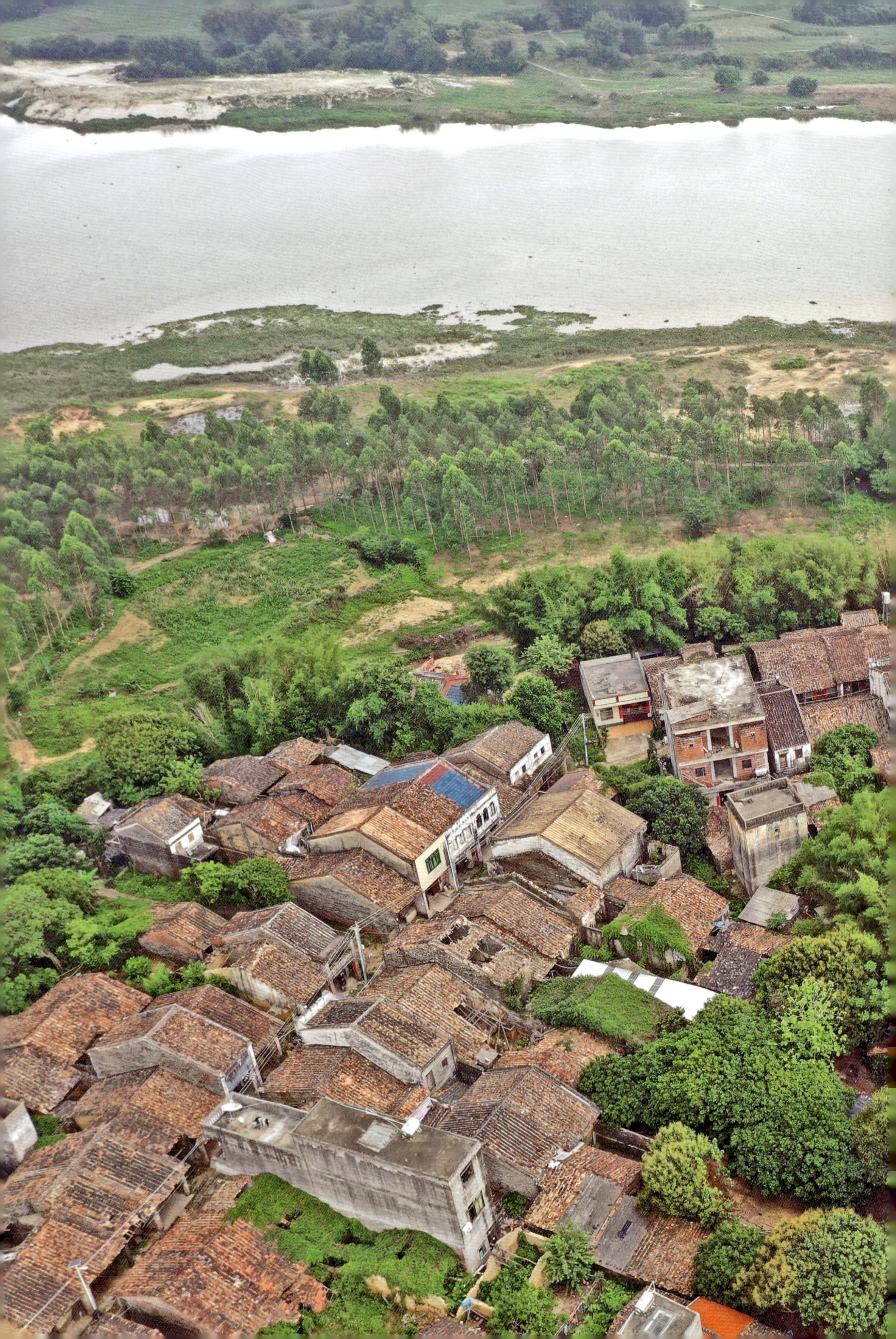

多蕉村

图 14-1 多蕉村航拍图（植文昌 摄）

一、村落概况

（一）方位与交通

多蕉村位于广西合浦县常乐镇西南面、合浦县城东北面、南流江西岸，距离合浦县城约40千米，总面积3平方千米。

多蕉村码头曾是20世纪初南流江畔的重要渡口。岁月悠悠，江流日渐淤塞，百吨以上大船再难通行，以南流水路为中转的桂南水陆联运慢慢退出了历史舞台。20世纪80年代，随着连接242县道的常乐大桥的建成，多蕉村实现了与209国道合（浦）灵（山）公路的连接。

（二）村史

1. 村名由来及历史

相传多蕉村因盛产香蕉而名，因南流江而兴。据《合浦县志》记载："南流江是合浦县主要内河航道，干流全长287千米。流经合浦境内约100千米，从曲樟乡早禾村公所新渡村起，经过常乐、多蕉、武利江口、周江口、石湾、总江口、泥江口，从泥江口至党江圩分东、西水道，西水道为主航线，在木案牛角匡与渔江独屋坪之间出海。"[①] 所以，在合浦常乐镇，自古有泉水、下低坡、多蕉、京竹渡。依托水陆便利，200多年前，各地村民沿南流江迁徙而来，遍种香蕉，多蕉村遂成。居民有陈、劳、刘、黄、王、李、麦、卜、马、卢、朱、赖杂姓，其中劳、黄两姓居多，皆为汉族。

多蕉的历史位置也非常重要。据《合浦县志》记载，清道光八年（1828），县以下划为团局。合浦县分为16团48局，多蕉属其中的三总团；民国时期，设多蕉局。民国三十五年（1946），设第一区多蕉乡。1951年分署北海市，全县设21个区，多蕉属十二区；1993年后，全县设17个乡镇，多蕉属常乐镇。

2. 海上丝绸之路上的贸易中转站

作为南流江往来商贾船家歇脚、补给及商品货物交易点，多蕉渡口曾一片繁华：

---

① 参见合浦县志编纂委员会：《合浦县志》，广西人民出版社1994年版。

图14-2 南流江畔的多蕉村（赖文昌 摄）

江上百舸争流，纤夫号声不断；白天货物云集，贸易繁忙；晚上沿岸灯火通明，灯红酒绿，犹如十里秦淮。据《合浦县志》记载：道光年间设多蕉圩市。至民国时期，多蕉街尚为合浦繁华圩场之一。每逢多蕉圩日，石康、常乐、灵山、浦北、大成、武利周边上万村民蜂拥而来趁圩赶集，多蕉街人头攒动，水泄不通，甚是热闹。农贸多禽畜、花生、黄麻，还有乾江来的大鱼大虾。

（三）村情

多蕉村地处南流江中下游平原三角洲，水源充沛，土地肥沃，素以种植水稻、花生、玉米、蔬菜、甘蔗、蚕桑、黄麻、香蕉等作物为主。近年来，大量改种刀豆、豆角等，品质优良，产量奇高，吸引了许多外地客商前来采购，成为北海市主要的冬季农业开发示范基地和蔬菜基地。

截至2020年12月，多蕉村辖区总面积3平方千米，耕地面积2.35平方千米（水田0.64平方千米、坡地1.71平方千米）、林地0.84平方千米、池塘0.04平方千米。辖4个村民小组，总人口2 550人，其中90岁以上老人15人。

二、自然与人文景观

多蕉村千年繁华，只留下了百年老街、古码头等海上丝绸之路文化遗址，临风起意，把酒话昔。

（一）自然景观

1. 南流江

多蕉村的兴起、发展和衰落，与其身旁流淌的南流江有密切关系。南流江，哺育着两岸的儿女，创造了灿烂辉煌的文化；南流江，千百年来奔流不息，见证了古代海上丝绸之路的百世兴衰，见证了多蕉村的繁荣兴盛。

从秦汉至明清，南流江一直发挥着重要的交通作用：往北溯南流江而上，可经南流江与北流江的分水坳——桂门关进入北流河，再接西江，溯桂江而上，过灵渠，便可沿湘江至长江流域；溯南流江而下，过合浦县城，自州江而出，分五个支流入北部湾。正如史载："秦代开凿灵渠，汉代兴建合浦港，东汉马援凿通桂门关，使从中原南下过灵渠，入南流江，经合浦出乾体港，过乌雷岭达交趾的这条贯通中原、岭南、交趾的交通路线豁然开朗，畅行无阻。"[①]

南流江不只是一条古运河，更是一条文化之河。唐宋时迁客、谪宦被迁谪到海南和交趾的，多取水路从梧州、藤县到北流，后经北流的鬼门关往南流江而去。文人骚客留下千古诗词，成就了别样风花雪月。大宋绍圣年间，一代文豪苏东坡被贬到琼州（今海南）。在合浦，吟出"归路犹欣过鬼门"的千古绝唱，还留下"万里瞻天"牌匾。这些流传下来的诗文，一直在咏叹着南流江水文明之歌。

2. 古龙眼树

多蕉村村口，有一棵百年龙眼树，古树枝繁叶茂，每年还硕果累累。树干部分高约14米，直径达2米多，树冠约有30平方米。老龙眼树虽然经历百年春秋的风雨洗礼，树干上爬满了各种寄生植物，长出了大大小小的疙结，但仍然雄伟挺拔，威风不减当年。传说春季抽梢和秋季长果季节，举家参拜即可保佑孩子进步成才，夫妻甜蜜美满，家庭平安和谐。因此，村民们对它特别保护，成为村中一景。

图14-3　百年龙眼树（赖文昌 摄）

[①] 廖国一、曾作健：《南流江变迁与合浦港的兴衰》，《广西地方志》2005年第3期。

（二）人文景观

1. 多蕉渡口

多蕉渡口，也叫旧码头，是来往船只上多蕉趁圩必经之路。村里老支书一脸自豪地回忆当年起当年渡口的荣光：每日有 100 多艘商船从多蕉渡口上经过；每日有 1000 多人从多蕉渡口过渡，摆渡不停。江上帆樯如林，艇舟穿梭，船夫拉着号子吆喝不断。当时多蕉渡口共有 6 艘渡船，每艘渡船只容 60—70 人。多蕉的渡船大多是有识之士捐献，其中有灵山一户人家就捐了 4 艘渡船。原村口的老木棉树下还立有 6 块石碑，是纪念捐献渡船的人士。可惜，老树与石碑已在 20 世纪 60 年代毁于破"四旧"。

历经岁月沧桑及陆路建设，船埠的繁华不再，只留下青石路上车轮碾过的沟壑，遗弃在路边的榨糖石筒。在野草覆盖下，仍能依稀可见，可以想象当年的车马人流辗转在青石板上。

2. 古钟

在多蕉小学内的一棵古龙眼树下，挂有一口古钟。古钟高 0.8 米，直径约 0.8 米。"无钟不成礼"，每个古钟上有着浓厚的历史文化积淀。虽然历经了时间的风雨、社会的变迁，古钟已锈迹斑斑，我们依然可以看到上面分别雕刻的"风调雨顺、国泰民安"及有关铸造古钟的历史。

图 14-4　铜锈斑斑的古钟（许小洁 摄）

据说是当年国民党粤军军官讲习所教官、劳伯谦团长回乡建多蕉学校时，从常乐镇低坡村东头岭的千年古刹宝藏寺（古时与廉州东山寺齐名，为合浦两大寺院）运来做校钟的。

3. 古井、百年木棉树

多蕉学校内，还有一口百年古井，是建校时挖，古井门口还立有石头锁。现在人们已不用此井取水，但为了纪念古井，也为了师生安全，已在井的四周砌起小围墙。

井旁是一棵百年木棉树。历经岁月洗礼，此树依旧生机盎然，愈发高大挺拔。走近细细端详，树干呈淡灰色，摸上去触感粗糙。经测量，树高约15米，直径约1米，树冠约60平方米。尽管看起来平平无奇，但这棵老木棉树依旧在四季展现不同的风情：春天一树橙红；夏天绿叶成荫；秋天枝叶萧瑟；冬天秃枝寒树。日复一日，像卫兵一样守护着这口百年老井，庇护着树下游玩的学生。

图 14-5　百年木棉树（郑敏　摄）

（三）建筑文化

见证老街百年历史的，还有中西合璧骑楼式的百年老街，更楼、青石板路……

1. 老街

多蕉村内有一条中西合璧骑楼式建筑的老街，全长约1千米，宽约2.5米。街道两边大多是2—3层的骑楼，与合浦、北海等地领事馆西式卷柱式建筑相仿。临街墙面窗顶多为卷拱结构，卷拱外沿及窗柱顶端都有雕饰线，线条流畅、工艺精美。有些还有外墙顶上刻字——如"陈府""摘星"……骑楼基本为楼下商铺，楼上住人。走在街上，雨天不怕淋，晴天不怕晒。骑楼方形柱子粗重厚大，颇有古罗马风格。面对两边骑楼商铺，昔日集市的繁荣如在眼前。

走在街头，你会惊奇地发现街两侧铺面的门是一块块木板"混搭"而成。这也叫门？原来，这是古人的智慧所在，这叫"板搭门"，一般用作商铺门面，是为了顾客来去方便和更多地展示本店的商品。打开店门做生意，当地有"下门板"的叫法。每块门板背后都有一个符号，按顺序排列。门板拆下来后，还有其他用途，首先是用作

图 14-6　多蕉老街及街上骑楼（许小洁 摄）

"板凳",招呼客人坐歇;其次用来摆"摊子"放货物。"板搭门"匠心独运,大大解决了店铺空间不足的问题,还增加了门板的实用性,一物多用,一举多得。徜徉街面,你还会发现,与北海老街颇不同的是,商户大门上方都开了一个四方形的小门洞,据说是在打烊上好门板后方便交易传递而设置的;大多数门口还建有一个小平台,用来存放货物。

走在青石板上,你还会发现,每隔一段,地面都会一排带有四方孔的石板——这是老街的闸门锁。多蕉老街安保措施无处不在——街头、街尾及小巷口都设有闸门,白天开晚上关,防盗、守卫两不误,还可利用闸门枪眼从里向外射击。

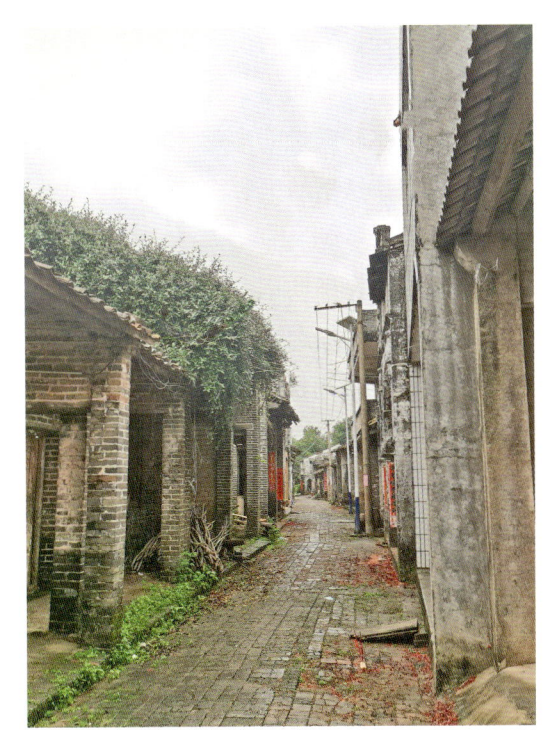

图 14-7　多蕉老街(许小洁 摄)

当年,多蕉老街店铺鳞次栉比,典当、绸布、盐、糖、日杂、黄烟等各种商贸行业齐全,还有当地特色产品——多蕉豆腐、多蕉豆豉以及各种小吃……当年比较有名的有:顺利太和堂的银行、露天剧场的典当行、江边上的利兴隆杂货铺、家富的京果海味等。

图 14-8　当年经营草药的叶利号商行(左)和经营食品的圣美利商行(右)(郑敏 摄)

岁月变迁，多蕉老街繁华消退，骑楼日渐老化、破败甚至倒塌；废弃的古码头已被植物覆盖，无处可寻。走在老街的青石板上，只有一块接一块的青石板，石头锁、闸门、路上车轮碾过的沟壑，斑驳墙壁上依稀可见商铺字号，闲聊的老年人，仿佛向我们诉说当年这里的繁荣盛景。

2. 更楼

所谓更楼，即防盗的瞭望台，夜间常有人在楼上守望，谓之"守更"，更楼因此而得名。地方志称之为"望楼"。①

多蕉村中有几栋特别的小楼，外形很像"碉堡"，当地村民称为"更楼"。其中，保存较好的是劳氏更楼、卜氏更楼。劳氏更楼建于1935年，由时任国民党第四战区司令长官、第八集团军总司令、国民党陆军总司令张发奎手下团长劳伯谦回乡所建。劳氏更楼矗立在村中的民房中，周围没有大树与竹林，很远便可清晰望见其全貌——一座造型古朴、形状奇特的正方形青砖建筑。据说由青砖和螺壳烧灰加糯米、红糖做成的紫荆灰浆砌筑而成，天顶则采用德国进口的水泥钢筋混凝土浇筑。更楼高13.5米，壁厚0.6米。门口在南侧底部，为拖掩柱栅门。门高1.8米，宽1.2米。围绕四周，发现更楼每个面自下而上都有均匀排列的四个射击口、两个窗口；内部有三层，

图14-9 卜氏更楼外景（袁泉 摄）

---

① 北海市政协文史资料委员会：《黄家蕃专集〈沧痕桑影录〉》，《北海文史》1997年第11辑，第265—266页。

图 14-10　卜氏更楼内部（袁泉 摄）

为木地板结构，木楼梯；楼顶有掩体射击的护墙栅。更楼早已不住人，但保存很好。仰望更楼，历史的沧桑感油然而生。

3. 电影院遗址

多蕉街上，有一座有时代特色的建筑物——"同心干"电影院。电影院建于"文化大革命"时期，名字也很有时代感：同心干革命。

图 14-11　多蕉电影院遗址（郑敏 摄）

这是一座露天电影院,院内有一个大舞台,可供剧团演出。电影院能容纳200—300人,在当时的年代,主要放映《南征北战》《平原游击队》《闪闪的红星》等经典电影。正是在这些露天电影中,村民认识了黄继光、董存瑞、刘胡兰、杨子荣、潘冬子、张嘎等英雄人物,也认识了鸠山、南霸天、胡汉山、座山雕等反面人物。

历经风吹日晒,电影院现已支离破落,院内杂草丛生,现作为养殖场所。

三、民俗文化

作为千年汉郡合浦的一部分,多蕉村有着深厚的民俗文化。

(一)民间习俗

多蕉村的村民多由中原各地村民沿南流江迁徙而来,不仅在此扎下了根,也带来了厚重的中原文明,在这片土地上代代传承。

作为合浦农耕文明的典型代表,每年农历二、八月,多蕉村都要举行祭社(土地神)仪式,以祈求风调雨顺和答谢大地赐予丰收。常乐人对传统的礼节特别讲究,婚丧嫁娶都有一套完整的礼数。在多蕉村,男女婚嫁,还保留着纳采、问名、纳吉、纳徵(下聘)、请期和亲迎等礼节。新女婿头一回到娘家拜年,还要走完所有女方亲戚,送上猪肉等礼品,然后对方会设酒款待。如果女方亲戚众多,往往要从初二走到初十,礼数之周全在合浦已不多见。

大年初二,外嫁女带上猪肉、籺、水果等向父母及本家亲戚拜年,由本家长辈发"封包"答谢。

农历五月初五端午节。多蕉村旧有赛龙船之举。1987—1990年,常乐镇每年都举行龙舟赛,每次参赛的有几个队,观众数千。这一天,家家吃粽子、西瓜、荔枝。儿童用彩色绒线制作三角形香包,挂于颈上,包内裹樟脑、雄黄,据说有驱邪消毒之效。群众是日喜用香茅、黄皮果叶、柚子叶煮水洗身,这个习俗相沿至今。但因南流江水位降低,赛龙舟活动已废。

(二)民间文艺

1. 狮队和貔貅队

狮子和貔貅,是中国古书记载和汉族民间神话传说的两种凶猛的瑞兽。狮子承载着百姓对吉祥、勇敢和团结的向往,而貔貅因有嘴无肛,能吞万物而不泄,只进不出、神通特异,故有招财进宝、吸纳四方之财的寓意,同时也有赶走邪气、带来好运的作用,为古代五大瑞兽之一(此外是龙、凤、龟、麒麟),称为招财神兽。多蕉村民创造性地赋予这两种神兽舞蹈。按照地方习俗,逢年过节,舞狮舞貔貅游行,气氛热烈。

2. 多蕉剧团

多蕉剧团由村公所于20世纪70年代成立。剧团约有16人,编剧、演员都是村里的戏剧爱好者,他们全凭着兴趣和热情在演出。虽是业余团队,但是表演很精彩。剧团分为"波罗""沙家浜"两个组,分别代表年老一代及年轻一代。"波罗"剧团表演的主要是粤剧、京剧等古装戏。作品主要有《孙悟空三打白骨精》《合浦珠还》《秦香莲》《百花公主》等。他们当年的表演在合浦县很有名气,经常去浦北、白石水、博白一带演出。"沙家浜"剧团表演的剧目都是样板戏,如京剧《沙家浜》《红灯记》《智取威虎山》。当年,多蕉剧团既在该村演出,也经常去别的村庄演出,观众都是当地的村民,戏台下面黑压压一片,人山人海。每当开戏之前锣鼓齐鸣,敲得一阵紧似一阵,高潮迭起,时而像暴风骤雨,时而像绵绵细雨,招得观众心里像猫抓似的,纷纷赶来占位看戏。每到逢年过节的时候都要演上几场,特别是正月里,从正月初一唱到正月十五。

后来,随着当年的"演员"有的外出打工,有的搬到其他地方居住,慢慢地分散了,不知从哪年开始就很少演唱了。但是,那些喜欢戏曲的人,阿庆嫂、司令员、胡传魁、刁德一等的扮演者仍然没有放弃,一有时间就凑在一起,锣鼓家伙一响,二胡拉起来,戏就唱起来。"波罗剧团"成员中拉二胡的陈为用老先生,今年已经86岁了,仍住在多蕉街上,时不时拉两把自娱自乐。

剧团带给村民的记忆是难以忘怀的。至今这几出戏人们都能唱几段经典唱段。如《红灯记》里李铁梅的唱段《都有一颗红亮的心》《光辉照儿勇向前》,李玉合的唱段《临行喝妈一碗酒浑身是胆雄赳赳》《穷人的孩子早当家》,李奶奶的唱段《学你爹心红胆壮志如钢》,《沙家浜》里沙奶奶唱段《共产党就像天上的太阳一样》,新四军伤病员郭建光唱的《祖国的好山河寸土不让》,阿庆嫂、胡传魁、刁德一三人智斗一段人们都能唱上两句。村民还会唱《智取威虎山》杨子荣的唱段《管叫山河换新装》《共产党员》。

图14-12 陈老先生坐在石闸门上拉二胡(袁泉 摄)

（三）民间信仰

1. 三元宫

在多蕉村，有一些与渡口一同发展的古庙——三元宫。

三元宫坐落在多蕉渡口码头边上，庙宇的顶上雕刻着二龙戏珠。门前对联为："三官垂宇宙，庙貌冠古今。"庙里供奉了三位神分别是观音、龙王、土地公。往来渡口的人及多蕉本地人初一、十五都会到庙里祭拜。

图14-13　新三元宫牌匾（郑敏 摄）

古庙积淀着丰厚的民间风俗传统，也反映了多蕉村民向往美好幸福的愿望。2021年春节，多蕉村对三元宫进行了修复，在拓展乡村公共文化空间的同时较好地保护了乡村文化遗产。

图14-14　新三元宫外景（袁泉 摄）

2. 劳氏宗祠

多蕉村内劳姓村民占大部分，劳氏宗祠历史悠久。多蕉村的劳氏宗祠始建于民国二十二年（1933）春，由劳氏一族先辈振昭、则孔等人历尽艰辛，带头集资建成。新中国成立后政府曾用作粮仓。因年久失修，宗祠一度成危房。

为尊祖敬宗，凝聚宗亲，光前裕后，规范德品，激励后代创业发家，爱国爱族爱家，兄弟和谐。劳氏宗亲倡议修缮宗祠危房，并将其作为劳氏家族修谱、颁谱、藏谱、查谱、阅谱的神圣殿堂，作为居住在北部湾畔、南流江两岸的劳氏宗亲举行祭祖、祭祀盛大活动的重要场所。

2016年9月23日，经北海多蕉劳氏宗亲代表大会表决通过，成立"北海多蕉劳氏宗亲会"并选举产生常务理事成员和选举产生新一届会长、副会长、秘书长和监事长及其成员。新一届劳氏宗亲会多次发起召开重建劳氏宗祠大会，启动重建工作。历经几届宗亲会接力，终于建成占地600多平方米的新劳氏宗祠，大门对联"江派溯渊源，松阳绵世泽"，气势恢宏，金碧辉煌。

图 14-15　新劳氏宗祠（郑敏 摄）

3. 卜氏祖屋

多蕉老街上，还有一个卜氏后代修建的祖屋，来传承卜氏家族老前辈的光辉创业精神。"宗德祖恩千年继，族兴裔盛百世昌。"卜氏家族有着卜汉池（曾任黄埔军校第五期战术教官、国军六十三军一五二师少将副师长，1945 年授陆军少将。新中国成立后历任广州市政协委员，市参事室参事及文史资料专员）、卜一民（曾任国民党团长）等。

（四）语言文化

多蕉村的语言种类丰富。多蕉渡口兴旺引来了南来北往的人，也引来了迁移定居的不同族群。因而，多蕉人姓氏杂，语言种类也多，有广州话、陆川话、廉州话，甚至还有土味白话、梅州客家话……不过，通用的还得数廉州话。

廉州话——当地又称"麻佬话"，是粤语钦廉片的代表方言之一，与主流粤语相比，差异明显，独具特色。现代廉州话共有 22 个声母、34 个韵母、8 个声调，继承自古代岭南方言，保留着不少古汉语的语音和词汇。

多蕉经典词语、童谣：

① 老妈羔（老奶奶），抓姐喽（知了），掉落来卷扣揉。

② 大姐细（小）姨煲米离，煲煲又试试，烫到嘴唇皮。

③ 捏妹捞狗睡，狗屙屁，赖捏妹，捏妹哭索索。

④ 暗磅磅，摸落垌，摸只穷嵌（螃蟹）九斤重（有说：摸只穷嵌两只共）。

⑤ 点脚剁哒，磨刀杀贼，天花开开，地花撒撒，去到江边抓只大王八，一路烧香一路杀。

⑥ 捏舅公跌落水道隆，捏姨婆果内一忙来过，凸卜树开花生菠萝，母鸡抱蛋出捏鹅。

⑦ 月亮亮，割炮仗；炮仗响，割捏羊，捏羊眼迷迷；割石碑，石碑眼红红；割大虫，大虫尾拖拖；割鹰哥，鹰哥飞落地；捡分钱，买禾镰；禾镰利，割坡地；坡地香，卖辣姜；辣姜辣，卖床嗒；床嗒床，卖姑娘；姑娘丑，卖母狗；母狗拱落床地底，生捏狗；无生出，阿妈点火烧屎忽。

⑧ 车车转，晕晕转，阿妈咩我看龙船，我无去，我亚求韩捏鸡，捏鸡大了担去卖，卖得几多钱？卖得三百铜钱，一百过金猜，二百打银牌，捏猪烧火狗劈柴，猫儿担水井边挨，挨无稳，跌落井，一担干浇上火通岭，捏虾跳上坡，捏鱼跳落井。

⑨ 一罗好，二罗保，三罗奔波，四罗太婆，五罗得坐金交椅，六罗得坐无得起，七罗搬超看田地，八罗去街拾马屎，九罗十罗做天子。

⑩ 姐喽（知了）叫，果子熟，马骝搬棍督，督倒腰扣（驼背）卜，腰扣卜，跌

落塘，凸倒马螂抗。

⑪ 出热头，落鬼雨，捆烂砂煲冇米煮。

⑫ 我煞熟木薯喂只捏猪胀死算厄数！

此外，据说多蕉还有一种神秘语言——黑话。把声母、韵母倒过来读，一个字由两个音组成。现在懂这种语言的人不多，据说是民间帮会组织用的语言。

四、风物特产

见证老街百年历史的，有居住在这里的老人，有别具一格的南流江玉石，还有传统手艺制作的多蕉街豆豉等特色美食。

（一）多蕉豆豉

多蕉老街有一种传统手艺制作的调味食品——多蕉豆豉。从多蕉圩兴起时，多蕉人就有制作豆豉的传统并在盛名远扬。他们主要选用当地所产的黑豆，用特有的古老独特的手工艺，利用毛霉、曲霉或者细菌蛋白酶的作用，分解大豆蛋白质，到一定程度时，采用加盐、加酒、干燥等方法，抑制酶的活力，延缓发酵过程而制成。

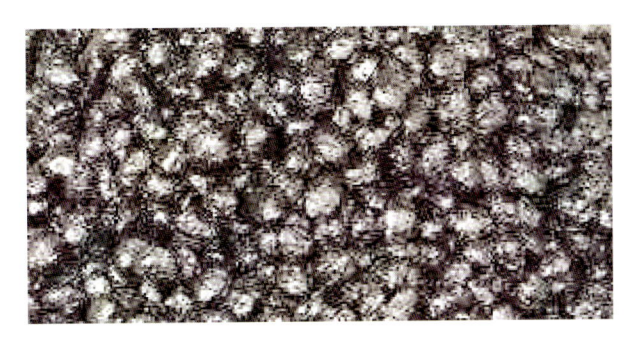

图 14-16　多蕉特产——豆豉（郑敏 摄）

多蕉豆豉颗粒均匀，乌黑发亮，豉肉松化，豉香郁馨，隔壁闻香，无任何化学成分，属纯天然调味佳品。可以用来做豆豉蒸排骨、豆豉蒸鱼、豆豉香辣炒花蛤、豆豉肉末拌茄子、豆豉辣椒、豆豉油麦菜等。多年来，多蕉豆豉以豉香诱人、风味独特而深受当地群众的喜爱，可与老干妈相媲美。随着多蕉街的衰退，多蕉豆豉渐渐成为老一辈人的记忆了。现在多蕉街有名的老字号——陈氏豆豉，产量不多，大多要预约而作。

多蕉豆豉的制作工艺并不复杂，主要有以下几个步骤：第一步，制豆曲。将大豆（黄豆或黑豆）浸泡三天；蒸透，平摊草席上三寸厚，用灯芯草覆盖；三天后豆面长满黄色菌丝，将豆在水中浸泡，取出晾干。此时，霉菌的酶水解大豆中的蛋白质，产生使豆带苦味的物质，必须水泡去苦，但必须还保留很多酶。第二步，将豆曲拌上豆汁、盐放入大缸中，用泥巴封口，在院子停放27天发酵，取出发酵的大豆，晒干、蒸煮、摊晒、再蒸晒，反复三次，三晒后即得成品豆豉。在这一个阶段，真菌在厌氧环境下被抑制，而残留的酶继续分解大豆的蛋白质，产生乳酸菌，进一步抑制其他细菌生长；在反复蒸晒中，芳香氨基酸被氧化变黑，赋予豆豉特有的色香。

（二）南流江玉石

亿万年前，远古时期的南流江河道因地质变化而产生了一种别具一格的珍宝——南流江玉石。南流江玉石内含大量生物体，形态奇特、坚硬（硬度达7度，有的品种硬度甚至达到9度）、通透、色泽柔润、色彩斑斓、韵味悠长。南流江原石外观丑陋，内里多姿多彩，有形似人物，有山水图画，具有极高的观赏、收藏价值。多蕉南流江段，玉石藏量丰富，品种繁多，有蛋白石、红玉髓、彩玉石、玛瑙石、黄蜡石、石珊瑚等，红、黄、绿、赭等色泽多变，这是玛瑙类又一新玉种，玉质温润细腻，颜色艳丽明亮，纹理精彩立体，形状千姿百态。无论是摆件、把件、挂件，都耐观、耐藏、耐玩，令人爱不释手。

（三）特色美食

1. 芝麻饼

芝麻饼，也叫烘饼籺，石米台。每年进入腊月二十后，就是多蕉村人忙碌的日子，家家户户要做烘饼籺迎接新年。烘饼籺以糯米为皮，以黄糖为馅儿，表面粘了一层黑芝麻的饼。临近春节，家家户户就开始忙着做烘饼籺了，在他们看来这是很重要的一件事情，全家出动，很有过年的气氛。男人打糯米粉，女人、小孩包馅儿、压成形、滚芝麻，最后用稻草烧火烘焙。刚做出来芝麻饼香、软、甜，放久后就会变硬，要用火烤过才好吃。多蕉烘饼籺以其香酥的特色而闻名，

图 14-17　芝麻饼（郑敏　摄）

是春节人们探亲访友的必备佳品。烘饼籺寓意着"芝麻开花，节节高"，表达了人们期望顺利兴旺的心愿。吃了烘饼籺，一年都过得香甜，寓意不亚于过年包饺子。如今人们开始注重健康，注重"粗粮饮食"，经过这么多年的发展，芝麻饼已由过去单一的黄糖馅发展到现在人们喜爱的红薯馅、紫薯馅等，薄脆的表皮裹着浓郁香醇的红薯泥、紫薯馅，色、香、味俱全。

2. 劳氏花生糖、酥角、三角糖

多蕉街的小吃艺人劳耀伊老先生制作的劳氏花生糖、酥角、三角糖、鸡蛋卷……

留在了许多多蕉人儿时的甜蜜的记忆中。

花生糖是一种古老的传统小吃。采用洁净花生米、蔗糖等制成。而劳氏花生糖最大的特点是香、甜、酥、脆。

酥角是一种用面粉加入猪油、鸡蛋面等混合和成面团，包上花生芝麻白糖馅，油炸而成。酥角形状像饺子，但两者最大的区别在于面皮的褶皱：酥角的褶皱是一层叠一层的，也是最有特色的。完成后的酥角很精致。在多蕉村，每到过年，大家都喜欢吃酥角，炸熟的酥角涨满，像以前的钱包，寓意钱财丰富，吉祥如意。而劳氏的酥角更是甜而不腻，清甜可口。

劳氏三角糖是一种油炸的三角形甜饼，用煮得恰到好处的糖浆包裹面饼而成，轻轻一咬，满口香、甜、酥，让人欲罢不能。

3. 李氏牛巴

多蕉牛巴精选上等鲜牛肉，配以八角、肉桂、丁香、陈皮等十多种名贵天然香料，加上独特配方，以手艺为基础，经现代科学的生产技术精制而成，色、香、味俱全。多蕉李氏牛巴技艺更是一绝：人工切成薄薄一片，肉质细而有嚼劲，入口馨香四溢，味道独特，让人回味无穷，堪称地方一绝。食用牛巴的传统方法是：把酸辣椒、酸荞头切小块，加糖、醋等配成一种酸甜可口的调料，

图 14-18 花生糖（郑敏 摄）

图 14-19 酥角（郑敏 摄）

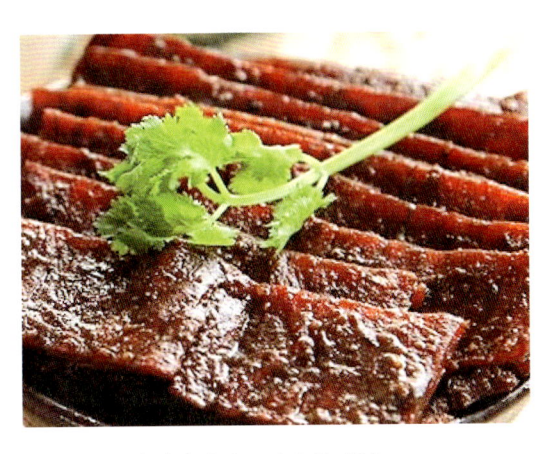

图 14-20 多蕉李氏牛巴（郑敏 摄）

食用牛巴时蘸点酸椒荞头醋，切成碎末的酸椒荞头，宛如飞花碎玉粘在牛巴上，看着就让人垂涎三尺，微微的酸甜辣味更让牛巴锦上添花，吃起来爽口无比，让人想起更是回味无穷。

五、文化教育与人物

（一）文化教育

多蕉学校（现多蕉小学）大约创建于1918年（具体年限未能考证）。由当年国民党粤军军官讲习所教官、劳伯谦团长回乡所建；历史悠久，校园占地面积约18 483平方米，建筑面积约1 496平方米。建校当时设有初中、高中部（一届）是常乐周边一所大型学校，周边的浦北、灵山、石康等地学生纷纷前来求学，为当地培养了一批人才，包括公务员、工程师、教授等。

（二）人物

1. 卜汉池

卜汉池（1893—1971），多蕉村人。合浦乾体学堂、广东武备学堂第二期、南京陆军大学特别班第二期毕业。1913年任广东陆军第二师八团营副，黄埔军校第五期战术教官。1927年任国民革命军第四军十一师师部少校副官。1930年任广东军事政治学校军官班上校主任。1932年任第一集团军第一军副官处少将处长。1934年任广东南路绥靖公署高级参议、专员。1936年任第四路军独立旅少将旅长。抗日战争时期，任第六十三军一五二师四六〇旅旅长。1944年7月任第六十三军第一五二师少将副师长。1945年4月授陆军少将，1946年7月退役。新中国成立后，历任广州市政协委员、市参事室参事、广东省政协委员及文史资料专员，著有《对余汉谋第一军入赣防共初期的回忆》《第一次粤北战役》《第六十二军参加第四次粤北战役经过》等。

宣统元年九月二十七日（1911年11月27日），卜汉池与丁守臣、罗侃廷一起组织策划农民400人反清，宣告廉州起义，任义军司令。起义军占领廉州军械库，清总兵陆建章、知府许莹章闻风逃遁。罗侃廷率兵围攻县衙，活捉清军分统杨尊任，并于次日在小南门将其处决。接着，成立革命政府——廉州都督分府。

1938年10月20日，增城县城失守后，卜汉池率四六〇旅，在朱村英勇阻击日军。从拂晓开始，敌机多则数十架，少则十架八架，整日向我方阵地轰炸扫射，炮兵溃散逃跑，中央重炮兵旅旅长改着便服，只身逃到四六〇旅部请求卜汉池收容，后经卜汉池资助返回重庆。当日下午4时，四六〇旅九二〇团在广汕公路之南莲塘附近截击日军骑兵。随后，敌步兵不断增援，敌我相持于莲塘之北至公路之间的禾田里。为免被敌歼灭，我军利用黑夜向南撤退。10月21日，在新塘西北约15千米整顿，收容了九二二团第一营（营长谭旭初）和其他零星部队二三个连以及防守新塘的九二〇团步兵5个连，此时，六十三军军长张瑞贵率军部直属部队与四六〇旅会合。

2. 劳伯谦

劳伯谦，多蕉低山村人，国民党员，粤军军官讲习所教官，广州合浦学会小北路旧址募捐发起人之一。抗日战争期间任国民党第四战区司令长官、第八集团军总司令、国民党陆军总司令张发奎手下营长，后任九一一团团长。1938年在虎门、广州等地抗击日军数月，后被弹片打伤腿部。

3. 劳学筹

劳学筹，同盟会会员，1905年从广州回合浦筹划廉州起义。

4. 李文腾

李文腾（1923—1950），多蕉大园头村人，1950年参加革命工作，时任常乐区多蕉乡乡长。1950年2月17日时值春节，耀康乡国民党旧军官徐作圣与原国民党多蕉乡乡长劳树毓，纠集匪众200余人攻打多蕉乡人民政府。乡长李文腾率领5人坚持还击至拂晓，弹药已尽又无外援，身受重伤后仍然坚持掩护部下突围，直至最后壮烈牺牲。

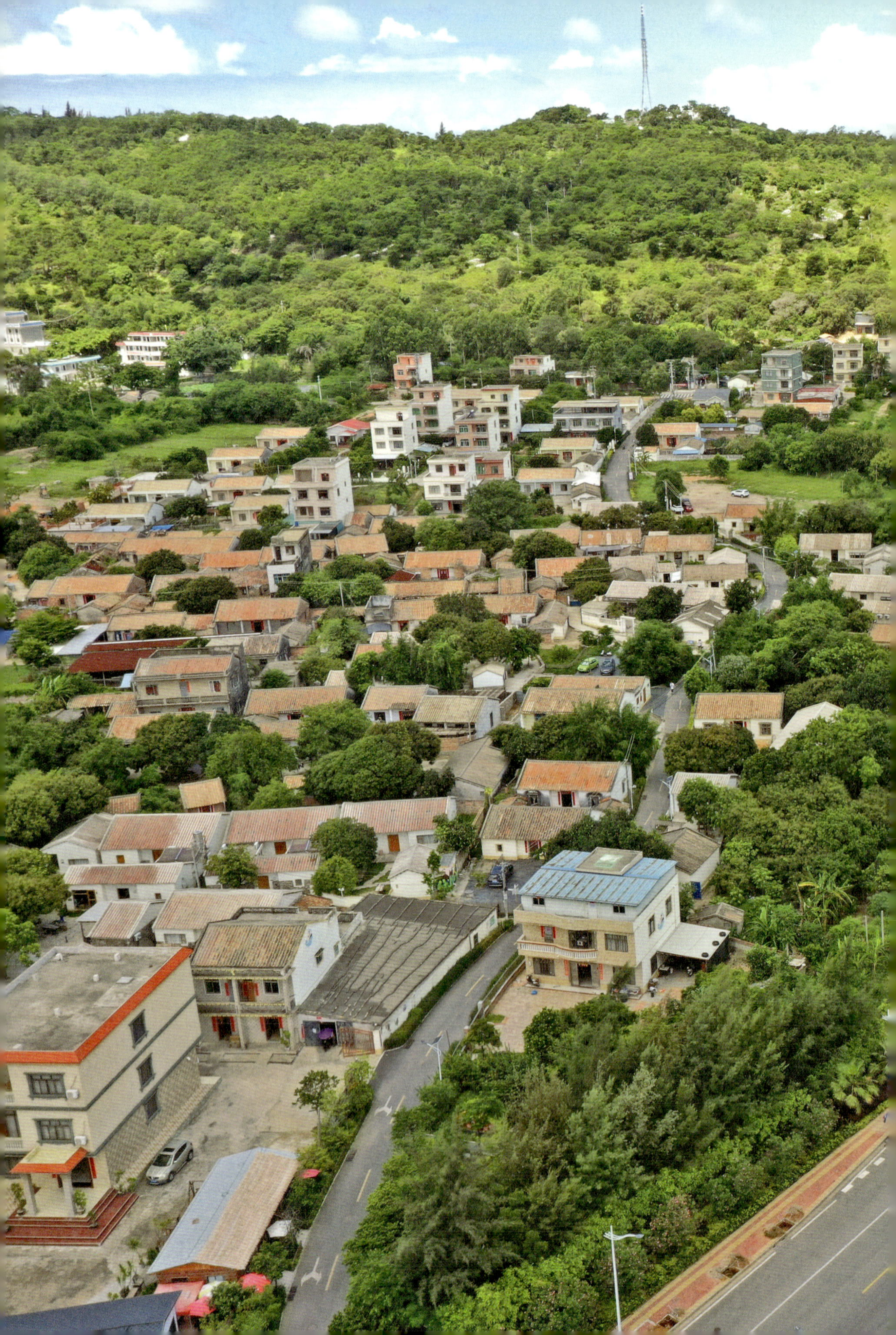

图 15-1 流下村航拍图（赖文昌 摄）

流下村

一、村落概况

（一）方位与交通

流下村位于北海市海城区冠岭路以南、海门高尔夫球场北面、冠头岭东面马鞍岭下，面积约13.33万平方米。截至2020年11月，流下村共有106户家庭、468名村民，均为汉族。在有限的村落地域内，流下村精心打造了一座2 000平方米的文化广场和3 000平方米的停车场，为村民和游客提供了便利的休闲娱乐场所①。

图15-2　特色磨刀石村碑（袁泉 摄）

流下村内交通便利，道路大部分已硬化，村庄绿化率超过80%，自然环境得天独厚，风景优美，气候宜人。流下村以农耕文化为主，兼具深厚的海洋文化，紧挨香火鼎盛的佛教场所——普度寺。特殊的地理位置、生态环境、历史条件、经济发展水平等使农耕文化与海洋文化在这里很好地融为一体，造就了优良的休闲度假和居住环境，是极具特色的休闲度假养生之地。

（二）村情与村史

流下村的村史，要从麦氏家族的迁徙历史说起。乾隆二年（1737），麦氏先祖广赞从广东湛江遂溪吴家村迁居至此地，看中此地依山傍海，可谋生计，遂在此地安居。麦氏夫妇将开垦的田地七垄和挡七个、打排筝七架、石牛七只，造七间屋舍和七张八仙台，分别分给七子自食其力，拓荒造田七行，故曾名"七行田"。从此麦氏宗族薪火相传，开枝散叶，300年间从未掺杂外姓，形成了庞大的麦氏家族。村名的由来，因冠头岭沟水下泄流经此地，故取名"流下坡"，后麦氏祖先将流下坡更名为

---

① 以上数据由流下村所属新营社区提供。

"流下村"。麦氏家庭在此地安居乐业,繁衍子嗣,村内目前有 300 余位麦氏后代,迄今为止共出有十余辈,其辈分排字为:广朝实如东其运喜春逢。

到目前为止,麦氏家族已经出到第十辈"逢"字。麦氏家庭在流下村世世代代倚此彼邻,相互照应,喜事好事一起庆祝,难事大事一起帮忙,充分说明了流下村的团结与稳定。

(三)发展现状

旧时流下村的产业主要依赖传统农耕业与捕鱼业,目前旅游民宿业为流下村的主要产业。流下村也因此成了远近闻名的"网红村"。一是其成村于清代而具有久远的历史,堪称"清代遗风,冠岭明珠",二是其以特有的当代艺术民宿风格引来了无数旅居之士,在网络中风靡一时,颇负盛名,吸引了众多年轻人或艺术爱好者前往此地流连"打卡",遂成为著名的"网红村"。

1. 自给自足的农耕业

流下村地势平坦开阔,属亚热带海洋性季风气候,降雨充沛,日照时间长,自然条件优越。《广西壮族自治区北海市地名志》(1986)记载:"以农为主(主种水稻、玉米)。"后期随着经济社会发展,2007 年广西嘉和集团进驻流下村地界,村民生产生活方式发生巨变,村民们洗脚上田,多以外出务工为主,农活渐少,仅存的私有良田也只是为了满足村中百姓自给自足的家庭供应。

2. 日渐衰微的捕鱼业

清代李调元《粤东笔记》曾记载:"有曰绞罾,形亦方,遇五丈余,以四角系繫於于柱中放之。人在岸上离罾十余餘,鱼至则转辘轳以起之,此罾之事也。"绞罾捕鱼,是北海渔民浅海捕鱼的一种常见方式。流下村麦氏先祖也曾使用这门传统的捕鱼手艺,从乾隆年间流传至今养育了世代子孙。绞罾又称"掂罾",用木棍或竹竿做支架的方形渔网,架设到近海进行捕捞,每逢丰渔之期,只要将渔网绞起,即可收获不少生猛海鲜。在满足自身日常生活所需之外,还可以在市场交易,形成较小规模的捕鱼业。由于没有渔船,流下村村民们只能自食其力,在这山海之间,用智慧探索海洋,开辟出一条致富之路。然而岁月侵蚀,年华无情,这种捕鱼方式已然不适应当代人们快节奏的生活,也比不上渔船捕鱼来得效率高,于是,渐渐衰落,至今已很难再看见掂罾了。

3. 如火如荼的民宿业

在北海的地方网站、各大短视频平台的北海本地栏目,不时会见到新闻媒体、博主或网红们推荐的"打卡胜地",其照片或视频的背景风格满满的诗情画意,乡村古朴中带着现代艺术和浪漫气息。这就是流下村,以红红火火的民宿业而著称"网红村"。有旅居者对流下村的民宿和美景事物盛赞如斯：

  鸟鸣啁啾山连天，人文荟萃幻景观。
  可怜冠岭流下村，无奈潮头海平线。

  流下村的旅游民宿业发展得如火如荼，因其依山傍海的地理优势：冠头岭山麓，便于游人登上冠头岭森林公园景区；紧挨普度寺，佛教信徒乐意逗留于此；邻近南万

图15-3　流下村高端民宿（袁泉　摄）

之地，能体验到疍家渔民风情；地方政府十分重视，将流下村打造为半山半海的民宿体验社区，使老房子变成特色民宿、餐饮、研学及文创的聚集地。此地生态环境优良，居住安全舒适，交通、餐饮和娱乐设施较为便利，因而受到国内外游客的青睐。

近年来，流下村以发展高端民宿、全力打造"山海艺术村"为切入点，坚持"筹划、规划、策划"联动，着力提升村庄品质。借助区政府投资平台——北海廉州湾投资有限公司的资金资源力量，参与村庄建设和整体运作，先后投入约350万元对流下村实施美丽乡村提档升级改造工程、乡村风貌整治工程、村屯绿化亮化工程，建设完成村庄道路、村庄排污排水、休闲小广场、游客中心、旅游厕所、停车场等公共服务项目，各项基础设施逐渐完善[1]。

在村落文脉与古民居群落整体保护的基础上，流下村坚持修旧如旧，就地改造，统筹布局，逐步升级，通过传统文化艺术化、创意化、体验化利用，打造有故事的乡村民宿群落和精致的乡村文化休闲体系，创造传统与时尚碰撞的精致乡村生活方式。既巧妙引入异域风情，又不失中国乡村味道，借鉴经验，博采众长，突出乡村观光、生态感受、文化体验、休闲度假、高端居住等综合功能，以提升旅游综合接待能力，延伸旅游产业链，加快发展乡村旅游产业。

目前该村引进大型民宿项目共7个，项目总投资约4500万元。其中第一批投资700万元的"邻舍设计师酒店"和600万元的"半山半海""暮年小院"等已投入运营，创意非凡的"梵俪酒店研发部"和投资600万元的"冠山墟墅"古村落艺术民宿等正在改造施工中，"兰亭聚集装箱酒店""流彩园""冠岭森林餐厅"等相继筹建，其余正在开展前期规划设计。目前，全村居民对发展民宿业热情空前高涨，80%的民房已被租赁开发为旅游民宿等项目。

除上述几家大型项目之外，还有一些小型项目或店铺在运营中，如MR.MO私房菜馆兼具花艺工作室（文创项目）、梵俪小院内的龙小面、乡间小铺、渔民小铺、夏苑沙龙、便利店，以及其他主打民宿、派对、轻饮、小食、下午茶的特色小店。流下村经常举办各种大小派对，除品尝特色美食和体验高端民宿之外，人们开始把生日宴、婚宴、庆功宴等活动带到流下村里来举行。作为一座隐藏在冠岭山脚下的美丽村庄，在基础设施不断完善的条件下，凭借独特的自然和人文资源，流下村的民宿旅游业在不久的将来，势必将呈爆发之势，为冠岭的旅居者们带去更多的惊喜。

随着网络新媒体的传播以及民宿项目创新性宣传推介，流下村已成为网红拍摄取景地，目前年接待游客量近4万人次，村民收入显著提高。2019年人均收入达2.6万

---

[1] 参见陆威：《流下村八成村民受益民宿业》，《北海日报》2020年1月7日。

图15-4 流下村乡间小铺（袁泉 摄）

元，远远高于北海市农民人均年收入。2016年，流下村获自治区级"绿色村屯"称号，2019年获"北海市首批乡村振兴示范村"称号。随着精品民宿和"文创+"企业扎堆进驻，流下村将成为北海乃至全国闻名的山海艺术村。2020年11月，北海流下村被广西壮族自治区评为五星级乡村旅游区（农家乐）。

二、自然与人文景观

（一）自然景观

1. 流下村荷塘

在离流下村村口不远的地方，有一片不大不小的荷塘。每逢夏季，便有南宋诗人杨万里笔下"接天莲叶无穷碧，映日荷花别样红"的盛景，然而到了秋季，却是唐代诗人李商隐笔下"此花此叶常相映，翠减红衰愁煞人"，抑或是"秋阴不散霜飞晚，留得枯荷听雨声"的萧瑟。

2. 繁花锦簇

如今流下村这个传统的小渔村，曾经蜿蜒的乡村泥泞小路铺上了沥青，路面平坦整洁，基础设施改造之后面貌焕然一新。道路两旁不再杂草丛生，被村民们精心种满了绿化植被和各种花卉，有矮牵牛、忽地笑、三角梅等。在春暖花开的季节，一朵朵小花争奇斗艳。游人纷纷驻足，汲闻芬芳，并定格于镜头之中。

图15-5 流下村繁花盛景（袁泉 摄）

3. 果蔬飘香

流下村中房前屋后几乎都栽种果蔬，随处可见高大的果树，郁郁葱葱，树枝结满了累累硕果，有芒果树、香蕉树、木瓜树等。这些果树或多或少有一些年代，搭配果树掩映下的老房子，便多了几分古朴味道。这是村中老一辈的童年记忆，村中长者们总是能对着果树如数家珍，眼神里透露着对旧时光无限的怀念。

4. 冠头岭

冠头岭位于流下村西南方向1.2千米处，步行一刻钟的距离。冠头岭因"山石皆墨，穹窿如冠"而得名，素有"北海镇山"之称，其在北海旅游资源中的地位，并不比天下第一滩——银滩逊色。古代诗人游历至此，为冠头岭留下不少佳作。据明崇祯年间编纂的《廉州府志》卷十三《诗赋志》记载，万历三年（1575），时任廉州知府的云南举人刘子麒，有《廉阳八景》组诗8首，其中一首为《冠头秋霁》：

> 鬼岩壁立镇惊涛，独战商炎爽气高。
> 多少艨艟冲巨浪，凭虚一览尽秋毫。

其后，又有官员诗人王一鹗神来添笔：

> 独冠诸峰障怒涛，云霞飞尽海天高。
> 目空千里浑如练，谁写清光人紫毫。

冠头岭的主要景点有著名的冠头岭国家森林公园、普度寺、望楼岭、冠头岭观景台等。它是北海市唯一有海拔地势的地方，可让游人从高处瞰海，同时兼具一定的历史文化、宗教文化和军事文化。然而，最令人印象深刻的还是冠头岭绝佳的景色——冠头岭日落。在流下村内各大民宿逗留的旅居者，三分之一是为流下村的民宿体验，三分之一是为了普度寺进香，三分之一则是为了冠头岭日落。冠头岭日落堪称北海一绝，一般晴朗天气，日落会在 6 点半左右开始。游人从冠头岭的后山上山，前山下山，寓意前半生人们辛苦劳作，后半生就享受富贵荣华。在冠头岭登山远望，海天一色，帆影点点；朝观日出，夕赏日落；观海听涛，浪花如雪，犹如登临人间仙境。

（二）人文景观

1. 三口井

流下村共有三口井，按照开挖时间顺序，依次为流下井、公社井 1、公社井 2。流下井是麦氏先祖迁居此地后，为满足日常生活用水而开挖。因此，这口井大约也有三百岁龄。井水清澈透明、甘甜味美，养育了一代又一代麦氏子孙。在以往没有自来水的日子里，流下村人吃用全靠这口井，直至人民公社时期，在村中再挖两口井，村中才增加了饮水源。目前这口流下古井已被封存且保护起来。关于这口古井的来历，还有一段动人的传说。传说麦氏先祖拖家带口迁居于流下坡后不久，恰逢海神妈祖林氏游历至此地，乔装成一农妇模样，向村民们讨水喝，村民一见是外地人，瞧着此农妇慈眉善目，不像坏人，便将他们刚开挖不久的井渗出的井水盛出来递给了妈祖，妈祖一尝，觉得此井水味道苦涩，毫无甘甜可言。又见村民们热情、期待的眼神看着她，便悄悄从袖中取出一颗珍珠投入井中，此珍珠乃是妈祖游历南海之时南海龙王妃赠送的宝物，此宝物有点石则石成金、遇水则水甘甜之奇效，一共七枚，妈祖将剩下的最后一颗珍珠投入了流下坡的新井之中，井水瞬间变得甘甜无比。流下村民们纷纷

图 15-6　被保护起来的流下古井（袁泉　摄）

图15-7 公社井1(袁泉 摄)

乐开了怀。

新中国成立之后,在人民公社时期遭遇连年大旱,村民用水困难,粮食丰收无望,在共产党的领导下通过集体力量克服种种困难再挖了两口井,解决了灌溉和饮用水源不足的问题,保证了粮食的收成。后来全村开通自来水后,这两口井主要用作洗涤、灌溉及牲畜饮水等。

目前,流下古井位于流下村中部的一处高端民宿"暮年小院"内,旁边建有游泳池;公社井1位于流下村村口的停车场旁侧;公社井2位于流下村古旧民房院墙之内。俗话说"吃水不忘挖井人",流下村的这三口井仍然是流下村历史的写照,同时也是流下村最重要的文化遗存。

2. "石头间"老房子

除了网红街道与高端民宿,流下村还保留了具有年代感的原生态老房。在流下村,至今仍然能看到历史留下的痕迹。老房子是村民们祖祖辈辈在流下村生活的重要记忆。穿过乡间小路,经过古老的房屋,似乎回到了20世纪80年代。老民房大多使用"石头间"的结构,即使后期重建、修葺,也保留了部分的石头作为基础的特有建筑风格。村里老人说,那个年代经济条件差的村民手工开采石块建房,虽然当下富裕了,村民们建起了新式的花园洋房,但他们对那个年代充满情怀,所以很多"石头间"一直被保留至今。

关于"石头间"老房子,坊间还流传着一段历史传说。话说麦氏祖先之所以选建这种民居,是受到高人点化。相传麦氏在流下坡居住了几代人之后,民国年间,有一户人家10岁的小儿子患疑难杂症,终日不见好转,这种难症会使人头发不断掉落,

图 15-8 "石头间"老房子（袁泉 摄）

牙齿逐渐稀疏，面容消瘦，有气无力，终日卧于病榻之上，虽不致死，但也不便日常活动。过了将近半年都没有好转的迹象。眼看着小儿子的生命之势日渐衰微，正巧此时，幸有一位游历至此的民间高人路过流下坡，见到此事，知晓前因后果，于是为他们指点迷津：令此户人家重建石头屋，这石头还要取材讲究，得取自冠头岭山上的石头，石头孕育有天地海之精华，每日在石头间居住，便可吸收天地海之灵气，能拂灾祛病，不日小儿便可痊愈，言罢便拂袖而去，倏然消失不见。这户人家谨记高人的叮嘱，从冠头岭山上采下大量石头，为小儿盖屋舍，过了几日，果然精神有所好转，吃好喝好，再过两月，便完全与常人无异了。村民们得知此事，奔走相告，一传十，十传百，于是有人也上山采石，纷纷修葺石头屋了。

村里的一部分"石头间"也是当年知青下乡到流下村的住所，偶有当年的知青回到村里看看以前住过的"石头间"，与下乡时在此相识的村民联络感情，怀念那段青春岁月。

3. 时代的楹联

流下村有一栋老房子的门楣上有几副老旧的对联，对联不是写在红纸上的，而是在门框两旁用红色的油漆刷了两条可以题字的地方，过了几十年，红漆底色渐渐斑驳，而烫金的字却依稀可辨。

对联：翻身不忘共产党，幸福永记毛主席。

对联：朵朵葵花向太阳，颗颗红心向着党。

横批皆为：毛主席万岁！

新中国诞生后，人民群众寄望伟大的新中国千秋万代，所以很多人家门口都挂着"翻身不忘毛主席，幸福感谢共产党""江山千古秀，社稷万年春""同心兴大业，携手振中华"等春联，有些春联则巧用我国的大城市名称，妙趣横生，比如"北京重庆成都，西安南宁长春"，还有用江西地名组合出来的"新建石城万年万载，永修铜鼓乐平乐安"。流下村的老房子楹联至今还保留着毛泽东时代的烙印，那正是一代人的记忆。

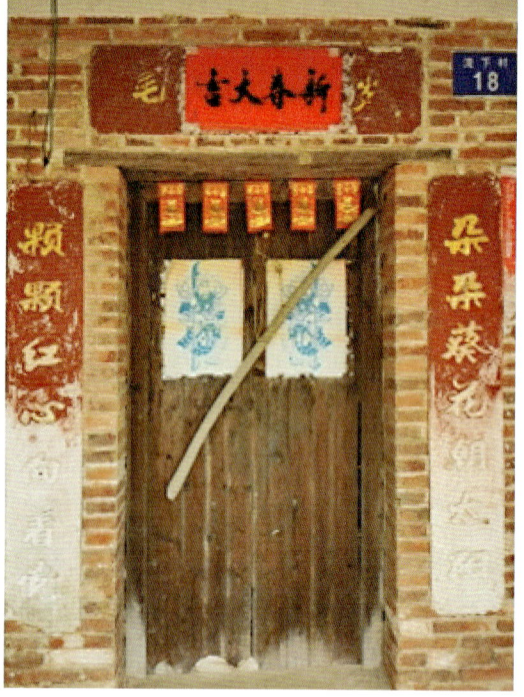

图 15-9　时代的楹联（袁泉 摄）

4. 神农天后宫

神农天后宫旧称神农庙，原位于冠头岭东南面的马鞍岭（今冠山海高尔夫球会 4 号洞）上，因而又称马鞍神农庙，该宫庙始建于何年不详，据考清朝初年，沿海一带被迁界禁海，康熙二十三年（1684）复界，百业复兴，民间皆以为神灵助之，神农庙或于此时建之。随着时代的变迁，此宫庙又于晚清光绪年间重建，民国时几经修葺，

1968年又被拆毁，1992年4月开工重建，同年9月竣工。该庙景致幽静，古朴凝重，极具历史、艺术研究价值和人文内涵。

2007年，广西嘉和集团进驻北海于马鞍岭神农天后宫旧址建设冠山海高尔夫球场，神农天后宫搬迁至地角新营流下村，位于流下村南边，依照曾经的原样重建而成。关于神农天后宫的由来，有这么一段传说，相传古时候炎帝（神农）驾龙驹南巡，某年四月二十六巡至廉阳山（今冠头岭），马鞍岭则为帝驾巡游之鸾座。神农庙正是为了纪念炎帝神农而修建。如今，由于庙内一直供奉神农、妈祖、鲁班、福德（土地）诸神，神农是五谷之神，天妃即海神妈祖，多为渔牧耕稼之守护神。故而，便有一炷清香，五谷丰登；三拜九叩，虾鱼满舱的信仰。2005年10月31日此庙被选为中华妈祖文化交流协会会员，后更名为"神农天后宫"。

新修建的神农天后宫，屋顶的装饰以凤凰为主。源自中国的传统，习惯于将各种神兽造形融入建筑风格当中。凤凰，象征尊贵、有圣德之人。据《史记·日者列传》："凤凰不与燕雀为群。"凤凰是吉瑞的象征，寓意着流下村的百姓们年年吉祥、岁岁幸瑞。

神农天后宫入口门联曰："妈祖显应庆丰年，神农威灵保民安。"神农庙门联曰："神灵濯濯上天有慧眼，农庆生生帝后无偏心。"庙内中殿，供奉有主宰耕稼的五谷王神农，以及海神天妃娘娘。两神像均有坐相和行相。庙内左殿供奉有木匠先师鲁班，其面前有男曲尺、女墨斗两位小神像。此外，庙内还供奉有土地神，充分显示了流下

图 15-10 神农天后宫（袁泉 摄）

图 15-11　神农天后宫屋顶的建筑风格（袁泉　摄）

图 15-12　神农天后宫内供奉的神祇（袁泉　摄）

村麦氏后人多神崇拜的特点，尤其反映了农耕文化与海洋文化在流下村人心中的地位。庙中神像身姿秀美、端庄持重、质朴生动、神韵颇具，庙前坡地开阔、碧海无垠；庙后草木繁盛，古墓千年。庙旁，卧地古榕虽遭斧伤，仍顽强抗争，盘曲苍劲，倔强生长，更增加了庙的神秘感。

　　神农天后宫里的诸神是流下村人民心中的全部信仰和倚仗。抗战期间，冠头岭为我军事要塞，日机经常到此侦察和轰炸。一次，日机在神农庙上空盘旋后，投下三颗炸弹，其中两颗没有引爆，另一颗引爆，但没有击中目标，村民皆以为神佑。除上述提到了每年农历四月二十六在神农天后宫举行的大型活动之外，还有四次仅限该村的活动，分别在每年的农历三月二十三、六月十三、八月初一、十月初十，由流下村神农天后宫理事会组织，召集村民们汇聚于庙前，举行祭祀祈祷、捐赠仪式、同乡宴饮诸如此类。

在神农天后宫，有一石碑立于宫庙左侧墙壁，其上镌刻：

图 15-13　百世流芳碑（袁泉　摄）

> 百世流芳重建神农天后宫碑记。
> 马鞍岭神农天后宫始建于康熙二十四年（1685），是北海的名胜古迹之一。至 2005 年为高尔夫球场所毁。
> 承蒙海内外各界人士鼎力相助，如今幸得重建乃华夏孝子贤孙之心愿。
> 兹将捐资者芳名列下……

宫庙右侧墙壁挂立一红牌，上面记载了妈祖的简介与生平。

5. 神农妈祖文化舞台

在神农天后宫的正对面，有一处水泥搭建的舞台，是流下村村民们休闲娱乐、载歌载舞、举办各种节日活动的地方，是流下村的文化娱乐中心。在没有节事活动的时候，神农妈祖文化舞台便作为当地百姓日常广场舞娱乐交际之场所，使用极为频繁。舞台有一定年头，泥墙稍显斑驳，舞台贴有楹联一副：

天后庇佑圣母赐福舞太平，五谷丰登神农吉诞歌盛世。

三、民　俗　文　化

（一）民间文艺

1. 神话传说

传说很久以前，在流下坡（今流下村）这个地方有一位远近闻名的美女，名叫施小凤。这位施小凤姑娘，人不但长得很美很秀气，而且歌也唱得很甜很好听，不知哪里来的传说，说她是桂林地区深山中的一只凤凰投胎所生，因此人们都尊称她为凤姑娘。因为羡赞南海龙王的大儿子——白龙太子代父行云布雨、恩泽桂林深山一带的功劳，又仰慕白龙太子的人品和丰姿，每当在白龙太子行云布雨返回合浦之际就暗暗尾随而去，久而久之，产生了到南海滨朝夕相处的情思。此事感动了月下老人，并在月老的安排下，促成了与白龙太子的一段好姻缘。婚后两人十分恩爱。一天白龙太子去外地行云布雨，回来之后却不见爱妻凤姑娘，也听不见她的歌声，多方打听，闻知原是对面坡的犀牛在捣乱，赶走了凤姑娘，白龙大怒，仗着余威，闪电带雷地冲向桂林深山，一路疾呼。其声极哀，其情甚切！远在桂林深山背后的凤姑娘连忙回答，回声不绝，声声送喜！急要见到凤姑娘的白龙太子一头向深山撞去，霎时间电闪雷鸣一声巨响，大山石飞土移，被撞出了一个大洞。白龙最终在背后的高大梧桐林中找到凤姑娘化成的金凤凰。后来，白龙与金凤时常在桂林愉快地游玩。

有一天，白龙与金凤正在桂林游玩之际，突然见到南天门开处走出了好友白虎星君。白龙高兴得老远就叫，然而，白虎星君一脸愁容地落下云头，来到白龙面前。白龙正感到惊奇，只见白虎星君慢慢地从袖中取出了玉帝的圣旨对着白龙宣读。原来是被踢死于山中的犀牛精灵魂上天告御状。玉帝发怒，着令白虎星君下界来捉拿白龙太子，要治他私自行雷闪电、乱改山河和误伤生命之罪，白龙太子被天兵天将捆绑于南海合浦海中的另一个无名岛上，白龙就化成了20里长的银滩硬把头伸到了流下坡附近。白虎星君因在无名岛上看守和保护白龙而高耽虎头怒视望牛岭（今冠头岭的一部分）。金凤凰抖落全身羽毛化成一片茂密的树林遍布冠头岭上，犹如一把张开的伞，给白龙遮风挡雨。

2. 民间艺术

从流下村社区获悉，流下村现当代的发展定位是以民宿产业为主，带动相关文化创意艺术等产业发展的乡村旅游产业园区，并初步拟定名称为流下山海休闲艺术村。流下村的民宿是高端的艺术民宿，常伴随着年轻人热爱的音乐、美术、文创等艺术活动，村落是古朴的，年轻人是潮流的，古朴与潮流的撞击，共同演奏出一曲动人心魄的乡村交响乐。

流下村社区还邀请中国美术学院、四川美术学院的四位国内当代青年艺术家驻留创作，探索艺术与乡村的有机结合，通过当代艺术的表现形式，使其呈现一种新艺术的表现形态，共同探讨在当前形势下如何将艺术和艺术乡村旅游融合发展，如何利用新理念、新模式将艺术进行产业化发展。未来，流下村将打造成融艺术、文化、创意、观光、产业、生态、科技、餐饮、娱乐、体育、度假为一体的艺术创意型的可持

图 15-14　流下村古朴与当代艺术的碰撞（袁泉 摄）

图 15-15　流下村涂鸦墙（许小洁 摄）

续发展的乡村旅游综合体及文化创意创客基地，使之真正成为具有较大影响力的北海市乡村旅游新名片。

（二）民间信仰

1. 五谷神农信仰

流下村的人们崇拜五谷神农。神农主米饭、农事、丰收、五谷丰登，是中国古代传说中的天下共主，他教人们种植五谷、制作农具、烧制陶器、采药治病等，是农耕文化的始祖。流下村村民对神农的信仰客观上反映了流下村人对土地更多的依靠及盼望粮食丰收的愿景，祭神农习俗至今已有约300年历史。逢年过节、大小喜事，或遇苦难时，村民都会带着祭品与香火，到庙内参拜各神，求得保佑与祝福。据说，有一年清明前，天大旱，流下村的村民便扛神农菩萨出来求雨。神农"显灵"，让轿夫在地上写了"待等阳人行阴路，天公降雨救青苗"14个字，当时人们很纳闷这究竟是什么意思，后来在清明这一天下起大雨，人们才恍然大悟。

此外，关于五谷神农，还有流传甚广的另一说法。据说在开天辟地的时候，人们不懂得种地，天上下雪就是白面，下雨就是油，随便接随便吃。那时候，人们不愁吃不愁穿，成天东游西荡。这天，玉皇大帝想看看人们的心眼儿怎么样，就打发太白金星下界。太白金星变个老太太，到一家人家要饭，说："大妹子，把你那白面饼给我一个！"这老娘们儿一瞅："什么，你还要白面饼？白面饼留给我那姑娘垫屁股的。"太白金星一听。这哪是好心眼子，回去奏了玉皇大帝。从此以后，下的雪就真是雪，下的雨就真是雨了。以前，也没想到攒粮，这回大伙儿愁得可就没招儿了，都埋怨："就怨那个老娘们儿不会说话，上方天神生气了。"

正赶神农氏尝百草，给人间治病。大伙儿没法，就找他去了："神农氏啊，你给想想办法吧！"神农氏说："我家养活一条白狗，也是天上神物，叫它到如来佛那求他给想想办法。"大伙儿说："那好啊！"神农氏回到家，对白狗说："现在不下白面，人都挨饿，你是不是该到西天如来佛那儿求求情。"白狗驾着云彩往西天走，玉皇大帝来气了，叫太阳挡它、烧它。白狗一看，大口一张，就把太阳咬去半拉。白狗说："要不看你给人间照光明非吃了你不可。"玉皇大帝一看，太阳没挡住，又打发太阴君月亮去挡它。天狗来了气，一口也给月亮咬掉半拉，月亮吓得直叫。白狗说："要不看你给人间照夜光，我也把你吃了。"白狗驾着云一直奔西天去了，见到如来佛。如来佛打了个咳声。拿出五谷杂粮穗儿，说："你叼回去，叫人们种上！"白狗把这些五谷杂粮叼回来，交给了神农氏，这样五谷杂粮就由神农氏传出来了。可是，那时候人们用刀耕火种，打粮不多，所以还是过着半饥半饱的日子。正赶上猪精黑煞神下界，一看人们种地一掩一掩地抠，它来气了，搁嘴拱一拱地，把那地都拱成垄了。神农一看高兴了，就在垄台上撒种，庄稼长得挺好。从此，种地开始起垄了。黑煞神不能老在人间拱地啊！后来，天上有个金牛星，他打发儿子和儿媳妇下界，帮神农氏种地。神农氏套上牛，拉弯弯犁杖耕地。种地用牛，自古到今，牛是农民的宝贝啊！牛是金牛星打发下来的，它寻思老老实实帮人们干活好回去，所以它不计较草料多少，你打也好，骂也好，它还是埋头苦干，为了上天啦。

每年农历四月廿六为神农诞辰日。流下村麦氏会在这一天举行共庆神农大帝圣诞祭祀活动，敬拜上香、集体祭拜、上刀山下火海，以祈求风调雨顺、五谷丰登。届时四方信徒皆汇聚于神农天后宫，捐钱、吃饭。

2. 天后妈祖信仰

在流下村神农天后宫内，还供奉着天后，即海神妈祖。

妈祖是流传于中国沿海地区的民间信仰。妈祖信仰源于宋代莆田，由于海事活动的频繁以及历代统治者对妈祖的赐封，使海上保护神——妈祖的信仰随着航海者的足迹四处传播。民间在出海前要先祭妈祖，祈求保佑顺风和安全，在船舶上立妈祖神位供奉。

妈祖信仰，最早见于记载的是南宋绍兴二十年（1150）廖鹏飞撰写的《圣墩祖庙重建顺济庙记》，里面记载着妈祖信仰起源于湄洲屿（今福建湄洲岛），在宁海"显灵"的史实。宋代妈祖信仰的发生，虽与当时福建兴化经济、政治、军事诸因素息息相关，但其中海上活动是直接原因[①]。湄洲岛虽有可耕之田，但人民还是以海为田，以渔为业，与海洋关系密切。在当时的航海条件下，天有不测风云，海上气象变幻无常，台风暗礁，一不小心，随时有船沉人亡的危险。在人们的幻想中需要有一神祇作为海上保护神。林氏女"生而神异"，"初以巫祝为事"。在当时乡村缺乏科学知识、文化落后的情况下，巫女有一定的社会地位。她不但为民治病，还经常把观察得到的海上气象告诉人们，使许多渔船和商旅避免了危险。在那个气象科学不发达的时代，她的所谓"知人祸福""言人休咎"等气象预言，对于湄洲屿冒险出海的渔民及其家属来说，无疑有很大的吸引力，成为人们安全的依赖对象。妈祖就成为航海者海上活动的精神支柱。自北宋末年褒封，后经南宋、元、明、清历代皇帝出于政治上的需要，都对妈祖尊崇备至，封号由"崇福夫人"到"天妃""天后"，直到"天上圣母"。历代帝王对妈祖的加封，对民间妈祖信仰的发展起了很大的促进作用。

现如今，各地信徒对妈祖唤法不一，在北海，客家人称妈祖为"三婆"，因妈祖是福建林氏第三个女儿，有的地方称"天妃娘娘"，在流下村，村民们称妈祖为"天

---

① 张桂林：《试论妈祖信仰的起源、传播及其特点》，《史学月刊》1991年第4期。

后",同此地信仰的五谷神农平起平坐,说明神农和妈祖在流下村民心目中具有同等重要的地位。

妈祖是集无私、善良、亲切、慈爱、英勇等传统美德于一体的精神象征和女性代表。如今,妈祖庙在中国沿海地区、内陆河道,以及世界各地华侨聚集的埠头仍分布较广,而其影响力也遍及多个国家和地区。所谓"有海水处有华人,华人到处有妈祖"。流下村地处沿海地带,村民们自古以来便信奉海神妈祖。

3. 鲁班信仰

在流下村神农天后宫内,还供奉着鲁班大师。鲁班(前507—前444年),春秋时期鲁国人,姬姓,公输氏,字依智,名班,人称公输盘、公输般、班输,尊称公输子,又称鲁盘或者鲁般,惯称"鲁班"。木工师傅们用的手工工具,如钻、刨子、铲子、曲尺、画线用的墨斗,据说都是鲁班发明的。而每一件工具的发明,都是鲁班在生产实践中得到启发,经过反复研究、试验出来的。2 400多年来,人们把古代劳动人民的集体创造和发明也都集中到他身上。因此,有关他发明和创造的故事,实际上是中国古代劳动人民发明创造的。鲁班的名字实际上已经成为古代劳动人民智慧的象征。

鲁班是依靠聪明才智和非凡的创造力,确立了自己"能工巧匠"的形象,从而成为工匠心目中的典范,许多行业的工匠称他为"祖师"。作为被后世公认的"工匠始祖",一方面是他自己的技术炉火纯青,更重要的是,他的骨子里有一种工匠精神。鲁班信仰是一种对传统文化精神的追求务实事,轻玄想,重实用,戒空谈,看实效,重实绩,主张经世致用。鲁班善于观察和思考,根据实际情况创造性地解决实际问题,极具首创精神。行业精神源是行业文化发展到一定阶段的产物,是行业文化最富个性、最先进内容的反映。鲁班信仰有利于提高基层普通劳动者的行业自信心和自豪感。

在流下村的神农天后宫里,供奉着四大神祇,其中一位就是鲁班,被放到与五谷神农同等的地位。由此可见,流下村村民们也信仰着鲁班,尤其是流下村曾经的木匠师傅们,曾以木工为生计,养活着全家人,更是将鲁班奉为圭臬。历代的村民们学习着鲁班勇于探索,勇于创新的精神。

4. 土地公崇拜

除上述诸神之外,在流下村神农天后宫内,还供奉着土地公福德。土地公,又称福德正神、社神等,是中国民间信仰之一。农历"二月二"(古时为立春后第五个戊日)是土地公的诞生日。这一天村中家家户户都要宰鸡杀鸭、虔诚祭拜,以祝"福德正神"千秋。

最早的土地爷是汉代秣陵(今南京)的蒋子文。在中国南方地区,如在浙江、福建、广东、广西等地区普遍奉祀土地公。土地公信仰寄托了中国劳动人民一种驱邪、避灾、祈福的美好愿望。虽然土地神的称号众多,但探究其来历,实际与中国古代社会所祭"天、地、社、稷"中的社、稷之神有关。古代把土地神和祭祀土地神的地方都叫社,按照民间习俗,每到播种或收获的季节,村民都要立社祭祀,祈求和酬报土地神。

(三)特色工艺

1. 掂罾捕鱼

掂罾(方言),又名绞罾,是麦氏祖先从乾隆年间使用并流传至今的一种传统浅海渔业方式,是一种较为古老的捕鱼方法。掂罾指的是在浅海处搭设笋架作为操作平台,将渔网设在扎入海底的四根木架上,鱼虾顺流而来,入网难逃,只要将渔网绞起,即可收获不少生猛海鲜。即使面对农田会被潮水倒灌接近一米深的困难,或连旱数月,仅靠双手与信仰,流下村村民在这山海之间,开荒垦地,用智慧探索海洋,开拓了麦氏家族新纪元。

掂罾要先制罾,罾有大有小,有简有繁。简易的小罾制作简单,砍两根长度适宜且具有一定强度的竹子,交叉起来,绷成弓形,将事先裁好的网片沿着竹竿支起来,做成一端敞口的帐篷样式,然后在它的四角垂上有利于下沉和锚定的铁块,最后将四角的绳子收拢,在离网口三四十厘米高的地方绾成一股,再系上一根提杆就成功了。这种罾小巧轻便,收放自如,是流下村麦氏历代使用最多的捕鱼工具。

从哪个下罾,也是有讲究的。流下村近海,村民们会寻找安全性较高的浅海下罾,还需要根据不同季节不同海域里的各种海鲜鱼贝的习性来进行判断。位置选定之后,就可以下罾。罾下好了之后,接下来就是耐心等待,一般20分钟左右。

然后就是起罾,起罾亦是有讲究的,要做到一轻二慢三快。脚步要轻,重了则吓跑了鱼虾;网在水底,提速要慢,否则惊着了鱼虾;网出水面,提速要快,不然鱼虾就溜走了。村民们在起罾的时刻是最快乐的,尤其是网将出水面的一刹那。一双双期待的眼睛紧盯着水面,心也随之提到了嗓子眼。水落网底,倘若看到鱼在活蹦乱跳,心里便乐开了花;倘若网出水面,什么也没见着,那时心中的失落是可想而知的。

2. 磨刀石建筑技艺

磨刀石建筑又称"石头间"。流

图 15-16 流下村磨刀石垒砌的房子(袁泉 摄)

下村老百姓在起屋选舍之时，喜欢就地取材，直接去附近的冠头山岭采挖磨刀石作为建房垒舍的原材料，或全部采用磨刀石，或部分采用磨刀石。这种磨刀石相比青瓦红砖价格低廉，且坚固耐用，不易坍塌，建好的房子整体也较为美观大方。

磨刀石建筑的没落，源于工业自动化程度的提高，人们不再肩挑手扛花费力气上山采石。与此同时，由于地方政府为保护生态，遏制非法开采荒山，保障磨刀石资源的合理开发利用，有效保护山体自然生态，促进生态可持续发展，也在一定程度上影响了磨刀石建筑技艺的继承与发展。

四、风物特产

（一）土窑烧烤

土窑烧烤是流下村村民们最喜爱的传统美食之一。目前由流下村的半山半海度假民宿作为特色风味菜隆重推出，它是海鲜爱好者不可错过的海鲜大餐以及特色BBQ（烧烤）。土窑烧烤选取鲜活的海产拼盘，采用古老的土窑方式进行海鲜的BBQ，形成了具有北海本土特色、别具风味的海鲜美食。

图15-17 土窑烧烤（袁泉 摄）

（二）龙小面

走在流下村在主街道上，隐约闻到一丝丝美味的香气，这香气正是从坐落在梵俪小院的龙小面传来，正是这味道吸引了不少游客驻足品尝。龙小面的特色之处在于，它用心做好第一碗面，让龙小面迅速在美食圈中脱颖而出，浇头香、汤汁浓、面筋道，入口回味无穷。

图 15-18　龙小面（袁泉　摄）

（三）鸡屎藤粑

鸡屎藤粑是流下村的村民最爱吃的一道风味糖水小吃之一。根据北海市地方志记载，每逢三月三，不论城乡，百姓们采摘一种名为"鸡矢藤"的藤本植物做鸡屎藤粑，全家进食，相沿成习，有驱蛔虫、祛风除湿之功效。每到农历三月三，流下村村民也会用新鲜的鸡屎藤叶制作鸡屎藤粑，再搭配甜美的糖水，就成了一道色香味俱佳的传统美食。它的做法简单，将糯米用水泡好，采摘新鲜的鸡屎藤叶洗净，将二者放在一起碾磨成粉，颜色变成黑绿色之后加水和好，再用擀面杖擀成薄片切丝，最后丢入水中煮熟，加入适量的糖即可食用。

图 15-19　鸡屎藤粑（袁泉　摄）

参考文献

［1］黄万吉主编：《广西壮族自治区北海市地名志》，北海市人民政府1986年版。

［2］阳弋驰：《广西传统村落文化景观调查与分析》，广西师范大学硕士学位论文，2017年。

［3］刘道超、洪小龙、范翔宇：《北海客家》，广西师范大学出版社2011年版。

［4］廖陆：《涠洲客家与二元宗教现象浅议》，《北海日报》2012年2月24日。

［5］广西壮族自治区地方志编纂委员会主编：《广西通志》，广西人民出版社1995年版。

［6］陈廖原：《今日扬尘处，昔时为大海 涠洲岛天主教堂》，《广西城镇建设》2015年第9期。

［7］吴锡民：《涠洲天主教堂"身价"提升论》，《广西师范学院学报（哲学社会科学版）》2012年第2期。

［8］彭静：《天主教在广西涠洲岛的传播与对外扩散》，《岭南文史》2011年第2期。

［9］彭静：《海岛型文化生成、扩散及其区域效应研究——以广西涠洲为例》，中山大学博士学位论文，2006年。

［10］彭静、杨艺：《北部湾涠洲岛方言文化景观与分布特征》，《热带地理》2012年第6期。

［11］罗小群主编：《北海涠洲岛导游》，广西民族出版社2002年版。

［12］刘道超、洪小龙、范翔宇：《北海客家》，广西师范大学出版社2011年版。

［13］曾丽群、朱鹏飞、单国彬：《基于聚类分析的特色文化名村旅游开发与保护研究——以广西北海市白龙村为例》，《湖北农业科学》2015年第17期。

［14］肖正东、姚浩燕：《营盘镇白龙村入围》，《北海日报》2019年8月6日。

［15］北海市铁山港区地方志编纂委员会编：《北海市铁山港区志》，广西人民出版社2019年版。

［16］范翔宇：《白龙珍珠城的历史文化特色及旅游开发》，《北海日报》2011年9月

25 日。
［17］牛凯、周金娃、陈刚：《白龙城考略》，《广西地方志》2019 年第 3 期。
［18］罗远燕：《白龙珍珠城：孕育千年南珠文化》，《北海日报》2019 年 12 月 12 日。
［19］邓兰：《白龙珍珠城古碑考》，《广西社会科学》2003 年第 5 期。
［20］陆威、李红燕：《白龙考古有重大突破》，《北海日报》2016 年 2 月 5 日。
［21］陆威：《构建乡村和谐幸福新农村》，《北海日报》2017 年 9 月 7 日。
［22］范翔宇：《涠洲史话 千秋精彩》，《北海日报》2016 年 2 月 5 日。
［23］安乐博：《"三婆"是谁？浅谈曾盛行在南中国海的水神》，"'上海：丝路和弦——全球化视野下的中国航海历史与文化'国际学术研讨会"，2018 年 8 月 16 日。
［24］林京海、李幸芷：《清代广西绘画系年 上》，广西师范大学出版社 2017 年版。
［25］广东省人民政府地方志办公室：《全粤村情 韶关市仁化县卷（二）》，华南理工大学出版社 2017 年版。
［26］潘天波主编：《漆向大海——古代海上丝绸之路漆艺文化研究》，福建美术出版社 2017 年版。
［27］黄国桂、黄朝丰：《南澫称为"北海第一村"的依据何在？》，《北海日报》2011 年 6 月 30 日。
［28］莫贤发主编：《北海老城区骑楼建筑形态研究》，东南大学出版社 2018 年版。
［29］邓昌达主编：《北海第一村》，广西人民出版社 2009 年版。
［30］［明］郑抱素纂、［明］张国经修、［清］盛熙祚纂修：《崇祯 廉州府志》，书目文献出版社 1992 年版。
［31］范翔宇主编：《汉港珠郡》，广西师范大学出版社 2018 年版。
［32］黄家生主编：《广西口岸典故》，广西人民出版社 2017 年版。
［33］刘宪标主编：《行摄广西 寻找广西最美的镜头》，广东旅游出版社 2012 年版。
［34］《尚旅游图》编委会主编：《广西，等你来》，星球地图出版社 2015 年版。
［35］北海市政协文史资料委员会编：《北海文史第 6 辑》，北海市政协文史资料委员会 1990 年版。
［36］毛水清主编：《晚风集》，广西民族出版社 2007 年版。
［37］王鹤鸣、王澄、梁红：《中国寺庙通论》，上海古籍出版社 2016 年版。
［38］北海市银滩区银滩镇、南澫社区等：《说古道今话南澫材料文稿》，内部资料。
［39］王馨主编：《中国家风家训》，台海出版社 2017 年版。
［40］陈锡辉：《怀念黄元炤先生》，内部资料。

［41］钟德涛、马仁典：《面向二十一世纪中国教育理论与实践研究》，中国三峡出版社 2000 年版。

［42］康汝岭：《冷战后越南对华外交政策调整的动因研究》，山东大学硕士学位论文，2013 年。

［43］《中国海洋文化》编委会编：《中国海洋文化（广西卷）》，海洋出版社 2016 年版。

［44］李亚丽：《侨港归侨咸水歌的传承保护研究》，广西民族大学硕士学位论文，2014 年。

［45］陈惠娜、彭业仁、袁朝晖等：《"水上居民"传统民俗体育与特色滨海休闲旅游的开发——以北海疍家为例》，《体育成人教育学刊》2012 年第 1 期。

［46］冯国超主编：《中国通史 8》，光明日报出版社 2003 年版。

［47］王勇主编：《四库提要丛订》，齐鲁书社 2018 年版。

［48］高明市政协文史资料研究委员会：《明文史资料第 9 辑 罗功武遗稿〈粤故求野记〉选辑》，高明市政协文史资料研究委员会内部资料。

［49］潘乐远主编：《合浦县志》，广西人民出版社 1994 年版。

［50］何少林主编：《中国少数民族大辞典（傣族卷上）》，云南民族出版社 2014 年版。

［51］［清］丁斗柄修、［清］曾典学、［清］高魁标纂修：《康熙澄迈县志 康熙十一年本》《康熙澄迈县志 康熙四十九年本》，海南出版社 2006 年版。

［52］黄家蕃原著，黄旭整理：《北海水上人家史话》，《文史春秋》2018 年第 8 期。

［53］《荒凉滩涂变身美丽渔港》，《人民日报》2020 年 8 月 20 日。

［54］庞革平：《荒凉滩涂变身美丽渔港 探访"中国最大的归侨安置点"广西北海侨港》，《人民周刊》2020 年第 15 期。

［55］王玉刚：《中越海上划界以来广西北部湾地区化解"三渔"问题研究》，广西师范大学硕士学位论文，2014 年。

［56］牛崇荣主编：《中国旅游之最》，云南人民出版社 2014 年版。

［57］张坚：《海洋权益争端激化背景下我国南海渔业生产转型发展研究——以北海市侨港镇为例》，《八桂侨刊》2016 年第 1 期。

［58］张火军：《北海疍家民俗文化旅游开发研究》，《梧州学院学报》2011 年第 4 期。

［59］赵龙明等：《横栏印记》，羊城晚报出版社 2016 年版。

［60］金光耀、金大陆：《中国新方志知识青年上山下乡史料辑录 5》，上海书店出版社、上海人民出版社 2014 年版。

［61］谭元亨：《岭南文化艺术》，华南理工大学出版社 2002 年版。

［62］朱宗信主编：《广西民间文学作品精选（合浦卷）》，广西民族出版社1994年版。

［63］金沙江：《疍家传统婚俗》，《文史春秋》2018年第8期。

［64］北海市非物质文化遗产保护中心：《沧海遗珠——北海市非物质文化遗产代表性项目名录》，漓江出版社2016年版。

［65］蒋均：《独特的疍家服饰》，《文史春秋》2018年第8期。

［66］吴智文主编：《广府居家习俗》，光明日报出版社2017年版。

［67］李万鹏、山曼：《中国民俗起源传说辞典》，明天出版社1992年版。

［68］鲁雯：《地方节庆、仪式展演与族群文化——基于三亚黎苗"三月三"与疍家文化节的考察》，《装饰》2017年第7期。

［69］陶红亮主编：《印象北海》，海洋出版社2018年版。

［70］周胜林口述、李玉华整理：《我是疍家人》，《文史春秋》2018年第8期。

［71］吴莲：《北海疍家咸水歌》，《文史春秋》2018年第8期。

［72］《"将相美庐"璋嘉村——老屋村客家土围落》，村委内部资料。

［73］千年古樟树景区展示资料。

［74］北海市政协文史资料委员会、北海市文物局：《汉郡遗韵》，广西人民出版社2015年版。

［75］陈氏宗祠景区展示资料。

［76］陈氏宗祠景区展馆资料。

［77］璋嘉村陈氏宗祠，村委内部资料。

［78］《孙中山大元帅府纪念馆·陈铭枢将军图文集》，团结出版社2018年版，第3页。

［79］［清］顾祖禹：《读史方舆纪要》，商务印书馆1937年版。

［80］［宋］欧阳修、宋祁：《新唐书》，中华书局1975年版。

［81］李瑞声、钟定世：合浦、乾体、乾江，https://www.docin.com/p-2004243379.html。

［82］合浦县地名委员会：《合浦县地名志》，内部资料，1989年。

［83］北海市民政局：《北海地名词典》，内部资料，2012年。

［84］北海市政协文史资料委员会：《北海文史第十六辑》，内部资料，2002年。

［85］廖国一、易婷：《21世纪海上丝绸之路背景下古村落的保护和开发初探——以广西合浦县乾江村为例》，《旅新东方》2020年第14期。

［86］北海市政协文史资料委员会、北海市文物局：《汉郡遗韵——北海文物精粹》，广西人民出版社2015年版。

［87］徐成栋纂：《廉州府志》清·康熙六十年·影印本，广西人民出版社2011年版。

［88］合浦县志编纂委员会编：《合浦县志1991—2006》，方志出版社2019年版。

［89］颜昌泉：《合浦县第五中学（乾江中学）志（草稿）》，内部资料，2011 年。

［90］合浦县第五中学校史馆展示资料。

［91］北海市申报国家历史文化名城文本编委会：《名人、故事、大事》，北海市人民政府 2010 年。

［92］伍朝胜：《北海市传统村落保护开发利用分析》，《经济与社会发展》2019 年第 5 期。

［93］侯艳：《合浦永安古城海洋文化遗存多元构成及利用研究》，《广西民族大学学报（哲学社会科学版）》2019 年第 5 期。

［94］禾扬：《世界上最毒的树》，《生态经济》2003 年第 6 期。

［95］范翔宇：《亭阁文化 人文荟萃》，《北海日报》2002 年 1 月 16 日。

［96］范翔宇：《民间技艺 八仙过海》，《北海日报》2010 年 10 月 10 日。

［97］杨家强：《广西真武阁与大士阁建筑研究》，华南理工大学硕士论文，2017 年。

［98］陆露：《永安鼓楼及其创建者林锦》，《广西地方志》2012 年第 2 期。

［99］肖海明：《北帝（玄武）崇拜与佛山祖庙》，《佛山科学技术学院学报（社会科学版）》2002 年第 3 期。

［100］吴自涛：《文化型海岛建设的思考与对策——基于外伶仃岛的分析》，《中共珠海市委党校珠海市行政学院学报》2013 年第 5 期。

［101］李红：《广西滨海传统村落文化特征及价值重塑——以合浦永安古城村为例》，《广西社会科学》2016 年第 11 期。

［102］黄帝全、崔建、余中：《广东传统"高脚狮"的特点及发展》，《体育学刊》2008 年第 4 期。

［103］陈婉瑞、林娜、黄俊生等：《黄皮果皮色素的提取工艺及其稳定性研究》，《韩山师范学院学报》2011 年第 6 期。

［104］于子楼：《永安史话》，内部资料。

［105］程淳、苗小荣、李金伟等：《假蒟叶系列菜品的开发利用现状》，《现代园艺》2018 年第 1 期。

［106］邱立汉：《客家祖训对客家民系发展壮大的作用》，《龙岩学院学报》2018 年第 1 期。

［107］刘道超：《宗教人类学视阈下客家祖荦信仰探析——以广西客家为中心》，《龙岩学院学报》2014 年第 6 期。

［108］翟坚求：《山口木偶戏：传统戏剧的坚守》，《北海日报》2019 年 9 月 26 日。

［109］黄金《探析廉州山歌剧〈老杨公〉的艺术特征》，《艺术评鉴》2016 年第 4 期。

[110] 邓召娇:《打造特色产业 共享发展成果》,《北海日报》2018 年 4 月 6 日。

[111] 麦月:《"靠山吃山" 甜如蜜》,《北海日报》2020 年 9 月 13 日。

[112] 陈德权、陈青春:《大廉山峡谷——曲樟生态旅游资源开发建议》,《广西林业》2002 年第 1 期。

[113] 林晓平:《客家祠堂与客家文化》,《赣南师范学院学报》1997 年第 4 期。

[114] 罗伟:《赤江陶瓷——揭开历史的尘封》,《北海日报》2019 年 8 月 1 日。

[115] 范翔宇:《奇山奇水多传奇的闸口古镇》,《北海日报》2011 年 2 月 20 日。

[116] 北海市地方志编纂委员会:《北海市志(1991—2005)》,广西人民出版社 2009 年版。

[117] 如皋县志编委会:[清]《如皋县志》,如皋县志编委会 1995 年版。

[118] 合浦县志编纂委员会:《合浦县志》,广西人民出版社 1994 年版。

[119] 全国政协文史和学习委员会:《陈铭枢回忆录》,中国文史出版社 2012 年版。

[120] 王志伟:《保护红树林刻不容缓》,《中华工商时报》2001 年 11 月 23 日。

[121] 沈和定、李家乐、张缓溶:《石磺的生物学特性及其增养殖前景分析》,《中国水产》2004 年第 1 期。

[122] 孙仁杰、范航清、吴斌等:《广西红树林生态系统的常见物种》,《广西科学》2018 年第 4 期。

[123] 廖国一、曾作健:《南流江变迁与合浦港的兴衰》,《广西地方志》2005 年第 3 期。

[124] 陆威:《流下村八成村民受益民宿业》,《北海日报》2020 年 1 月 7 日。

[125] 张桂林:《试论妈祖信仰的起源、传播及其特点》,《史学月刊》1991 年第 4 期。

后 记

  北海作为国家历史文化名城，2 000多年深邃的历史留下了厚重的文化积淀，凝结成全市人民共同的乡愁。"望得见山，看得见水，记得住乡愁"，就要保护弘扬城市优秀传统文化，延续乡村历史文脉。传统村落是祖先留下的不可再生的宝贵遗产，保护好、传承好、弘扬好蕴含其间的传统特色文化，进而开发利用好传统村落资源，是乡村振兴之举，也是文化北海建设之要。为此，上海社会科学院、北海市社会科学界联合会、桂林电子科技大学北海校区联合编纂了《北海传统村落》一书，这是北海市社会科学界联合会开展校地合作、院地合作的有益尝试和拓展。

  编纂《北海传统村落》是一项繁重工作。由于史料十分稀缺，深入村落调研成了编纂工作的重中之重。为了使本书的内容能尽可能全面、真实、明了，较为准确地反映北海市传统村落的历史发展进程，北海市社会科学界联合会负责同志多次协调市辖一县三区政府和涠洲岛管委会召开相关会议，专题研究调研工作。桂林电子科技大学北海校区党委书记秦竟芝带领课题组成员，进村入户、实地考古、民间走访、搜集史料、征求意见，历经多年努力，数易其稿，编纂了这本《北海传统村落》，以图文并茂的形式展现了北海市15个最具代表性传统村落的历史传统风貌。

  一直以来积极给予北海支持和帮助的上海社会科学院，为编纂出版本书提供资助并给予悉心指导，上海社会科学院党委书记权衡、院长王德忠为本书作序，在此深表感谢。广西社会科学院院长陈立生对本书编纂表示大力支持，安排人员进行相关指导，对此，我们深表敬意。

  本书在编纂过程中得到北海市委、市政府的大力支持，市委书记蔡锦军高度重视，批示给予财政资金支持，为顺利推进编书工作提供保障；市辖一县三区党委、政府，涠洲岛管委会，市乡村办以及相关乡镇、村委领导积极配合；众多专家学者和村贤也给予了很好的建议和帮助；广西师范大学历史文化与旅游学院廖国一教授、南宁学院陈雄章副院长对本书初稿提出了宝贵的修改意见。

  课题组人员为编纂本书付出了辛勤的汗水和智慧。秦竟芝主持全书的策划组织、编写工作，伍朝胜负责全书修改工作，上海社会科学院、广西社会科学院负责后期修改和审核定稿工作。各村落的文字初稿主笔人如下：曹佐明负责盛塘村、白龙村、圩仔村，袁泉负责流下村，唐长菁负责璋嘉老屋村、乾江村，陈计冰负责南澫社区、侨港海上部落，黄凤琦负责永安村、石子岭村，曹计划负责黄泥秀村，聂峥嵘负责曲木村、田头屋村，郑敏负责福禄村、多蕉村，许小洁、杜延彩、黄洁等老师参与了图片拍摄及整理工作。北海市社会科学界联合会的李文红、宁霞、刘梦琳、杨晓华、王恬、劳永馨、杨欢梅、许鑫、包绮静、陈继蔚、杨丽霞参与了修改、校对工作。在此，我们一并表示诚挚的谢意。在本书的编纂过程中，北海市地方志编纂委员会办公室主任冯心广也提出了宝贵意见，在此一并表示衷心感谢。

由于相关证人难以寻找，一些史料丢失、模糊等诸多因素，加之创作经验、水平有限，我们深知本书难免存在瑕疵与不足，恳请领导、专家、学者、读者不吝赐教、批评指正，以期改进。

编　者

2021 年 10 月

图书在版编目(CIP)数据

北海传统村落 / 北海市社会科学界联合会,上海社会科学院,桂林电子科技大学北海校区合编 .— 上海：上海社会科学院出版社,2024
ISBN 978-7-5520-4180-4

Ⅰ.①北… Ⅱ.①北… ②上… ③桂… Ⅲ.①村落—概况—北海 Ⅳ.①K926.75

中国国家版本馆CIP数据核字(2023)第128202号

北海传统村落

编　　者：北海市社会科学界联合会、上海社会科学院、
　　　　　桂林电子科技大学北海校区
责任编辑：熊　艳
封面设计：周清华
出版发行：上海社会科学院出版社
　　　　　上海顺昌路622号　邮编200025
　　　　　电话总机021-63315947　销售热线021-53063735
　　　　　https://cbs.sass.org.cn　E-mail: sassp@sassp.cn
照　　排：南京展望文化发展有限公司
印　　刷：上海雅昌艺术印刷有限公司
开　　本：787毫米×1092毫米　1/16
印　　张：26.5
插　　页：1
字　　数：511千
版　　次：2024年12月第1版　2024年12月第1次印刷

ISBN 978-7-5520-4180-4/K·696　　　定价：218.00元

版权所有　翻印必究